俄 国 史 译 丛 · 经 济

Серия переводов книг по истории России

Россия

Русская фабрика в прошлом и настоящем.
Историческое равитие русской фабрики в XIX веке

19世纪俄国工厂发展史（第四版）

〔俄〕M.图甘-巴拉诺夫斯基／著
М.Туган-Барановский

张广翔　邓沛勇／译

社会科学文献出版社
SOCIAL SCIENCES ACADEMIC PRESS (CHINA)

俄国史译丛编委会

主　编　张广翔
副主编　卡尔波夫（С. П. Карпов）　　钟建平　许金秋
委　员　杜奇科夫（И. И. Тучков）　　鲍罗德金（Л. И. Бородкин）
　　　　　姚　海　黄立茀　鲍里索夫（Н. С. Борисов）　张盛发
　　　　　戈里科夫（А. Г. Голиков）　　科兹罗娃（Н. В. Козлова）
　　　　　刘玉宝　戴桂菊

著者简介

M. 图甘-巴拉诺夫斯基（М. Туган-Барановский） 系俄罗斯第一位世界知名的经济学家、俄国历史学家，乌克兰科学院的奠基人之一，列宁称其为俄国合法马克思主义代表之一。M. 图甘-巴拉诺夫斯基也是俄国政治经济学派的奠基人之一，把西方经济思想传入俄国的第一批学者。他与其学生对马克思经济研究发展做出巨大贡献，创建俄国市场经济、资本积累、经济周期、经济危机、市场竞争理论。20世纪初 M. 图甘-巴拉诺夫斯基的著作及文章就备受世界瞩目，其著作曾在德国、英国、美国、意大利、法国、日本及以色列出版，很多世界知名的经济学家及社会学家给予其著作高度评价。1987年美国出版的1700~1986年世界杰出经济学家传记词典中，M. 图甘-巴拉诺夫斯基名列其中。俄国和西方从1896~2005年围绕其著作的书评达346篇。

译者简介

张广翔 吉林大学东北亚研究院教授、历史学博士、博士生导师、研究方向为俄国经济史、社会史、西方史学史。

邓沛勇 贵州师范大学历史与政治学院副教授，历史学博士，研究方向为俄国经济史和中亚史。

总　序

我们之所以组织翻译这套"俄国史译丛",一是由于我们长期从事俄国史研究,深感国内俄国史方面的研究严重滞后,远远满足不了国内学界的需要,而且国内学者翻译俄罗斯史学家的相关著述过少,不利于我们了解、吸纳和借鉴俄罗斯学者有代表性的成果。有选择地翻译数十册俄国史方面的著作,既是我们深入学习和理解俄国史的过程,还是鞭策我们不断进取的过程,培养人才和锻炼队伍的过程,也是为国内俄国史研究添砖加瓦的过程。

二是由于吉林大学俄国史研究团队(以下简称我们团队)与俄罗斯史学家的交往十分密切,团队成员都有赴俄进修或攻读学位的机会,每年都有多人次赴俄参加学术会议,每年请2~3位俄罗斯史学家来校讲学。我们与莫斯科大学历史系、俄罗斯科学院俄国史研究所、世界史所、俄罗斯科学院圣彼得堡历史所、俄罗斯科学院乌拉尔分院历史与考古所等单位学术联系频繁,有能力、有机会与俄学者交流译书之事,能最大限度地得到俄同行的理解和支持。以前我们翻译鲍里斯·尼古拉耶维奇·米罗诺夫的著作时就得到了其真诚帮助,此次又得到了莫大历史系的大力支持,而这是我们顺利无偿取得系列书的外文版权的重要条件。舍此,"俄国史译丛"工作无从谈起。

三是由于我们团队得到了吉林大学校长李元元、党委书记杨振斌、学校职能部门和东北亚研究院的鼎力支持和帮助。2015年5月5日李元元校长访问莫大期间,与莫大校长萨多夫尼奇(В. А. Садовничий)院士,俄罗斯科学院院士、莫大历史系主任卡尔波夫教授,莫大历史系副主任鲍罗德金教授等就加强两校学术合作与交流达成重要共识,李元元校长明确表示吉林大学将大力扶植俄国史研究,为我方翻译莫大学者的著作提供充足的经费支持。萨多夫尼奇校长非常欣赏吉林大学的举措,责成莫大历史系全力配合我方的相关工作。吉林大学主管文科科研的副校长吴振武教授,社科处霍志刚处长非常重视我们团队与莫大历史系的合作,2015年尽管经费很紧张,还是为我们提供了一定的科研经费。2016年又为我们提供了一定经费。这一经费支持将持续若干年。

我们团队所在的东北亚研究院建院伊始,就尽一切可能扶持我们团队的发展。现任院长于潇教授上任以来3年时间里,一直关怀、鼓励和帮助我们团队,一直鼓励我们不仅立足国内,而且要不断与俄罗斯同行开展各种合作与交流,不断扩大我们团队在国内外的影响。在2015年我们团队与莫大历史系新一轮合作中,于潇院长积极帮助我们协调校内有关职能部门,与我们一起起草吉林大学东北亚研究院与莫斯科大学历史系合作方案(2015~2020年),获得了学校的支持。2015年11月16日,于潇院长与来访的莫大历史系主任卡尔波夫院士签署了《吉林大学东北亚研究院与莫斯科大学历史系合作方案(2015~2020年)》,两校学术合作与交流进入了新阶段,其中,我们团队拟4年内翻译莫大学者30种左右学术著作的工作正式启动。学校职能部门和东北亚研究院的大力支持是我们团队翻译出版"俄国史译丛"的根本保障。于潇院长为我们团队补充人员和提供一定的经费使我们更有信心完成上述任务。

2016年7月5日,吉林大学党委书记杨振斌教授率团参加在莫斯科大学举办的中俄大学校长峰会,于潇院长和张广翔等随团参加,会议期间,杨振斌书记与莫大校长萨多夫尼奇院士签署了吉林大学与莫大共建历史学中心的协议。会后莫大历史系学术委员会主任卡尔波夫院士,莫大历史系主任杜奇科夫(И. И. Тучков)教授(2015年11月底任莫大历史系主任),莫大历史系副主任鲍罗德金教授陪同杨振斌书记一行拜访了莫大校长萨多夫尼奇院士,双方围绕共建历史学中心进行了深入的探讨,有力地助推了我们团队翻译莫大历史系学者学术著作一事。

四是由于我们团队同莫大历史系长期的学术联系。我们团队与莫大历史系交往渊源很深，李春隆教授、崔志宏副教授于莫大历史系攻读了副博士学位，张广翔教授、雷丽平教授和杨翠红教授在莫大历史系进修，其中张广翔教授三度在该系进修。与该系鲍维金教授、费多罗夫教授、卡尔波夫院士、米洛夫院士、库库什金院士、鲍罗德金教授、谢伦斯卡雅教授、伊兹梅斯杰耶娃教授、戈里科夫教授、科什曼教授等结下了深厚的友谊。莫大历史系为我们团队的成长倾注了大量的心血。卡尔波夫院士、米洛夫院士、鲍罗德金教授、谢伦斯卡雅教授、伊兹梅斯杰耶娃教授、科什曼教授和戈尔斯科娃副教授前来我校讲授俄国史专题，开拓了我们团队及俄国史方向硕士生和博士生的视野。卡尔波夫院士、米洛夫院士和鲍罗德金教授被我校聘为名誉教授，他们经常为我们团队的发展献计献策。莫大历史系的学者还经常向我们馈赠俄国史方面的著作。正是由于双方有这样的合作基础，在选择翻译的书目方面，很容易沟通。尤其是双方商定拟翻译的30种左右的莫大历史系学者著作，需要无偿转让版权，在这方面，莫大历史系从系主任到所涉及的作者，克服一切困难帮助我们解决关键问题。

五是由于我们团队有一支年富力强的队伍，既懂俄语，又有俄国史方面的基础，进取心强，甘于坐冷板凳。学校层面和学院层面一直重视俄国史研究团队的建设，一直注意及时吸纳新生力量，使我们团队人员年龄结构合理，后备有人，有效避免了俄国史研究队伍青黄不接、后继无人的问题。我们在培养后备人才方面颇有心得，严格要求俄国史方向硕士生和博士生，以阅读和翻译俄国史专业书籍为必修课，硕士学位论文和博士学位论文必须以使用俄文文献为主，研究生从一入学就加强这方面的训练，效果很好：培养了一批俄语非常好，专业基础扎实，后劲足，崭露头角的好苗子。我们在组织力量翻译米罗诺夫所著的《俄国社会史》《帝俄时代生活史》方面，以及在中文刊物上发表的70多篇俄罗斯学者论文的译文，都为我们承担"俄国史译丛"的翻译工作积累了宝贵的经验，锻炼了队伍。

译者队伍长期共事，彼此熟悉，容易合作，便于商量和沟通。我们深知高质量地翻译这些著作绝非易事，需要认真再认真，反复斟酌，不得有半点的马虎和粗心大意。我们翻译的这些俄国史著作，既有俄国经济史、社会史、城市史、政治史，还有文化史和史学理论，以专题研究为主，覆盖的问题方方面面，有很多我们不懂的问题，需要潜心翻译。我们的翻译团队将定期碰头，利用群体的智慧解决共同面对的问题，单个人所无法解决的问题，以及人名、地名、术语统一的问题。更为重要的是，译者将分别与相关作者直接联系，经常就各自遇到的问题用电子邮件向作者请教，我们还将根据翻译进度，有计划地邀请部分作者来我校共商译书过程中遇到的各种问题，尽可能地减少遗憾。

我们翻译的"俄国史译丛"能够顺利进行，离不开吉林大学校领导、社科处和国际合作与交流处、东北亚研究院领导的坚定支持和可靠后援；莫大历史系上下共襄此举，化解了很多合作路上的难题，将此举视为我们共同的事业；社会科学文献出版社的恽薇、高雁等相关人员将此举视为我们共同的任务，尽可能地替我们着想，我们之间的合作将更为愉快、更有成效。我们唯有竭尽全力将"俄国史译丛"视为学术生命，像爱护眼睛一样呵护它、珍惜它，这项工作才有可能做好，才无愧于各方的信任和期待，才能为中国的俄国史研究的进步添砖加瓦。

上述所言与诸位译者共勉。

吉林大学东北亚研究院
张广翔
2016 年 7 月 22 日

译者序

米哈伊尔·伊万诺维奇·图甘-巴拉诺夫斯基（1865~1919年）系20世纪世界著名经济学家和历史学家，乌克兰科学院奠基人之一，俄国"合法马克思主义者"。图氏经济学贡献卓越，提出了经济危机与周期、货币、市场预测与分析、合作社以及社会分配等理论，为俄国政治经济学派的奠基人。图氏的主要学术成就如下：第一，图氏经济危机与周期理论影响最大，不但首次提出经济危机产生的原因为供需失衡所引发的生产过剩，还是俄国周期学派的奠基人；第二，图氏把统计学方法引入经济学研究，对经济行情进行分析，预测经济发展潜力和走向；第三，图氏的社会主义和合作社等学说影响深远，为俄国合作社研究的集大成者；第四，图氏对俄国资本主义问题十分关注，但其研究只限于工业资本主义的产生和发展，除对工业资本见解独到外，对俄国工厂的作用也有很多真知灼见；第五，图氏为俄国政治经济学派灵魂人物，很多学术成就被后人继承和发扬。

19世纪末至20世纪初是俄国经济学蓬勃发展、与世界接轨时期，诞生了诸多世界知名经济学家，其中以 М. И. 图甘-巴拉诺夫斯基、В. К. 德米特里耶夫和 Н. Д. 康德拉季耶夫等学者最为著名，他们在俄国宣传西方经济思想，并创立俄国政治经济学派。俄国经济学家把新思想纳入经济学范畴，打破传统学院派正统思想的禁锢，在西欧经济学理论基础上开创了全新的学术流派。20世纪初俄国众多经济学家中图甘-巴拉诺夫斯基的经济学贡献无人能及，图氏及其弟子康德拉季耶夫等人为俄国经济学派代言人。图氏经济周期和社会分配理论被康德拉季耶夫继承和发展，除首创长波理论外,其"投入-产出"理论被俄国政治经济学派继承人 B. B. 里昂惕夫发扬光大,于1973年获得诺贝尔经济学奖。① 1987年美国出版的《1700~1986年世界杰出经济学家传记词典》中,图氏被认定为俄国第一位世界级经济学家。② 19世纪末至今图氏的著作和文章备受世界瞩目,其书籍曾在德国、英国、美国、意大利、法国、日本和以色列等国先后出版,诸多世界知名学者给予高度评价。截至2005年俄罗斯境内共出版、再版图氏著作270余种,在国外翻译出版其著作40余种,关于图氏著作和思想的评论著作和文章共346种。③

一 图甘-巴拉诺夫斯基的生平和主要研究领域

图氏为俄国著名经济学家,对俄国政治经济学和宏观经济学发展功不可没,其学术研究不但涉及宏观经济学领域,对马克思主义和社会主义学说也具有独到见解。此外他还是著名历史学家、出版人、众多知名刊物的编辑。因篇幅有限,译者不能对其生平和主要研究领域逐一阐述,只能以时间为主线从其学习、教学和社会活动等几方面简单介绍图氏生平,同时也不能对其研究领域一一叙述,除下文详细探析其宏观经济学思想外,只能择重点进行分析。

图氏于1865年1月8日出生于哈里科夫省,为世袭贵族,1888年毕业于哈里科夫大学,获得法律和自然科学双学位,1894年于莫斯科大学获得经济学硕士学位后在财政部手工工场和国内贸易办公厅任职,其级别为十等

---

① Сорвина Г. Н. Михаил Иванович Туган-Барановский: первый российский экономист с мировым именем. К 140 - летию со дня рождения. Очерки М., Русская панорама, 2005. С. 23.

② Who's who in Economics A Biographical Dictionary of Major Economists 1700 - 1986. 2 - nd. Brighton: Wheatsheaf Books Ltd, 1987, p. 843; Туган-Барановский М. И. Экономические очерки М., РОССПЭН, 1998. С. 4.

③ Сорвина Г. Н. Михаил Иванович Туган-Барановский: первый российский экономист с мировым именем. С. 90 - 134.

文官。1897 年为专心从事教育和科研工作，图氏从财政部辞职。1898 年在莫斯科大学获得政治经济学博士学位后赴圣彼得堡大学任教，并获得副教授职称。[①] 从 19 世纪 90 年代开始，图氏对马克思主义学说产生浓厚兴趣，19 世纪末马克思主义学派和民粹主义学派学说在俄国学界影响最大，此时图氏为马克思主义的追随者。1897～1899 年在《新言论》《开端》等杂志上发表文章，与民粹派学者就马克思学说和俄国发展道路等问题进行辩论。1900 年在普斯科夫参与《火星报》的创建工作，同与会者共同讨论办报方向等具体事宜。

1901 年因参加圣彼得堡学生运动和示威游行，图氏被驱逐出圣彼得堡。1905 革命后政府允许其返回圣彼得堡，1906 年 1 月起继续在圣彼得堡大学任教。此时他主要的研究方向为政治经济学和合作社等，积极参与合作社运动，成为《合作社公报》主编，并被提名至国家杜马任职。1913 年在圣彼得堡工学院以教授身份任教。1917 年"二月革命"后图氏返回乌克兰，在基辅大学任教，担任《乌克兰合作社公报》责任编辑，成为乌克兰经济学家协会成员。1917 年 8 月至 1918 年 1 月在乌克兰人民共和国担任财政部部长之职，同时被任命重组乌克兰科学院，成为乌克兰科学院奠基人之一。图氏在创作高峰时期，不幸身染重病，于 1919 年 1 月 21 日，卒于基辅去巴黎的途中，享年 54 岁，被安葬于敖德萨。[②] 图氏为俄国经济学发展做出了卓越贡献，不但打破学院派主导地位，还把新科学思想引入俄国。

---

① Туган-Барановский М. И. *Избранное. Русская фабрика в прошлом и настоящем：Историко-экономическое исследование*. Т. I. Историческое развитие русской фабрики в XIX веке. М.，Наука，1997. С. 11；Туган-Барано-вский. Д. М. М. И. Туган-Барановский в 90 – е гг. XIX в.：становление ученого//Вопросы истории. 2013，№8. С. 131；Туган-Барановский М. И. *К лучшему будущему*. М.，РОССПЭН，1996. С. 3 – 4；Туган-Барановский М. И. *Социаль-ные основы кооперации*. М.，Экономика，1989. С. 5；Туган-Барановский М. И. *Экономические очерки*. С. 3. Татарникова С. Н. Люди，события，факты. М. И. Туган-Барановский-Мыслитель，демократ，экономист// Вопросы истории. 1991，№ 9 – 10. С. 218.

② Туган-Барановский М. И. *К лучшему будущему*. С. 16；Туган-Барановский М. И. *Избранное. Русская фабрика в прошлом и настоящем*. С. 63.

图氏是20世纪初年轻人的偶像，被誉为俄国新经济学启蒙者，其著作是当时最流行的教科书之一。20世纪初图氏在经济学方面的贡献无人能及，其弟子康德拉季耶夫指出："图氏不但是俄国，而且是世界级学者，其经济学思想令众人折服，促进俄国经济学迈上新台阶……是俄国经济学思想引路人。"① 图氏经济学思想主要包括经济危机与周期、货币政策、市场行情研究等，因下文将对这些理论进行详细阐述，在此不再赘述。此处译者只简要分析其政治经济学理论、对俄国农业问题的看法、对马克思主义理论的修正及社会主义理论。

图氏的政治经济学理论。19世纪末很多西方学者从事政治经济学和经济学方法论研究，同许多西方学者一样，图氏也开始怀疑马克思的一些观点，提出把劳动价值理论和剩余价值理论作为纯社会学理论研究。为捍卫自己的学术观点，图氏开始关注政治经济学理论，从政治经济学发展史入手开展研究，并在诸多杂志上发表文章阐述自己的学术观点。图氏政治经济学发展史研究为其社会经济学研究方法论和政治经济学体系创立奠定了理论基础，19世纪末其政治经济学理论体系基本轮廓形成。图氏政治经济学著作众多，以《政治经济学史与社会主义》② 和《政治经济学原理》③ 最为著名。其中《政治经济学原理》影响最大，该书对俄国政治经济学研究而言具有划时代意义，为20世纪初俄国经济学著作经典之一。B. K. 季米特里给予该书高度评价，他指出："迄今为止，还无一本俄文版政治经济学教材，图氏的著作在俄国经济文献

---

① Кондратьев Н. Д. М. И. Туган-Барановский (основные черты его научного мировоззрения) //Общественная мысль: исследования и публикации. М., Наука, 1990. С. 254.

② Туган-Барановский М. И. Очерки из новейшей истории политической экономии и социализма. СПб., Типография И. Н. Скороходова, 1903. 1905年、1906年、1907年、1916年、1919年和1998年再版。

③ Туган-Барановский М. И. Основы политической экономии. СПб., Тип. СПб. акц. общ. 《Слово》, 1909. 1911年、1915年、1917年、1918年、1924年、1990年、1998年再版，1927年在捷克出版。代表性评论文章有: Бернацкий М. Рецензия//Современный мир. 1909, №10; Дмитриев В. Новый русский трактат по теории политической экономии//Русская мысль. 1909, №11; Сапожников Н. Рецензия//Критическое обозрение. 1909, №5; Кондратьев Н. Д. М. И. Туган-Барановский//ЭКО: экономика и организация промышленного производства. 1990, №8.

基础上分析具体经济问题……用通俗易懂的语言和举例证明复杂的经济问题。"①《政治经济学原理》一书中除提出分配、经济行情等理论外，还对生产部门均衡发展、经济生活中客体作用的可能性与范围等问题进行研究。图氏在政治经济学领域最大的成就在于发展了马克思的研究方法，把历史学方法引入经济学研究。

图氏对俄国农业问题的看法。在土地与农民问题上图氏倡导土地国有化，1905 年图氏第一部农业问题著作《土地改革运动史及其成就》② 出版，此后他又发表文章阐述俄国与西欧的土地问题。图氏认为农民阶层稳定性较强，将长期存在，因此必须仔细研究农业问题，完善小农经济。图氏还提出具体的土地改革方案，认为国家应以地方土地委员会为媒介，借其赎买土地以实现土地国有化，并提出赎买措施的理论依据和手段，还对土地调整和转移的必要性进行了分析。③ 图氏认为俄国农业的出路在于合作社，其理论和思想详见于《合作社社会原理》④ 一书，下文将对其合作社思想进行详细分析。

---

① Сорвина Г. Н. *Михаил Иванович Туган-Барановский：первый российский экономист с мировым именем.* С. 37.

② Туган-Барановский М. И. *Земельная реформа：Очерк движения в пользу земельной реформы и практические вывод.* СПб.，Издание редакции журнала《Мир божий》，1905.

③ Туган-Барановский М. И. *Национализация земли：Очерк движения в пользу национализации земли и практические выводы.* СПб.，Издание редакции журнала《Мир божий》，1906.

④ Туган-Барановский М. И. *Социальные основы кооперации* М.，Ун-т Шанявского，1916. 1918 年、1919 年、1920 年、1921 年、1922 年、1989 年、1990 年和 1991 年再版，1918 年和 1923 年在波兰出版，1930 年和 1937 年分别在捷克和以色列出版。代表性评论文章有：Кондратьев Н. Д. Рецензия о книге：М. И. Туган-Барановский. Социальные основы кооперации//*Вестн. Кооперативных Союзов.* 1916，№6；Маслов С. Что такое кооперация//*Кооперативная жизнь.* 1916，№13 – 14；Пажитнов К. А. Рецензия о книге：М. И. Туган-Барановский. Социальные основы кооперации//*Современный мир.* 1916，№4；Сорвина Г. Н. Предисловие к публикации《О кооперативном идеале》//*Экономические науки.* 1989，№4；Татарникова С. Н. М. И. Туган-Барановский о роли кооперации в строительстве социализма//*Вестник МГУ.* 1990，№6；Выдрин Д. И. Отец русской кооперации//*Молодой комунист.* 1990，№3；Гребнев Л. С. О чем писал М. И. Туган-Барановский//*Экономические науки.* 1990，№5.

19世纪俄国工厂发展史（第四版）

图氏对马克思主义理论的修正。图氏对马克思社会学理论给予高度评价，但对其诸多观点持否定态度。在《马克思主义理论基础》[①]一书中除指出应批判地继承马克思主义理论外，还对马克思主义的历史命运及其相关观点进行了论述。图氏指出："统治阶级的利益并不能用道德、宗教、艺术和科学的本质加以阐述，阶级利益也不是真理、道德和标准。"[②]论敌很难接受图氏的观点，其社会思想和空想社会主义理论遭到严重抨击。图氏认为《资本论》中对早期资本主义发展阶段的论述过于绝对化，但他对边际效用理论推崇备至。值得一提的是，图氏在俄国经济发展过程和特征问题上支持马克思的观点[③]，他指出随着工业不断发展、俄国工人阶级数量不断增加、工业居民增长率高于俄国居民总体增长率，俄国已步入资本主义道路，但同时也对工人阶级地位的变化趋势进行了详细分析。

图氏的社会主义理论。从19世纪末开始图氏对社会主义问题尤为关注，1918年《社会主义的正确性》一书[④]问世，在序言中图氏指出社会主义思想在俄国十分流行，必须严肃对待社会主义思想和学说。该书除对资本主义发展规律进行概述外，还对合作社的本质和前景、农民阶级的命运等问题进行了研究。图氏认为理想的社会主义社会人人平等，人们生活十分富足，所有人的利益都能兼顾，个人利益与社会利益相一致，同时生产力高度发达，

---

① Туган-Барановский М. И. *Теоретические основы марксизма*. СПб., Издание редакции журнала《Мир божий》, 1905. 1918年和2003年再版，1905年在德国出版。代表性评论文章有：Прагер П. Легальный марксизм// *Пролетарская революция*. 1930, №7-9；Лядов М. Н. Зарождение легального и революционного марксизма в России// *Фронт науки и техники*. 1933, №2. СубботинаТ. П. Модель социализма М. И. Туган-Барановского// *Вопросы экономики*. 1990, №2；Булдаков В. П. Историографическая проблематика《легального марксизма》// *Исторические записки*. 1971, №87.

② *Социологическая мысль в России. Очерки истории немарксистской социологии последней трети* XIX—начала XX века. C. 294.

③ Святловский В. В., Туган-Барановский М. И., Железнов В. Я. *Историки экономической мысли России*. М., Наука, 2003. C. 249.

④ Туган-Барановский М. И. *Социализм как положительное учение*. СПб., Кооперация, 1918; Социализм как положительное учение// *Диалог*. 1990.

私有制被取消，生产资料归全民所有。① 图氏认为俄国不适合发展社会主义，应发展农民民主制，但前提是必须进行一系列社会改革：农业方面是发展合作社，工业领域实施国家调控资本主义。社会主义社会更应该具有明确规划、明确目标和统一指导思想。图氏指出1917年革命并不是社会主义的理论实践，并不具有现实性特征，只有在社会经济发展到一定程度时社会主义才可能建立。② 只有当生产力高度发达时资本主义才能过渡为社会主义，社会主义欲超越资本主义，对执政党要求极高，政府任务极其繁重和复杂，一着不慎，则全盘皆输。

1917年革命后，图氏的著作多次再版，被争相传阅。20世纪20年代起俄国国内政治局势发生变化，图氏被认定为资本主义思想家、反革命分子帮凶，学界也停止对其理论和思想的研究。1930年凯恩斯思想广泛传播后图氏的理论和学说重新受到重视。

二 图甘-巴拉诺夫斯基与俄国政治经济学派

18世纪末至19世纪初俄国政治经济学研究主要局限于亚当·斯密的《国富论》，该书在俄国学界和政界十分流行。财政大臣 М. И. 沃龙佐夫下令将亚当·斯密的作品译成俄文，斯密学说在俄国备受重视。③ 农奴制时期俄国经济建立在强制劳动基础之上，经济规章十分烦琐，很多人鼓吹经济自由，为古典经济学思想的统治地位奠定了基础。19世纪上半期俄国大多数经济学家都持古典学派的观点，政治经济学发展受到严格限制，新经济思想

---

① Туган-Барановский М. И. Социализм как положительное учение//Образ будущего в русской социально-экономической мысли конца XIX–XX века. Избранные произведения. М., Республика, 1994. С. 203.

② Сорвина Г. Н. Михаил Иванович Туган-Барановский: первый российский экономист с мировым именем. С. 79.

③ Туган-Барановский М. И. Избранное. Русская фабрика в прошлом и настоящем. С. 146; Сорвина Г. Н. Михаил Иванович Туган-Барановский: первый российский экономист с мировым именем. С. 7.

无法在俄国传播。

1861年改革后俄国经济学研究方向发生变化，发展本国经济学的任务迫在眉睫。19世纪下半期，法国、英国、德国陆续产生重农主义学派、古典经济学派和德国历史学派，俄国也产生了新经济学流派，即"俄国政治经济学派"。该学派是在新思想和传统观点结合的过程中形成的，具有特定研究方法和学术观点，并非一味拥护传统经济学思想，而是保留政治经济学派称谓，将新元素纳入政治经济学研究之中。该学派继承和发扬古典政治经济学派的理论，将劳动价值与边际效用相结合，指出政治经济学的研究对象为国民经济，研究目的是揭示客观经济规律。俄国政治经济学派学者的著作中不但含有古典政治经济学思想，还融入了道德因素，即社会公平观点。19世纪末该学派影响力日增，其中影响力最大的经济学家为图氏和В.К.德米特里耶夫。

В.К.德米特里耶夫是俄国政治经济学派数学研究法的创始人，主要著作为《俄国酒精实际需求量研究》。[①] 1911年该书出版后 П.Б. 斯特鲁维为其作序，给予高度评价："该书是研究俄国实事问题的开创性著作，具有很大的现实意义，言他人所未言……"[②] 通过对当时经济状况的分析，德米特里耶夫指出并不单纯是俄国酿酒业较为萧条，各行业都是如此，主要原因是落后的农村制度解体，传统生活方式逐渐消失，农民并未适应城市生活条件，在资本主义和工业化不断发展过程中他们仍以农民自居。德米特里耶夫对全俄市场和市场范畴的研究也十分深入，其观点详见于其著作《经济史》中。[③]

虽然德米特里耶夫的数学研究方法十分著名，但其影响力仍逊色于图氏，图氏认为宏观经济学研究方法对解决市场经济中劳动力供应和周期性经济危

---

① Дмитриев В. К. *Критические исследования о потреблении алкоголя в России.* М.，Русская панорама，2001.

② Сорвина Г. Н. *Михаил Иванович Туган-Барановский：первый российский экономист с мировым именем.* С. 13；Дмитриев В. К. *Критические исследования о потреблении алкоголя в России.* С. 22.

③ Дмитриев В. К. *Экономические очерки.* М.，Директмедиа Паблишинг，2008.

机问题十分有效。① 图氏宏观经济学研究方向为经济危机和周期、经济发展行情预测、合作社和货币理论②，其经济学研究方法源自马克思和魁奈等学者。其政治经济学派领袖的地位毋庸置疑，其学说和理论被广泛继承和发扬。

20世纪20年代俄国政治经济学派的领袖是图氏的弟子康德拉季耶夫，康氏的宏观经济学理论促进了俄国政治经济学质的飞跃，各国学者对其学说倍加关注。康氏主要学术贡献为发扬图氏经济预测理论，明确计划经济的重要性，但其研究重心仍是图氏的周期和循环理论。他还首创长波理论，被国际经济学界誉为"长波理论之父"。康氏把经济发展周期分为长、中和短3种，中周期持续的时间为7~11年，短周期则为3~3.5年。③ 康氏经济波动理论被著名经济学家熊彼特继承和发扬，在这一理论基础上熊彼特创建了商业周期理论。④

西方经济学家认为俄国政治经济学派鼎盛时期的理论基础为魁奈、马克思和图氏的思想。20世纪初图氏的理论并未付诸实践，但1920年在制定经济发展规划和纲领时图氏的理论与数学分析法无人能及，其理论开始被应用于经济实践。1922~1924年根据图氏理论制定的反通胀措施最具成效，该政策促进了新经济政策的有效实施。图氏的另一名弟子Л. H. 尤洛夫斯基也才华出众⑤，他同康德拉季耶夫一起制定苏联财政政策，为改善国家经济状况献计献策。他们主张通过增加农产品出口量改善国内经济状况，降低运费和实物税，实施货币改革，把工业品打入农村市场以扩大商品市场。俄国政治经济学派鼎盛时期 E. E. 斯卢茨基的学说十分著名，他首次提出商品价格

---

① Туган-Барановский М. И. *Основы политической экономии. Приложения.* М.，РОССПЭН，1998. 19.

② Солнцев С. И.，Туган-Барановский М. И.，Билимович А. Д. *Социальная теория распределения.* М.，Наука，2009.

③ Кондратьев Н. Д. *Проблемы экономической динамики.* М.，Экономика，1989. С. 226；Туган-Барановский М. И. *Периодические промышленные кризы.* М.，Директмедиа Паблишинг，2008. 312.

④ Кондратьев Н. Д. *Рынок хлебов и его регулирование во время войны и революции.* М.，Наука，1991. С. 82.

⑤ Юровский Л. Н. *Денежная политика Советской власти*（1917 – 1923）. М.，Финансовое изд-во，1928；Юровский Л. Н. К проблеме плана и равновесия в советской хозяйства под углом зрения народного хозяйства СССР// *Плановое хозяйство.* 1928，№11 – 12.

变化分为两部分，即替代效应和收入效应。斯卢茨基的经济均衡思想被美国经济学家希克斯继承和发扬，在这一思想的基础上希克斯创建了经济均衡理论，也因此获得了1972年诺贝尔经济学奖。①

20世纪初俄国诞生了许多知名经济学家，他们的理论不但在国内传播，而且被翻译成外文在国外出版。此时学院派的主导地位已被打破，俄国经济学家已将理论与国内实际状况相结合。20世纪20年代为俄国政治经济学派鼎盛时期，30年代苏联政治经济局势发生变化，政治经济学派主要研究内容为资本主义经济不合理性和苏联社会经济改革。诸多政治经济学家境况悲惨，康德拉季耶夫和尤洛夫斯基被相继迫害致死；另外一些学者纷纷改行，脱离学术界；部分学者逃至国外，继续从事科学研究。图氏的学术成果甚丰，但在其众多学术成就中宏观经济学思想影响最大，值得详细阐述。

三　图甘-巴拉诺夫斯基的宏观经济学思想

图氏的宏观经济学贡献主要是创建市场、周期、危机、分配理论，并对资本主义国家和俄国经济状况进行分析与预测。为更好地阐述图氏的宏观经济学思想及其影响，译者分别阐述其经济危机、周期、市场行情分析和预测、货币及合作社理论，并对这些理论的影响和效用进行简要分析。

（一）经济危机理论

图氏对宏观经济的研究始于其著作《现代英国工业危机、原因及其影响》②，

---

① Сорвина Г. Н. *Михаил Иванович Туган-Барановский: первый российский экономист с мировым именем.* С. 21.
② Туган-Барановский М. И. *Промышленные кризисы в современной Англии, их причины и ближайшие влияния на народную жизнь* СПб., Диссертация, 1894. 1900年、1914年、1923年、1997年再版；1898年、1901年、1969年在德国出版，1913年在法国出版；1931年、1954年、1972年被译为日语和英语。代表性评论文章有：Курской Л. *Теория рынка и промышленных кризисов М. И. Туган-Барановского* М., Высшая школа, 1916; Кузьменко В. П. *Исследование динамики социально-экономических циклов*//*Статистика Украины*. 1999，No1 等。

该书出版后立刻引起西方经济学家的关注。图氏经济危机理论也因此诞生,除对经济危机产生的原因、本质、影响程度进行研究外,还得出资本主义经济危机不可避免的论断,下文将详细剖析图氏的经济危机理论。

经济危机产生的原因。图氏以英国经济危机为例对英国经济状况进行了详细研究,并对其经济危机产生的原因和波及范围进行分析。他认为经济危机产生的原因是生产、交换、分配和消费环节遭到破坏,市场状况良好时商品需求量增加,生产规模扩大,最终导致生产过剩,从而影响整个工业领域,致使商品价格降低,市场萧条。图氏指出经济危机过后银行资金和个人存款大量增加,大量自由资本进入市场,经济状况开始好转。[1] 经济繁荣时期将出现投资热,萧条时期则会出现自由信贷资本和流动资金积聚现象。繁荣和萧条将交替进行,经济周期为资本主义经济发展的必然规律,此外经济危机不可避免,其周期为7~11年。[2] 图氏认为三个要素对经济发展至关重要,即商品市场状况、货币流通领域变化和信贷波动,第一个要素尤为重要。各部门生产扩大必然引起商品产量增加,此后其他行业生产规模也随之扩大,最终导致生产过剩,市场为生产增长的源泉,可对资本主义经济进行调控。[3] 同时图氏指出市场为现代经济生活的基础,市场管理生产,而不是生产控制市场,生产对市场只具有间接影响。[4]

经济危机的本质。图氏认为经济危机本质上是资本主义社会的再生产,资本主义由于内在矛盾性,很难达到总需求和总供给均衡。[5] 为维持社会再生产比例,企业主须熟悉市场状态,了解市场行情,在此条件下才能维持供需平衡。现实生活中资本主义生产和组织方式、自由竞争导致市场失灵,企

---

[1] Макаренко И. П. Экономические кризисы: инструменты прогноза// Антикризисный менеджмент. 2003, №8. С. 9 – 10.

[2] Туган-Барановский. Д. М. М. И. Туган-Барановский в 90 – е гг. XIX в.: становление ученого. С. 135; Макаренко И. П. Экономические кризисы: инструменты прогноза. С. 11 – 12; Туган-Барановский М. И. Периодические промышленные кризы 312, 313.

[3] Туган-Барановский М. И. Основы политической экономии. С. 514.

[4] Туган-Барановский М. И. Основы политической экономии. С. 518 – 519.

[5] Сорвина Г. Н. Михаил Иванович Туган-Барановский: первый российский экономист с мировым именем. С. 52 – 53.

业主盲目扩大生产导致资本迅速扩张，最终陷入困境，因无力保障社会再生产比例，资本主义经济危机不可避免。

经济危机的影响和不可避免性。经济危机影响社会生活的各个方面，其中对居民生活的影响最为显著。图氏指出随着19世纪下半期工业的快速发展和生产技术的不断进步，英国居民生活状况开始恶化。虽然此时期英国经济迅速崛起，但工人阶级的生活水平并无明显改善，经济萧条时期工人生活状况恶化、失业率提高。通过大量分析和论证，图氏指出资本主义经济危机不可避免，原因如下：第一，资本主义经济本身的矛盾性，对工厂主而言，工人只是生产工具；第二，资本主义经济与奴隶制和封建经济体制不同，具有生产无限扩张的趋势；第三，资本主义经济为无组织经济形式，各部门生产缺少计划性。[①] 图氏的经济危机理论至今仍具有重大影响，很多观点和学说被后世继承和发扬，其中经济周期理论影响最大。

（二）周期理论

如今资本主义经济危机周期理论众所周知，但19世纪末至20世纪初俄国民众对该问题一无所知，图氏首次把这些理论和问题介绍给读者，并在此基础上对经济行情进行预测，该理论被后人不断继承和完善。为揭示图氏的周期理论及其影响，译者从图氏的周期理论本身及后世对其继承和发扬两方面展开分析。

图氏的经济周期理论的出发点是阐释其工业危机理论。通过对英国工业状况的分析图氏提出了经济危机理论，指出在经济发展过程中商品流通渠道、价格波动、货币和信贷资本都具有周期性特征。[②] 后人对图氏的经济周期理论十分推崇，其学生康德拉季耶夫指出："图氏该理论诞生后俄国经济学思想不再隶属于西欧，西方也开始借鉴东方和俄国经济思想，其学说是俄

---

① Туган-Барановский М. И. *Периодические промышленные кризы*. С. 315.
② Яковец Ю. В., Сорвина Г. Н. *Российская школа экономической мысли*. Том I. М., Изд-во РАГС, 2011. С. 148.

国经济学蓬勃发展的象征。"① 凯恩斯主义者、美国经济学家汉森对图氏的周期理论评价甚高,他指出:"图氏理论在当时可谓无人能及,俨如一颗明珠……其投资和需求对经济周期影响的论断至今仍具有重要意义。"②

经济周期理论。图氏指出生产资本和货币资本积累的过程具有显著差异,生产资本为波形变化,其变化能明显体现出经济增长与衰落周期;货币资本积累具有间断性,其变化不具有波动特征。图氏认为货币资本波动较小源于工业生产以外的收入,这些收入(如各种类型的租金和国债收入)在国民经济中具有巨大作用,但与生产部门无关。最终图氏得出资本主义经济具有周期性特征的论断,但因工业危机具有一定征兆,可对资本主义经济危机进行预测,越是关系国计民生的经济领域,征兆越明显。同时图氏也指出经济周期各个阶段可因不同社会经济状况延缓或加速,资本主义经济周期约为10年。③

经济周期的循环性。图氏认为随着资本不断渗透,各部门开始出现链条反应,即一个部门扩张带动相关部门发展,经济开始活跃。随着国民经济逐步活跃,货币资本通过信贷市场进入生产领域,导致生产扩大和购买力增加,市场行情好转。但只要自由资本消费速度超过积累速度,萧条便立即来临,经济低迷接踵而至。萧条时期自由资本停止进入市场,出现货币危机,信贷体系遭到破坏。自由资本停止进入市场后市场上商品需求量低于供给量,生产过剩,市场行情恶化,最终导致商品价格下跌,工厂主入不敷出。因社会再生产的无组织性和自由资本的快速积聚性,图氏得出资本主义经济繁荣和萧条周期性交替的结论。④

---

① Туган-Барановский М. И. *Периодические промышленным кризисы. История английских кризисов. Общая теория кризисов.* М., РОССПЭН, 1997. С. 4.
② Хансен Э. Экономические циклы и национальный доход//*Классики кейнсианства.* Т2. М., Экономика, 1997. С. 90.
③ Туган-Барановский М. И. *Изобранное. Периодические промышленным кризисы. История английских кризисов.* С. 312–313.
④ Сорвина Г. Н. *Михаил Иванович Туган-Барановский: первый российский экономист с мировым именем.* С. 56–57.

经济周期的影响。图氏以资本主义社会工人阶级地位的变化来研究经济周期的影响。通过对19世纪70~90年代英国工人阶级状况的研究，图氏指出经济危机期间出现全体国民贫困现象，主要源于手工工场与资本主义工厂间的竞争。19世纪初贫困化为资本主义的通病，而无产阶级诞生为资本主义发展的必然结果。国民生活水平取决于经济周期性，经济萧条时期结婚率明显下降，死亡率、犯罪率与赤贫化显著提高，反之亦然。

对图氏经济周期理论的继承和发扬。俄国学者为20世纪初经济周期理论先锋军，俄国也因此成为周期理论研究的核心区域。[①]除图氏外经济周期理论的集大成者还有Н. Д. 康德拉季耶夫和П. А. 索罗金。康氏首创长波理论，认为经济周期为50~60年[②]，经济长周期波动的根本原因有生产技术的变革、战争和革命、新市场开发等。一个周期前25~30年为经济繁荣期，此后因资源耗尽和生产低迷，国民经济步入萧条期。康氏还提出资本主义社会的两个半长波周期。П. А. 索罗金的主要贡献是促进俄国周期学派形成，他指出社会周期范围十分广，不但包括文化、科学、法律、宗教周期，而且还包括政治和经济周期。[③] 20世纪40~70年代苏联周期和危机理论研究销声匿迹，随着1973~1975年世界经济危机的爆发，苏联周期学派重新振兴，现阶段俄罗斯经济学家对该问题也颇为关注。因此，图氏的经济周期和危机理论影响巨大，在熟悉经济危机和周期内在发展机制的同时，可对国内外市场状况进行预测，对国家经济发展趋势和走向进行分析。

（三）市场行情分析和预测理论

图氏是世界范围内最早对市场行情进行预测的学者之一，其预测十分准确，他指出根据经济危机和周期理论可确认本国经济所处的发展阶段，以便提前采取措施应对经济危机。为更好地阐述图氏的市场行情理论，需对其经

---

① Яковец Ю. В., Сорвина Г. Н. *Российская школа экономической мысли.* Том I. C. 154.
② Кондратьев Н. Д. *Особое мнение. Избранные произведения в 2 - х книгах.* М.，Наука，1993. C. 45.
③ Яковец Ю. В., Сорвина Г. Н. *Российская школа экономической мысли.* Том I. C. 179 - 179.

济预测理论和该学说的发展逐一分析。

图氏认为实践是检验经济理论的重要标准,他通过对俄国国民经济状态的分析和预测来证明其理论的正确性。1889 年末图氏首次评论俄国经济,不但对现有工业状况进行总结,还对以后经济发展趋势进行预测。1898 年图氏就指出俄国已接近经济危机边缘,1899 年末俄国将出现经济危机,但并未引起社会各界的关注。在德国出版的《周期性工业危机》一书绪论中图氏指出德国经济危机即将来临,立即引起德国政府的注意,他还预测 1907 年美国将出现经济危机。①

图氏对 20 世纪初俄国经济状况的预测无人能及。图氏经济分析和预测的理论基础为周期和危机理论,他认为对经济行情理论的理解程度决定对经济发展趋势的掌握状况,应在相关统计数据的基础上对具体经济现象和因素进行分析。② 经济行情预测可更好地理解经济发展过程和经济要素变化,揭示经济发展规律性和内在逻辑性。《1900~1910 年俄国工业状况及其发展形势》③ 一文引起了巨大反响,图氏认为 1910 年为俄国工业转折点,经济经历大型危机后各部门都将好转。④ 1910 年《语言》报刊登图氏《经济生活》⑤ 一文,该文总结了 1909 年国家经济发展的成果,1911 年《语言》报年鉴刊登图氏对 1910 年俄国经济的点评。⑥ 从这一年起在该报纸中刊登图氏对经济预测和分析的文章便成为惯例。报纸还刊登了图氏对俄国 1913 年、1914 年、1915 年经济形势的预测。

康德拉季耶夫是图氏经济分析和预测理论的继承者。康氏指出经济预测至关重要,一方面可对经济发展状况做出科学预测,另一方面可借此制定经

---

① Туган-Барановский М. И. *Приодические промышленные кризисы.* М., Наука, 1997. С. 57.
② Кондратьев Н. Д. *Проблемы экономической динамики.* М., Экономика, 1989. С. 48 – 52; Яковец Ю. В., Сорвина Г. Н. *Российская школа экономической мысли.* Том I. С. 175.
③ Туган-Барановский М. И. Состояние нашей промышленности за последнее десятилетие и виды на будущее//*Современный Мир.* 1910, №12. С. 27 – 53.
④ Сорвина Г. Н. *Михаил Иванович Туган-Барановский: первый российский экономист с мировым именем.* С. 59.
⑤ Туган-Барановский М. И. Хозяйственная жизнь. Итоги 1909 года//*Речь.* 1910, №1.
⑥ Туган-Барановский М. И. Хозяйственная жизнь (России в 1910г.)//*Речь.* 1911, №1.

济纲领和确定经济走向。康氏继承和发扬了图氏的市场行情理论，他指出："在经济体系中都具有体现各元素相互关系的指示器，如国家贸易、合作社贸易和私人贸易价格指数，总体商品指数，农业指数、工业生产、进出口、就业、劳动生产率指数等，借此可勾勒出国民经济发展的综合指数。"①1925年康氏经济预测理论获得世界认可，大周期理论也初步问世。②

图氏和康氏的经济预测理论都建立在周期理论基础之上，根据经济发展周期的不同阶段对经济行情进行预测。在平稳期经济波动不大，可对经济行情进行准确预测。当经济受到重创时，如危机时各种矛盾激发，预测就十分困难。康氏还制定了资本主义经济模型，借此不但能确定不同国家所处的发展阶段，还可提前采取应对措施。③ 苏联时期图氏的学说并未受到重视，却成为20世纪20年代西欧国家和20世纪50~70年代日本制定经济政策的重要参考。④

（四）货币理论

从19世纪末开始图氏就十分关注货币理论，他是马克思之后首位提出货币理论的经济学家。他认为商品价值建立在个别等价物价值的基础之上，国家无力掌控，但货币价值建立在国家特定等价物价值的基础上，国家可进行调控，当货币完全失去商品属性时，其价值完全由黄金决定。为更好地阐述图氏的货币理论，译者从其货币理论的提出、内容和实践三方面进行介绍。

货币理论的提出。1917年图氏《纸币与金属》⑤一书问世，书中除向读者介绍一些经济理论外，还提出一战后经济发展规划，其中货币政策尤为

---

① Кондратьев Н. Д. *Проблемы экономической динамики*. С. 416 – 450；Яковец Ю. В., Сорвина Г. Н. *Российская школа экономической мысли*. Том I. С. 175；Кондратьев Н. Д. *Избранные сочинения*. М., Экономика, 1993. С. 24 – 83.

② Кондратьев Н. Д. *Рынок хлебов и его регулирование во время войны и революции*. С. 80.

③ Кондратьев Н. Д. *Проблемы экономической динамики*. С. 414.

④ Сорвина Г. Н. *История экономической мысли XX столетия*. М., РАГС, 2004.

⑤ Туган-Барановский М. И. *Бумажные деньги и металл*. СПб., Издательский Дом 《ИНФРА-М》, 1919. 该书于1998年再版, 1987年在意大利出版。

突出。《纸币与金属》一书具有重大理论和方法论价值，书中除对纸币属性和价值、纸币与金属的关系进行阐述外，还对各经济学派的货币理论进行分析。① 此外，图氏还对战争年代经济发展状况进行研究，倡导采取有效措施调节战后货币流通状况，主张制定反通胀政策。

货币理论的内容。一战前夕马克思主义货币理论十分流行，但一战期间货币流通条件发生变化，马克思主义理论不能诠释全新的经济发展形势。图氏认为在纸币不能与黄金自由兑换时，货币完全失去商品本质，与黄金挂钩后货币的诸多功能发生了变化。不同工业周期中货币价值发生波动，货币价值取决于商品价格总水平。因纸币大量发行，金属货币逐渐退出流通领域，这是国家调控所致，国家可调节货币单位机制，保证本国货币价值。图氏非常热心战后俄国的反通胀计划，他认为通货膨胀产生的原因为社会再生产条件受到破坏和国民经济失衡，在此状况下国家应采取措施调控经济，其中货币政策最为有效。通货膨胀时不应提高纸币与黄金汇率，而应恢复金本位制，俄国外币兑换政策取决于国家意志和市场需求。②

图氏认为三个要素对货币价值水平影响极大，即商品社会需求量变化、国家意志和贴现率变化，贴现率是资本主义经济危机的指示器之一。随着生产不断活跃，自由资本需求量迅速增加，货币供给量大大提高，贴现率也大幅度提升，其利率远远高于危机时。③ 图氏把该理论与英国实际经济状况相结合，因此其结论更具有说服力。很多学者认为图氏的学说断不可行，但1987年图氏有关货币理论的书籍在意大利出版后引起强烈反响。④

---

① Туган-Барановский М. И. Бумажные деньги и металл//Экономические очерки М.，РОССПЭН，1998. С. 6.
② Туган-Барановский М. И. *Бумажные деньги и металл*. С. 7.
③ Туган-Барановский. Д. М. М. И. Туган-Барановский в 90 - е гг. XIX в.: становление ученого. С. 135 – 136.
④ Сорвина Г. Н. *Михаил Иванович Туган-Барановский*: первый российский экономист с мировым именем. С. 62.

(五)合作社思想

合作社思想产生已久,众多学者对该思想十分关注,19世纪初西欧学界就极其关注该思想,合作社思想的缔造者和传播者主要为欧文、傅立叶、圣西门、拉法金等人。19世纪起合作社思想在俄国传播,革命前俄国合作社研究和实践居世界领先地位。[1] 随着合作社思想在俄国不断传播和合作社运动快速推广[2],俄国学者对合作社理论倍加关注。最早传播合作社思想的是彼得拉舍夫斯基和车尔尼雪夫斯基等学者。[3]

19世纪下半期众多俄国学者对合作社思想十分关注,其中以 В. П. 沃龙佐夫、А. А. 伊萨耶夫和 А. А. 尼古拉耶夫为代表的"劳动组合"观点,В. Ф. 托托米安茨和 В. А. 波谢等人的纯合作社理论,М. 图甘-巴拉诺夫斯基和 К. А. 帕日特诺夫等人的合作社社会主义思想等学说影响最大。[4] 随着社会经济的发展,俄国学者的观点也不断变化,不但从社会经济观点研究合作社,还从道德-精神角度进行研究。20世纪初图氏和 А. В. 恰亚诺夫是合作社理论的集大成者,但图氏的合作社理论影响最为深远。20世纪初很多学者都关注合作社理论,但多流于表面,图氏通过对各种合作社观点的深入分析指出了各类型合作社的发展趋势。

革命前合作社理论并未受到俄国学者重视,图氏对此却倍加重视。1908年图氏成为农业、储蓄信贷和工业合作社委员会成员,1909年担任《合作社公报》主编[5],该杂志为众多出版物中的佼佼者,图氏成为传播合作社理论的大家,其著作和文章被广泛转载。图氏在《合作社公报》上撰文阐述

---

[1] Титаев Б. Н. *Власть, бедность, кооперация.* Саратов., Научное издание, 2003. С. 8.

[2] Кабанов В. В. *Октябрьская революция и кооперация.* М., Наука, 1973. С. 59.

[3] *Кооперация страницы истории. Том 1. Первая книга 30 - 40е годы* XIX—*начало* XX *века.* М., Наука, 2001. С. 115, 155; Корелин А. П. *Кооперация и кооперативное движение в России 1860 - 1917гг.* М., РОССПЭН, 2009. С. 23.

[4] Корелин А. П. *Кооперация и кооперативное движение в России 1860 - 1917гг.* С. 10.

[5] *Кооперация страницы истории. Том 1. Первая книга 30 - 40е годы* XIX—*начало* XX *века.* С. 11; Корелин А. П. *Кооперация и кооперативное движение в России 1860 - 1917гг.* С. 18; Туган-Барановский М. И. *Социальные основы кооперации.* С. 5.

合作社思想，对合作社理论进行系统介绍，与读者进行对话。一战后图氏的研究重心为社会改革与国家发展道路，他认为俄国的命运与合作社息息相关。

1916年图氏《合作社社会原理》一书问世，该书是对合作社理论研究的巨大突破。书中首次对世界范围内合作社企业进行详细阐述，并对合作社经济的特征、社会本质和生存力进行全面分析。图氏认为合作社不是天然形成的，是人为产生的，为资本主义社会人类思想和意志力的体现。合作社是前人臆想出来的一种改变社会－经济体制的工具。① 俄国著名合作社运动活动家K. A. 帕日特诺夫对图氏合作社理论给予高度评价，他指出："尽管俄国合作社理论研究蓬勃发展，但真正有价值的著作不多，图氏为合作社理论集大成者，他为合作社运动提供理论指导，从各个角度宣传和研究合作社。"② 图氏深信将来人类社会将过渡到社会主义社会，但暂时还不具备建立该社会制度的条件，在社会制度过渡过程中合作社将发挥重大作用。

图氏认为合作社没有社会属性。他指出合作社并不是资本主义类型的企业，原因如下：第一，合作社是防止劳动者受不良经济条件影响而产生的自我保护组织，它源于劳动阶级反对资本家的剥削；第二，合作社成员都是自愿加入该组织的，其目的并不是利益最大化，而是力求合作社成员收入增加；第三，该组织具有二重性，除公共利益外，还关注私人利益，具有利己主义动机。图氏也对资本主义经济条件下合作社的生命力等问题进行了分析，他认为雇佣劳动为最大阻力，资本主义经济不平衡和周期性特征对合作社影响较大。经济高涨期间合作社蓬勃发展，经济萧条时状况恶化。图氏对合作社运动评价甚高，他认为俄国农业发展的方向为以合作社为代表的农民经济代替资本主义的经营方式。③

---

① Туган-Барановский М. И. *Социальные основы кооперации*. С. 46.
② Пажитнов К. А. *История кооперативной мысли* СПб., Кооперация, 1918. С. 267；Туган-Барановский М. И. *Социальные основы кооперации*. С. 12.
③ Туган-Барановский М. И. *Социальные основы кооперации* С. 14；Туган-Барановский М. И. *Русская революция и социализм*. СПб., Изд-во кооп. союзов《Кооперация》, 1917. С. 31－32.

图氏对俄国发展社会主义的条件、合作社与社会主义的关系等问题进行了专门阐述，并对改革过程中合作社的地位和作用进行了分析。合作社理论在图氏经济学理论中具有重要地位。他认为虽然合作社产生于资本主义社会，但资本主义经济有其固有矛盾，把人当劳动工具，并不尊重人性，因此社会主义社会更适合发展合作社。① 图氏认为合作社产生于资本主义社会，如果社会主义有效利用合作社，那么合作社将发挥更重要的作用。合作社首先关注人类经济利益，不是福利机构，更不是宣传组织和工人联盟，而是代表特定利益群体的经济组织，与资本主义企业一样应具有严格的商业核算制度。② 图氏还从心理学角度对合作社成员的劳动动机进行了分析，指出合作社成员的劳动积极性高于官营企业员工。③

在农业发展问题上康德拉季耶夫继承了图氏的思想，认为克服大资产阶级经济和小农经济局限性的出路在于合作社。合作社能实现国家土地所有制、合作社土地所有制和私人土地所有制的有效融合，通过土地社会化和合作化可实现经济商品化，加强城乡互动，为增加劳动力、工业品销售和工业原材料市场的基础，从而确立工农业间的密切联系和生产平衡。④ 19世纪末至20世纪初图氏宏观经济学思想影响最大，其学说不但在当时备受瞩目，而且被后人继承和发扬，诸多学说如今仍有巨大价值。图氏经济危机和周期理论、市场行情预测、货币理论和合作社理论成为20世纪初俄国和30年代苏联制定经济纲领和政策的主要理论依据之一。受政治经济局势所迫，图氏的理论虽然一度在国内销声匿迹，却成为西方一些国家制定经济和货币政策的重要参考。

---

① Туган-Барановский М. И. *Социальные основы кооперации.* С. 132；*Кооперация страницы истории.* Том 1. Первая книга. 30 – 40е годы ⅩⅨ— начало ⅩⅩ века. С. 9.
② Сорвина Г. Н. *Михаил Иванович Туган-Барановский：первый российский экономист с мировым именем.* С. 74.
③ Туган-Барановский М. И. *Социальные основы кооперации.* С. 13.
④ Кондратьев Н. Д. *Аграрный вопрос о земле и земельных порядках.* М., Универсальная б-ка, 1917. С. 60.

四 图氏关于俄国资本主义问题的论述

图氏认为与西欧相比俄国资本主义既有普遍性又有特殊性，他主要从工业和工厂角度探析俄国资本主义发展状况，图氏关于俄国工业和工厂状况的研究主要集中于《19世纪俄国工厂发展史》[①]一书中，该书影响力巨大，于1898年首次问世，次年在德国出版，至今共再版七次。列宁在《俄国资本主义发展》一书中大量引用图氏的数据和资料，并指出："在我的著作中有很多内容与图氏俄国工厂研究相吻合，商业资本是大工业形成的必要条件。"[②] 1970年该书在美国翻译出版，纳入美国"古典经济学系列丛书"，被列为研究俄国史的经典著作。[③] 为更好地从工业角度探析俄国资本主义的状况，图氏逐一分析俄国工业发展状况、企业主与工人关系、工厂与手工业间关系等内容，为突出俄国资本主义发展程度，还将1861年改革前后工业发展水平、工厂主和工人状况进行了对比。

俄国工业发展状况研究。图氏以纺织业领域为例分析改革前俄国工业发展状况，从重工业角度论证改革后俄国资本主义取得的成就。图氏认为俄国大工业始于彼得一世时期，但18世纪严重滞后，19世纪开始纺织业迅速崛起，19世纪上半期俄国工业快速发展主要依靠纺织工业。19世纪英国进口纱线价格大跌后俄国纺织业飞速发展，此后为保护本国工业，俄国政府大幅

[①] Туган-Барановский М. И. *Избранное. Русская фабрика в прошлом и настоящем: Историко-экономическое исследование. Т. 1. Историческое развитие русской фабрики в XIX веке.* СПб., Изд Л. Ф. Пантелеева, 1898; M. Tugan-Baranovsky. *Vom Verfasserrev. deutsche Ausgabe von Dr. B. Minzes（Gesamt. Tuteblatt: Sozial-geschichtliche Forschungen ⋯ Hft. 5/6）.* Berlin., Felber, 1900; M. Tugan-Baranovsky. *Russian factory in 19 – th century.* Translated by Arthur Levin and Gloria S. Levin under the supervision of Gregory Grossman etc. Homewood., Richard D. Irwin, 1970. Gattrell P. Industrial expansion in tsarist Russia1908 – 14//*Economic History Review.* 1982, No1; Benner A. Comparative empirical observation on worker owned and capitalist firms// *International journal of Industry.* 1988, No 1.

[②] Туган-Барановский М. И. *Социальные основы кооперации.* С. 9.

[③] *Энциклопедический словарь 《Гранат》.* Т. 41. М., Рус. библиогр. ин-т Грана, 1930. С. 490 – 495.

度提高纱线关税，纺织厂开始使用本国纱线织布。在纺纱和织布技术提高后俄国纺织业成就举世瞩目，纺锤数量超过德国，居世界第五位。① 受劳动力匮乏和生产技术落后等因素制约的俄国工业，改革后因劳动力供应充足、工商业发展环境优越，除纺织业外重工业也取得了骄人成就。1861~1900年采煤量和铸铁产量分别增长了52倍和8.5倍，同时运输工业也快速发展，铁路长度增长了32倍。② 俄国纺织工业集中程度加强，小手工作坊陆续倒闭，现代化纺织工厂林立，莫斯科、圣彼得堡和弗拉基米尔省为俄国现代化纺织工业中心。因自然资源丰富、市场广阔、居民收入提高后购买力增强，19世纪下半叶俄国工业成就显著，1883~1913年俄国国民生产总值年均增长3.4%，已超过西欧国家，与西方国家间差距明显缩小。③ 1887~1897年俄国工厂数量增加了8141家，1900年大企业数量达2.5万家，工业总产值约32亿卢布。④ 因此，改革前俄国支柱工业为纺织工业，改革后虽然纺织工业成就也不容忽视，但重工业成就更举世瞩目，以上数据足以证明俄国资本主义发展状况。

企业主与工人关系研究。改革前俄国工厂大都以强制劳动为主，商人因社会地位较低，政府限制其购买农奴，在雇佣劳动力匮乏状况下工厂规模很难扩大。改革前俄国工厂主要为世袭和领有工厂，世袭工厂多属贵族，贵族可使用其农奴进行生产。领有工厂由政府拨给土地、建筑物、劳动力和现金，工厂主权利受限，政府规定产品生产种类和销售对象。随着俄国工业发展，出现了一个特殊的企业主阶层，即农奴企业主，虽然改革前他们仍是地主私产，但已拥有工厂、财产，甚至农奴，如伊万诺沃村工

---

① Туган-Барановский М. И. *Избранное. Русская фабрика в прошлом и настоящем.* С. 129.
② Ахундов В. Ю. *Монополистический капитал в дореволюционной бакинской нефтяной промышленности.* М.，Изд-во социально-экономической литературы，1959. С. 8.
③ Петров Ю. А. *Российская экономика в начале XX в. // Россия в начале XX в.* М.，РОССПЭН，1997. С. 168-223；*Предпринимательство и предприниматели России от истоков до начала XX века.* М.，РОССПЭН，1997. С. 140.
④ Ковнир В. Н. *История экономики России：Учеб. пособие.* М.，Логос，2005. С. 284. Кондратьев Н. Д. *Рынок хлебов и его регулирование во время войны и революции.* С. 25.

厂主都出身于农民，虽拥有1000多名工人但在法律上仍无人身自由，与农民地位无异。① 改革前雇佣工人数量较少，在贵族和世袭工厂内工人生活和工作环境恶劣，贵族工厂工人状况尤甚。贵族工厂工人属私人，领有工人不是工厂主私产，政府有权调整工人与工厂主间的关系，因此领有工人状况好于贵族工厂工人。一般领有工人工时为12小时②，而贵族工厂工人在从事完繁重的农业劳动后还需在工厂内工作，劳动时间明显长于领有工人。图氏指出随着俄国工业发展条件的成熟，以强制劳动为主的领有和贵族工厂开始衰亡，逐渐被新型资本主义工厂所取代，雇佣劳动逐渐普及。改革后工人工时明显缩短，1897年出台的法律规定，圣彼得堡工人日工作时间不得超过11.5小时，大多数工人工时为9~11小时。③ 此时工人名义工资显著提高，但实际工资水平明显下降。④ 因改革后俄国工厂法律逐步完善、工人维权意识提高，企业主与工人关系明显改善，但资本主义时期工厂主与工人间冲突不可避免。

工业与手工业关系研究。资本主义社会大小工业竞争一般以小手工业落败而告终，但在改革前二者竞争与资本主义工业发展的一般性特征并不相符，在大小工业的竞争中大工业落败。改革前大工厂引领手工业，手工印花业迅速崛起，工厂不但没有阻碍手工业，相反却促进了其发展。每个大型工厂周围，小手工作坊犹如雨后春笋，致使大工厂状况恶化。农民最初在大工厂内工作，掌握生产技术后开始建立小作坊生产纺织品。最初农民没有生产设施，纷纷返乡在家中生产，工厂开始瓦解，家庭雇佣劳动产生。改革后俄国良好的经济环境使俄国工业步入正轨，此时小手工业的竞争力下降，除个别手工工场发展为大工厂外，小手工作坊很难与大工厂竞争。工厂与手工业者间的博弈以大工厂胜利而告终，大工厂凭借资金、技术等优势逐渐垄断各

---

① Туган-Барановский М. И. Избранное. Русская фабрика в прошлом и настоящем. С. 555.
② Туган-Барановский М. И. Избранное. Русская фабрика в прошлом и настоящем. С. 167.
③ Ушаков А. В. Интеллигенция и рабочие в освободительном движении России. Конец ⅩⅨ - начало ⅩⅩ века. М., Новый хронограф, 2011. С. 230.
④ 张广翔：《19世纪末—20世纪初俄国工人的生活水平》，《史学集刊》2014年第5期。

工业部门，换言之，大工厂数量增多和各行业生产集中程度增强才可证明工业获得长足发展。

图氏对俄国资本主义问题研究虽然主要集中于工业和工厂等领域，但其影响十分深远，其对俄国工业与资本主义关系的论述是值得重视的学术遗产。图氏从影响资本主义经济的最重要的因素——工业入手，通过工厂和工业研究梳理出俄国工业发展脉络，论证俄国工业资本主义的特殊性及其历史意义。图氏深信资本主义为俄国必经阶段，资本主义在不断发展的同时具有自我调节的功能，以应对不同形式的危机。①

图氏一生学术成果甚丰，除关注工业危机等宏观经济学领域外，对合作社、社会主义、俄国资本主义等问题也有独到见解。图氏的著作和文章备受世界瞩目，除被多次翻译成外文外，很多知名学者给予了高度评价。

20世纪初图氏对宏观经济学的贡献无人能及，他创建了市场、周期、经济危机、货币和分配理论。首次提出经济危机产生的原因为国民经济发展失衡所引发的生产过剩，经济危机波及范围甚广，导致市场萧条和企业倒闭。随着资本不断渗透，生产扩张带来经济繁荣，但随着大量企业主的加入，生产出现过剩，经济萧条来临，资本主义经济的周期性和循环性非常明显。借助于工业危机和周期理论可对国家经济发展状况进行预测和分析，借此可提前采取应对措施以减少损失，图氏最早提出国家干预经济的想法，因此其经济预测和行情分析理论实用价值最高。图氏在分析完国家经济状况后提出诸多应对政策，一战后其货币和反通胀政策更是具有划时代意义，革命前虽未付诸实践，但新经济政策时期其理论备受推崇。

除研究经济学外，图氏对社会问题也颇为关注，一战后其研究重心为社会改革与国家发展道路。图氏对合作社较为推崇，认为社会主义制度更适合发展合作社，合作社具有双重特征。因资本主义社会存在雇佣劳动，

---

① *Социологическая мысль в России. Очерки истории немарксистской социологии последней трети XIX—начала XX века.* C. 296.

译者序

合作社犹如资本主义企业，只有在特定条件下才能快速、健康发展。此外，图氏对俄国资本主义问题也十分关注，但其关注重心只为俄国工业问题，无法与其宏观经济学贡献相较。图氏著作虽然出版已过百年，但很多学术思想和学说至今仍颇具价值。精读图氏著作可加深对俄国历史和现代经济发展历程的认识，图氏著作不但是俄国经济学经典，还是世界经济史研究的瑰宝。

张广翔　邓沛勇

第三版序言

《19世纪俄国工厂发展史》一书再版已有七年，此期间笔者的很多观点和见解都已发生变化。尽管如此，笔者在书中关于俄国工业发展的论断仍具有一定现实意义，最近几年俄国经济发展状况足以证明笔者论断。如果现在重新撰写本书，一些章节将有较大变动。但笔者仍坚信不做大的变更最好，因此只对书中的个别地方进行修正。为不破坏本书撰写初衷，此次只作简单修改。书中增添了笔者如今对一些问题的看法，本次修订的地方较少。《19世纪俄国工厂发展史》力求展现给读者的是19世纪末以前俄国工业的完整发展历程。

M. 图甘-巴拉诺夫斯基
1907年8月20日
波兹尼卡村

第二版序言

本书第一次出版后引起国内外学界关注，报纸与杂志纷纷发表评论，在此笔者不胜感激。诸多学者和读者针对本书提出了很多真知灼见，笔者在《公理》杂志上对读者意见进行了答复。笔者不想出于道义回答这些问题，更不想与那些先前支持笔者的观点，不久后又否定的读者进行辩论。同时笔者也对现在某些学者的观点持否定态度，如卡布卢科夫、卡雷舍夫等学者认为随着俄国工业发展，工厂中工人数量并未增加。笔者否认俄国能避免经济危机的观点，现阶段俄国已纳入经济发展周期之中。笔者认为，对俄国发展轨迹是否与资本主义发展道路一致的讨论已毫无意义。笔者认为如果可以能就事物内在逻辑及规律性进行辩论，无论是对笔者还是对读者，这样的辩论都更具现实意义。

这些意见时刻鞭策着笔者在以后的出版物中弥补这些不足，满足读者需求逐渐成为笔者生活的全部。1898年笔者指出俄国正处于经济危机之中，俄国工业已临近转折点。从1896年以来的证券市场状况可以察觉该迹象，此后笔者的预测成为现实。现在我们已对经济危机感同身受，危机开始于粮食收成较好的1899年。危机发展阶段与态势完全与笔者在另一部著作《工业危机》中的描述相一致。同时笔者的其他论断也得到证实，如俄国工厂工人数量快速增加。现在关于这些问题的争论意味着对理论与实践问题的不断探索，也打开了追求真理的大门。

不久前这扇门还完全关着，叩开这扇门并非易事，虽然《19世纪俄国工厂发展史》一书已出版两年，两年来对本书的褒贬不一，但书中一些意见已通过实践检验。笔者也不能确定以后社会各界对本书的评价能否与现在一致，是否能像沃龙佐夫和尼古拉先生一样从经济学和政治学的角度评价此书。

本次出版增加了大量内容，对第二部分内容进行了大量补充，特别是在第一、三、四、五章中增加了对俄国工业问题的相关论述，对现代工业危机历史、工厂工人与土地联系、手工业状况、现阶段俄国资本主义问题都有所涉猎。补充内容占 6 版，此次再版删除了笔者与尼古拉和卡雷舍夫先生的辩论，现在这些问题已无实际意义。

值得一提的是，本著作在出版后引起德国学者的广泛关注，本书于 1900 年在德国出版。

本书第二卷也会尽快献给读者。

M. 图甘－巴拉诺夫斯基
1900 年 10 月 22 日
圣彼得堡

第一版序言

本书谨献给关注俄国工厂工业各领域发展的读者，对工厂的产生、发展、生产技术变革都进行详细阐述。笔者将在具体历史事件的基础上，对俄国工厂发展的历史进行详细、客观的评述。关于俄国工业的著作汗牛充栋，但很少有书籍对工厂发展做出全面概述，本书将抛砖引玉。

因此，本书要阐述的内容已十分清晰，但遗憾的是，因资料和篇幅有限，笔者并未对在社会经济环境变化影响下俄国工厂内部体制的变化进行详细描述。首先要指出的是，彼得一世改革为俄国大工厂的建立奠定了基础，这些大工厂在18世纪逐渐转化为以强迫劳动为基础的贵族工厂；在尼古拉一世时期这些工厂陆续倒闭，新式资本主义工厂从手工作坊中蜕变而出，导致此时期工厂主阶级属性发生变化，工厂工人阶级逐渐形成。笔者将努力勾勒出农奴制时期大小工业间关系的变化，当时工厂劳作以手工劳动为主，如今工厂劳动以机器为主。笔者将在社会各界对工厂体制问题看法的基础上研究工厂立法。不但以客观的立场对俄国立法活动及其措施进行评价，而且对出台法律的原因与影响进行论证。总之，本书仅供学术交流使用，仅涉及俄国工厂领域的相关问题。

以上为本书出版的目的，但本书也有很多不尽如人意之处，如不能对俄国大工业发展进行全面概述，并未涉及俄国重要工业部门——采矿工业，采矿工厂发展历程与工厂发展史有所不同（大小企业间竞争强度远不如其他工业部门），因此，笔者呼吁读者在阅读本书时关注该问题。

此外，因资料有限，笔者只对俄国工厂工业进行了研究，且对很多问题的研究也还不够深入，如笔者仅以颇具代表性的中部工业区为例着重阐释俄国工厂的典型特征，并未对全俄工厂工业进行详细研究。

需着重强调的是，本书只为笔者著作第一卷，在本卷中着重描述俄国工厂历史进程，并对其特征进行详细阐述。工厂与工人现状、俄国工厂地理分布、工厂与手工业竞争条件、各部门工人工作时间、妇女及童工劳动、现代工厂工人经济状况等问题将在第二卷进行阐述。笔者打算从理论上研究工厂在俄国经济生活中的作用，着重研究俄国资本主义的命运。第一卷只从纯历史学角度对工厂发展历程进行阐述，本著作成书于19世纪70年代，因此，很多问题仍有待完善，现阶段很多有价值的历史文献也未完全使用。

在完成之际，要对本书的校对人考夫曼，文献提供人柯罗连科、涅博尔辛、谢梅夫斯基，以及给予笔者很多建议的挚友斯特鲁维表达谢意。此外还要对财政部同事罗曼诺夫、海关办公厅主任别留京、手工工场和国内贸易办公厅主任科瓦列夫斯基表达真挚谢意，感谢他们为笔者提供财政部档案室中大量的非常珍贵的文献。

M. 图甘-巴拉诺夫斯基
1898年3月17日
圣彼得堡

目 录

前言　18世纪俄国工厂 …………………………………………… 001

第一部分　农奴制改革前俄国工厂

第一章　改革前俄国工业 ………………………………………… 003
第二章　雇佣劳动力工厂 ………………………………………… 021
第三章　世袭工厂与领有工厂 …………………………………… 035
第四章　领有工厂工人罢工（暴动） …………………………… 059
第五章　改革前工厂法律 ………………………………………… 076
第六章　工资 ……………………………………………………… 088
第七章　工厂与手工作坊 ………………………………………… 111
第八章　改革前工厂与社会、文化的关系 ……………………… 148

第二部分　农奴制改革后俄国工厂

第一章　改革后俄国工业 ………………………………………… 175
第二章　改革后工厂法律 ………………………………………… 228
第三章　工资 ……………………………………………………… 258
第四章　工厂与手工业的博弈 …………………………………… 278
第五章　改革后工厂与社会、文化的关系 ……………………… 320

译后记 ……………………………………………………………… 347

前　言
18世纪俄国工厂

莫斯科公国时期贸易资本的重要性。贸易资本与彼得一世时期工厂。商人工厂主。彼得一世时期工商业政策的社会经济影响。彼得一世时期资本主义工厂停滞不前的必然性。劳动力严重不足。工厂工人备受奴役。奴役工厂工人的后果。贵族阶层影响加强后商人工厂主特权受到冲击。商人工厂主失去购买农民的权利。工厂主阶层阶级属性变化。叶卡捷琳娜二世时期工厂主与贵族的利益冲突。贵族与商人工厂主和中小商人阶层的敌对关系。商人阶层的反抗。工厂主与政府关系。叶卡捷琳娜二世统治时期工厂主敌对关系强化。贵族保护农民小手工业者。18世纪下半叶工厂工业与手工业蓬勃发展。18世纪工厂主和手工业者关系融洽。

西欧学者对18世纪末至19世纪初俄国与西方工业体制特征的区别阐述如下："俄国工匠工作疏忽大意，经营方式尤为落后，在其他国家此类生产部门中并未观察到该状况。除大城市工匠外，俄国工匠几乎不按单生产，其产品直接出售，主要为鞋子、靴子、长袍、被褥、皮衣、桌椅等日常用品。工匠产品优先供给商人，由他们在商店中出售，剩余产品才在市场上销售。俄国居民也很少从工匠处订购商品，大多数人从商人店铺中直接购买，商店商品价格低廉，一般为直接从工匠处订购价格的2/3。"[①]

---

① Storch H. *Historisch-Statistische Gemalde des Russischen Reichs*. Riga. 1799. Vol. III. S. 178－179.

此时俄国著名经济学家、历史学家施托尔希对俄国社会经济生活的研究可谓十分透彻，他也否认俄国经济生活中出现了西欧生产模式。与西欧相比，俄国经济具有独特性，仿佛成为西欧人眼中的弃婴。俄国小贩、商人作用很大，这在当时经济发展过程中表现得淋漓尽致。因此，在彼得一世以前俄国的社会、政治和经济体系中商业资本的作用并不明显，对于此问题俄国著名历史学家索洛维约夫、科斯托马罗夫、克柳切夫斯基等已做详解，科尔萨克在其著作《俄国与西欧工业模式》中对该问题进行了完整的论述和评价。莫斯科公国时期城市居民数量较少，商人为沟通生产者（大多为农村手工业者）和消费者的桥梁。在远古时期商人在社会经济生活中的作用微不足道。17世纪手工业者假商贩之手控制市场，莫斯科公国时期俄国主要经济支柱为农业，几乎没有工商业。17世纪，外国人到达莫斯科的主要目的是进行贸易，此后外国人与俄国商人的冲突愈演愈烈。①

16世纪与17世纪，很多到过莫斯科的外国作家对莫斯科的贸易繁荣程度无比惊讶。国外学者杰·罗兹和基里布尔戈尔的著作为研究阿列克谢·米哈伊尔洛维奇统治时期贸易发展状况的主要史料。杰·罗兹于1653年游历莫斯科时写道："这个国家贸易和商业十分繁荣，国家发展工商业政令十分明确，针对各类商业活动制定不同政策，不同阶层都注重获取更多利益。在此关系下俄国贸易异常活跃。"② 基里布尔戈尔也指出所有莫斯科居民，上到朝廷显贵，下到平常百姓都非常喜爱贸易，莫斯科的商铺比阿姆斯特丹和其他国家多得多……此外，在莫斯科不同商品根据其质量差异在各类市场和街道上销售。丝绸贸易较为特殊，与其共同出售的商品为香料、漆器、帽子、服装、靴子等日用品。③

大商人是莫斯科公国最具影响力的政治阶层，阿列克谢·米哈伊尔洛维

---

① Костомаров Н. И. *Очерки торговли Московского государства в* XⅥ *и* XⅦ *столетиях.* СПб., 1862. С. 136.
② До Родес. *Размышления о русской торговле в 1653*, /Пер. И. Бабста//*Магазин землеведения и путешествий*. Т. Ⅴ. М., 1858. С. 234.
③ Кильбургер И. Ф. *Краткое известие о русской торговле, каким образом она производилась через всю руссию в 1674 году*//Пер. . Языкова. СПб., 1820. С. 10, 188.

奇时期《新贸易规章》颁布之后，大商人的政治地位更为巩固。从莫斯科公国显贵、平民的请愿书中足可看出商人对公国法律制定的影响力。①

商人是此时最大的资本家。科托希欣认为，商人年均贸易流通资金在20000～100000卢布②，折合成现在货币的价值为数百万卢布。从中可清晰看出莫斯科公国至彼得一世时商业资本的集中程度。在提及商人的政治和经济影响时同时代的人指出："商人可以掌控整个国内贸易，他们是唯利是图和极其危险的阶层……所有大城市的贸易都由几个大商人掌控，沙皇赋予他们较大特权。因其唯利是图的本性使他们垄断大部分商业，普通商人虽然知道这样很好，但是仍仇视大商人。为巩固自身特权和保护财富，他们也辛勤工作，以便获取更多财富。"③

因此，在莫斯科公国时期大资本在贸易中具有重要作用，相反，在工业中小生产占据主导地位。如果不考虑16世纪和17世纪在政府支持下外国人与大贵族的建厂尝试，可以说彼得一世之前罗斯对工厂生产一无所知。与其他工业资本占主导国家的区别是此时期贸易资本占据主导地位。

俄国古老资产阶级——商人并未进行任何形式的资本积累，并未将生产掌控在手中。商人认为其主要目的为采购商品、管理市场、出售手工业者产品、维持小生产者的依附地位，并未考虑雇佣劳动力和从事生产。16世纪与17世纪莫斯科商人阶层坚决支持自由进口国外商品，这些特征在彼得一世资本化之前较为明显。《新贸易规章》就是呼吁自由贸易的产物。资本家——商人并不致力于转化为工厂主，而是追求在市场上购买廉价商品的权利。

彼得一世时期，在政府直接干预下俄国诞生了大生产组织模式。笔者认为该时期为俄国工厂工业的开端。科尔萨克认为："在彼得一世政策推行

---

① П. С. З（Полный свод законов Российской иперии）. Изд. 1 - е. Т. I. С. 408.
② О России в царствование Алексея Михайловича//Соч. Григория Котошихина. 3 - е изд. СПб., 1884. С. 157.
③ Кильбургер И. Ф. Краткое известие о русской торговле, каким образом она производилась через всю руссию в 1674 году//Пер.. Языкова. СПб., 1820. С. 156. До Родес. Так же отзывается о гостях и де Родес（С. 248）.

后，手工业获得飞速发展，手工业品可以在更广阔的范围内销售。一些人获得政府低息贷款和国家无偿帮助，政府的目的是让工厂茁壮成长，让小手工业者逐渐发展为企业主和大工厂主……国家出资建设工厂，然后转交给商人和地主，连同附近属地共同转交，在该地区可从事相关手工业生产，为寻求更长远发展，赋予他们专营特权，在政府推动下建立起的工厂工人数量不足，政府想尽办法为其提供充足劳动力……新工业模式与传统生活习惯和方式完全相悖。"①

彼得一世发展工业的思想较为前卫——人为干预工业发展，阐述该问题的历史文献颇多，下文将对俄国工业史进行概述。彼得一世之前小生产占据主导地位，俄国并不具备发展资本主义的条件。彼得一世时起政府牺牲小工业者利益，采取措施发展资本主义，扶持资本主义企业，但这与当时的经济条件并不相符。如果政府采取其他工商业政策，那么俄国经济发展将完全符合大多数人的利益。彼得一世所选择的危险道路致使俄国经济发展路线长期错误，俄国政府开始不遗余力地步入资本主义发展道路。

因此，很多人指责当时资本主义发展的人为性，科尔萨克之后很多学者持此观点（他们对俄国资本主义的人为性都有所阐述，最具代表性的是米留科夫写的《俄国文化史》一书②），但对该问题的研究都不够深入。这些观点受到很多学者认同并广为流传。

各派对俄国资本主义问题的争论从未间断，从18世纪经济学派诞生之日起重农学派就十分关注该问题。重农学派学者坚信，任何事物都有其自身的发展规律，当国家不干预市民私人生活时这种制度可能会成功，但前提是个人活动完全自由。其发展公式为"laissez faire, laissez passer"③。19世纪上半叶资本主义经济学家坚决拥护自由主义，经常探讨经济发展的人为性和规

---

① Корсак А. К. *О формах промышленности вообще и значении домашнего производства и домашней промышленности в Западной Европе и России.* М., 1861. С. 128, 129.
② Милюков П. *Очерки по истории русской культуры.* Часть первая. 5-е изд. СПб., 1904. С. 289-290.
③ 让……做，让……过去。——译者注

律性。所有这些讨论都掩盖了其内在规律性,即资本主义从中世纪的桎梏中解脱出来开始迅速发展。反对经济发展规律性的学者认为,这些人是资本主义学说的坚决拥护者,时刻为资本主义辩护。马克思对该问题的评价较为客观,他指出:"经济学家众说纷纭,对资本主义发展主要持两种观点,即资本主义发展的人为性和规律性。封建制度创立为人为所致,资本主义诞生则是经济发展规律性所致……经济学家所说的内在规律性指的就是资本主义制度,财富再生产与生产力发展完全有据可循。这种必然关系独立于自然法则之外,换言之,这是社会发展的永恒规律。"

因各国社会状况存在差异,我们不能笼统地说社会经济发展的"人为性"与"规律性"是相互对立的,还是相互协调的。不论是俄国经济学家,还是西方学者,也都这么认为。规律性即俄国旧体制的自然发展,即村社、原始手工业与农奴制等因素;人为性即资本主义体制的诞生、资本主义的发展等。西方经济学家倾向于认同经济发展的人为性,而落后国家的经济学家则对其规律性情有独钟。

无论何种论断都有一定的缺陷,无论是农奴生产关系,还是资本主义生产关系,在其发展过程中都有内在规律性,但资本主义生产关系的人为性远高于农奴制生产关系。

东西方学者争论不断主要源于对一个简单问题理解的差异,即忽略社会体制发展的人为性与规律性,如果不能对该问题有正确理解,那么关于人为性和规律性的争论将毫无意义。西方学者,包括经济学家对该问题的认识已十分清晰,马克思的论断更是十分精辟,但俄国学者对该问题的认识仍存在很大争议。

在某种程度上可以说俄国经济学产生于车尔尼雪夫斯基,其弟子只能重复老师的学说,毫无建树。他们已经忘记车尔尼雪夫斯基 1860 年于《现代人》中发表的文章《资本与劳动》[1],该文章让诸多经济学家受益匪浅。

---

[1] Чернышевский Н. Г. *Капитал и труд, сочинение Ивана Горлова. Том первый.* СПб., 1859// *Современник.* 1860. Т. XXXIX. C. 1–66.

文章指出社会发展的人为性与规律性的划分十分荒谬，车尔尼雪夫斯基抨击了戈尔洛夫和巴师夏等经济学家关于社会发展的人为性的学说，认为社会发展是其内在规律性所致，但不能借此评判社会发展规律性的利弊。在资本主义社会体制下必然产生贸易保护体系……通常，这种贸易保护为经济发展的规律性所致，并不是强权所致。该学说有其正确性，但对经济规章的阐述有些片面。其他经济学家则认为，国家用自由贸易政策代替关税保护政策，这就是人为干扰社会经济发展的规律性。车尔尼雪夫斯基指出，此时需要国家干预，这就是所谓的人为干预。

是否可以说，如今的经济学家（车尔尼雪夫斯基的学生）的见解不如 19 世纪 60 年代的经济学家呢？学生是否会因遗忘老师的学说而感到羞愧呢？

经济学家戈尔洛夫十分认同社会发展规律性的理论，其学说以 18 世纪特殊的神学世界观为支撑，他认为，自然法则无人能及，可以掌控整个世界，究其本质这种内在规律性是诸多学科的研究对象。因此，自由主义者不明白为什么规律性要优于人为性。

关于俄国资本主义产生问题的讨论结果如何呢？很多学者也指出如果没有政府支持，俄国工业将不能快速发展。这是否能说明俄国资本主义发展的条件优于其他国家呢？很明显，该论断具有很大的片面性。西方资本主义发展是内在规律所致，但异国制度移植到俄国土壤上只有采取人为措施才能成功，很多经济学家都持该看法。

但这些经济学家遗忘了一个关键问题，即世界上并不只存在一个国家，东西方国家林立，国家扶持资本主义发展的现象随处可见。根据该观点，资本主义发展人为性的例子屡见不鲜，英国、法国、美国与德国的发展无不留下该烙印。此时两种观点较为成熟：第一，在全世界资本主义发展过程中都存在人为性特征；第二，资本主义发展为人为性与规律性共同作用的结果。此外，还有很多学者对以上两种观点都持否定态度，这些学者对资本主义较为仇视。奥波连斯基指出，很多史学家认为资本主义犹如瘟疫，并对该问题进行了详细的阐述。

俄国大生产与政府的影响密切相关,这点毋庸置疑。彼得一世以前俄国并不存在大型工业企业,在其统治期间俄国诞生了 233 家国有和私人工厂。① 可以断定,尽管莫斯科公国时期贸易有所发展,但彼得一世以前俄国的经济水平仍十分落后。小生产者完全依附于商人,但商人并未进行资本积累,组织生产与雇佣工人以转换为独立的企业主。因技术水平低下、粗放型生产和生产制品廉价,小生产者不可能转换为工厂主。基里布尔戈尔认为,莫斯科公国时期冶铁工厂由外国人建立,该工厂建立后俄国冶铁业中小生产者无力与此类工厂竞争。② 小手工业者只能生产小商品,如呢绒、抹布、丝质布料等,其生产难以扩大的主要障碍为缺少高技能的工人和商品销售困难,因此,外国商品在征收较高关税之后竞争优势犹在。所以莫斯科公国时期尽管贸易有所发展,但是工业仍具有原始特征,在此背景下新因素难以迅速发展。

彼得一世铁腕政策使俄国产生工厂,为扶持工厂国家给予资金和政策优惠。彼得一世兴建的工厂都是关系到国计民生的,如采矿、国防、呢绒、麻布和帆布工厂,由国家建立后转交给私人经营。国家提供无息贷款、提供生产工具和工人,从国外引进工匠与先进技术以降低工厂主个人损失和风险。同时给予工厂主较大特权,如工厂主及其子女与工匠免除国家差役、兵役,与其相关的刑事和民事案件由特殊法庭审判,免除相关差役和国内赋税,零关税从国外进口其所需设备及材料等特权。

产品销售完全有保障,主要售给国家。大型军械、制炮、冶金、呢绒、帆布、造纸厂,产品主要供给国家。当商品能满足国家需求时,剩余产品在国内销售,为保障工厂主利益,国家会提高该类产品的进口关税或禁止从国外进口该产品,国内此类产品生产由几位工厂主垄断。如 1717 年沙菲罗夫与托尔斯泰公司完全垄断丝织品、丝绒、锦缎、花缎等产品生产与销售业

---

① Кириллов И. К. *Цветущее состояние Всероссийского государства*, 1831. Т. Ⅱ. С. 133.
② Кильбургер. И. Ф. *Краткое известие о русской торговле, каким образом она производилась через всю руссию в 1674 году*//Пер. . Языкова. СПб. , 1820. С. 169.

务。① 1718 年禁止从国外进口丝线。1724 年产品进口关税快速提高，为保证本国工业发展，对国外同类产品征收占产品价值 50%～75% 的关税。如对桌布、餐巾、麻布、帆布、丝织品、针织品等商品征收关税，对手写纸、皮革商品、毛制品也适当征收保护性关税，关税的比例为 25%。

彼得一世时期建立起众多工厂，很多工厂规模巨大，其中采矿工厂规模首屈一指。如彼尔姆数十家工厂中男工数量达 25000 名。在谢斯特罗列茨克军工厂中工人数量达 683 名，508 户农民划拨给图拉国有军工厂。莫斯科国有帆船厂中工人数量达 1162 名。② 此时，私人工厂的产品产量也不容忽视，1729 年大商人谢戈里尼组建的呢绒厂中工人数量达 730 名，机器数量为 130 台；米克利亚耶夫国有呢绒厂中工人数量为 724 人，莫斯科塔梅斯国有亚麻厂中工人与车床数量分别为 841 名与 443 台，雅罗斯拉夫塔梅斯与扎特拉佩兹尼工厂中工人与车床数量分别为 180 名与 172 台，莫斯科米留京③饰品厂中工人数量为 280 名，1728 年莫斯科叶夫列伊诺夫制丝厂中工人的数量约为 1500 名。④

因此，毋庸置疑彼得一世成功唤起了大生产。但应将俄国工业发展归功于彼得一世还是其后继者？科尔萨克观点中提到彼得一世如果选择其他道路，如保护手工工业，那么俄国经济是不是另外一种景象呢？

为回答该问题应了解彼得一世之前的俄国经济状况。彼得一世以前俄国完全不存在工业资本主义，但商业资本主义有所发展。彼得一世之前就已经观察到贸易资本集中状况，这并不是政府干预的后果，而是贸易自由发展的结果，大贸易发展速度快于小贸易。因此，此时贸易资本家为商人，他们奠定了彼得一世时期大工业的基础。

---

① *П. С. З.* T. V. № 3089，3162.
② Кириллов И. К. *Цветущее состояние Всероссийского государства*，1831. T. II. C. 22，95.
③ 《Ведомости о фабриках и мануфактурах》，1729 г. Дела комиссии о коммерции № 502 // Арх. д-та тамож. сбор.
④ Чулков М. Д. *Историческое описание российской коммерции* М.，1786. T. VI. Кн. III. C. 221. 施托尔希认为，彼得一世时期一些大工厂内工人达 3000 人（*Historisch-Statistische Gemalde*. Vol. III. S. 32.），该数据可能针对的是国有采矿场，私人工厂不能达到该规模。

可以以彼得一世时期工厂主的成分考证该结论。很多人认为，彼得一世时期的工厂主多为外国人。[①] 实际上，彼得一世时期工厂主多为俄国人，且多属于商人阶层。第一家呢绒工厂由商人谢尔科夫和杜布罗夫斯基建立，工厂始建于1689年。大型呢绒工厂——大呢绒院落属于莫斯科谢戈里尼商人公司，工厂合伙人为伊万诺沃·库尔特金、博洛京、普什尼科夫、特维尔登绍夫、谢里科夫等人。喀山省另外一个大型呢绒工厂归大商人米克利亚耶夫所有。沙菲罗夫、托尔斯泰和阿普拉克辛公司垄断俄国丝织品生产多年，1721年公司高层人员中有8人隶属商人阶层，1724年丝织品厂最终出售给商人企业主，阿普拉克辛与托尔斯泰也拥有股权。因此，在莫斯科所建的五家丝织品工厂中有四家属于商人叶夫列伊诺夫、斯塔尔措夫、巴甫洛夫、梅里尼科夫及一个亚美尼亚人弗拉尼措夫。全俄造针工厂都由商人托米林和留明控股。

俄国第一家私人亚麻工厂属于俄国商人安德烈·杜尔克和岑巴里希科夫。1711年该公司转交给政府，新德国村镇中亚麻、桌布和餐巾工厂都由德国人建立。

雅罗斯拉夫人扎特拉佩兹就是彼得一世时期的大工厂主之一，他拥有上百家织布厂。除亚麻厂外其公司旗下还有造纸厂与奶油厂。阿法纳西·戈尼恰罗夫也是当时拥有大型亚麻厂与造纸厂的知名人士。

除大工厂主之外，很多商人，如沃尔科夫（科洛缅诺奇工厂）、菲拉托夫（亚麻厂）、科尔尼洛夫（造纸厂）、斯科别里尼科夫（皮革厂）、巴甫洛夫与尼基福洛夫（头巾厂）、巴尼菲洛夫（头巾厂）、巴布什金（呢绒厂）、索博里尼卡（呢绒厂）、尼基特·沃洛金（纺织厂）、库兹涅措夫（织布厂）与基里洛夫（烟丝厂）等也远近闻名。

除外国人塔梅斯、基梅尔马尼和与韦斯托夫之外，笔者并未掌握彼得一世时期其他外国大工厂主的资料。但塔梅斯与俄罗斯商人（米克利亚耶夫、舍别列夫、巴斯杜霍夫、卡拉梅舍夫、波波夫、涅夫列夫、扎特拉佩兹尼等）关系密切，其资本只占公司股份的1/10。

[①] Лешков В. Н. *Русский народ и государство*. М.，1858. C. 373.

外国人菲比赫、普拉尼格和里特赫尼等人创建的呢绒厂规模有限，前两家工厂内机器的数量分别为50台和10台，第三家工厂内车床的数量更少。准确地说以莫尼布里奥尼织袜厂的规模不能将之称为大工厂。

彼得一世时期平民出身的工厂主为数不多。大型丝织工厂主米留京以前是沙皇家庭的锅炉工。其工厂注册资本为其省吃俭用所得，国家未给予任何补贴。车夫苏霍诺夫也是大型丝织工厂主，诺夫哥罗德小型拉丝厂工厂主沙布累金原本是工厂技师，圣彼得堡皮革厂工厂主伊萨耶夫以前也是工厂技师，沃罗涅日皮革厂工厂主拉霍夫在莫斯科也有几家拉丝和冶金工厂，他以前也是沙皇的仆人。

彼得一世时期工厂主中贵族数量不多。沙菲罗夫、阿普拉克辛和托尔斯泰公司虽都由贵族创办，但是存在时间不长。沃罗涅日国有呢绒公司转交给贵族韦涅维基诺夫经营，最终公司仍归商人所有。大公梅尼希科夫帆船厂、萨韦洛夫和托米林松油厂、杜比洛夫斯基呢绒厂、马卡罗夫秘密注资的呢绒厂和其他两三个小型贵族工厂是归贵族阶层所有的工厂。据现有资料统计彼得一世时期外国人和贵族工厂主人数不多，平民工厂主的数量也较少，大多数工厂主是莫斯科公国时期的旧资本家——商人。[①]

彼得一世时期工厂主阶层属性可证明大工厂源于莫斯科公国的经济基础，工厂主主要为商人阶层。此环境并不是彼得一世缔造的，但如果没有彼得一世，俄国小生产也不能转换大生产。另外一个原因也不容忽视，即尽管政府大力扶持，但大工厂需要私人投入大量资金，投入资金后才能掌控工厂，因此私人工厂主本身也需拥有雄厚资本。笔者掌握的数据足以说明该问题。国家不能持续注资，因此大多数工厂最终落入私人工厂主手中。1727年手工工场办事处创办的《特殊消息》报中曾提及只有8家工厂获得政府资金扶持，金额总计为89672卢布。[②]

[①] 详见：Ведомости о фабриках и мануфактурах. 1729 г. // Арх. д-та тамож. Сбор。

[②] Выписка о мануфактурах и заводах, 1727 г. Дела комиссии о коммерции № 501// Там же. 在该消息中并未提及政府在任命莫斯科帆布厂经理时投入的20000卢布的去向，笔者认为该工厂并未过渡到私人，仍归国家所有，因此政府以前答应划拨的资金并未划拨给工厂主。

因扶持某些工厂主的资金并未提及，所以该统计数据略有误差，笔者计算出未发放的补助金为6040卢布。

国家给予大部分工厂主补贴在报纸中都已提及，但这些补贴作用有限。只有少数几家私人工厂可获得补贴，但此时新建工厂数量达数百家。换言之，彼得一世时期大部分工厂都靠私人资金建立，不能获得国家补助金。此外，工厂运营也需大量资金，下文我们根据某些工厂数据来阐述该问题。如沙菲洛夫丝织手工工场由阿普拉克辛、托尔斯泰和沙菲洛夫共同创办，此后其他商人也不断为该工厂注资，除国家补贴之外私人共投资57838卢布，不断邀请商人加入该公司，陆续投资23500卢布。因此，该手工工场私人投资金额为81338卢布，之前国家投入资金为36672卢布（建筑、材料等费用除外）。① 如果把这些钱转化为现在货币（考虑到货币价值变更），那么总花费超过数百万卢布。

塔梅斯亚麻厂建立时共花费资金46700卢布（其中国家贷款数额为5000卢布）。工厂建立所需资金中4500卢布为塔梅斯自有资金，其余资金从商人处获得，其中最大股东米克利亚耶夫投入资金为12000卢布。② 因米克利亚耶夫注资最多，工厂最终归其所有。

在创建制针厂时托米林和留明公司共投入现金33000卢布。③

按照施托尔希的统计，戈纳夫洛夫亚麻厂建立时花费资金数额为142000卢布。④

由以上数据可知，虽然工厂主从国家获得现金和其他补贴（工厂建筑材料、技师等），但工厂日常经营需要大量资金。当国库补助不能满足工厂建立所需资金时工厂主只能从当时的大资本家处获得资金，多从商人阶层获取。因当时俄国已具有资产阶级，彼得一世为达到改革目的，允许其参加生

---

① *Ведомости о фабриках и мануфактурах 1729 г.* Арх. д-та тамож. Сбор.
② *Выписка о мануфактурах и заводах*, 1727 г. Д. К. о К. № 501//Там же.
③ *Дело о заведении купецкими людьми Томилиным и Рюминым игольного завода*, 1726г. Дело Комерц-коллегии № 824//Там же.
④ Storch H. Op. cit. S. 232.

产，资产阶级由莫斯科公国时期的商业精英演变而来。

如果彼得一世没有采取相关措施，那么大工业在当时就不具有发展的可能性，但这些措施之所以成绩斐然是因为俄国已孕育出工业改革的土壤。因此，彼得一世的工业政策完全不具有偶然性，而是工业发展必然性所致。俄国以西欧模式为标准的工业改革也有其必然性，这点与军事改革的原因不谋而合。为在战争中获胜，不但要求具备英勇的士兵，而且需要先进的装备与充足的供给，如制服和相关军事配备等。[①]

彼得一世为在军事上不落后于国外，在军队装备和军事配备上开始引进国外技术。卡尔萨克指出："彼得一世随后开始专注民族工业，大型垄断工厂应运而生。"本国工业并不能生产出彼得一世所需的所有产品，因此必须引进新技术与新的生产方式，以满足国家需求。此时也不能断定彼得一世是否会开辟另外一条发展道路，即手工生产的组织与发展之路。摆脱对外国军事依附的唯一方法为俄国武器生产部门独立，但此时俄国国内生产较为落后，必须建立国有工厂、培训技师以摆脱对国外产品的依赖。因国家财政告急，彼得一世并不能为所有企业提供资金，因此要求注入私人资本，那么私人资本投入的程度如何呢？

彼得一世扶持与建立的工厂生产的主要产品为国家和军队所需麻布、呢绒和书写纸等物资，同时生产其他产品的工厂也随之建立，如丝织品厂、织袜厂和头巾厂，这些产品主要满足居民需求。可以说彼得一世的政策符合当时的社会经济状况，工业发展与劳动生产率提高对当时俄国的影响不言而喻。毫无疑问，新工业部门却只能产生于大工业机构之中，小生产者，即手工生产者由于资金不足，不具备相关业务知识，因此不能从事该行业。组建工厂的商人虽然与手工业者一样无知，但他

[①] 很多学者仍支持戈尔马尼关于彼得一世时期工商业政策的阐述，他对该问题的论述如下："彼得一世需要先进的军队、武器和军舰，从荷兰、英国等国家进口士兵呢绒、武器和军需，对国外依赖度很高，因此必须设置属于国家的呢绒、军需工厂。"（Herman C. T. *Coup d'oeil sur l'etat des manufactures en Russie// Memoires de l'Academie des Scinces*. 1822. T. Ⅷ. P. 438）1788 年舍列尔也这样阐述彼得一世时期的政策。（Scherer J. B. *L'histoire raisonnee du commerce de la Russie*. P. 1788. T. Ⅱ. P. 41 – 42）

们持有大量资金，可以购买设备，从国外邀请专业技师指导生产。彼得一世时期俄国小生产占主导毋庸置疑，新工业领域与工业部门却只能产生于大生产之中。彼得一世没有为手工业者设置技术学校，也没有组建工业博物馆等公益设施。如果俄国走上科尔萨克所阐述的道路，那么其需要多少年才能产生新的工业部门呢？

彼得一世时期促进国民劳动生产率的提高并不是其目标，其主要目标是建立一个比莫斯科公国更加强大的国家，其工业发展措施只是弥补财政赤字，其根本出发点仍是军事与国防。

绝不能说彼得一世发展俄国工业的措施是无懈可击的，虽然最终达到了其预期目的。他推行的工业规章，无论是针对大工业还是针对小生产者，有些措施不仅自相矛盾，而且直接损害居民利益。如禁止农民生产麻布，导致小手工作坊倒闭，这点毫无益处。以前城市中麻布交易十分活跃，可以养活数万农民，国库也增添不少税赋，但当规章实施之后，麻布大量短缺，农民负担更加繁重，国家的利益也受损，对北方农民的冲击最为严重。[1]

彼得一世时期的规章对奔萨省手工业发展的影响巨大，彼得一世的政策对亚麻业冲击最大；1702年俄国境内亚麻销售与出口由英国大使卡尔勒·古特费里垄断。为修建圣彼得堡港口，彼得一世禁止普斯科夫人将货物运至里加、雷瓦尔和纳尔瓦，但普斯科夫与卢基省除外。总之，在叶卡捷琳娜二世之前亚麻工业遭到巨大冲击，垄断现象十分严重。[2]

但是我们在评价彼得一世时期的个别措施时，也应该考虑其时代性和现实性，彼得一世时期大生产的出现为当时俄国社会经济发展的必然结果。

彼得一世时期的工厂为彼得一世人为建立，其特征与彼得一世的其他改革具有类似性，即国家机构改革、军队改革、在上流社会强力推行欧洲文化与欧化措施等。俄国历史学家已确认，这些改革都与当时的俄国经济状况相

---

[1] Соловьев С. М. *История России с древнейших времен.* 3-е изд. СПб., 1911. Т. XⅧ. С. 291.
[2] *Памятная книжка Псковской губернии на 1893 г.* // Льняная промышленность Псковской губ. Псков. 1863. С. 4

19世纪俄国工厂发展史（第四版）

关，国内外状况决定彼得一世工业政策的方向①，这些政策促使俄国大工业产生。尽管彼得一世不能被称为俄国资本主义的奠基人，但他是俄国资本主义生产方式的引入人。当时的社会和经济状况决定俄国还不能进行资本主义生产（以雇佣劳动为基础），最重要的问题是俄国自由劳动力匮乏。此时农村居民仍被禁锢，其中数量最多的为国家农民与地主农民，与农奴数量相比，城市居民屈指可数。

彼得一世以前公职人员也拥有农奴②，因此，彼得一世时期工厂主最初多为商人、异族人和外国人。对他们而言，劳动力问题十分迫切。在工厂成立时工厂主通常具有特权，只要双方协调一致，他们便可以自由雇佣俄国人、外国工匠和学徒。如果工厂主在国家的资助下创建工厂，那么在提供相应资金的同时国家也会配备相应的设备和工匠。如杜尔奇尼诺夫和岑巴里希科夫于1711年在获得国家资助建立亚麻厂的同时，也获得了国家提供的工匠。谢戈里尼公司于1720年在莫斯科成立时也获得众多工匠③；1720年在任命伊万·季梅尔马尼为帆船厂经理时国家为其提供大量工匠。④ 雅罗斯拉夫工厂倒闭后工匠仍在国有工厂内工作。⑤ 在沃尔科夫创办科洛姆纳工厂时，国家为其配备5台机器和58名工匠，这些工匠来自圣彼得堡倒闭的工厂。⑥

当时国家为工厂主提供工人的例子屡见不鲜，有时甚至把整个村镇赐给工厂主，如塔梅斯在建立亚麻厂时就获得书伊县城科赫姆纳村所有居民，共计641户。⑦ 工厂主大多通过雇佣方式获得工人，因劳动力数量有限，工人

---

① 米留科夫在《18世纪上半叶俄国国民经济》（Государственное хозяйство России в первой четверти XVIII века. СПб., 1892 年）一书中认为彼得一世改革十分必要，且有其必然性。
② 彼得一世的继任者最终赋予贵族管理农奴的特权（详见：Семевский В. И. Крестьяне в царствование императрицы Екатерины II. СПб., 1881. Т. I. Гл.1）。阿列克赛沙皇时并未限制居民管理权。
③ П. С. З. Т. IV. №2324；Т. VI. №3526.
④ П. С. З. Т. VI. №3590.
⑤ Чулков. М. Д. Историческое описание российской коммерции. М., 1786. Т. VI. Кн. III. С.241.
⑥ Ведомость о фабриках и мануфактурах. 1729 г. //Арх. д-та тамож. сбор.
⑦ Дело по именному высочайшему указу о собрании в Коммерц-коллегии сведений об иглах и пр. //Там же.

数量严重不足，很多工厂收留乞丐和孤儿担任工人和学徒。米留京丝织品厂就曾招聘大量穷人担任学徒。1736年1月7日法律规定，当工厂中工人数量不足时可从士兵子弟中招收学徒。① 但工厂工人中逃跑农奴和国有农奴数量最多。逃跑农奴对工厂主而言意义特殊，虽然彼得一世政府尽量把农奴固定在土地上，但农奴逃亡现象时常发生。1721年7月18日法律出台后，彼得一世严禁工厂工匠和学徒返回其法定所有人处，即便是逃跑农奴也是如此，此后他们可以在工厂安心工作。②

尽管政府对工厂主十分宽容，但是工厂工人的数量仍十分有限。为弥补其不足，1719年2月10日规章规定可派遣其他省份的犯人去安德烈·图尔恰尼诺夫亚麻厂中工作。1721年法律把该措施落实，规定犯错妇女可以派往别尔格科列吉手工工场，他们服刑期间在这些工厂工作，重刑犯甚至终身在此工作。随后法律规定（1736年1月7日规章、1753年3月29日规章、1762年3月26日规章）流浪人、乞丐、妓女可送到工厂做工。③ 1762年3月26日规章规定圣彼得堡及其周边的盲流、退伍士兵、工匠和公职人员配偶都可以在该地区的工厂中务工。

但这些措施仍不能满足工厂的工人需求量，18世纪上半叶工厂主就工人数量不足问题的请愿十分常见。如1744年莫斯科呢绒厂工厂主博洛金、叶列梅耶夫、特列秋科夫与谢里科夫等工厂代表在请愿书中指出呢绒工厂中劳动力已严重不足，工厂中10~15岁工人严重短缺。丝织品等工厂主在请愿书中指出工人数量不足问题十分严重，已成为阻碍工厂发展的主要因素。④

---

① *П. С. З.* Т. Ⅴ. №3176; Т. Ⅵ. №4006; Т. Ⅰ Ⅹ. № 6858.
② *П. С. З.* Т. Ⅵ. №4055.
③ *П. С. З.* Т. Ⅴ. №3313; Т. Ⅵ. №3808; Т. Ⅹ Ⅴ. №11485; Т. Ⅹ Ⅸ. №13664.
④ Соловьев С. М. *Обзор хозяйства и промышленности Владимирской губернии* 3 - е изд. Т. Ⅹ Ⅺ. С. 301. 伊利萨维塔女皇统治时期自由雇佣工人数量很少，政府很少关注工厂工人问题（Соловьев С. М. *Обзор хозяйства и промышленности Владимирской губернии* 3 - е изд. Т. Ⅹ Ⅹ Ⅲ. С. 25）.*История России с древнейших времен.* 3 - е изд. СПб., 1911. Т. Ⅹ Ⅷ. С. 291.

工厂中工人成分较为复杂，包括逃跑农奴、流浪者、乞丐和罪犯。彼得一世时期工厂仍以手工工场为主体，按照马克思的理论，手工工场仍是手工生产占主导地位。手工工场的劳动生产率主要取决于工人熟练程度与工作技能，手工工场中工人成分较为特殊。西欧手工工场是在传统行会的基础上发展起来的，工场中有很多优秀和技术熟练的工人，他们原来都是手工业者，业务已十分娴熟。① 俄国手工工场完全是在另外一种条件下产生的，不但工人技术水平低下，而且工人数量严重不足。

在此条件下俄国不可能出现自由雇佣工人阶层，强迫农奴劳动是弥补工厂人手不足的唯一办法。工厂主只有通过延长工人的劳动时间和提高劳动强度才能弥补劳动力的不足。工人刚进入工厂时应抽出一定时间学习相关业务，最终转化为熟练工人，培训工人需耗费一定成本，因此工厂主要求工人长期在工厂工作。当时各工厂主间竞争十分激烈，对工人需求量也较大，各工厂主都有失去熟练工人的危险。因此，只有把工人固定在工厂内才能保障工人数量与生产进度。为保障工人数量，工厂主获得在一定时间内使用工人学徒劳动的权力，如在塔梅斯特许证中指出，其工厂中学徒工作的时间不能低于10年（7年学徒工，3年准工匠），只有满足此期限后才能到其他工厂工作（1720年3月10日指令）；托米林制针厂学徒在成年之前都需要在该工厂内务工，谢戈里呢绒厂工人在17岁之前不能离开工厂，此后，17岁之前为学徒成为确定的制度。手工工场委员会规章（12款）规定，工人在学徒期满前去其他工厂务工要缴纳巨额罚款，每名工人为100卢布，此罚款由过错方工厂主承担，工人不但要返回至以前工厂，而且还要遭受体罚。

所有这些限制工人自由流动的措施表明，工厂主招工困难，必须采取措施保证工人的数量。

换言之，彼得一世时期工厂劳动的基础并不是雇佣劳动。1721年1月18日法律足以解释该状况，通过该法律大商人获得购买农村居民的权利，

---

① 彼得一世的工厂主和新时期的工厂主间存在差距毋庸置疑，18世纪末和19世纪初英国纺纱厂很多工厂主雇佣儿童担任学徒工，但这些工人在使用机器的工厂内工作不需要进行职业培训。

但前提必须是整个村庄的居民全部去工厂中务工，且不能随意离开工厂。①

根据该法律彼得一世时期工厂工人从自由劳动快速过渡至强迫劳动。在大生产中劳动与资本的关系与西方模式完全不同。此时期西方资本主义工业快速发展，而俄国却产生了以强迫劳动为基础的大生产方式。科尔萨克认为彼得一世制定该法律为其最大的错误。②谢梅夫斯基先生认为该法律也是彼得一世的错误，他认为彼得一世时强迫工厂工人劳动，犹如地主庄园的农奴。③尼谢洛维奇认为，彼得一世政府实施这些措施并不是为工人谋福利。④虽然彼得一世时期工厂雇佣劳动过渡为农奴劳动，但这也是经济发展的客观要求。⑤

此时在俄国传统经济体制基础上建立起来的大工业生产不能依靠自由劳动，对工厂主而言，农奴劳动优势更加突出。彼得一世政府更关注工厂主利益，对农奴利益不予重视，政府赋予工厂主与贵族同等的特权，即可获得使用强迫劳动的权利。

因此，1月18日法律实施后工厂工人问题得到解决，该措施出台受当时社会经济状况的制约。与西欧以自由劳动力为主的资本主义生产方式相比，俄国工业采取的是强制劳动的方式。

允许工厂主使用农奴强制劳动并未改变工人的法律地位，自由工人也是如此。工厂可以继续雇佣逃跑农奴，在法律上他们与工厂主毫无隶属关系。在意识到强制劳动的优越性后，工厂主试图让更多的自由工人沦为农奴工人。1736年工厂主终于如愿以偿，大工厂主扎特拉佩兹、谢戈里尼、米克利亚耶夫、戈尼恰洛夫、波德谢瓦里希科夫、塔梅斯等人向沙皇递交请愿

---

① П. С. З. Т. V. № 3711.
② Корсак А. К. *О формах промышленности вообще и значении домашнего производства и домашней промышленности в Западной Европе и России.* С. 130.
③ Семевский В. И. *Крестьяне в царствование императрицы Екатерины II.* С. 393.
④ Нисселович Л. Н. *История заводско-фабричного законодательства Российской империи* СПб., 1883. Ч. I. С. 45.
⑤ 斯特鲁维的观点如下：18世纪俄国政府也提出巩固工厂和工人关系的问题，通过其论证足以说明在当时实物经济的基础上资本主义经济发展规模有限。（*Критические заметки к вопросу об экономическом развитии России* СПб., 1894. С. 83）

书，沙皇为此颁布诏书，诏书规定工厂所培训的工匠与其家人都归工厂主所有。工厂主应支付给工匠相应工资，工资数额与以前所有人支付的一致，如地主、贵族、国家与教会等。对所有人身份不明的工匠工厂主无须支付任何工资，工厂主应把逃跑的黑土区农奴返还给原所有人。①

同时工厂主获得以"家庭方式"惩罚永久隶属工匠的权利，以便惩罚那些无节制、工作不认真的工人，严重时甚至可以流放至卡姆恰特卡劳作，此外还允许工厂主转让工匠。如果工匠逃到其他工厂应把其返还给原有工厂主，工匠会受到相关惩罚。②

因此，工匠最终依附于工厂主，俄国工厂具有工人作坊特征，以严格的纪律维持工厂秩序，工人工作懈怠将受到严重刑罚。③

因劳动生产率低下俄国工厂工作方式由自由雇佣劳动过渡为强制农奴劳动，对工厂主而言强迫劳动优势更加明显。另外，农奴关系也阻碍生产率的提高。当时工厂工作具有强迫特征，因此很多工人消极怠工，工作效率很低。这些因素也是18世纪俄国工厂工业发展缓慢的主要原因。

1727年莫斯科商人指出俄国工厂商品价格极其昂贵，质量较为粗糙。为此沙皇颁布诏书向俄国企业主与工厂主询问商品进口事宜，但工厂主对进口产品较为抵触。卡尔梅科夫以呢绒商人会长的名义申请，丝织品和丝绒商品仍无法与海外产品抗衡，国内产品价格明显高于进口产品，如果政府允许自由进口海外的丝织品，那么商人的处境将有所改善。化学制品行会会长宣

---

① 根据该规章这些工匠过渡给商人。详见：1765年6月18日戈拉西姆巴拉赫尼区波罗维尼克请愿书。波罗维尼克过渡给戈拉西姆，并且支付这些居民的人头税和所有差役。1734年他去莫斯科务工，在莫斯科担任钳工。此年度按照合同他在米留金丝织工厂担任钳工，他在此工厂内工作五年，每年返乡办理护照。然后他留在米留金工厂内，1736年逃离该工厂，手工工场委员会将波罗维尼克送还给米留金，最后结果并未有相关记载（*Дела Балахнинского городового магистрата.* №537）。科洛列尼科对这件事十分关注。
② *П. С. З. Т.* Ⅸ. №6858.
③ 很明显，工厂工人坚决反对被禁锢，但他们什么也不能做。关于18世纪工厂工人暴动的描述可参见：Семевский В. И. *Крестьяне в царствование императрицы Екатерины*Ⅱ *Посессионные крестьяне. Гл.* Ⅱ. 索洛维耶夫指出1752年小雅罗斯拉夫县城卡尼恰洛夫呢绒工厂发生农民暴动，农民打败镇压军队，最后动用炮兵才镇压住该运动。

布，俄国硫酸盐、染料与进口产品相比价格十分昂贵，有时甚至为进口产品价格的1倍，必须向政府申请自由进口国外同类产品。亚麻与帆布商人也宣布，我们支持出售国内相关产品，但是国内产品价格过于昂贵。这些请愿书表明俄国工厂商品质量粗糙且价格昂贵，此类例子屡见不鲜。商人几乎都表示支持降低进口关税。①

莫斯科商人请愿足以证明俄国商人与工厂主间关系紧张。从中可以看出莫斯科商人对工厂主并不友善，工厂主使用各种特权垄断国内市场，此外他们也欲控制产品零售，商人十分愤怒，政府态度徘徊不定。1722年2月3日规章禁止工厂主从事零售业务，此规章出台后诸多店铺关闭，工厂主利益严重受损，为此工厂主采取其他措施抵触该规章，如在私人店铺中寄售或在其他地区单独销售产品。1722年7月18日又颁布新法律规定工厂主可从事零售贸易，政府认为完全禁止零售贸易已不可能，工厂主参与零售贸易可以改善市场状况。

此时期商人与工厂主间的斗争可认定为莫斯科公国时期大小商人之间斗争的延续。彼得一世时期大工厂主仍然排挤小商人。

由于俄国工厂中农奴劳动占优势地位，所以整个18世纪工业技术并无实质性进步。为证明该论断，笔者对相关工业领域进行了研究，以呢绒工厂为例加以阐述（19世纪前呢绒工厂中强制劳动一直占主导地位）。政府虽采取一系列措施提升呢绒生产技术，但是仍徒劳无功。1740年法律规定俄国呢绒工厂主应该提高生产工艺，满足日益增长的需求，元帅米尼赫在一份呢绒的评价单中指出呢绒质量十分粗糙，保暖性很差，士兵对此强烈不满。②为此安娜女皇时期颁布呢绒厂工作规章，但此规章效力不大。该规章由政府特殊委员会制定，指出俄国呢绒工厂产品质量十分粗糙，并提出相应惩戒措施。委员会认为，呢绒产品质量低下主要源于工人对工厂状况的不满。工厂设施十分简陋，天花板已经漏水，工人的工作环境非常恶劣，地板上并未铺

---

① *Дело об отобрании от торговцев сведений о здешних мануфактурах, 1727 г.* Дела Коммерц-коллегии № 500 // Арх. д-та тамож. сбор.

② *П. С. З.* Т. Ⅵ. № 3892, 4057; Т. ⅩⅠ. № 8220.

砖块或石头，工人直接在泥土上工作。工厂中光照不足，织布工勉强可以看见光亮，在该状况下工人工作效率低下，产品质量可想而知。工人衣衫十分单薄，某些工人的长衫勉强遮体。呢绒工厂中工人工时过长，为此政府专门对呢绒厂中工人工作时间进行讨论，讨论后工人日均最低工作时间仍为14个小时。

受工作条件与作息时间的影响工人的工作效率十分低下。军队对呢绒质量的不满情绪日益高涨，如1745年枢密院认为俄国呢绒产品质量十分粗糙，经常起球，应该对工厂主处以较高的罚款。① 尽管如此，俄国呢绒产品结构单一、质量粗糙的状况仍一直持续至19世纪20年代。②

彼得一世之后贵族的政治影响力急剧增强。克柳切夫斯基教授认为古罗斯时期贵族阶层作用有限，他们只在中央与地方机构中任职；18世纪上半叶贵族成立中央政府并开始分管各省事务。18世纪下半叶贵族不但在中央机构中任职，而且开始管理各省份事务。③ 新时期贵族权利增强后工厂主特权受到影响，其中主要特权之一是剥夺工厂主工人。安娜女皇颁布指令使工厂主的工匠依附权受到限制，商人工厂主只可购买无土地农民。工厂主对该规章十分不满，1744年格列别希科夫的申请获得批准，工厂主重新获得购买农村居民的权利。

但工厂主获得的胜利十分短暂。贵族凭借其特殊的政治优势，最终获得相应特权。在伊丽萨维塔统治时期工厂主使用农奴工作的权利十分受限。1752年枢密院颁布法律规定工厂主可购买工人的最大数量，由机器和生产设备数量而定，工厂主每套设备使用男性工人数量不得超过42人。该指令颁布后众多工厂主纷纷加入投机者行列，不但大肆购买农奴，而且把多余工人租给其他工厂主使用。1762年3月29日彼得三世颁布法律禁止工厂主购买（有土地和无土地农奴）农奴，同年8月这部法律由叶卡捷琳娜二世加

---

① П. С. З. Т. ⅩⅠ. №8440 Т. ⅩⅡ. №9168.
② 如1830年5月7日改善手工工场各部门的指令：Арх. д-та торг. и. ман。从彼得一世时期至19世纪初呢绒工厂的状况并未改善，因产品质量十分粗糙军队对其需求量逐渐降低。
③ Ключевский В. О. Лекции по русской истории 1844 – 1855. М., 1885. Ч. Ⅱ. С. 249 – 250.

以确认。①

　　这些法律实施的直接后果是工厂主阶层成分发生变化。上文已经提到，彼得一世时期工厂主中几乎没有贵族。但是如果我们对叶卡捷琳娜时期工厂主阶层的属性进行研究，就会发现贵族数量急剧增加。1773年《手工工场消息报》指出俄国共有328家工厂，其中66家为贵族所有，46家为外国人所有。此时贵族拥有工厂数量仍不多，但因贵族投入流动资金数额较多，因此工厂规模巨大。按照手工工场监察处的数据，305家工厂一年商品销售额为3548000卢布，其中57家贵族工厂的销售收入为1041000卢布，贵族工厂销售额约占所有工厂收入的1/3。呢绒工厂贵族特征更为突出，此时40家呢绒工厂中19家归贵族所有。② 18世纪70年代起工厂开始从商人手中过渡到贵族手中。禁止工厂主购买农奴对贵族十分有利，贵族有权使用农奴在工厂中劳作，而此时商人失去了该特权。因此在当时重要工业领域——呢绒工业中，贵族工厂数量急剧增加，至19世纪初大部分呢绒工厂归贵族所有。1809年98家呢绒厂中只有12家属于商人，19家工厂属于有爵位的贵族（大公巴拉基、尤苏波夫、沙赫夫、赫瓦尼、乌鲁索夫、谢尔巴托夫和普洛佐洛夫等），55家工厂属于无爵位的贵族，其他工厂属于外国人和异族人。③

　　叶卡捷琳娜时期新法典颁布后贵族和商人对立状态已凸显。贵族代表在申请中多次指出商人工厂主仇视自己的特权。如在鲁赫夫贵族规章中宣布，各县城贵族工厂主具有使用农奴的特权，但是商人不具有该权利。因此鲁赫夫斯克贵族在建厂时可购买整个村子里的村民充当工人，但商人工厂主只能使用自由劳动力。④ 克拉皮维尼贵族还要求采取坚决措施反击商人工厂主，

---

① *П. С. З. Т.* XIII, № 9004；*Т.* XIII, № 9954；*Т.* XV. № 11490；*Т.* XVI. № 11638.

② 所有这些数据都源于秋尔科夫。（Чулков. *Историческое описание российской коммерции* М., 1786. Т. VI. Кн. III. С. 591 – 697）但在这些信息中并不包括小型贵族工厂，这些工厂也使用农奴劳动，这类工厂数量很多，呢绒和亚麻工厂尤甚。如1783～1784年特维尔省有大量亚麻工厂。（В. И. Покровский. *Историко-статистическое описание Тверской губернии* Тверь, 1897. Т. I. С. 132.）

③ *Дело по высочайше конфирмованному докладу о дозволении вольной продажи солдатского сукна*, 21 октября 1809.

④ *Сборник Ист. о-ва.* СПб., 1871. Т. VIII. С. 483.

他们指出："工厂主中的商人阶层大多具有农奴……他们的生活非常奢侈、性情十分懒惰，长久以来依靠压榨农奴获得收入。如果商人工厂主不生产商品，他们将十分赞成进口商品，因此属于商人工厂主的村庄应解散，或归入其他阶层。"①克里尼贵族也持该观点。雅罗斯拉夫贵族声称商人工厂主欺压农奴，限制其自由，工厂主应该使用自由劳动力，这将对贵族十分有利，因为贵族可以给予农奴较高的工资。图拉、卡申、维亚济马、书伊贵族也请求禁止工厂主购买农奴和村镇，商人工厂生产应以自由劳动力为主。②

在其他贵族指令中也经常遇到请求赋予工厂主各种特权的请愿书，特别是工厂主可以自己处理工厂事务，相关分歧不应由世俗法庭审理，而应由手工工场委员会特殊法庭审理。以前贵族很难获得从工厂主处追回逃跑农奴的权利，此意愿在谢尔佩伊斯克、梅晓夫斯克、小雅罗斯拉夫、普龙斯克、沃罗涅日、梁日、克伦斯基、沙茨基和别列夫斯基等贵族的请愿书中都有所体现。③

很明显商人请愿带有其他特征。所有的申请书中几乎都屡次申请获得购买农奴的权利，哪怕用于家庭服务。在其他申请书中也指出必须解决工厂主购买农奴问题，屡次表达由商人管理工厂的意图。④

与商人请求工厂赋予其工厂管理权相比，其他阶层的请愿书则完全体现出另外一种意图，他们仇视大工厂主，并且对其特权十分不满。如莫斯科居民请愿书中指出，免除工厂主所有市民义务和差役后，市民负担变重，因此

---

① Так же. С. 562.
② *Сборник Ист. о-ва.* Т. IV. С. 300, 395, 413, 465；Т. XIV. С. 452. 书伊贵族请愿书中指出应禁止贵族拥有工厂。沃罗涅日贵族请求完全禁止在沃罗涅日省内修建冶铁和玻璃工厂。克列尼斯克贵族认为工厂应从商人过渡至贵族。普吉夫列尼斯基贵族请求收回戈鲁什科夫的呢绒工厂。（Там же. Т. LXVIII. С. 357, 439, 586）
③ Там же. Т. VIII. С. 513, 518；. Т. VI. С. 324, 387；TLVIII. С. 362, 378, 395, 439, 457, 613.
④ 如科斯特罗马居民请求禁止贵族具有工厂和从事贸易；科斯特罗马工厂主宣布，如果无农奴手工业工厂主境遇将更好。随后他补充道，亚麻工厂内自由劳动力明显不足。涅列赫塔和格热特斯克码头居民申请无农奴工厂很难工作。乌格里茨工厂主宣布工厂内劳动力不足是工厂发展的主要障碍……雇佣工人工资过高。留比姆斯克商人请求禁止贵族拥有工厂，图拉商人也提出类似申请，很多城市居民都提出了该类申请。（Там же. Т. XCIII. С. 102, 174, 230, 378, 573）

他们请求所有城市居民应享受平等权利，承担同等义务。科斯特罗马居民随后在请愿书中申请禁止贵族兴建工厂，允许贵族建厂后贵族将获得与商人工厂主同等的免除赋税与差役的权利，市民负担将加重。雅罗斯拉夫居民在请愿书中提到，工厂主免于各种差役，其工人也不需服役与缴税。此后所有差役由市民与小商人阶层承担，贵族建厂后商人阶层也开始衰落。工厂主拥有雄厚的资本，为什么生活还受商人阶层所累，负担更加沉重。

在尤里耶夫-波利斯基、罗曼诺夫、扎赖斯克和涅列赫塔等城市商人的请愿书中都请求取消工厂主特权。商人涅列赫塔申请，虽然俄国工厂和手工工场数量众多，但只有商人资本家经营的机构才可称为手工工场，中小商人阶层不具有创建工厂的权利。

因此，商人大工厂主不但不能获得贵族支持，而且商人同僚对其也十分不满。在工厂管理政府机构（如手工工场委员会）法令中，大工厂主间互相倾轧，很难团结。① 格尔玛尼早已指出贵族仇视大工厂主。② 小商人仇视大工厂主无关紧要，但工厂主与贵族关系紧张严重影响工厂生产和扩建，因缺少获得农奴的特权，商人工厂主很难重现彼得一世时期的辉煌。

商业办公厅工作人员梅热尼诺夫在委员会会议中明确指出贵族工厂数量增加了。他认为，20年前贵族虽然知晓帆船厂可以获得巨大利润，但是他们自己难以胜任工厂兴建及经营工作，因此很少有贵族从事该工作。同时贵族在兴建老式呢绒工厂时亏损巨大。为此他得出结论，当时的状况不允许贵族兴建工厂，其意见得到诸多有识之士的赞同，雅罗斯拉夫贵族、大公谢尔巴托夫就是其中的代表。他在会议中指出："当时沙皇都较为仁慈，允许大商人兴建工厂，贵族却未获得该权利，随着时间的推移此特权逐渐丧失。"③

委员会中关于商人权利问题的争论十分激烈。请愿书中商人代表请求赋予商人获得农奴与自由兴建工厂的权利，一些人甚至请求完全禁止贵族兴建工厂。例如，雷布诺耶区商人阿列克谢·波波夫请求恢复商人购买农奴与兴

---

① Там же. T. XCIII. C. 132. 170. 340. 392. 404. 432. 522; TLIII. C. 207.
② Herman. C. T. Op. cit. P. 448.
③ *Сборник Ист. о-ва.* T. VIII. C. 51, 59.

建工厂的权利。他认为，贵族不应该进行贸易，不应该兴建工厂与从事手工业业务。波波夫联合69个城市代表支持其申请。谢尔佩伊斯克市代表格利尼科夫请求解决商人建厂问题，允许商人购买农奴。其意见得到10个城市的代表的认同。季赫温代表索洛多夫尼科夫请求，为促进经济发展应只允许商人阶层建厂，许多城市的代表都对其申请表示赞同。①

俄国贵族倡导劳动力完全自由化。大部分贵族认为，工厂只能依靠自由劳动力才能获得巨大成绩。谢尔巴托夫认为，俄国工厂最好使用自由劳动力，其真正意图与贵族一样，商人工厂应使用自由人或曾在工厂中登记的自由人，贵族倡导使用自由雇佣劳动力也出于自身利益考虑。② 换言之，谢尔巴托夫认为农民不应在工厂务工，商人工厂应主要使用自由雇佣劳动力，贵族应与以前一样管理农奴与从事农耕。

一些贵族代表甚至申请完全禁止商人兴建工厂，卡申代表科日尼指出，商人拥有工厂对我们十分不利，他们的工厂是我们从事商业事务的障碍，他认为，只有未在国家机关任职的贵族才可建厂。③

因此，18世纪中期商人与贵族对于建厂权利之争的焦点在于是否取消对方的特权，政府的工商业政策由此发生变化。很明显，彼得一世政府希望新工业部门快速发展，因此不惜牺牲一些人的利益来扶持大工厂主。在其统治末期政府颁布保护性关税政策来保护本国产品，有时税率甚至具有禁止性特征。但在彼得一世死后不久外国商人竭力反对该政策，居住在圣彼得堡的英国、荷兰与德国商人申请取消贸易保护政策。上文中已经提及莫斯科商人申请降低进口关税，禁止性关税会使国家遭受巨大损失，因为在关税监管力度不足时对走私的打击力度不足，国家失去了大量收入，海关官吏却借此中饱私囊（当时有句俗语，即关税就是金镶玉），部分商人通过该渠道进口商

---

① Там же. Т. Ⅷ. С. 41，94 и др.
② 1721~1762年工厂赎买农奴数量并未确认，但因禁止购买农奴，因此其数量不高。按照手工工厂委员会信息，此时工厂赎买了21005名农奴，其中8332名划入工厂，其他人在乡村内工作。详见：Там же. Т. Ⅹ. С. 368。
③ Там же. Т. Ⅳ. С. 192.

品。因此，政府开始倡导自由贸易。① 1731年关税税率大幅度降低，俄国进口货物中国家所需商品关税征收额度为10%，非国家所需商品关税征收额度为20%，但大部分商品都是国家所需产品。② 叶卡捷琳娜统治时期一直实施该关税制度，1753年规定对所有进出口商品征收13%的附加税，其目的是补偿此年度关税亏损额。1757年关税数额略有提高，但政府提高关税的出发点是增加国库收入，不是为了发展经济。

叶卡捷琳娜二世以彼得一世的继承者自居，继续实施彼得一世的工厂政策。政府为新建工厂者提供各种优惠政策、提供无息贷款，为工厂主提供国有农奴和工匠。以前国有工厂在转为私人工厂时必须交给国家大量的商品或承担相应的义务，但叶卡捷琳娜时期工厂主的某些特权受到限制。此时，赋予工厂主的最重要的特权之一是免除人头税。1742年、1743年和1747年法律规定依附于工厂主的工匠与其他农奴一样支付人头税，但是不需支付代租役。③ 但1745年工厂工匠失去了免除军事差役的特权。

叶卡捷琳娜时期给予工厂主的特权之一是个别工厂主可以多年垄断某类商品的生产。④ 这些措施引起了致力于发展新工业的工厂主的不满，政府呼

---

① Ладыженский К. Н. История русского таможенного тарифа. СПб., 1886. Гл. V. 秋尔科夫非常支持奥斯捷尔曼的意见，呼吁降低关税。（Чулков М. Д. Историческое описание российской коммерции. М., 1786. Т. Ⅵ. Кн. Ⅲ. С. 231–238）

② Ладыженский К. Н. История русского таможенного тарифа. СПб., 1886. С. 77.

③ 通常由工匠自己支付人头税，其所有人并不支付人头税，很明显扣除人头税后工匠工资数额更低。

④ 例如，1753年颁布法律禁止此后10年内在圣彼得堡、切姆别尔尼和科涅尼斯地区修建印花布工厂（П. С. З. Т. XIV. №11630）。商人费多托夫获得在莫斯科生产金银边饰的工厂，商品全部供给国家（Там же. Т. ⅩⅢ. №10144）。1755年工厂主博特列尔获得生产槽钢10年垄断权。1760年博特列尔的特权又延长10年，棉纺织工厂主奥利欣拒绝修建铁制品工厂（Там же. Т. XIV. №10376；Т. XV. №11080）。1752年工厂主索科里尼科夫和波特京获得圣彼得堡制帽行业的10年垄断权（Там же. Т. ⅩⅢ. №10045）。1747年莫斯科制帽工厂主切尔尼科夫和萨菲尼科夫获得莫斯科省制帽行业的垄断权（Там же. Т. XII. №9467）。1762年伯爵亚库热尼斯基（大型丝织工厂主）收到通知，禁止其在5年内在俄国修建工厂。如伊利萨维塔统治时期很多工厂主申请废除奥利欣在俄国继续修建棉纺织工厂的权利，该工厂应该专注于改善产品质量。1754年禁止奥利欣普及这些"无用"工厂。（Соловьев С. М. Обзор хозяйства и промышленности Владимирской губернии 3-е изд. Т. ⅩⅩⅢ. С. 288）

吁采取其他方式在国内建立新的生产部门。为鼓励外国人建厂也赋予他们垄断某一行业的权利。

该特权引起商人和贵族的强烈不满，他们联合起来抵制工厂主特权。叶卡捷琳娜统治末期政府界产生完全对立的两种思想，但他们竭力废除大工厂主的垄断权。1758年规章已明令禁止小生产者生产花粗布和礼帽，导致许多小手工业者破产，枢密院的解释是禁令只对大企业有效，小生产者可自由生产。产品因质量粗糙遭到士兵坚决抵制，所以必须提高产品质量，改善生产工艺。①

此条保护小生产者的规章表明政府的工商业政策发生了变化，开始推行新政策。叶卡捷琳娜二世时期该方向已十分清晰。叶卡捷琳娜多次以口头和书面形式指出垄断的危害，以及大工业对小生产者的冲击。在指令中叶卡捷琳娜宣布，俄国农业为支柱产业，应该捍卫其地位。按照其意见机器并不总是具有重要作用，它致使手工制品数量降低，工人数量也迅速下降。与大工业相比，小工业仍需占据主导地位，农闲时农民从事相关手工业活动对农民和国家而言都是增加收入的手段。②

在手工工场委员会代表的申请中以上思想被多次重复，委员会副主席苏克尼指出："巨大手工工场为国家提供大量手工业制品，但工业垄断后手工业制品市场受到抨击……从工厂开始增加时手工工场开始衰落……大工厂老板也仇视社会。"手工工场委员会会议上也提出了类似问题，即工业发展应采用何种模式才能满足各阶层的利益，并指出："农民不应该出售土地，而应该精耕细作，在农闲时以适当的方式生产各种手工制品，如毛线、呢绒与大麻、帆布与木制品等，与此同时，市民应该从事相应手工业以维持生计……也可以在工厂内谋生……他们已成为工厂主要劳力之一。"

因此，手工工场委员会决定鼓励发展手工工业，降低工厂垄断程度，工厂劳动力应该从强制劳动过渡为自由雇佣劳动。这些规划与贵族的意图相一

---

① *П. СЗ.* Т. ⅩⅤ. №. 10910.
② 详见叶卡捷琳娜二世关于手工工场的训令（源自：Ладыженский К. Н. *История русского таможенного тарифа* СПб.，1886. С. 107－108），耐人寻味的是叶卡捷琳娜时期的某些观点至今仍是手工工业的保护伞。

致，因此很快得以实施。上文中已提及贵族与商人利益冲突不可避免，但冲突关键在于谁来主导工业和工厂、使用何种劳动力。商人抱怨的主要对象不是贵族，而是农民。商人几乎都抱怨农民参与贸易和发展农民手工业。如商人沃罗特尼斯克在申请书中指出，县城农民在县城内购买凝皮，回家进行生产，加工完毕后农民可以自由销售其产品，因此，应该对此行为加以禁止。科斯特罗马居民也抱怨，农民采购其他农民生产的粗麻布，然后去港口城市销售。波罗夫斯克指出："很多农民拥有油脂和皮革厂。"新罗西斯克郊区居民在请愿书中对商人与手工业者间的冲突进行了如下描述："在我们郊区和附近农村中……许多农民购买生铁然后在家中制作铁钉，在产品达到一定数量后销往莫斯科和圣彼得堡……此地农民主要副业是生产铁钉，其他一些人收购铁钉去圣彼得堡销售，其中有些人在雅罗斯拉夫被拘捕，产品被查封与没收。在惩罚文书中指出其货物不合法，应予以没收。"科泽利斯克商人也抱怨当地农民从事纺织业。书伊商人也在请愿书中指出，在村镇中存在很多小型工厂，如皮革、油脂、毛皮、茶叶、蜡烛与纺织工厂。这些工厂的一部分产品在本地出售，其余产品销往南方各港口与西伯利亚地区，也有一部分人囤积商品，然后以高价出售。为此书伊商人请求杜绝农民从事手工业，消除此类工厂。商人罗曼诺夫在申请书中甚至写道："农民俨然成为商人，商人处境雪上加霜。"①

商人和城市代表要求手工工场委员会采取坚决措施限制农民贸易和手工业的发展。此时某些代表还提交了手工业发展的相关数据。②

贵族是农民手工业和贸易自由的支持者，如雅罗斯拉夫贵族列特京在谈话中指出保护农民手工业的必要性。其意见得到与会22个贵族代表的支持。在某些贵族会议中甚至提出扩大农民贸易的权利。如雅罗斯拉夫贵族申请农民可自由在乡村集市上出售自己的制品和购买其所需货物。书伊贵族请求允

---

① 上述禁止农民从事手工业和贸易的请愿在图拉省的乌格里茨、布伊斯克、谢尔布赫夫、留比姆斯克、维列伊、卡杜亚、苏基斯拉夫、鲁兹、莫热伊斯克等城市的商人请愿书中也有类似描述。详见：Сборник Ист. о-ва. Т. XCIII. С. 102, 153, 161, 183, 300, 358, 359 и др.
② 如奥伦堡省代表科切托夫在申请书中指出在各县城中很多农民，特别是鞑靼人去农村皮革厂、肥皂厂、油脂手工作坊、个别纺织和亚麻工厂收购产品，然后销往其他地区。奥伦堡省该商业模式十分常见，当地居民的产品通过中间商销售。Там же. Т. VIII. С. 291.

027

许农民自由出售其制品，如粗麻布、呢绒等产品。① 贵族积极倡导发展农民手工业的意图十分明显，贵族最主要的财富是其农民，中部各省份土地状况较差，手工业却发展迅速，因此大部分农民缴纳代租役（雅罗斯拉夫、下诺夫哥罗德与科斯特罗马缴纳代租役的农民比例分别为78%、82%和85%）。② 缴纳代租役的大部分是富农，很明显贵族非常关心农民手工业的发展。

叶卡捷琳娜时期俄国政府工业政策变更主要受法国重农学派思想的影响。③ 尼谢罗维奇认为，所有的政策都是出于民族自强的考虑。他指出，叶卡捷琳娜完全了解俄国人民，外来经验会促进国家的发展。在重农学派的思想影响叶卡捷琳娜的政策之前，农奴制就已快速发展。但是重农主义学派的首要观点是劳动自由。为什么重农主义学派的观点能广为流传呢？尼谢罗维奇认为，叶卡捷琳娜完全出于民族大义考虑。工厂主并不愿意减少自身特权，商人与市民阶层不但不赞同发展农民手工业，而且希望杜绝农民从事手工业生产，杜绝不合法贸易，关闭农民工厂。出于此考虑政府开始反对大工厂垄断，大力发展农民手工业。

上文已提及叶卡捷琳娜的诏令和手工工场委员会的规章。政府各界已达成一致，小农工业所带来的利益高于大工业。彼得一世以来扶持大工业的政策为什么会发生变化呢？是否可以解释为贵族影响力增强了呢？贵族出于自身利益要求发展农民手工业，贵族在申请书中请求禁止工厂主购买农民；贵族代表坚决支持农民贸易自由。此时，重农主义学说恰巧与政府上层的意见一致。④

---

① *Сборник Ист. о-ва.* Т. IV. C. 126. 以下代表都持该意见：苏兹达尔贵族伯爵托尔斯泰，雅罗斯拉夫大公谢尔巴托夫，喀山贵族普斯科夫、里维尼斯基、罗斯托夫等人。
② Семевский В. И. *Крестьяне в царствование императрицы Екатерины* II. C. 19 – 21.
③ 详见：Иванов. *История управления мануфактурной промышленностью в России*（*Журнал м-ва внутр. дел.* 1844）；*Труды комиссии по пересмотру уставов фабричного и ремесленного.* Ч. II. C. 12；Ладыженский К. Н. *История русского таможенного тарифа.* СПб., 1886. C. 100 – 108；Ordega S. *Die Gewerbepolitik Russlands.* Tubingen, 1885. S. 139。
④ 18世纪大工厂与手工业几乎不存在竞争的论断几乎毋庸置疑，手工业者也不生产大工厂的类似产品，如军用呢绒、薄呢绒、帆布、贵重丝织品等货物。手工业者对城市手工业者和小手工作坊商人的冲击最大，如皮革、铁钉、肥皂等手工业。在第一版此注释后方还具有采购农民商品商人的字样，此处删除。

一系列致力于自由发展工业和国内贸易的法律足以证明新发展趋势已锐不可当，大工厂特权与行业垄断逐渐废除。1762年取缔印花工厂优惠政策，切姆别尔列尼印花布工厂特权期满之后，其他工厂主可以自由设置印花布工厂。1763年几个大工厂的垄断地位下降。1769年法律规定农民可自由在家中安装机器、生产纺织品，该法律颁布后许多城市和乡村居民开始在家内安装机器生产相应的商品。以前只对工厂机器征税（或按织工数量征税，税额为1%），1775年3月17日法律颁布后取消征税，该法律规定可自由设置工业机构。①

1779年手工工场委员会最终取消了工厂主的审判特权。工厂主的权利受到限制，尽管政府呼吁发展农民手工业和工业，但该措施并未涉及全部大工厂，只有排挤农民手工业发展的领域才受到限制。②

工业发展自由的首要受益者是工厂主自身。叶卡捷琳娜二世继位之前俄国大生产发展十分缓慢，但从此时起其发展异常迅速。工厂数量从叶卡捷琳娜1762年继位时的984家增至其去世后的3168家。③ 1773年俄国工厂生产的商品价值为3548000卢布，此时呢绒和纺织厂产品价值为1178000卢布，

---

① П. С. З. Т. ⅩⅧ. N 133374；Т. ⅩⅩ. N. 14275.
② 中央政府支持发展农民手工业，地方城市机构则反对农村从事手工业生产，因其对商人冲击最大。详见：1768年5月7日农民 Е. Х. 戈里卡里尼开始加工染色丝线，此后他成为科基尼村的著名染色工匠，附近很多地区的丝线都送到此处染色。该事件发生后很多人告他们非法经营，警察局应没收其产品。该举措对科基尼村农民的影响巨大，他们持续向下诺夫哥罗德省省长申请允许农民从事该类手工业生产。虽然最终中央政府同意该村农民从事手工业生产，但市政府坚决反对该举措，详见市政府第590号决议。
③ 很难确定18世纪私人工厂数量，谢梅诺夫在《俄国对外贸易和工业研究》一书中进行了如下描述，1761年其数量为201家，1776年为478家（第三卷附件4）。《军事统计汇编》和其他统计出版物中也有相关数据。谢梅诺夫统计数据具有显著错误，明显低于实际数值。在《俄国手工工场工业统计和发展历史汇编》（Сборник сведений и материалов по ведомству Министерства финансов. СПб., 1865. Т. Ⅱ）中在相关档案材料基础上得出叶卡捷琳娜二世统治时期私人工厂数量为984家，保罗一世时为3129家。布尔纳舍夫在《俄国手工工场简史》一书中也采用该数据（Бурнашев. В. Очерк истории мануфактур в России. СПб. 1833. С. 16 и 26）。布尔纳舍夫的数据可信度较高，如1796年俄国皮革厂数量不是84家，而是848家；呢绒和亚麻工厂不是41家，而是412家。最终他确认俄国工厂数量为984家，原有数据为94家。

帆船厂产品价值为777000卢布，丝织品厂产品价值为461000卢布，造纸厂产品价值为101000卢布。①

因此，在叶卡捷琳娜二世统治的34年间新增工厂数量超过2000家，其总量增长了1倍。因技术熟练工人数量逐渐增多，所以18世纪下半叶工业突飞猛进。工厂是俄国工人的技术学校，上文已经提到只有无所事事的人才进入工厂务工，外国工匠工资较高，工厂主不愿支付较高报酬，且与俄国人相处得很不融洽，工厂主开始关注培养工人。② 外国工匠完全不熟悉俄国的工厂状况，有些工匠滥竽充数，甚至担任领导职务。安娜女皇统治时期熟练工人数量很少，1736年莫斯科商人叶列梅耶夫兴建呢绒工厂时，沙皇命令谢戈里尼、波鲁亚罗斯拉夫采夫与米克利亚耶夫各派遣2名工匠到新工厂工作。③ 从此时期起各工厂都开始培育技术工人，熟练工匠数量逐渐增加，18世纪下半叶俄国工厂内自由雇佣工人的数量也迅速增加。

城市居民数量也从1724年的328000人增至1796年的1301000人④，此时工厂的雇工压力有所缓解。该状况对中部工业区各省份的影响最为重大，地主庄园中很多农民开始外出务工，只需缴纳代租役。缴纳代租役后农民便可以像自由人一样在工厂务工。这些农民是工厂最主要的劳动力来源，工厂主竭尽所能招募工人。

18世纪末俄国农村农民外出务工的现象已经十分普通，该现象在外国作家作品和俄国历史文献中都有所说明。佐里塔乌指出："在俄国各地很多农民外出务工，妻子留在农村耕作……夏季农民做小生意或到城市工厂中打工。"⑤ 三卷本《俄国贸易、工业与农业》的作者弗里别对农民的状况进行过描述，外出农民秋季返乡收拾庄稼，春耕过后外出务工。⑥

---

① Чулков М. Д. *Историческое описаие российской коммерции* М. ，1786. Т. Ⅵ. Кн. Ⅲ.
② 详见：*Ведомость о фабриках и мануфактурах1729 г.* //Арх. д-та тамож. сбор.
③ *П. С. З. Т.* Ⅸ. № 7060.
④ Милюков П. Н. *Очерки по истории русской культуры*. СПб.，1896. Ч. Ⅰ. С. 79.
⑤ Soltau. D. W. *Briefe uber Russland und dessen Bewohner*. Berlin，1811. S. 23.
⑥ FriebeW. *Ueber Russlands Handel，landwirtschaftliche Kulter etc.*，Gotha；S. – Petersburg，1797. Bd. Ⅱ. S. 277.

此外还有某些省份外出务工农民的准确数量,如雅罗斯拉夫省为外出务工人员颁发的护照数量如表0-1所示。

表0-1 雅罗斯拉夫省为外出务工人员颁发的护照数量

年份	数量
1778	53656
1788	70144
1798	73663
1802	69539

资料来源:*Таблицы по Московской губ. за 1802г.*//Там же. № 407。

根据相关人口调查数据,1796年雅罗斯拉夫省男性人口数量为385008。18世纪末雅罗斯拉夫省20%的男性居民外出务工,换言之,约有1/5男性居民外出务工,放弃农耕。[①]

莫斯科省外出务工人员的数量明显低于其他省份,但是其数量仍非常多,如表0-2所示。

表0-2 莫斯科省为外出务工人员颁发的护照数量

年份	数量
1799	48932
1803	52922

资料来源:*Таблицы по Московской губ. за 1805г.*//Там же. № 468。

按照莫斯科省乡镇第五次人口普查数据男性居民人数为434441,颁发护照人员的数量超过10%。

科斯特罗马省部分县城外出务工人员的总数见表0-3。

表0-3 科斯特罗马省部分县城为外出务工人员颁发的护照数量

涅列赫塔[①]		加利茨基[②]		科洛格里夫[③]		索里加里茨[④]	
年份	数量	年份	数量	年份	数量	年份	数量
1790	2273	1786	3777	1786	2275	—	—
1800	3392	1796	2972	1796	2056	1790	2428

---

① 这些数据源自1802年雅罗斯拉夫省地形测绘人员手稿:自由经济协会第407号档案。

续表

涅列赫塔①		加利茨基②		科洛格里夫③		索里加里茨④	
1804	3077	1805	4314	1804	2547	1800	4006

注：①*Описание Костромской губ., Нерехотского у., 1805 г.* Табл.//Там же。
②*Хозяйственное описание г. Галича и его уезда 1806 г.* Табл.//Там же. No 451。
③*Экономическое описание Костромской губ. городов Кологрива и Ветлуги, 1805 г.*, табл.// Там же. No 492。
④*Хозяйственное описание о Солигалицком уезде*//Там же. No 452。

莫斯科省索里加里茨县城外出务工男性居民比例超过20%，科洛格里夫与加利茨基男性居民外出务工比例约为10%，涅列赫塔县城男性居民外出务工比例约为5%。

谢灭夫斯基在《叶卡捷琳娜统治时期的农民》一书中曾提及18世纪代租役的推广状况。作者指出非黑土区中550名农民全部缴纳代租役。在某些省份（雅罗斯拉夫、科斯特罗马、下诺夫哥罗德）代租役占主导。相反在黑土区各省份中实物地租占据主导地位，代租役比例为26%。出现此差异的主要原因为非黑土区省份手工业快速发展。①

18世纪下半叶俄国工厂快速发展源于叶卡捷琳娜二世的关税政策的论断有待考证，其在位期间共颁发了三种关税税率：1766年、1782年和1793年税率。前两个税率具有适度的保护关税特征。大部分进口商品（大部分纺织品、铁制品等）都征收20%～30%的关税，也有少量商品关税具有禁

---

① Семевский В. И. *Крестьяне в царствование императрицы Екатерины*II. С. 44－52. 耐人寻味的是大公谢尔巴托夫一开始坚决支持农民贸易，但随后他的立场发生变化，他认为农民手工业普及十分有害。他指出，在俄国农民数量众多，农业是国家的根本，因此农民应该专注于农业生产，农民如果脱离农耕危害巨大。此后他还指出，现在农民为缴纳地主和国家的人头税和差役开始从事其他行业，虽然其他行业迅速崛起，农业却因此衰落。(*Стастика в рассуждении России*1776/77 г.// *Чтения Имп. о-ва истории и древностей* 1859. Кн. 3. С. 21.) 手工业发展后很多农民成为工匠、技师，成千上万农民放弃农业生产，如果对莫斯科省该类数据进行研究，就会发现农民数量大幅度减少。20年前大街上十分冷清，人员稀少，而现在大街上店铺林立，除本地人外，很多外地人也来该地进行贸易……以前街道上建筑物稀少，现在建筑物迅速增加，手工作坊数量增加得最明显。(Там же. 1860. Кн. 1. С. 82.)

止性特征，还有少量商品完全禁止进口。1782年关税税率虽然有所提高，但是提高幅度不大。① 这两个关税税率并不与叶卡捷琳娜二世的工业政策相悖，她倡导自由贸易。

1793年税率具有严格保护，甚至禁止性特征，但该税率颁布有其特定的历史背景。众所周知，叶卡捷琳娜时期俄国禁止纸币流通，从那时起俄国货币制度确立，但具有明显的民族特征。期票是俄国政府十分重视的交易产品，但该类票据汇率较高，而衡量一个国家期票汇率的主要因素之一为其财政状况。为此俄国政府从当时起开始推广使用纸币，政府对国家财政状况非常关心。公司财务状况不佳很难在国内市场上发行期票，因此叶卡捷琳娜政府于1793年采取措施减少俄国境内国外产品的进口数量，降低国外商品进口数量比出口国内产品执行力度更大。②

叶卡捷琳娜二世统治时期并未实施较高保护性关税，但工厂工业仍发展迅速。此时工业发展迅速除政府措施外，关税政策也不容忽视，几乎所有保护关税政策支持者和重农学派经济学家都赞成保护关税。18世纪俄国大生产迅速发展，当时政府虽未正式宣布大力扶持工业，实际上却给予了相应的政策扶持。

此外，不能说叶卡捷琳娜政府并未采取任何有利于大工业发展的措施。此前俄国对外国资本家与工人的吸引力很大，政府给予其各种优惠政策。对外国资本家在俄国建厂政府给予相应优惠，1753年诏书规定他们有权购买

---

① 拉德热尼斯基认为1782年关税十分适中……该税率完全与自由贸易和重农主义思想相一致，1782年已开始实施（Ладыженский К. Н. *История русского таможенного тарифа* СПб.，1886. С. 140），该论断有待考证。1782年很多重要商品，如毛纺织品、特制品、亚麻产品等货物进口关税并未降低，反而增加，但增加幅度不大。很多数据足以证明该观点。（Книга тарифов. Т. 46. *Полн. собр. зак.* 1-е изд.）

② 关于降低的原因等问题在当时的文献资料已多次阐述。关税办公厅的很多出版物以及很多学者都关注该问题，详见：Ладыженский К. Н. *История русского таможенного тарифа* СПб.，1886. С. 127 – 136，150，153；Семенов А. В. *Изучение исторических сведений о российской внешней торговле и промышленности с половины* XVII *- го столетия по 1858 год.* СПб.，1859. Т. III. С. 43 – 50。

033

农民，1762 年开始俄国资本家已失去购买农民的权利。① 国家提供给工厂主优惠贷款，在特殊时期政府还出资兴建各种工厂，但这类工厂商品主要出售给国家（如大型叶卡捷琳斯拉夫呢绒厂），但国家出资建设工厂经营期限较短，因此这些企业很快被取缔。② 生产这些商品的工厂主以前都依靠国家订单或关税政策，因此利润较大。笔者认为叶卡捷琳娜时期政府对工厂工业扶持力度不如其他沙皇统治时期。彼得一世及其继任者统治时期国家给予工厂主较大扶持，因此国家的作用不容忽视。在叶卡捷琳娜统治时期政府与工厂主关系发生变化，政府虽然持续扶持部分工厂，但保护力度大不如前。

有一点耐人寻味，叶卡捷琳娜时期商人对农民从事贸易与手工业的抱怨证明 18 世纪下半叶手工业发展规模不容忽视。叶卡捷琳娜时期俄国工厂工业发展成绩斐然，农民手工业发展也异常迅速。18 世纪末至 19 世纪初游历俄国的外国作家写道俄国农村手工业迅速发展。如彼特里指出城市和乡村手工业比比皆是。俄国农民不但从事农耕，而且还从事手工业；诸多地区农耕处于次要地位，手工业居于主导地位。③ 弗里别也指出，俄国农民非常青睐手工业活动。④

此时农民工业的主要发展方向为手工业，纺纱与织布意义特殊。彼得一世时期农民纺织业发展规模有限，手工业者只能生产简单粗麻布。⑤ 这些布匹很少染色，直接出售给收购商人，完全根据市场行情生产。彼得一世时期纺纱和织布技术快速发展，农民产品在农村具有广阔的市场。自由经济协会从各省收集的问卷足以证明该状况，问卷对各省居民经济状况也有所反映。⑥

---

① *П. С. З.* Т. XVI. № 11880.
② Storch H. Op. cit. Vol. III. S. 35 – 42.
③ Petri I. *Russlands bluhendste Handelstadte.* Leipzig, 1811. S. 3. То же говорит и Schaffer, автор кн. *Beschreibung des Russischen Reichs.* Berlin, 1812.
④ Friebe W. Op. cir. 手工业产品种类繁多，且价格低廉，但质量较差，图拉手工业者制作的锁头的合格率仅为 1/6（II, 407）。
⑤ Burya A. *Observations d'un voyageur sur la Russie.* Berlin, 1875. P. 23；Storch H. Op. cit. S. 69 – 72.
⑥ 详见：Труды Имп. В. - э. о-ва. 1767. Ч. VII. *Ответы Переяславской провинции, Переяславля-Залесского, Оренбургской провинции,* 1768 г. Ч. VIII. *Ответы Слободско-украинской провинции,* 1769г. Ч. XI. *Ответы Калужской провинции,* 1744г. Ч. XXVI. *Ответы по Кашинскому уезду* и др.

施托尔希认为,阿尔汉格尔斯克省的布匹质量最好,伏尔加省累斯科夫村庄、维舍尼卡等地区的布匹也远近驰名。

在森林省份中与木材和木制品加工相关的手工业发展迅速,主要为席子、筛子、车轮、爬犁、雪橇、木制餐具、草鞋、焦油与松油等木制产品。① 毛皮、皮革和木制手工业也是农民手工业者重点发展的领域。下诺夫哥罗德有很多村镇全部从事冶铁行业,然后销往临近各省份。伏尔加地区拉博特尼茨村所有居民都是铁匠,伏尔加别兹沃德村所有村民都生产金属丝,巴甫洛夫手工业也迅速发展,虽然每个人生产的产品各不相同,但是近4000名农民在一个工厂中务工,产品种类众多,如锁、刀子、剪子等金属制品。② 巴甫洛夫铁制品遍及俄国,某些产品甚至出口至普鲁士。

俄国境内大部分铁钉由伏尔加沿线各省份手工工场生产。当时在农民中贵金属加工业十分繁荣,金银制品多出自此处。在西多洛夫斯基、涅列赫塔县城村镇中金匠、金饰品工匠、银匠及压整工共有十几人。③

沿河地区(伏尔加、卡玛、奥卡等河流)造船业发展非常迅速,许多村庄该行业非常发达。附近地区航行的船只几乎都由农民制造。④

农民自己也生产粗糙呢绒,有时也到市场上出售。某些农村也生产礼帽、靴子和家具等商品。如卡申县城基姆尔和梅德维吉茨村镇村民几乎都是制鞋匠和铁匠。此外,卡申县城的制鞋和家具行业非常发达。⑤

莫斯科省是重要的手工业中心之一,施托尔希指出,在一些县城中农民完全可以被称为大工匠者或工厂主。莫斯科县城一个村庄中丝织和棉纺织机器数量超过300台,还有数百台粗布生产机器。18世纪早期就已产生原始

---

① 详见:Экономическое описание Костромской губернии городов Кологрива и Ветлуги, 1805// Арх. Имп.
② Storch H. Vol. Ⅲ. S. 88.
③ Описание Костромской губернии, Нерехотского уезда//Арх. Имп. В. - э. о - ва. 1805. С. 156. В. -Э. О - ва. №492.
④ О побочных крестьянских работах//Там же. 1783. Ч. ⅩⅩⅩⅢ.
⑤ Ответы по Кашинскому уезду // Там же. 1774. Ч. ⅩⅩⅥ.

丝织手工业，18世纪末发展到较高水平，但工厂主还不能生产较轻丝线，其手帕质量仍与手工业者无异。①

在格热里斯克乡和教区内居民几乎都从事黏土和陶瓷生产。②

特维尔省手工织布业发展势头良好，17世纪80年代特维尔省出口近1000万俄丈农民麻布，据波克罗夫斯基统计，1879年该省份粗布出口量达1600万俄丈，此时相应的生产技术也大幅度提高。③

18世纪下半叶手工业取得的巨大成就在很大程度上与工厂工人增加密切相关。

18世纪的工厂是学习新技术、新生产方式的学校，17世纪中叶所有重要工业部门都源于大工厂，在这些工厂中外国工匠开始向俄国工人传授技术与经验。上文已经指出，这些工厂本质上仍是手工工场，工作方式仍以传统手工工作为主。某些工厂开始采用新技术，机器大规模使用，但工厂仍使用农奴劳动。工厂在农民工业发展过程中作用巨大，工厂发展过程也是农民从工厂学习技术与专业知识的过程。工厂中自由雇佣劳动力不断扩大为农民接受新生产技术创造了便利条件，很多农民在学会技术之后返乡开始加工相关产品。工厂工人通常是农民从事新领域与建厂的先锋队，他们建立较小的手工工场，努力运用自己所学的技术知识，其邻居也快速学到该技术，手工业村和手工业区就此形成。

笔者对工厂和手工作坊之间的关系并未进行重点研究，该问题以后将做重点讨论，但18世纪末期工业发展过程中工厂和手工业并存毋庸置疑。此时两种生产方式间的矛盾十分薄弱，虽然二者并存，但是手工业者总是占优势。工厂与手工作坊间非矛盾性可以解释为大工厂（呢绒、帆布、麻布、丝织厂、造纸厂与玻璃等工厂）生产的商品的质量手工作坊无法与之相比，所以工厂和手工作坊间冲突并不尖锐。如果工厂和手工作坊（如印花布工

---

① Корсак А. К. *О формах промышленности вообще и значении домашнего производства и домашней промышленности в Западной Европе и России* С. 135.
② Чернов С. *Статистическое описание Московской губернии 1811 года* М., 1812. С. 72.
③ Покровский В. И. *Историко-статистическое описание Тверской губернии* Тверь, 1879. Ч. I. С. 131.

厂与手工印花布生产）生产同一种商品，但二者产品质量有差异，出售给不同消费群体，那么竞争有限。18世纪工厂生产的商品主要销售给国家，其需求者主要为上层居民。手工作坊产品较为粗糙，其产品销售对象为普通群众。18世纪工厂与手工作坊相互补充，几乎不存在竞争，因此可以说工厂是手工业者的技术学校。

第一部分
农奴制改革前俄国工厂

第一章
改革[①]前俄国工业

俄国棉纺织部门诞生。棉纺织工业快速发展。棉纺织工业快速发展的原因。俄国棉纺织行业资本主义特征。俄国棉纺织行业与英国纺纱业的联系。政府扶持力度较弱。19世纪30年代工业危机。19世纪30~40年代麻纺织业危机。麻纺织工业危机程度。呢绒工业开始摆脱国家束缚。工厂工人数量增长与19世纪40年代前生产集中状况。19世纪40年代以后俄国工业发展方向。冶铁业萧条。工业与农奴制的关系。

俄国大工业始于彼得一世时期，18世纪俄国工业取得的成绩毋庸置疑，虽然成绩有限。工业发展主要表现为工厂数量增加，国家仍是产品主要需求者。叶卡捷琳娜统治末期与彼得一世时期一样呢绒产品主要供应给国家，国家仍是采矿、冶铁、制铜行业产品的主要需求者（很多大企业隶属国家）。18世纪大部分工厂与政府存在千丝万缕的联系，工厂内部分工人仍由政府提供。虽然18世纪末政府对私人工厂监管力度大幅度降低，但是私人工厂仍需政府给予相应扶持，如现金贷款、各种特权与优惠等。笔者认为，虽然政府对工业的监管力度降低，但并未导致工厂数量降低，工厂数量反而增加。叶卡捷琳娜统治时期在工厂数量大幅度增加的同时农民手工业也快速发展。彼得一世时期工厂劳动力短缺问题十分尖锐，手工工场发展需要大量熟练工人，但

---

① 本书所提改革系指1861年俄国农奴制改革。

落后俄国无法满足此要求。随着工厂数量增加与自由雇佣劳动力普及此问题迎刃而解。工人不断适应新生产方式,工厂技术在国内逐渐普及,这无论是对大工业生产,还是对手工业生产都至关重要。工厂竭尽所能招募工人,而工人在学习新技术后返乡成立手工作坊,这也是农村小生产者大量产生的原因。

俄国工业都不同程度地依赖于国家,虽然工厂最初建立目的不同,但仍是俄国经济发展进程中的重要因素。即使彼得一世所建立的新行政模式与莫斯科公国时期格格不入,但仍力求把工业发展限定在该体制内。这注定国家权力必然对经济制度产生影响,国家政策也是影响大工业发展的重要因素之一。笔者已经多次强调18世纪俄国大工业仍处于初级阶段,但19世纪其地位已经举足轻重。

如果把18世纪与19世纪上半叶俄国工业发展状况进行对比,就很容易发现两阶段工业模式的主要差异。18世纪俄国重点扶持工业的着眼点是满足国家需求,呢绒、帆船、造纸与矿物产品大多供给国家。相反,19世纪大改革前俄国工业快速发展的动力并不是国家订单,而是棉纺织工业。

18世纪棉纺织工业就已经产生,下文将对伊万诺沃村镇印花布与棉纺织业历史进行阐述。19世纪初俄国棉纺织工业与其他欧洲国家一样规模有限,但此后俄国棉纺织工业快速发展,表1-1中的数据就是例证。

表1-1 改革前俄国年均商品进口数量

单位:千普特

年份	棉花原料	棉布	年份	棉花原料	棉布
1812~1815	5	12	1836~1840	32	59
1816~1820	5	19	1841~1845	53	59
1821~1825	7	23	1846~1850	112	35
1826~1830	10	43	1851~1855	167	12
1831~1835	15	56	1856~1860	262	21

资料来源:Tableaux Statist. du Comm. Extr. de la Russie. Изд. д-та тамож. сбор. СПб., 1896。

由表1-1可知,1812~1835年俄国棉花原料增长了50多倍。以前俄国棉纺织生产部门中印花布生产最发达(手工印花布),棉纺织行业迅速崛起后纺纱业也随之快速发展。棉纺织业各部门先后崛起后印花布生产技术仍十分落后。在机器印花布产生之前粗制印花布长期流行,此后国外进口的细平布又风靡一时。莫斯科公国时期工人对细平布一无所知,但因棉纺织手工技术非常普通,几个月就可以熟练掌握,因此该技术迅速普及。俄国棉纱业产生稍晚,约产生于18世纪末至19世纪初(当时消费者对棉纺织品稍有青睐),但手工纺纱无力与英国机器生产的廉价产品相抗衡。为与英国纱线抗衡,俄国开始使用机器生产纱线,英国式纺纱工人的数量也大幅度增加。棉纺织工厂耗资巨大,棉纺织机器还需从国外进口,1842年前英国禁止出口该类机器,该行业发展速度缓慢。19世纪40年代以前国外纱线在俄国市场上占优势,英国产品所占比重最大。

19世纪40年代初期以前俄国进口国外纱线数量较多,但40年代后纱线进口数量逐年下降。19世纪20年代后俄国棉纺织工业快速发展,国外纱线进口数量持续增加。19世纪40年代后在国外纱线需求量增长的同时国内纺纱业也迅速发展,国外纱线进口数量降低。

什么因素制约了棉纺织工业的发展呢?笔者在前言中已对大工业产生时政府的独特作用进行了详细阐述。彼得一世以前贸易资本的作用也不容忽视,如果彼得一世不能力排众议采取相应的措施,那么俄国的大工业就不能发展。18世纪所有的大工业都烙有国家的印记。国家扶持所需工业,对其关怀备至,尽管如此,但国家大力扶持的工业部门(如呢绒行业)发展仍举步维艰。

俄国棉纺织工业的发展模式较为独特。18世纪印花布生产由大工厂主切姆别尔列尼、科泽尼斯和圣彼得堡的英国工厂主垄断。政府并未采取措施发展新工业部门,甚至有意维持大工厂主的垄断局面,尽管如此,棉纺织部门仍迅速发展。19世纪为该部门发展的黄金阶段。该行业与其他行业的衰落和萧条形成鲜明的对比(原因将在下文阐述)。此次增长源于纺织行业,政府并未给予任何直接的支持。农民并未被列入棉纺织工厂主的行列,他们并不具有国家给予的厂房和土地,政府也并未提供相应的贷款。① 因国防部

---

① 在1804~1810年官方《手工工场借贷明细表》(主要为工厂贷款)中三份贷款用于修建棉纺织工厂,大部分贷款出于此目的,其数额达1300卢布,详见:*Дело о зависимых от казны фабриках*, 3 ноября 1811г. св. №42//Арх. д-та торг. и ман.

不需要棉纺织产品，政府对棉纺织业关注较少，其真正关心的为呢绒、铸铁、帆布与皮革行业。尽管棉纺织工业发展迅速，但国家对其的扶持力度远落后于其他工业部门。

因机器广泛使用与棉纺织产品的廉价性，19世纪棉纺织工业不但在俄国迅速崛起，在其他国家也迅速发展。越是贫穷的国家，棉纺织行业的发展潜力越大，这点众所周知。所有涉及19世纪20~50年代俄国棉纺织工业的书籍都认为该行业的发展与壮大主要源于一个原因，即1822年新税率实施，此次税率具有明显的关税保护特征。除税率外，19世纪俄国棉纺织工业迅速发展还有其他原因，下文将对这些因素逐一阐述。我们首先对此时期棉纱的价格进行研究（见表1-2）。

表1-2　改革前书伊市内每普特英国18~30号棉纱的销售价格

单位：纸卢布

年份	价格	年份	价格
1822	106~112	1834	84~100
1823	110~118	1835	92~113
1824	112~125	1836	87~97
1825	102~118	1837	73~79
1826	105~110	1838	72~81
1827	85~90	1839	72~76
1828	75~85	1840	62~71
1829	73~84	1841	62~71
1830	73~86	1842	68~70
1831	74~80	1843	63~68
1832	73~82	1844	64~69
1833	80~87	1845	63~68

资料来源：Лядов. Очерк торговли хлопчатобумажной пряжей в г. Шуе。

由表1-2可知，1827年棉纱价格降低，随后又上涨至原有水平，甚至更高。准确地说1837年与1840年纱线价格降低得最为明显。那么，产品价格下降的原因是什么呢？笔者对英国市场上棉纺织产品的价格进行了研究，但很可惜并未掌握棉纱产品价格，纱线为棉纺织产品的主要成分，直接影响棉纺织品的价格。英国棉纺织产品的年均价格见表1-3。

表1-3 英国棉纺织产品的年均价格

年份	先令	便士	年份	先令	便士
1822	14	6	1836	10	—
1823	14	—	1837	7	9
1824	14	6	1839	8	$7^{1/2}$
1825	16	3	1840	7	3
1826	10	6	1842	6	1/2
1827	10	—	1843	6	$6^{1/2}$
1835	10	2	1844	6	3

资料来源：Neild,"An Account of the Prices of Printing Cloth," *Journal of the Statistical Society of London* 1861, p.445。

1826年、1837年和1840~1842年英国棉纺织产品价格急剧降低，俄国状况也大致如此，出现此状况的原因为1825年、1836年和1839~1840年为工业危机时期，在英国危机总是刺激技术进步。每次危机过后工厂主都改善生产技术，生产技术进步导致成本降低，因此，在英国不但危机期间产品价格降低，而且危机过后产品的价格也随之降低。

英国工业危机过后纱线价格开始降低，这也是19世纪20~40年代俄国棉纺织工业快速发展的原因。因出台1822年税率政策俄国纱线价格急剧降低，纺织品和印花布价格也随之下降，棉纺织产品需求量因此增加，生产规模随之扩大。该状况出现的主要原因是英国纺纱技术的进步。40年代书伊市英国纱线价格急剧降低，耐人寻味的是1841年俄国纱线进口关税税率大幅度提高，尽管如此19世纪40年代上半期英国纱线价格与前5年相比仍降低了15%~20%。因生产技术改善19世纪40年代俄国纱线开始排挤英国产品，俄国纱线价格也开始降低，但从英国进口相关设备的数量明显增加（1842年进口机器设备数量最多）。

19世纪30年代末至40年代初英国经济危机时期俄国棉纺织工业发展

十分迅速。财政部 1838 年 12 月 10 日的一个记录中提到："1837 年棉纱价格迅速降低，家庭手工工场纱线质量明显改善、数量大增，从而导致英国纱线销售困难，与此同时俄国国内纺织业贸易衰落，该现象的直接后果是莫斯科、卡卢加与某些省城中 18 家棉纱工厂相继倒闭，其他工厂为避免该状况出现，纷纷缩减生产规模，纺锤减少数量达 4000 个。1840 年 11 月 26 日报告指出，每天破产者的数量都在增加。商家纷纷抛售产品……如果再不采取措施制止该状况，那么莫斯科交易所将倒闭，国家金融将瘫痪。"从 1840 年 11 月 6 日莫斯科工厂主提交给财政部的请愿书中可看出，此时俄国纺纱业处于经济危机之中，对小棉纱企业危害最为严重。大企业虽降低了产品数量，但仍维持生产，所以经济危机的直接后果是生产不断集中（西欧也是如此）。毫无疑问，与小生产者相比，大纺纱工厂具有绝对技术优势（萨莫伊洛夫认为，英国棉纱行业优于俄国的主要原因在于英国棉纱行业产量巨大，19 世纪 40 年代只有拥有 25000 纺锤的企业才可称为大企业，而俄国拥有 10000 纺锤、12000 纺锤和 15000 纺锤的企业就可称为大企业），19 世纪 30 年代的经济危机促进了俄国纺纱技术的提高已毋庸置疑。因此，19 世纪 40 年代俄国纱线价格降低，俄国棉纱和织布行业快速发展。①

俄国棉纺织工业发展首先得力于世界经济行情的变化。俄国受英国经济影响较大，在其影响下各行业也纷纷采用新技术。虽然如此，俄国保护性关税政策的功效也不容忽视，如果不实施该政策，英国不但可以向俄国出口棉纱，而且还大量出口棉布或印花布，俄国国内对此类产品的需求量大。因此不能说俄国棉纺织行业发展与 1822 年保护性关税政策毫无关系，无关税保护政策棉纺织工业很难在夹缝中发展。虽然英国纺织技术水平较高，但并不能独霸全球市场，甚至在印度市场上也处于劣势。虽然印度织布业技术水平较低，产品结构单一，但是印度自古以来纺织业发达，数百年来居民都从事该行业。俄国纺织品无力与英国产品竞争，对于俄国居民而言，棉纺织业为

---

① 经济危机致使 1841 年棉纱关税价格提高，1840 年莫斯科棉纱工厂主向财政大臣请求降低棉纱价格。他们的请求得到满足后棉纱价格大幅度降低，小棉纱生产作坊纷纷倒闭，大生产快速普及。（См. Там же）

新兴行业。

俄国棉纺织部门早于棉纱行业出现,国家并未给予特殊的扶持（除了实施保护性关税）。1808年商人巴尼杰列夫在莫斯科创办了第一家私人纺纱厂。这家工厂的纺纱机来源于国有纺纱与织布厂——亚历山大洛夫手工工场,该工厂曾为俄国企业提供纺纱与织布机,以便推广新技术。①受地理位置的影响,俄国很难从英国进口机器,在各方帮助下,俄国成立了数家专业纺纱厂（1812年莫斯科就成立了11家纺纱厂）。②但这些工厂在1812年就已完全倒闭。19世纪20年代以前只有亚历山大洛夫手工工场内生产棉纱。

从19世纪20年代末开始几家私人纺纱企业陆续成立,但从40年代开始俄国棉纱工厂生产才趋于稳定,从英国进口的机器陆续应用于生产中（以前俄国主要使用法国和比利时的纺纱机,这些机器无法与英国机器相媲美）。

俄国棉纱行业发展非常迅速,19世纪50年代俄国纺锤数量仅落后于英国、法国、美国和奥地利,居第五位,各国纺锤数量分别为20977000个、4200000个、2500000个、140000个和1100000个。③虽然德国棉布产量远超俄国,但俄国纺锤数量仍超过德国。该差异完全可用关税政策加以阐释,奥地利与俄国征收较高关税（1842年后俄国纺纱进口关税达商品价值的一半）,德国棉纱关税较为适中。

与其他国家一样,俄国棉纺织工业快速发展引起麻纺织行业危机。麻纺织手工业在莫斯科公国时期就能独当一面,17世纪俄国粗麻布就已远销国外。18世纪俄国亚麻和大麻制品也出口国外,同时呢绒、帆布等制品的

---

① 亚历山大洛夫手工工场在俄国工业发展史中具有重要作用。这个手工工场中首次使用生产棉纱和麻线的机器。该工厂生产的亚麻布在市场上十分畅销。1828年手工工场内有4000名工人,3台蒸汽机,详见:О санктпетербургский фабриках // Журнал мануфатур и торговли. 1828. №5。

② 详见:1811年3月16日工厂主潘捷列耶夫和亚历山大洛夫提交给莫斯科省省长的请愿书;1812年4月4日莫斯科工厂主的请愿书:Арх. д-та торг. и ман。棉纱工厂主立刻向政府申请对国外纱线征收高额关税。1812年莫斯科工厂主请求禁止进口国外制品。

③ Tengoborsky L. *Etudes sur les forces productives de la Russie*. Paris,1852. Vol. III. P. 47.

009

产量也大幅度增加，19世纪出口数量开始降低。1758~1762年、1793~1795年、1814~1823年、1834~1843年和1844~1846年呢绒、粗制麻布等产品的年均出口量约为77000匹、251000匹、203000匹、195000匹与121000匹。①

对于俄国亚麻和呢绒产品而言国外市场意义巨大，按照19世纪初官方统计数据（较为准确），麻纺织行业出口产品数量占产品生产总量的1/3左右。② 因此，出口数量降低对俄国亚麻工厂冲击很大，出口下降主要原因在于技术落后，俄国亚麻生产技术停滞不前，但西方亚麻生产技术不断更新，此时棉织品价格非常低，开始排挤亚麻制品。1804~1861年从事亚麻出口业务的大工厂数量从285家降至100家。

1762~1804年亚麻厂数量从135家增至285家。③ 亚麻厂数量增加主要源于俄国亚麻制品出口数量增加，19世纪初该类工厂数量先增加，然后出现减少趋势。此种现象出现的原因在于在19世纪上半叶亚麻工业发展过程中国外市场具有重要作用。亚麻厂对俄国工业而言意义重大，凭借其价格优势18世纪曾风靡全球。1818年阿尔谢尼耶夫认为亚麻厂为俄国利润最大行业。④ 俄国生产的帆布更是备受国外消费者青睐。该行业主要集中于卡卢加省与莫斯科省谢尔布赫夫斯基县城，俄国帆布主要出口美洲，某些俄国公司在国外声名显赫，很多英国公司极力讨好这些公司。

卡卢加省2/3的麻布产品用于出口。帆布几乎都由大工厂生产。19世纪30年代起国外市场上帆布价格开始降低，40年代降幅更大。在此影响下

---

① Неболсин Г. П. *Статистическое обозрение внешней торговли России.* СПб., 1850. Т. II. С. 410.
② 详见：*Историко-статистический обзор промышленности России.* СПб., 1886. Т. II. *Пряжа и тканье из льна и пеньки.* С. 12。
③ 1762年数据源自：*Материалы для истории и статистики мануфактурной промышленности в России // Сборник сведений и материалов по ведомству м-ва фин.* 1865. Т. II；1804年数据源自：*Отчет министра в д за соответствующий год*；1861年数据源自：*Отчеты д-та мануфактур и внутренней торговли //* Арх. д-та торг. и ман。
④ Арсеньев К. И. *Начертание статистики Российского государства.* СПб., 1818. Ч. I. С. 142.

卡卢加省麻纺织工厂数量从1832年的17家降至1849年的4家，机器数量从3500台降至696台，产品数量从50000匹降至2000匹。谢尔布赫夫斯基县城帆（麻）布工厂全部停产。30年代初谢尔布赫夫斯基县城工厂年均产量约为25000匹，1849年其数量仅为6000匹左右。[①]

在此状况下帆布厂与亚麻厂的境遇一样。19世纪20~50年代亚麻制品价格开始降低。[②] 当时棉织品价格低廉，俄国麻纺织工业技术落后，生产状况不断恶化。此时俄国亚麻并未改进生产工艺，无论是纺纱，还是亚麻工艺仍使用人工生产，所以产品价格降低导致企业亏损和倒闭。

19世纪初弗拉基米尔省很多县城中麻纺织生产占主导地位，如书伊、苏兹达尔、姆洛姆斯克等县城。1812年卫国战争结束后苏兹达尔县城中出现了大型亚麻厂，这些工厂的亚麻制品主要在国内市场销售，主要销售市场为西伯利亚与小俄罗斯地区。19世纪30年代末期亚麻产品销售遇到瓶颈，1851年苏兹达尔6家大型亚麻厂仅剩2家，产品产量急剧下降。棉织品冲击为产品销售数量降低的主要原因。以前亚麻制品的主要市场——乌克兰与西伯利亚开始使用棉纺织产品。苏兹达尔县城中的亚麻厂也开始生产细平布等制品。[③] 书伊和姆洛姆斯克县城中亚麻制品也受到棉纺织品的排挤。[④] 弗拉基米尔省棉纺织工业发展迅速，以前亚麻厂快速转型为棉纺织工厂，工厂

---

① 帆布生产衰落的原因详见如下资料：*Состояние фабрик и заводов в Калужской губернии// Журнал мануфактур и торговли.* 1830. №1；*О пеньковом производстве в Калужской, Орловской и смежных губерниях // Там же.* 1858. Ч. 3. *О козельской промышленности, обрабатывающей сырые материалы//Калужские губернские ведомости.* 1871. №6. 卡卢加工厂主认为亚历山大洛夫手工工场出口大量帆布导致市场竞争加剧。关于呢绒、亚麻生产扶持问题财政部多次研究，他们认为俄国帆布出口量降低的主要原因在于西欧纺织和纺纱生产技术提高，此时俄国工厂技术仍十分落后。详见：1837年7月21日卡卢加帆布工厂主请愿、1845年3月18日莫斯科省省长关于谢尔布赫夫帆布工厂衰落的报告。（Арх. д-та торг. и ман）

② *Исследование о состоянии льняной промышленности в России.* СПб., 1847. С. 91.

③ *Несытов П. Обозрение промышленности города Суздаля и его уезда//Вестник Императорского русского географического общества* 1853г. Ч. 8；*Комлев. Исторический взгляд на прошышленность г. Суздаля// Владимирские губернские ведомости.* 1867. №5.

④ *Отчет владимирского губернского механика Несытова//Журнал мануфатур и торговли.* 1853. Ч. 2.

主并没有因生产转型而蒙受损失。①

雅罗斯拉夫省和科斯特罗马省亚麻厂产品虽大量销往国外,但也危机四伏。在这两个省份的一些县城中棉纺织部门发展缓慢,亚麻制品行业仍十分繁荣。农民仍以原始手工方式生产亚麻制品,这些亚麻厂始建于彼得一世时期。工厂仍以传统生产方式为主,但亚麻产品价格急剧降低导致出口利润降低(1832年精致帆布的价格为52卢布/匹,粗帆布的价格为25卢布/匹,40年代开始以上产品价格分别降至25卢布/匹和17卢布/匹)②,此现象导致雅罗斯拉夫省与科斯特罗马省诸多麻纺织工厂停产。19世纪20年代末科斯特罗马省精致帆布的产量达70000匹,40年代末期其数量仅为20000匹。③

亚麻工业危机对使用自己农奴劳动的地主工厂主影响最大,为此政府对该类行业非常关心,19世纪40年代开始成立特别委员会解决该问题,委员会成员包括国家财政部官员,主要负责筹集资金。委员会查明危机产生的主要原因为俄国亚麻生产技术落后,受到棉纺织行业的冲击,但并未采取有效措施解决相关问题。

19世纪60年代重农学派经济学家喜欢将棉纺织工业的发展与麻纺织行业的衰落进行对比。他们认为亚麻生产以本地原料为基础,因此其发展具有"自然性",而棉纺织工业发展具有"人为性"。但如果其自然性与人为性的论断站得住脚,那么就可以确认,棉纺织工业崛起与亚麻工业衰落完全是自然现象,为俄国经济发展的必然结果。因俄国生产技术远落后于西欧国家,为与国外同类产品相竞争,俄国工业应以国内市场为主导。因此该类工业部门快速发展,其产品开始面向广大人民群众,包括农奴。棉纺织品价格低于麻纺织品的原因在于棉纤维比亚麻纤维更适合用机械加工,因此麻纺织品市场份额受到较大排挤。如果俄国不实施保护关税政策,那么亚麻工业必将受

---

① *Очерк XXV-летнего развития мануфактурной промышленности Владимирской губернии.* C. 13.
② *Исследование о состоянии льняной промышленности в России.* СПб., 1847. C. 92.
③ *Так же пало полотняное ткачество и в Тверской губернии//Состояние мануфактурного производства в Тверской губернии в 1845г.* Тверь, 1846. C. 13.

到更大排挤，英国廉价的亚麻制品为其主要竞争对手，不但亚麻产品，俄国棉纺织产品也无力与英国同类产品竞争。

下面笔者将对国内重要的纺织部门——呢绒行业的发展状况进行阐述。呢绒行业从产生之时因其生产的军事性俄国政府便竭尽全力扶持其发展，18世纪该行业发展十分迅速。19世纪初尽管工厂产量不断提高，但呢绒仍不能满足俄国军队的需求。① 呢绒产品质量粗糙，且数量不足，因此俄国政府频繁到国外主要为英国采购呢绒产品。② 俄国呢绒工厂主不注重改善生产技术，但生产数量持续增加，1822年俄国呢绒厂产品供给数量首次超过国家需求量。③

呢绒产品数量增加促使政府政策发生变化，18世纪政府认定呢绒工业为国家重要工业部门，一方面全力扶持呢绒工业发展，另一方面采取措施让工厂尽可能满足国家订单需求。1790年11月25日与1791年11月20日法令确定了军队呢绒供货程序。所有呢绒工厂可分为两大类：第一类工厂在创立时获得国家扶持，具有农奴劳动力；第二类工厂在创立时并未获得国家任何补助，也没有获得农奴。国家在第一类工厂间分配国家配额，第二类工厂产品可自由销售。④ 但第一类呢绒厂产品质量非常粗糙，而且欠缴大量税款。为此政府于1797年颁布法令禁止兴建第一类工厂，并且规定呢绒工厂产品可以自由销售。1808年政府以法律条文的形式再次对此进行规定，并且提出严格的惩罚措施（主要针对瑕疵产品）。不但工厂主，消费者在购买呢绒时都应该缴税（该措施对国家有利）。由于军队对粗糙呢绒需求量降低，呢绒工厂处境每况愈下，除军队外第一类工厂生产的产品已无其他销路。

从某种程度上讲，政府垄断措施阻碍呢绒行业发展。此时呢绒工业并未完全自由，仍在政府掌控之中，尽管政府给予相应优惠，但其发展潜力有

---

① *Высочайше конфирмованные доклады о снабжении армии сукном.* СПб., 1808.
② ПелчинскийВ. *Мануфактурная России*//*Журнал мануфактур и торговли.* 1827. №10.
③ *Обзор различных отраслей мануфактурной промышленности России.* СПб., 1862. Т. I. С. 153.
④ *П. С. З.* Т. XXIII. №16923 и 16998.

限。除关税措施外，国家还给予其他优惠，其中最主要的政策是国家为新建呢绒工厂提供大量贷款。1809年国家为此类工厂提供200万卢布贷款，政府还打算拨款组建新式工厂、扩大现有呢绒工厂规模，但国家提供的贷款数量十分有限，呢绒生产持续萧条，国家呢绒产品供应不足。

由于该类措施成效不大①，1809年政府颁布法规取消提供给呢绒工厂的一些优惠措施，禁止其产品销售给个人。只有在1816年后创建的国有呢绒工厂才免除为国家供货的责任，工厂主可自行生产与销售产品。此时起呢绒工业才获得一定发展，国家干预是该部门发展缓慢的主要原因。

在摆脱政府管制后呢绒厂数量快速增加。上文已经提及1822年（禁止性关税政策推行年份）军队对呢绒的需求量大幅度增加。1814~1850年俄国呢绒工厂从235家增至492家。

1823年财政部所有报告中都指出，1816年前俄国呢绒工业发展十分缓慢，但从此年起全俄境内军队呢绒产品需求量倍增，在1823年签署呢绒军队供货合同时，财政部呢绒产品采购数量比正常年度多出200万~300万俄尺。②

无论怎样，俄国呢绒工业仍不能摆脱国家管制独立发展。

此时，呢绒工业发展并不完全取决于国家订单。军队对呢绒的需求量增长缓慢，19世纪30~40年代其需求量约为400万俄尺。旧式呢绒工厂（早期修建的呢绒厂）可以满足此需求。新式工厂呢绒产品可以自由出售，19世纪50年代此类呢绒工厂呢绒产量为旧式呢绒工厂（为军队供货）产量的2~3倍。18世纪呢绒工厂产品有限不能满足国家订货需求，19世纪上半叶起呢绒需求量大增，呢绒生产失去国有特征，新需求不断增长，国家订单独占鳌头的局面一去不复返。

呢绒工业技术进步并不明显，改革之前抱怨呢绒产品质量粗糙的请愿书接连不断。从1829年《俄国手工工场制品第一次博览会产品简介》中可以

---

① 详见：Дело по высочайше конфирмованноу докладу о дозволении вольной продажи солдатских сукон, 21 октября 1809г., св. №58, 2 экс. М. В. Д. // Арх. д-та торг. и ман.
② Дело о состоянии мануфактурной промышленности в начале 1823г., 24 марта 1823г. // Арх. д-та торг. и ман.

看出棉纺织工业取得了巨大成就，政府呼吁呢绒工厂改善生产技术，一些学者十分痛惜地指出，俄国呢绒工厂不能生产出英国、法国与荷兰等国家类似的高质量呢绒产品……机械与化学信息滞后、机器设备落后阻碍该部门的发展。1849年的《手工工场消息报》中指出，因技术落后，俄国呢绒工业成绩不大，产品质量仍十分粗糙。[①]

从表1-4中的数据可以看出改革前俄国工厂工业发展状况。

表1-4 改革前俄国工厂工业发展状况（波兰与芬兰地区除外）

单位：家，人

年份	工厂数	工人数	单位工厂工人数	年份	工厂数	工人数	单位工厂工人数
1815	4189	172882	41	1840	6863	435788	63
1816	4484	187061	42	1841	6831	429638	63
1817	4385	187337	43	1842	6939	455827	66
1818	4457	178419	40	1843	6813	466579	68
1819	4531	176635	39	1844	7399	469211	63
1820	4578	179610	39	1845	8302	507577	61
1825	5261	210568	40	1846	8333	508607	61
1826	5128	206480	40	1847	9029	532056	59
1827	5122	209547	41	1848	8928	483542	54
1828	5244	225414	43	1849	9172	495364	54
1829	5260	231624	44	1850	9848	501639	51
1830	5450	253893	47	1851	10126	465016	46
1831	5599	264358	47	1852	10388	470914	45
1832	5636	272490	48	1853	10087	481018	47
1833	5664	273969	48	1854	9944	459637	56
1836	5332	324203	51	1856	11556	518661	45
1837	6450	376838	58	1857	10856	513324	47
1838	6855	412931	60	1858	122589	548921	45
1839	6894	454980	66	1861	14148	522500	37

资料来源：1815~1820年数据源自俄国手工工场统计信息；1825~1861年数据来自手工工场和国内贸易办公厅报告。（Арх. д-та торг. и ман.）以上所列数据并不包括采矿、酿酒和食品工业，但包括制糖和烟草工厂。

---

① 19世纪四五十年代的经济学家也持该观点，如格格梅伊斯杰尔、戈尔洛夫和坚戈博尔斯基等人。

从表1-4可知，1847年以前，单位工厂工人数量总体呈上升趋势，此后开始波动下降。19世纪40年代之前工厂数有所增加，然后也开始减少。40年代之前工厂数量激增，工厂规模也逐渐扩大，但从40年代末开始工厂数量停滞不前，工厂开始逐步瓦解。

出现该状况的原因为小工业和手工业的冲击，笔者将在以后章节详细阐述该问题。19世纪40年代为手工业发展的黄金时期。部分地区手工业对工厂冲击巨大，诸多工厂工人数量降低，工厂主影响力下降。

此时国内技术变更较快的领域为铁矿石开采、武器和机器制造业等。根据施托尔希的统计，18世纪末俄国铸铁产量为800万普特。[1] 19世纪上半叶俄国铸铁产量停滞不前，直至19世纪40年代前仍未达到1100万普特。50年代末该行业开始缓慢发展，其产量达1600万普特。[2]

如果与居民增长数量相对比，便可以得出如下结论，19世纪上半叶俄国铁矿石开采工业产量有所增加，技术也有所进步，但其产量低于18世纪末期。俄国冶铁业萧条的原因为该部门发展的同时，其他国家的冶铁业也发展迅速，英国尤甚，18世纪末其铸铁产量与俄国相差无几（800万普特）。[3]

19世纪30年代俄国铸铁产量约占世界铸铁总产量的12%（9000万普特），其产量超过比利时、普鲁士与美国。1859年俄国铸铁产量只为世界总产量的4%左右（世界总量为46亿普特）。[4]

18世纪铁仍是俄国主要进口物品之一。1760年俄国从国外进口量为820000普特，1793~1795年年均进口量达2966000普特，但从此时起俄国铁进口量开始降低（特别是从19世纪40年代起），1851~1860年年均进口量降至747000普特。

俄国冶铁工业发展极为缓慢，原因何在？可以归结为政府扶持与监管力

---

[1] Storch H. Historisch-Statistische Gemalde. Riga, 1799. Vol. II. S. 507.
[2] Ладыженский К. Н. История русского таможенного тарифа. СПб., 1886. С. 309.
[3] Чевкин К., Озерский А. Обзор горной промышленности России. СПб., 1851. С. 9; Политека В. О железной промышленности в России. СПб., 1864. С. 49.
[4] Политека В. О железной промышленности в России. С. 49.

度不够。铁是国家需求量最大的产品之一，政府并不希望为该部门注资。由于国内产量有限，政府并未禁止铸铁和铁制品进口业务。1819 年甚至实行铸铁与铁制品自由进口关税。据别扎比拉佐夫统计，乌拉尔地区私人采矿厂从政府处获得贷款的数量不超过 1500 万卢布。这些工厂所在地区的大量土地、森林与农民都归国家所有，但工厂主并未支付相应的费用。为什么在居民数量持续增长的同时，俄国生铁产量停滞不前呢？

此状况完全是政府监管与扶持力度不够所致。1861 年改革之前俄国采矿业完全以强迫劳动为基础。此时俄国铸铁生产中心为乌拉尔 - 彼尔姆采矿区及其邻近地区。乌拉尔 - 彼尔姆采矿厂铁产量约占全俄铁产量的 4/5。这些工厂工人主要为注册工匠和农民。1847 年乌拉尔 - 彼尔姆地区采矿工厂数量为 37 家，登记农民工人数量为 178000 人。[①] 国有工厂中并不能自由雇佣工人，工厂主要劳动力为工匠与农民，工人人手不足时一般用新兵和流人补充。

政府开始不断向这些采矿工厂提供劳动力（多为农奴），以保证工厂工人的数量。的确，在该措施影响下俄国冶铁业快速发展，18 世纪末期俄国该部门可以与英国相媲美。因 18 世纪俄国采矿业发展的原因特殊，从 19 世纪开始该领域发展速度大幅度降低。19 世纪五六十年代很多学者对冶铁业十分关注，他们指出此时期俄国冶铁业发展缓慢的原因为冶铁业技术落后，企业主并不积极改善生产工艺与提高行业技术，与之相反西欧冶铁技术不断进步，冶铁业成绩斐然。

技术停滞致使俄国铁制品价格较为稳定，但此时英国生铁价格迅速降低。1824～1826 年圣彼得堡市场上每普特生铁价格为 1 卢布 26 戈比，1848～1850 年其价格为 1 卢布 27 戈比。[②]

1824～1850 年俄国铁制品价格十分稳定，而英国铁制品价格降低了 60%。[③] 很明显俄国铁制品出口量快速下降，但国内铁制品需求量与销量变

---

① Чевкин К., Озерский А. *Обзор горной промышленности России.* Прил.
② Tengoborsky L. *Op. cit.* P. 188.
③ Jevons. S. *Investigations in Currency and Finance.* L., 1884. P. 146 - 147. Tables of Prices.

化不大。

俄国冶铁工业技术落后，原因何在？毫无疑问，强制劳动体系是该行业技术落后的主要原因。对于该问题当时学者有诸多描述。扎布洛茨斯基－杰夏托夫斯基在1841年札记中写道："俄国农奴制对经济影响较大，与英国相比俄国生铁价格昂贵。"① 冶铁工厂工人至今仍使用手工劳作，劳动生产率毫无提高。工业技术更新的大背景下该行业仍停滞不前，自由劳动力成本过高是其发展缓慢的主要原因。②

让人难以置信的是乌拉尔工厂对生产机械具有严格限制。别扎比拉佐夫认为工人就是奴隶。③ 工人从童年开始就进入工厂，此后为维持生计不得已继续在工厂务工，其境况可想而知。冶铁过程从砍伐木材、材料运输、矿石开采与铸铁制品的冶炼都由人力完成，工人不工作将受到体罚，其工作状况非常差。

改革前该领域中工人的境遇绝非偶然，是长期强制劳动所致，在快速发展的棉纺织工业中已几乎不存在农奴劳动。因广泛使用自由劳动力，纺纱与织布业才摆脱农奴制的束缚，开始快速发展。

在采矿业中农奴劳动仍占据主导地位，政府对该行业十分关注。因认识到铸铁行业是国家不可或缺的生产部门，政府慷慨向工厂提供劳动力，其结果就是该行业长期萧条。呢绒行业也是如此。虽然政府对这些工业部门十分关心，但技术并未取得实质性进步，工厂脱离政府监管后开始不按国家订单

---

① Заблоцкий-Десятовский А. П. *Граф П. Д. Киселев и его время.* СПб., 1882. Т. Ⅱ. С. 245.
② 俄国冶铁工业技术落后的另一个重要原因为乌拉尔工厂垄断冶铁行业，俄国市场较为封闭，外国生铁很难进入，国内生铁工厂竞争压力较小。梅里尼科夫（Мельников）认为，19世纪40年代乌拉尔工厂生产技术落后，仍以原始手工业为主。当时每普特雕花生铁的平均成本约为2卢布40戈比，在下诺夫哥罗德展销会上销售价格为3卢布45戈比（44%利润），轮箍生铁成本为2卢布36戈比，出售价格为3卢布45戈比（46%利润）；铁板价格为3卢布97戈比，出售价格为7卢布51戈比（89%利润）。该价格并不包括运至下诺夫哥罗德展销会的运费，大多数铁制品使用水路运输，扣除运输成本后利润微乎其微。在此状况下乌拉尔工厂主是否意识到要改善生产技术呢？（Мельников П. *Нижегородская ярмарка в 1843－1845 гг.* Нижний-Новгород, 1846. С. 43.）
③ Безобразов В. П. *Отчет о всероссийской художественно-промышленной выставке.* СПб., 1882. С. 211.

生产，而满足私人需求，因此呢绒行业取得巨大成绩，但该成绩与呢绒行业自由劳动力普及密切相关。

通过对改革前俄国工业的研究笔者得出如下结论。18世纪上半叶国家是工厂产品的主要需求者，这就决定了当时大工业的发展方向。在政府支持力度不足时大生产逐渐衰落。当时的社会状况要求工人必须固定在工厂中，因此自由工人与雇佣劳动力数量有限。强制劳动占据主导地位，劳动生产率较低。迫于该压力使用强制劳动的工业部门在18世纪飞速发展，18世纪末产品不但可以满足国内市场的需求，而且销往国外，此时工厂产品在国内具有重要的意义。1790~1792年俄国年均出口总额和工业品生产数量见表1-5。

表1-5 1790~1792年俄国年均出口总额和工业品生产数量

单位：百万银卢布

俄国年均出口总额（与欧洲贸易）[①]	其中包括加工产品与半成品	生 铁	麻布与粗麻布
26.0	8.4	3.3	2.4

资料来源：Семенов А. В. Изучение исторических сведений о российской внешней торговле и промышленности с половины XVII-го столетия по 1858 год. C. 220 и приложение №1。

因此，18世纪俄国1/3的加工产品用于出口，俄国铁制品出口价值约占俄国出口商品价值的13%。

19世纪该状况发生变化。国家停止对工业品的采购，很多新型生产部门如棉纺织行业产生，且发展速度十分惊人，快速占领了俄国国内市场，排挤老式俄国亚麻产品。此时西欧生产技术迅速提高，机器代替手工劳动，农奴劳动已不能适应新技术条件。某些农奴劳动占主导的行业虽然风采依旧，但也日渐萧条。欧洲生产技术快速发展，俄国加工制品出口量迅速降低。

1848~1850年俄国加工产品价值只占俄国出口产品价值的9%。农奴劳动已经成为经济发展与工业技术进步的障碍，取消农奴制势在必行。1848~1850年俄国年均出口总额和工业品生产数量见表1-6。

表 1-6　1848~1850 年俄国年均出口总额和工业品生产数量

单位：百万银卢布

俄国年均出口总额 （与欧洲贸易）①	其中包括加工 产品与半成品	生　铁	麻布与粗麻布
80.8	7.4	0.8	1.4

资料来源：Семенов А. В. *Изучение исторических сведений о российской внешней торговле и промышленности с половины XVII-го столетия по 1858 год.* С. 220 и приложение №1。

第二章
雇佣劳动力工厂

保罗一世允许工厂主购买农民的决议。购买农民决议起到的作用有限。革命前俄国各部门工厂使用雇佣劳动力的意义。与旧式使用强制劳动力的工厂相比使用雇佣劳动力新式工厂的优势。禁止工厂主购买农民。新式资本主义工厂的发展。贵族工厂主数量开始减少。工厂工人的成分。卖身工人。教坊学徒到工厂内工作。工厂主阶层属性的变化。新式资本家。农民移民。工厂主与手工业者。农奴工厂主。政府对农奴工厂主的态度。

笔者在前言中已提及，因贵族政治影响力不断增强，商人工厂主的特权受到威胁，彼得三世和叶卡捷琳娜二世时期取消贵族购买农民的特权。叶卡捷琳娜统治时期贵族影响力不断增强。保罗一世继位初期叶卡捷琳娜二世的诸多政策都被取缔。新沙皇采取一些措施打击贵族优势地位。保罗一世开始恢复贵族相关义务，称贵族为寄生虫，对贵族实行体罚，废除叶卡捷琳娜时期免除贵族服徭役的法律，以法律形式确定服徭役数量农奴。贵族希望完全恢复叶卡捷琳娜时期的政策，罗马诺维奇-斯拉瓦金斯基认为，此时贵族怨声载道，贵族的特权与自由受到削弱。[1]

保罗一世时期贵族特权受限，商人又获得相应特权。1789年法律规定不论是贵族还是商人都有权购买农奴到工厂中工作，购买数量可不受1752年叶

---

[1] Романович-Славатинский А. В. *Дворянство в России*. СПб., 1870. C. 200.

卡捷琳娜规章制约。商人重新获得使用强迫劳动的权利。笔者认为，此权利在18世纪初与中叶具有较大意义，商人的权利在叶卡捷琳娜时期受到约束，商人失去购买农民的权利，呢绒工厂几乎都过渡到土地所有者——贵族手中。

19世纪俄国经济状况又发生变化。18世纪初工厂生产的必要条件（如国家扶持与特权）在19世纪初失去意义。笔者认为资本主义在彼得一世之后因缺少相应条件发展步履艰难，所谓的必要条件为自由劳动力。政府试图建立资本主义类型的工厂，但最终变为农奴工厂。随着城市居民数量不断增长、外出务工人员增加和代租役的快速普及，工厂内自由劳动力不断增加。1804年俄国工厂内自由雇佣劳动力数量占全部工人数量的48%（见表2-1）。

表2-1 1804年俄国工厂和工人数量

单位：家，人

工厂数量	工人总数	自由雇佣劳动力数量
2423	95202	45625

资料来源：Семенов А. В. *Изучение исторических сведений о российской внешней торговле и промышленности с половины XVII - го столетия по 1858 год.* СПб., 1859. Т. III. С. 262。

不同生产部门中自由雇佣与强制工人的数量详见表2-2

表2-2 各部门工厂和自由雇佣劳动力数量

单位：家，人

生产部门	工厂数量	工人总数	自由雇佣劳动力数量	单位工厂工人数量
呢绒与毛纺织	155	28689	2788	185
亚麻	285	23711	14327	83
印花布与细平布	199	6566	5436	33
丝织	328	8953	6625	27
造纸	64	6957	1533	109
炼钢、制针与冶铁	26	4121	1144	159
皮革	850	6304	6115	7
索具	58	1520	1295	26
玻璃	114	3937	1685	35

资料来源：Зябловский Е. *Статистическое описание Российской империи.* СПб., 1808. Ч. V. С. 9 - 73。

由表2-2可知，19世纪初大部分生产部门仍以强制劳动为基础，只有个别生产部门以自由雇佣劳动为主。强制劳动占主导的生产部门主要为呢绒与毛纺织工厂，造纸厂、炼钢、制针与冶铁厂，自由雇佣劳动力占主导的部门有印花布与细平布工厂、皮革厂与制索厂等。亚麻工厂和玻璃厂中两种类型工人平分秋色，自由雇佣劳动力与强制劳动力各占约50%。值得一提的是第一类工厂多是大型工厂，各工厂内工人数量都超过100人，第二类工厂多为小型工厂，其工人数量为7~33人；第三类工厂工人数量处于二者之间。

因此，19世纪初某些生产部门中强制劳动仍占主导地位，但在其他部门中作用有限，为什么会出现这种状况呢？

上文已经提过强制劳动占主导的工厂都属于大型工厂，小工厂内自由雇佣劳动力占主导。受当时社会、经济条件的影响，各工厂劳动模式与工厂的生产状况都发生了变化。第一章已经提到，俄国工厂具有两个特征，一方面国有或国家扶持工厂应满足国家需求；另一方面其自身也不断适应日益变化的社会、经济条件，开始面向广大平民销售产品。国家直接影响下建立起来的工厂多使用强制劳动。在建立工厂时部分工厂主可获得国家扶持，如给予建筑物、土地与人工。该类工厂与农民手工业不具有直接联系，大资本家——商人和贵族投资所建工厂多为大型工厂。18世纪旧式工厂，如呢绒、造纸、冶铁与部分亚麻厂都具有该特征。虽然19世纪初生产条件与劳动力市场都发生了变化，但强制劳动仍占主导。

印花布、纺织和皮革行则是另外一番景象。这些部门产品的主要消费群体不是国家，而是普通消费者。他们与农民手工业融为一体，该类工厂一般规模较小，且不使用农奴劳动，因此贵族不屑成立该类工厂。丝线工业首先集中于大工厂中，18世纪该行业开始在农村中普及，小手工业者积极参与此行业，自由雇佣劳动力数量迅速增加。

19世纪使用自由雇佣劳动力的工厂数量迅速增加，因此保罗一世恢复商人购买农民权利的决议成效不大，此时工厂劳动力设置已有特定发展模式。新经济与社会条件对资本主义生产方式十分有利，农奴制生产方式逐渐没落，资本主义生产方式所需的是自由雇佣劳动力，而不是强制劳动。因此保罗一世的指令并未促进旧式工厂崛起。商人购买的农奴只有一部分在工厂内工作，大部分用于家庭服务。

叶卡捷琳娜之孙亚历山大一世恢复了其政策，恢复贵族权利是亚历山大继位之初的政策之一。① 1802 年 7 月 3 日规章对工厂主购买农民权利加以限制，此时农民不能随意迁移。1808 年军队对呢绒的需求量增加，因此政府试图扩大强制劳动的使用范围，故颁布特殊规章，允许呢绒工厂主购买农民，农民工作 20 年后可获得自由，但该规章并未实施。1816 年 11 月 6 日规章重新规定工厂主可以购买农民，但出于某种原因该规章也仅是一纸空文。②

很明显，亚历山大一世时期政府便打算废除农奴制，但因贵族地主全力反对改革并未实施。19 世纪初新思想不断产生，农奴制不但导致农奴境况恶化，而且阻碍地主经济发展。1812 年创建自由经济协会规章中就明确表达出该观点。协会主要对两个问题进行了讨论：第一，私人土地所有者与农奴制哪个更适合当时的社会状况；第二，怎样从地主庄园中获得工厂工人。

亚当·斯密在作品中已经指出了农奴制的缺点，该著作在俄国社会与政府上层颇为流行。按照财政大臣伯爵瓦西里耶夫的命令，斯密的作品被翻译成俄语，由内务部官方出版社出版，斯密的著作被用作教科书，其本人也被称为"探寻真理的伟人"。③ 但农业领域农奴劳动仍占主导地位，政府试图说服地主解放农奴的努力并未成功，转而在此基础上制定了解放自耕农的法律。1803 年沙皇亚历山大一世解放了 33782 户自耕农，尼古拉一世统治时期解放了 66109 户自耕农，此外，在 1842 年法律颁布后又解放了 24708 户义务农④，但解放的农奴数量不足俄国农奴总数的 1%。很明显，地主认为

---

① Романович-Славатинский А. В. *Дворянство в России*. С. 236.
② *П. С. З.* Т. XXVII, 20352；XXX, 23132 и 23679；XXXIII, 26504.
③ *Санктпетербургский журнал*. 1804. Авг. С. 133. 莫尔德维诺夫在自己的发言中称亚当·斯密是伟大的经济学家，为国家经济发展提出很多真知灼见，在学界的声望无人能及。（*Чтения О-ва истории и древностей российских* М., 1854. Кн. 4. *Мнение адмирала Мордвинова о новых налогах*）
④ Семевский В. И. *Крестьянский вопрос в России*. СПб., Ч. I. С. 266；Ч. II. С. 569.

(第一部分)第二章 雇佣劳动力工厂

农奴制更适合俄国农业状况，取消农奴制只能依赖于国家法律。

俄国工厂工业境况如何呢？上文已指出19世纪初工厂内约有一半工人为自由雇佣劳动力。很可惜，笔者并未查到1825年后自由雇佣与强制劳动的具体数据。1825年工厂数量为5261家，工人数量为210568人，其中自由雇佣工人数量为114515人。个别生产部门自由雇佣劳动力数量详见表2-3。

表2-3　各部门工厂和工人数量

单位：家，人

生产部门	工厂数量	工人总数	自由雇佣劳动力数量
呢绒	324	63603	11705
棉纺织	484	47021	44535
亚麻	196	26832	18720
丝织	184	10204	8481
造纸	87	8272	2019
炼钢、制针与冶铁	170	22440	4970
制索	98	2503	2303
皮革	1784	8001	7460

与1804年相比，工厂内工人数量增长了1倍，但工人成分的变化并不明显，1804年自由雇佣劳动力数量为工人总数的48%，1825年其比例为54%。1825年以前呢绒、造纸、炼钢与冶铁等部门强制劳动仍占主导。

很可惜，笔者并未查到1825年后自由雇佣劳动力数量的数据（很可能，这些年该类数据并未纳入手工工场与内贸办公厅的年报中），但有一点是毋庸置疑的，即工厂内非自由工人数量在19世纪30~50年代迅速减少。原因如下：第一，各工业部门发展异常迅速，其中以使用自由劳动力最多的棉纺织行业成就最为显著。1836年棉纱、棉线和印花布工厂中自由雇佣劳动力数量为105878人（此时工厂内工人总数为324203人）。1804年、1825年和1836年棉纺织工厂中自由劳动力分别占7%、21%与32%。

在棉纺织工业不断发展的同时，自由雇佣劳动力数量也不断增加。但呢绒行业仍大量使用农奴劳动，19世纪三四十年代较薄与中等厚度呢绒产量急剧增加，该行业对自由雇佣劳动力的需求量不断增加。40年代自由销售产品数量为900万俄尺，国家需求量不足400万俄尺。只有为军队提供产品的呢绒厂还在使用农奴劳动。产品自由销售工厂多属商人阶层，他们不能使用农奴劳动，只能依靠自由雇佣劳动力。

使用农奴劳动的工厂数量的减少足以证明贵族工厂主数量的减少，笔者核算后确认，1832年贵族工厂的数量为862家[1]，但此时俄国工厂总量为5599家，贵族工厂数量不足工厂总数的15%。19世纪40年代末期哈克斯陶森指出，只有近500家工厂属于贵族[2]，此时工厂总数约为10000家，其数量不足5%。通过对19世纪40年代相关数据的分析可以发现贵族工厂数量急剧减少，此时工厂内农奴数量已明显低于自由雇佣劳动力数量。关于该问题哈克斯陶森已阐述得很清楚，他指出此时大部分工厂需要的已不再是农奴，而是雇佣劳动力。[3]

根据以上阐述可知，19世纪40年代诸多工厂的劳动模式已从强制劳动过渡为自由雇佣劳动，自由雇佣劳动的优越性不言而喻。该问题笔者将在下文进行详细阐述，此处只引用其他学者的观点。

总之，尽管缺乏相应数据，但可以确认的是，即使自由雇佣劳动力很难寻求，但改革前自由雇佣劳动已在俄国工厂内快速普及。19世纪30年代末工厂主（棉纺织）甚至向政府申请，危机期间他们不能缩减生产，各工厂培训熟练工人所需时间过长，如果开除工人工厂将面临倒闭风险。[4]

19世纪上半叶与现在一样，工厂工人主要源自农民。据19世纪30年代统计数据证实，莫斯科工厂中莫斯科居民数量仅为4000~5000人，此类居民主要为市民，其余工人（莫斯科工厂内工人数量超过40000人）都来源于农村。[5] 工厂可像雇佣国家农民一样雇佣地主农民，但地主农民必须按

---

[1] 详见：*Список фабрикантов и заводчиков Российской империи в 1832 г.* СПб., 1833.
[2] Haxthausen A. *Studien uber die inneren Zustande Russlands.* B., 1852. Bd. Ⅲ. S. 593.
[3] Ibid. Vol. I. S. 190.
[4] *Дело по донесению чиновника Самойлова и пр.*, *14 декабря 1838 г.* //Арх. д-та торг. и ман.
[5] *О состоянии рабочих в России*//Журнал мануфактур и торговли. 1837. №12.

照地主要求返回其村镇,因此工厂主更青睐国家农民。研究工厂问题的学者加列里尼通过研究伊万诺沃工厂得出如下结论:"工厂内最好的工人是地主农民,他们非常勤劳,必须赚钱贴补家用。"①

换言之,地主农民十分勤劳、性格温和,比国家农民更好管理。这对工厂主而言意义重大。因此,加列里尼认为雇佣地主农民时工厂主与工人间矛盾较少。

地主农民是自由雇佣劳动力的主要来源,工厂主只需支付给地主相应的代租役,地主农民就完全依附于工厂主。他们也被称为"卖身工人",地主在工厂兴建时也会直接提供农奴,但要收取相应的费用。这些工人的工资非常低,因此他们经常消极怠工,当时对工人的技术要求不高,工厂主也愿意雇佣该类工人。

19世纪经济学家布托夫斯基在40年代时指出地主租让给外地工厂主的农民的道德最为恶劣。尽管工厂主按时支付相应的费用,但地主提供的只是道德败坏和懒惰的工人。他们不遵守工作秩序,经常逃跑、破坏机器,即便工厂主不断告诫与恐吓,他们仍想方设法怠工。②

尼古拉·屠格涅夫在作品中也曾提及农民工人,他指出:"在白俄罗斯各省份中(维捷布斯克、莫基列夫)营私舞弊与滥用职权状况横行,农民生活非常悲惨,其状况甚至不如俄国农奴。在这些省份中地主把数百农民转交给承包单位,然后被派往边远地区工作,这些穷人主要用于修建铁路与疏通渠道。按照合约地主必须提供足量的劳动力,工作期间承包人负责农民的食宿。政府官员对农民的生活状况也十分了解,但不管不问。他们所赚取的工资都归地主所有,政府也不给予任何补助。当时这些人途中都经过皇村。"③

波加热夫指出,莫斯科各县城内卖身工人广泛存在,地主每年从工厂主处获得25卢布。在大公加加林的普希金-奥尔法尼呢绒工厂中有许多卖身工人,这些工人大多来自郊区农村。克林县城纺纱厂工厂主谢德里尼指出,

---

① Гарелин Я. П. *Вознесенский посад//Владимирские губернские ведомости*. 1861. №15.
② Бутовский А. *Опыт о народном богатстве*. СПб., 1847. С. 482.
③ Tourgueneff N. *La Russie et les Russes*. Paris, 1847. Vol. II. P. 137 – 138.

改革前莫扎伊斯克县城工厂中很多工人是卖身农奴,最终被当地工人所取代。① 波加热夫对该问题十分关注,他指出,40年代德米特罗夫县城沃兹涅先斯克手工工场中有上千名工人,此前该工厂是莫斯科省著名的大型纺纱厂之一,至今该工厂还保存了七个石屋,以前是卖身工人的宿舍。宿舍按照工人所属地主名字命名。② 笔者曾指出因于1844年发生大型工人暴动,工厂主不得已为工人建造房屋。

1849年4月5日,财政大臣扎克列夫斯基曾提及该次暴动,但阐述得十分隐晦,他指出:"承包人并未如数发给工人工资,部分工资转寄回地主或转交给村社,但工厂主常借故拖延。某些莫斯科工厂主也指出,工厂内地主农民对该类规章抵触情绪最大。如1844年德米特罗夫县城沃兹涅先斯克手工工场中曾发生警察局与军队镇压工人运动的事件。"③ 为此,波加热夫指出,沃兹涅先斯克手工工场中卖身工人暴动主要原因为工厂主并未支付工人工资,而是将工资转交给地主。如果现在财政部问起工资转交给家长或村社的原因,他们解释为此时法律已禁止奴役工人,地主要求工厂主将工人工资寄回工人家庭或农村公社。

伊万诺沃工厂主采取其他方式奴役农民,工人们需要替同村欠缴税款的村民支付代役租给地主舍列梅杰夫。伊万诺沃村镇代役租数额非常高,加上课税(附加支出)其数额有时甚至在75~87纸卢布。④ 有时一个农民要支付几种课税。

19世纪40年代俄国工厂使用卖身农民已毋庸置疑,此时法律已明令禁止地主将农奴租借给非贵族阶层。因此,该类交易只能以购买农民为掩护,这样才能不与1823年4月10日和1824年8月28日禁止租用农民的法令相抵触。⑤ 众所周知,20世纪初工厂主奴役工人的状况十分普遍。

---

① Сб. ст. свед. по Московской губ. Сан. отд. Т. Ⅲ. Вып. Ⅵ. Можайский уезд.
② Там же. Вып. Ⅶ. Дмитровский уезд. С. 94.
③ Дело по предлож. московского военного генерал-губернатор гр. Закревского о недозволении учреждать вновь фабрики и заводы в Москве, 22 октября 1848 г. // Арх. д-та торг. и ман.
④ Гарелин Я. П. Город Иваново-Вознесенск. Шуя, 1884. Ч. 1. С. 210.
⑤ П. С. З. Т. ⅩⅩⅩⅧ, №29416, Т. ⅩⅩⅩⅨ, №30040.

（第一部分）第二章　雇佣劳动力工厂

为此大臣委员会于 1825 年 6 月 16 日颁布规章严禁地主以私人名义把农奴租让给工厂主，如果地主仍肆意妄为，那么农奴将获得自由。① 但该法律影响范围有限。

哈克斯陶森认为 19 世纪 40 年代工厂奴役的工人大部分为未满 17 岁的学徒。② 工厂主需要这些孩子，当时英国就存在培育贫困家庭子女充当学徒的惯例，但是管理非常严格。工厂主把他们派遣到不同岗位，毫不顾忌这些孩子的感受，他们的生活状况十分悲惨，有些人甚至不如家庭牲畜。为让他们尽快掌握技术，这些孩子被成批运往大工业中心，然后被卖给工厂主。报纸中屡次提及这些孩子的悲惨境遇，他们俨如奴隶。③

这些孩子在学成之后是在工厂中工作，还是另谋出路笔者不得而知。19 世纪前 10 年俄国害怕英国工厂制度传入，这些恐惧也引起社会各界对英国文化的鄙视，但此时英国社会的一些制度已对俄国社会产生很大影响。俄国社会经济状况十分落后，新闻界对很多敏感问题避而不谈。因此俄国信息较为闭塞，社会底层对外部世界知之甚少。

教坊学员从 12 岁至成年都要在工厂内工作，在此期间工厂主给予他们少量的工资，每月约 1 卢布。按照其技术水平，学徒可从工厂主处获得一套衣服和 100 卢布。④ 在此期间工厂主可能从教坊处获得免费工人，有些工厂在创建之初就与教坊约定培育学员。⑤

改革前俄国工厂主是否已成为一个阶层了呢？笔者认为 18 世纪该阶层逐渐发生变化，最初工厂主为莫斯科公国资本家——商人，随着贵族影响力不断增加，商人工厂主的特权受到限制（主要为购买农民的权利），贵族阶

---

① Там же. Т. XL. № 30385.
② Haxthausen A. Op. cit. S. 579.
③ 详见：Alfred. *The History of the Factory Movement*. London. 1857；对该书的评述详见：Давыдова Л. Ричард Остлер, король фабричных детей//*Мир божий*. 1895. Март.
④ *Дело об определении на фабрику Баннистера питомцев воспитательного дома*, 27 августа 1817г. //Арх. д-та торг. и ман.
⑤ *Дело о предполагаемой к учреждению в г. Ямбурге ситцевой фабрики*, 2 апреля 1814г. //Там же.

029

层成为工厂主主体。19世纪初大型呢绒工厂几乎都归贵族所有。因此，此时工厂主阶层主要划分两个社会群体，即工商业阶层与地主阶层，即商人与贵族。随后该阶层又增加了一个新的元素，即农民工厂主。

笔者已经多次指出，俄国工业最明显的特征之一是新工业部门即棉纺织工业快速发展。该部门并未获得政府扶持，而且也并未像呢绒和冶铁部门一样获得相应保护措施。因印花布与细平布生产技术简单、产品价格低、销售容易，棉纺织工业在农村快速普及。书伊县城成为俄国重要棉纺织中心，伊万诺沃镇的棉纺织业也十分发达。以前这些村镇居民都属于舍列梅杰夫伯爵，1825年伊万诺沃村共有125个大型印花和棉纺织厂，这些工厂产品产量巨大。如1817年戈拉切夫工厂有900台机器和103个印花台，亚玛诺夫斯基工厂有1000台机器和110个印花台（工人数量约为1500人），加列里尼工厂有1021台机器和85个印花台（工人数量约为1407人）。[①] 所有这些工厂都属于什列灭杰夫伯爵的农奴或前农奴。

18世纪末伊万诺沃村居民的主要产品为棉布、亚麻布与印花布。1812年莫斯科大火后，莫斯科纺织厂几乎全被烧毁，此期间伊万诺沃村手工业迅速发展。莫斯科纺织工厂倒闭后，伊万诺沃村工业蓬勃发展。因棉纺织生产利润最大、回本快，所以工厂主纷纷投资该行业，有时利润达500%。[②] 印花工人状况迅速好转，很多人纷纷辞去工作返乡建厂。卡列里尼认为，在莫斯科火灾后伊万诺沃村对印花布的需求量大增，即便不专心劳动每月也能赚取100卢布。此时很多小手工业者（印花工）转变为大工厂主。

印花工欲建立工厂必须积累大量资金，此时这并非难事。生产细平布利润很高，资本回笼很快。几天内印花工就能成功生产出细平布然后出售，很多外来商人来伊万诺沃村购买印花布。一些头脑灵活的手工业者纷纷建立小

[①] *Статистическое обозрение состояния Владимирской губ. в 1817 г. // Владимирские губернские ведомости.* 1857. № 13.

[②] *Мануфактурный очерк местечка Ново-Зуева // Журнал мануфактур и торговли.* 1854. Ч. Ⅰ. С. 203.

工厂，有些甚至成为大工厂主。①

印花工的黄金时期持续了没多久，19世纪20年代起因市场上该类产品数量大幅度增加产品价格下降，其工资明显降低，新技术不断推广也是重要原因之一。此时从手工业者过渡为工厂主难度很大。与此同时，印花手工业如昙花一现，并不是所有手工业者都借此积累到了大量资本②，只有莫洛佐夫公司大发横财。该公司的创立者莫洛佐夫以前只是地主留明的农奴，1797年他建立生产丝带的小工厂，随着规模不断扩大，工厂开始生产其他丝织品。1820年他通过赎买方式，使其全家获得了自由（赎金约为17000卢布），过渡为商人阶层并成为俄国大工厂主之一。③

伊万诺沃村很多工厂主源于农民（很多是百万富翁）。他们中间的大部分工厂主与书伊斯克工厂主一样，都是小手工业者或工厂工人。④ 19世纪初伊万诺沃村非常繁荣，这里有众多拥有1000多名工人的富有工厂主，但法律上他们并不具有相应的权利，也不能获得相应的优惠政策。这些人以前都是舍列梅杰夫的农奴。实际上大工厂主不但能自由支配动产及不动产（虽然最后归入地主名下），甚至能拥有自己的农奴。如伊万·加列里尼在去教堂礼拜时就有农奴跟随。戈拉切夫也是伊万诺沃村的大资本家，他也有农奴。

许多工厂主以前是农奴，他们在法律上仍然附属于其唯一主人——舍列梅杰夫，舍列梅杰夫对其业务进行监督，在出售产品与财产时他们需向舍列梅杰夫缴税，伯爵也借此积累起大量财富。农奴资本家可以自由购买土地，

---

① Герелин Я. П. *Город Иваново-Вознесенск*. C. 204 – 205. 此时是印花工的黄金时期，懒散的工匠也能获得丰厚收入。
② 18世纪英国棉纺织工业已十分完善，此时因纱线价格降低，纺织品的需求量大增，织工工资增长了数倍，很多工人返乡建厂。随后工人工资降低，织工成为大资本家的梦想成为泡影。
③ *Мануфактурный очерк местечка Ново-Зуева*//*Журнал мануфактур и торговли*//1854. Ч. 1; 也看 *Мануфактура и фабрик торгового дома Савва Морозов сыновьями*. Москва, 1870.
④ 伊万诺沃村和书伊斯克县城大部分工厂主由印花工转变为工厂资本家。《1862年弗拉基米尔省纪念册》中就曾提到弗拉基米尔省印花工涅塞托夫成为工厂资本家的事例，现在兹涅先斯克工业区大部分工厂由伊万诺沃村小生产者建立。详见：*Село Иваново Власьева*//*Вестник промышленности*. 1859. T. III 。

甚至拥有对土地的完全使用权和支配权。①

伊万诺沃村的农奴资本家犹如农奴地主，因此他们想方设法摆脱农奴身份。但舍列梅杰夫并不希望他们获得自由，在农奴制改革之前只有50个农民家庭获得自由，平均每个家庭支付赎金的金额约为2000卢布。② 大资本家需要支付的赎金更多，获得自由后他们被划入商人阶层。

在其他地区也有农民手工业者转化为大工厂主的例子。莫斯科地方自治统计文献指出，以前县城内很多小手工作坊现在都成了工厂，在沃洛科拉姆斯克县城有细纱厂、窗帘厂和饰品厂（很多工厂的流动资金达数十万卢布）。他们以前都是农奴，世代在工厂内工作……然后创立小型工厂。科洛姆纳县城加戈尔斯乡大型机械厂以前就是小手工作坊……19世纪30年代初期，克林县城叶戈罗夫毛线厂只初具规模，其所有人一起工作。大型丝织工厂主康德拉舍夫曾是比比科夫的农奴，曾在莫斯科拉扎列夫丝织工厂工作。尽管在1861年前他仍不能摆脱农奴身份，但是他已成为大工厂主。③

农奴成为工厂主是此时期工业发展的特征之一。1831年大公戈里钦的农奴就在姆洛夫斯克县城的瓦其村镇成立钢制品工厂。④ 伊万诺沃村镇所有人舍列梅杰夫在下诺夫哥罗德省也有较大的工业村——巴甫洛夫村和沃尔斯马村，19世纪40年代这些村镇中有很多农民小工厂主。1830年去过巴甫洛夫的埃尼戈里加尔特指出在这些村镇中有很多雇佣工人，这些工匠住在石头房屋中。⑤ 40年代科学院院士克片指出，当地工厂主扎维亚洛夫在自己工厂中初次使用畜力推动机器装置（清洗装置）。⑥

19世纪50年代巴甫洛夫村内的几位大工厂主，如扎维亚洛夫、卡良

---

① Гарелин Я. П. *Город Иваново-Вознесенск*. Ч. I. C. 110, 211. 哈克斯陶森认为，19世纪40年代舍列梅杰夫已有六七百名农奴。（Haxthausen A. II. 72）尼古拉·屠格涅夫也曾提及该问题。（La Russie et les Russes. Bruxelles. 1847. T. 2. C. 128）

② Гарелин Я. П. *Город Иваново-Вознесенск*. C. 114.

③ 在莫斯科省统计汇编中类似的例子诸多。(T. VII. Вып. III. C. 27 – 28)

④ *Владимирские губернские ведомости*. 1853. №42. *Фабричное заведение стальных изделий в Муромском уезде*.

⑤ Engelhard. *Bemerkungen auf einer Reise von St. – Petersburg nach dem Ural*. 1830. S. 176 – 178.

⑥ Koppen, *Kurzer Bericht uber eine Reise von S-Petersburg nach Kasan*. S. – Petersburg, 1847. S. 6.

金、戈尔什科夫控制着巴甫洛夫村的经济命脉。①

19世纪50年代初期戈尔巴托夫县城中有30多家大型钳具厂,这些工厂内生产匕首、剃刀、剪子和锁头等商品。② 所有这些工厂都从农民手工作坊演变而来。巴甫洛夫村贫富农民间的界限十分清晰,聘请工人完全依附于富有工厂主。梅里尼科夫指出,该现象在书伊村和伊万诺沃村也十分普遍。③

19世纪50年代科斯特罗马省棉纺织工厂的创立人大部分是地主农民,这些工厂都源于小手工作坊。④

阿尔扎玛斯克县城维谢尼村镇居民主要从事制鞋行业,但他们都属于地主萨尔特卡夫。农民间财产差异较大,约有15名农民年流动资金数额在20000~50000卢布,其他农民十分贫穷。⑤

哈克斯陶森十分关注农民工厂的状况,他指出,大部分现代俄国工厂由农民建立,他们大多是文盲,通过自己的努力跻身于大工厂主行列,他们中很多人家喻户晓,如莫斯科印花布工厂主古奇科夫与圣彼得堡烟草工厂主茹科夫。⑥

19世纪贵族和商人工厂开始与农民工厂联合起来,该因素至关重要,它能体现新时期俄国大工业的发展特征。农民工厂主要生产居民日用品,因此其发展模式与18世纪政府扶持的工厂完全不同,该状况不能被称为"人为现象"。工业领域新型工厂的诞生不但标志着俄国发展贸易资本主义的条件已成熟,而且标志着发展工业资本主义的条件也日趋成熟。在工业发展道路中农奴工厂曾活跃一时,但其地位很快就被以雇佣劳动力为基础的资本主

---

① Мельников П. *Павловская промышленность*//*Москвитянин*. 1851. Ч. Ⅳ. С. 104.
② *Нижегородская губерния в хозяйственно-статистическом отношении*//*Журнал министерства внутренних дел*. 1857. Ч. ⅩⅩⅧ. С. 44.
③ *Москвитянин*. 1851. Ч. Ⅳ. С. 104.
④ Криводлоцкий Я. С. *Костроская губерния*//*Материалы для географии и статистики России, собранные офицерами генерального штаба*. СПб., 1861. С. 338.
⑤ Haxthausen A. Op. cit. Vol. Ⅰ. P. 328.
⑥ Haxthausen A. Op. cit. Vol. Ⅰ. P. 185.

义工厂所代替。

笔者在前言中已提及，18世纪商人是农民贸易和工业发展的主要障碍。商人和城市居民的请愿书足以体现其利益，叶卡捷琳娜时期法律委员会的辩论也足以体现。这些事件足以证明18世纪下半叶农民工业已有所发展，19世纪在农民中已产生了农民工厂主。

政府对农民资本主义的生产方式兴趣不大，因此并未给予相应扶持，但是其发展一方面增强了居民购买力，另一方面也满足了贵族需求。农民工厂主与贵族完全不存在竞争，贵族工厂，如呢绒、亚麻、造纸与采矿产品主要销售给国家与军队。农民工主要生产廉价商品，其销售对象为广大居民，主要商品为细平布、红布、头巾、廉价丝绸、毛纺织品、小钢铁零件和皮革制品等。大部分农民工厂处于地主村镇之内（大型工业村都隶属贵族）。与18世纪相比，亚历山大一世和尼古拉一世时期，为获得有利地位，贵族不但谋求商人的贸易和工业垄断地位，而且支持农民贸易与工业的发展。笔者在上文已经指出伊万诺沃村民如何支付给舍列梅杰夫代役租；巴甫洛夫农民代役租的数额较大，加上人头税，19世纪三四十年代其数额约为每户46卢布。[①] 19世纪50年代雅罗斯拉夫县城的沙皇村农民每年需支付给地主亚科夫列夫10卢布的代役租。[②]

因此，政府并未发现农民工业的任何弊端，国家关注的重点只是税赋，这点与对商人的态度如出一辙。1812年农民可以从事产品批发及零售贸易，还可以成立工厂，不需向商人一样出示相应证明（即基尔德证明）。

因此，19世纪上半叶俄国工业资本主义快速发展，资本主义生产方式的农民工厂陆续成立。

---

① Engelhard. Op. cit. Vol. Ⅳ. S. 178.
② Das Dorf Welikoye//Archiv fur wissenschaftliche Kunde Russlands 1856. Bd. ⅩⅤ.

第三章
世袭工厂与领有工厂

世袭工厂。19世纪三四十年代工厂内强制劳动工人数量降低。地主农民与农奴工人。政府和世袭工厂主间的关系。领有工人阶层形成的原因。不同类型领有工厂内工人状况。政府对领有工厂采取的措施。1811年内务部方案。领有工厂管理规章。政府捍卫领有工厂地位观点的改变。领有工厂管理缺陷。领有工厂衰落。法律措施。领有工厂主阶层衰落。领有工厂取缔前状况。

俄国工厂在政府直接干预下产生，最初以强制劳动为主。前文中已指出，19世纪初工厂内非自由工人数量明显超过自由雇佣工人数量。据统计1804年工厂95202名工人中自由劳动力数量为45625名，其比例低于50%，这是否能说明使用强制劳动力的工厂占大多数呢？

首先需强调的是，政府建立了两种特殊工厂，即世袭工厂和领有工厂。第一类归贵族所有，农奴制赋予地主自由使用农奴的权利，因此地主可以要求农奴在工厂中工作。政府赋予土地、建筑物、劳动力或给予现金扶持的工厂为领有工厂，该类工厂所有人如不具备购买农奴的权利，政府赋予其该权利。[1]

---

[1] *Устав о промышленности* СПб., 1842. Ст.7. 19世纪初在俄国官方历史文献中首次出现"领有工厂"这一术语，虽然该类工厂产生于彼得一世时期。1721年规章允许购买农民到工厂内务工，无论是小贵族还是商人都可以购买农民，俄国法律最初严格控制贵族指使农民去工厂内务工，但商人可以购买农民到工厂内务工。此后不仅贵族，商人也可以购买农民到工厂内务工。19世纪贵族和商人购买农奴的权利发生变化，只有领有工厂（转下页注）

领有工厂中工人的法律地位明显高于世袭工厂工人，下文将对该问题进行详细阐述。

18世纪下半叶世袭工厂就已产生，贵族知晓建厂可获得相应优惠后纷纷在庄园内建厂。前文已指出叶卡捷琳娜二世统治时期商人怨声载道，贵族工厂可以使用农奴无偿劳动。19世纪初至30年代贵族工厂数量众多，1825年工厂工人数量详见表3-1。

表3-1　1825年工厂工人数量

单位：人

主要生产部门	工人总数	其中	
		地主（农奴）工人	隶属和购买工人
呢绒	63603	38583	13315
棉纺织	47021	247	2239
亚麻	26832	1483	6629
丝织	10204	658	1065
造纸	8272	3350	2903
炼钢、制针与冶铁	22440	14820	2650
制索	2503	167	33
皮革	8001	539	2
总计	210568	66725	29328

资料来源：Отчет департамента мануфактур и внутренней торговли за 1826г//Арх. д-та торг. и ман.。这些数据可能有误差，但足以说明情况。受诸多因素影响，不能准确确定领有工人数量，很少有人核算领有工人数量。如1820年《喀山省消息报》并未完全核算呢绒工厂内领有工人数量，只提到在喀山省奥索金呢绒工厂中领有工人数量超过1000名。在1825年报告中只提到工厂数量，但并未核算采矿、酿酒和食品工厂数量。

由表3-1可知，工厂工人中农奴工人数量庞大。呢绒工厂中农奴工人数量最多，该部门农奴工人占半数以上。前文已经提到呢绒工厂由来已久，

（接上页注①）可以使用农奴，非贵族也可以购买农奴。因此领有工厂逐渐为贵族所有，领有农民仍是农奴。尼谢洛维奇在《俄国工厂法律史》中对领有工厂进行了描述，他认为领有工厂必须把自己的一部分产品无偿给国家。大部分领有工厂必须履行该义务。19世纪初只有呢绒工厂仍向国家供货，该义务一直延续到1816年。

大部分属于贵族。贵族庄园中小亚麻厂数量非常多，因小亚麻厂中农奴工人数量有限，这些工人并未计入官方统计数据中。棉纺织、纺纱、皮革等工厂都隶属商人与农民，因此该类工厂中农奴工人数量不多。

什么是世袭工厂呢？很可惜，对此类工厂我们了解不多。1803年政府开始收集与世袭工厂相关的信息，主要涉及该类工厂工人数量、工资与工作时间等内容。借此可以获得某些使用农奴的世袭工厂的信息。从一些数据中可以看出，某些世袭工厂中工人毫无报酬可言，完全是义务劳动，工厂实行两班工作制度，当一部分人在工厂工作时，另一部分人待在家里。工厂劳动任务非常繁重，相当于农奴劳役地租。因此工厂工人处境十分恶劣，如梁赞省普龙斯克区大公巴里亚京斯基呢绒厂中有292名男工与264名女工，工人每年休息2个月返乡从事春耕与秋收。斯科平县城奥库洛夫呢绒工厂也采用该工作制度[①]，农奴工人工资有时以货币形式、有时以实物形式发放，但农奴工人的工资明显低于雇佣工人。

扎布洛茨-杰夏托夫斯基在《俄国农奴状况》一书中提及下诺夫哥罗德地主呢绒工厂状况，在工厂内工作的工人无任何工资。地主在庄园内建厂，侵占农民土地致使耕地数量减少，扎布洛茨指出人们不习惯该工作，因此工作效率较低，地主对工人施以体罚，有时周末工人仍需工作。附近居民指出这些人仿佛进了监狱，许多人纷纷逃亡。[②] 扎布洛茨指出，在其他世袭工厂中，工人可获得相应工资。

在研究莫斯科省工厂工业时，地方统计部门比较关注早期世袭工厂。埃里斯曼教授认为，农奴制时期这些工厂与现代俄国的许多地方一样已形成工厂无产阶级。他指出莫斯科县城地主沃尔科夫在格列尼卡建立的世袭工厂最为典型，该工厂于1828年建立。沃尔科夫从地主拉祖莫夫斯基处购买成户

---

① 详见：1803年第五次人口普查中确定的工厂主数量，工厂主所属登记和购买工人数量，以及工人工资：Арх. д-та торг. и ман. 笔者查阅众多档案材料，并未找到相关数据，只能引用谢梅夫斯基的研究数据。关于领有工厂的描述详见：Погожев А. *Вотчинные фабрики и их фабричные*//*Вестник Европы*, 1889. Июль.

② Заблоцкий-Десятовский А. П. *Граф П. Д. Киселев и его время*. СПб., 1882. Т. Ⅳ. С. 294.

农民，把他们带到自己的村庄中，其中一部分人像流放人员一样被安置在工厂内，工人在迁入工厂时可获得一小块土地。①

1840年地主斯库拉托夫在建立沃斯克列先斯卡亚棉纱和印花布工厂时其他省份的农民也到此工厂内务工。在鲁斯基县城的莫乌里尼呢绒工厂和附近的雷谢尼科夫工厂附近诞生了村庄，这些村庄里的居民全是工人，他们都是被工厂主强行迁至于此的。

19世纪20年代大公加加林在莫扎伊斯克县城内建立纺纱工厂，工厂内包含来自12~15个村镇中的1000名农奴工人。40年代该县城还建成了农奴工人数量超过1000名的大型呢绒工厂。大公霍瓦尼斯基在沃利诺村修建的大型呢绒工厂也使用农奴劳作。

鲁斯基县城中有很多世袭呢绒工厂（如别拉维尼、霍瓦尼斯基、沃叶科夫等）。沃叶科夫工厂约有300名农奴工人。地主虐待工人，实行严格的体罚制度，工人工作条件十分恶劣，波卡热夫工厂的老工人曾说已不知道害怕是什么感觉，年轻工人每天甚至遭受10~15次抽打。②

莫斯科省博戈罗茨克、德米特罗夫斯基、谢尔普霍夫等县城的地方统计部门也提及了世袭工厂内农奴工人工作状况，其工作状况与此处阐述的大同小异。

19世纪30年代作家舍列霍夫对克林市附近的世袭工厂状况进行了描述，他指出，此工厂内工人自带面包，他们仍有份地。在祖布佐夫县城中舍列霍夫世袭工厂织布工仿佛在服徭役。③

很明显，农民被迫在地主工厂内工作，有时不能获得任何工资。即便工厂中强制劳动已被自由雇佣劳动所代替，但19世纪三四十年代俄国工业的发展仍导致地主庄园内世袭工厂数量逐渐增加（小型工厂并未纳入统计数

---

① *Сборник стат. свед. по Московской губ. Санит. отд.* Т. Ⅲ. Вып. Ⅳ. *Московский уезд.* 1882. С. 106.

② *Сборник стат. свед. по Московской губ. Санит. отд.* Т. Ⅲ. Вып. Ⅵ. *Можайский уезд.* М., 1882. С. 11（также 6-8, 9 и др.）.

③ Шелехов Д. *О пользе и средствах улучшения в русском сельком хозяйстве*//*Библиотека для чтения.* 1838г. Кн. 4. 这篇文章中还列出了其他几家领有工厂。

据之中）。① 哈克斯陶森认为，19世纪30~50年代贵族的建厂热情日益高涨，工厂工人主要为其院内农奴，因农奴工作效率低下且蓄意破坏工厂设备，他们开始转而雇佣无土地的农民进厂工作，因工厂工资明显高于农耕收入，很多农民开始脱离土地。

但哈克斯陶森也指出，地主并不希望农民脱离土地，因为工厂内农民的工作效率低下，如果让其选择的话，他们更倾向于使用自由劳动力，这也是从19世纪40年代开始工厂内农奴数量逐渐减少的主要原因。② 布托夫斯基也赞成该观点③，他指出某些地主实行代租役制度并不成功，他们更愿使用自由劳动力，虽然其价格昂贵，但农奴劳动损失与浪费巨大。

舍列霍夫对农奴工人和工厂工人的描述十分贴切。他写道："现在是地主经济的新时期，即工业快速发展时期。他们建议农户去工厂内务工，以赚取工资。很多贵族工厂主都是如此，其中以棉纱厂和纺织厂最为典型，约有400户农民在工厂内工作。"④

关于世袭工厂中农奴工人的状况，尼古拉·屠格涅夫在自己的著作中也有所提及，他指出军队对呢绒的需求量巨大，高额利润促使很多地主在自己的庄园内兴建呢绒工厂。最近几年对于俄国贫困男性而言灾难来临，即呢绒和其他工厂相继诞生……地主把自己的农奴，主要为年轻男工和女工送往工

---

① 地主庄园内工厂快速普及的原因之一为粮食价格降低，19世纪20年代起农业迅速发展。19世纪二三十年代粮价降低引起农业危机的状况与现在无异。19世纪20年代末科学院为农业问题研究提供特别津贴。俄国农产品价格变化明显，从17世纪中期开始其价格逐渐提高，最近几年粮食价格降低，那何种原因促使本状况发生呢？佛明的文章《俄国农产品价格降低论述》（Фомин. А. О понижении цен на зеледельческиепроизведения России. СПб. , 1829）对该问题进行了阐述。作者阐述得十分透彻，他首先提出问题，是否因国民收入不均造成粮食过剩呢……是否应该为俄国农产品价格降低而痛心呢，大多数居民认为其价格过低，已低于消费者收入……农民家庭生活、城市手工业者的生活是否受该因素影响呢？很多农民因懒惰致使生活贫困，为此他们必须另谋出路获得额外收入。农产品价格降低促使贵族开始建设工厂。1829年8月24日，手工工场办公厅委员会官方文献中指出各地粮食价格降低，但农业停滞不前。各阶层人民几乎都开始从事工业或手工业，千方百计增加收入。
② Haxthausen A. *Studien uber die inneren Zustande Russlands*. Berlin, 1852. Bd. II. S. 143 - 144.
③ Бутовский А. И. *Опыт о народном богатстве*. СПб. , 1847. С. 481.
④ Шелехов Д. *О дворовых людях*//Библиотека для чтения. 1842. Т. LII.

厂工作，工作条件十分简陋，工作强度大……他们提到，十分惧怕该类工厂，判断一个农村是否有工厂的有利证据是村中是否鼠疫横行。①

很明显，工厂内农奴工人状况明显劣于自由雇佣工人，农民对工厂工作十分排斥，努力摆脱该工作。

19世纪30年代莫斯科大公戈里钦试图改善世袭工厂内农奴工人状况。30年代初鲁斯基县城地主格鲁兹杰夫的农奴就拒绝到棉纱厂中工作，向官吏提交请愿书抱怨地主强迫农奴在工厂中工作，他们对此非常不习惯。大公戈里钦被迫制定特殊规章，指导在庄园设厂地主的相关工作。财政部和内务部对戈里钦的方案进行研究。莫斯科省贵族代表一致反对，他们坚持认为地主有权让自己的农奴从事任何工作，因涉及多方的权利和责任，很多人对该事件十分关注。

大臣会议也颇为关注该事件，认为政府直接干预地主管理农民事务仍不合时宜，但也做出相应决议（1834年12月23日沙皇予以确认）。省贵族代表通过各县城的贵族代表对地主庄园内工厂与工人的相关事务进行处理，主要遵循如下原则：①在成立新工厂时地主尽可能避免使用耕地农民，禁止整个村庄的农民去工厂务工。②工厂内工作的总原则为每周工作天数不超过3天，保障每月给农民留一半时间务农，在使用农奴工作时给予适当的工资。③保障农民每月在自己田地里的劳作时间，农民有自己的土地需要耕作，应给予农民适当的工资。④地主应该关心工厂内工人工资与福利状况，不能强迫工人在周日工作，应尊重其宗教信仰。②

这些规则具有强制性特征，因此贵族代表暗示其他贵族，可以不执行该标准，该规章并非调整地主和农奴工人关系的法律条款。政府并未以法律形式确认限制地主使用农奴的权利，因此也未对世袭工厂的工作制度进行干涉。

笔者还将对另一种使用强制劳动的工厂模式，即领有工厂进行阐述。领

---

① Tourgueneff N. *La Russie et les Russes*. Paris，1847. Vol. Ⅱ. P. 143.
② 1833年7月19日地主庄园工厂设置规章：Арх. д-та торг. и ман。

（第一部分）第三章　世袭工厂与领有工厂

有农民阶层形成已是事实。① 彼得一世规章规定可以购买农民去工厂工作，同时需附带一定条件，其目的是让农民永远依附于工厂。此外政府也为私人工厂补充农民，这些领有农民可被称为登记农民。登记农民的成分较为复杂，原因如下：第一，按照法律常有国有农民依附于工厂；第二，政府把士兵、盲流、流浪者、罪犯等送到工厂工作，当这些人被送到工厂之时就成为工厂的依附工人；第三，按照1736年指令（除黑工外），工厂内工人永久依附于工厂主；第四，政府有时也把乞丐划归私人工厂之中；第五，其他自愿依附工厂的工人也可划为工厂工人。②

综上所述，领有工厂工人的成分十分复杂。可以说，大部分工人中断了与土地的联系。很可惜，暂时没有工厂工人中无耕地农民所占比例的数据。根据第六次人口普查数据，领有工厂工人中有土地工人的数量为15729人，无土地工人的数量为2198人。③ 在许多工厂内（丝织厂、亚麻厂、玻璃厂等）领有工人已不从事农业生产，但大部分工厂农民除有一定数量的份地外，还有少量的宅旁地、菜园、草地、草场与森林等。因此，大部分农民还有一定数量的耕地。

领有工厂内农民总数很难确定。1797年枢密院曾委托手工工场委员会收集领有工厂的相关信息，1807年该工作最终完成，除采矿企业外共涉及127家领有工厂。根据第五次人口普查结果，共有340666名赎买和登记农民。④ 但其中28家工厂数据并未收集到。很明显，领有工厂实际农民数量明显超过官方统计数据，根据1813年官方统计数据，领有工厂内

---

① 详见：Семевский В. И. *Крестьяне в царствование императрицы Екатерины* II. СПб.，1881（отдел "посессионные крестьяне"）.
② 1810年11月3日工厂对国家的依附性：Арх. д-та торг. и ман。
③ *Дело о положении по предету взимания рекрут с состоящих при фабриках и заводах приписных*，30 апреля 1817 г. // Арх. д-та торг. и ман. 内务部在1803年关于呢绒工厂无土地领有农民报告中指出无土地者为2459人，具有土地的工人数量为14189人（第五次人口普查数据）。*Отчет министра внутренних дел за 1803 г.*，СПб.，1804. Табель об обязаных скуонных фабриках.
④ *Дело о зависимых от казны фабриках* // Арх. д-та торг. и ман。

041

工人数量为35581人。① 官方数据不能显示领有工厂工人真实数量，只能低于实际人数，并不是所有领有工厂农民都在工厂内工作。当时不只男工在工厂内工作，女工也开始到工厂内务工，因此可断定领有工人数量应超过35000名。②

那么什么是领有工厂农民呢？他们与农奴有什么区别呢？

领有工厂农民与农奴的区别如下：在当时，他们实际上都固定在工厂内，但工厂主并不是其所有人。工厂主有权对其管理，政府有权调整领有工厂主与工人之间的关系。领有工厂与其工人是不可分割的整体，所有人不具有解散工厂、出售或者转借工厂农民以及改变工厂生产特征的权利。手工工场和内贸办公厅并未出台任何法律保护领有工人，工厂主有权管理工厂事务、为工人发放工资、确定工资数额和工作时间，但政府规定工人有权申诉工厂主的决议，专设相关机构解决该问题，主要由财政部（1819年起由内务部管理）的手工工场办公厅直接处理领有工厂事务。政府可确定工厂内部工作程序，调节工厂主与工人间关系。

领有工厂所有人不执行相应义务时（如工厂停产），工厂收归国有。如果工厂主压制工人、不正确使用工人（如让工人从事家庭工作），工人将获得自由。③

另外工厂主使用各种手段强迫工人服从管理，这些手段可称为家庭刑法，在得到管理世袭工厂政府高层的许可时，工厂主甚至可以把工人流放至西伯利亚。

笔者还将对领有工厂农民的法律地位进行描述。实际上领有工厂内工人

---

① 详见：*Ведомость о мануфактурах в России за 1813 и 1814 гг.* СПб．，1916．
② 根据1752年法律，在丝织厂只允许1/4农民全年在工厂内务工，3/4农民仍从事田间劳动，其他工厂内工厂所需工人数量只占农民总数的1/3；但很多工厂并未遵循该法律，工厂内工作农民数量远高于法律允许值。此外，法律还规定童工不能在工厂内工作。如果工厂内领有工人数量超过35000人，那么领有工厂实际工人总数应该远超出该数据。
③ *Закон 30 июня 1803 г.* // П. С. З. Т. XXVII. №20826. 如果工人人数与1736年法律规定的工厂内国有工匠数据一致，那么他们获得自由时工厂主只需支付这些金额，在其他状况下工人获得自由后并未获得任何补偿。

(第一部分)第三章 世袭工厂与领有工厂

与工厂主的关系十分复杂,19世纪领有工厂状况与18世纪的有什么区别呢,能否适应新时期的经济状况呢?

莫斯科省领有工厂的数量最多(占全部的1/4左右),其次是临近工业省份,如雅罗斯拉夫、弗拉基米尔、科斯特罗马、卡卢加等省。所有工业部门中呢绒工厂内领有工人数量最多。1813年领有工人的数量达14679人,约占所有领有工人的一半。1813年亚麻厂中领有工人数量为7522人,炼钢和冶铁厂(采矿企业除外)内领有工人数量为6610人,造纸厂和丝织品厂内领有工人的数量分别为2107人和1908人。① 玻璃厂、陶瓷厂、印花厂、金银装饰厂、矿物厂和其他工厂中领有工人的数量较少。

某些领有工厂中工人数量非常多,波捷姆金伯爵戈鲁什科夫呢绒厂(库尔斯克省)中工人数量为9121人(第五次人口普查结果)。雅罗斯拉夫省亚科夫列夫亚麻和造纸厂(大雅罗斯拉夫手工工场)有1625名男工及2250名女工,他们都是领有农民。戈尼恰罗夫亚麻和造纸厂(梅登县城)中有962名领有工人②,奥索金呢绒工厂有1000名领有工人。

大多数领有工厂的日工作时间为12小时。在笔者掌握的数据中只有一家呢绒工厂、一家丝织工厂、三家亚麻厂、五家造纸厂和两家玻璃厂的日工作时间低于12小时。③ 五家呢绒厂、七家亚麻和一家玻璃厂的日工作时间

---

① *Ведомость о мануфактурах в России за 1813 и 1814 гг.* СПб., 1816 г.
② 按照1803年第五次人口普查数据中确认的工厂所具有的领有工人数量: Арх. д-та торг. и ман.
③ 莫斯科附近巴里亚京斯基呢绒工厂内冬季工作日长度为11小时,夏季工作日长度为日升至日落。杜德什金丝织工厂日工时为9小时。亚麻工厂日工时如下:弗拉基米尔省克拉皮夫尼科夫工厂为8~12小时,卡卢加省基米里亚杰夫工时为9小时,基涅什马市格利亚兹诺夫工时为10小时。棉纺织厂日工时如下:沃洛格达省图洛尼塔耶夫工厂夏季日工时为10~12小时,冬季为6小时;红村赫列布尼科夫工厂工时为4~12小时;乌格利奇市波波夫工厂工时为10~12小时;图林斯克区巴纳耶夫工厂工时为8~12小时;卡卢加省勒季谢夫工厂工时为11~12小时。玻璃工厂工时如下:弗拉基米尔省古谢夫工厂工时为11~12小时;马里采夫工厂夏季工时为11~12小时,冬季为10小时。

043

超过 12 小时。①

根据现有信息，工厂几乎都为工人发放工资，只有三家呢绒厂、七家亚麻厂、一家造纸厂、一家皮革厂和一家矿物质厂不给工人发放工资。② 最后一类工厂规模有限，农民半年在工厂内务工，另外半年从事农耕。在其他工厂内工厂主只为工作时间在半年以上的工人发放工资，三家呢绒厂和五家亚麻厂都采用该制度。通常工厂全年开工，只有节日和周日停工（年工作约 260 日），大部分工厂工人有 1~2 个月假期返乡务农。

领有工厂通常夜间停工。大多数情况下工厂内的女工是年轻女子，只有造纸厂和玻璃厂中工人多为成年男工。

很明显，工人大都有自己的房屋，还有菜园和草场（乡村工厂）。他们有时居住在工厂宿舍或出租房内（城市工厂）。

笔者认为，领有工人依附于工厂，但并不是工厂主的农奴，政府仍有权调整工厂工作秩序和工厂主与工人间关系。工资数额、工作时间、工厂工作条件都处于政府的监管之下，但政府监管范围有限，大多数情况下政府并不干预工厂主与领有工人间的关系，甚至不知道领有工厂内工人的准确数量。

---

① 呢绒工厂日工时如下：莫斯科卡里宁工厂为 14 小时；卡兹诺夫工厂为 15 小时；梁赞省库兹涅措夫工厂冬季工时为 17 小时（含休息时间），夏季工时为 19 小时（含休息时间）；梁赞省奥廖洛夫工厂工时为 14 小时；奥廖尔省托鲁别耶夫工厂工时为 13 小时。亚麻厂工时如下：科斯特罗马省阿沙林京工厂工时为早晨至次日凌晨 1 时；谢波奇金工厂工时为 6~15 小时，织工工时为 14~15 小时；塔拉诺夫工厂工时为 14 小时；特维尔省斯韦托扎罗夫工厂工时为 13~14 小时；大雅罗斯拉夫手工工场工时为 10~14 小时；卡西莫夫县城巴塔绍夫玻璃厂工时为 15 小时或更长。

② 呢绒工厂：梁赞省佩列梅什列夫（17 家领有工厂）工厂工人在请愿中并未提及日工资，只提到为工人发放衣服和鞋子。梁赞省奥库洛夫工厂内工资十分低，每个男工和女工都具有一定数量的土地，男工为 1.5 俄亩，女工为 1 俄亩，他们一周 3 天在工厂内务工，其余时间在田间劳作。梁赞省巴里亚京斯基工厂内工人对工作无任何抱怨，农民只是要求家中成员一半在工厂内工作，一半从事田间劳动。亚麻工厂的状况如下：科斯特罗马省斯特里戈列夫工厂工人完全由工厂主供养，萨姆布罗夫工厂也是如此，科斯特罗马省斯特里戈列夫工厂工人也由工厂主供养，图拉省马斯洛夫工厂工人工资较低，只有一部分人从事工厂工作，巴罗夫斯克市博里沙科夫工厂工人由工厂主供养，特维尔省斯韦托扎罗夫工厂无论是男工还是女工都没有工资，他们的食衣住行都靠自己。图拉省谢里科夫亚麻厂、巴罗夫斯克市博里沙科夫纺织厂、科斯特罗马省科热夫尼科夫工厂、雅罗斯拉夫市斯韦什尼科夫工厂内工厂主供养领有工人。

法律上领有工人与农奴一样为无权利群体，在某些工厂中领有工人状况好于自由雇佣工人。

自由雇佣工人只能出卖劳动力，他们的生活状况由劳动力价格、市场行情和市场需求状况决定。当生产扩大后，工厂对工人的需求量增加，工人工资提高，工人生活水平稍有提高，随后市场商品销售困难，生产开始缩减，工人失业。领有工人受该因素影响较小，无论市场状况如何，他们都能获得工资。工厂主也清楚，即使缩短生产和市场状况恶化也不能辞退工人，仍需给他们支付工资。工资的高低并不由劳动力市场状况决定，政府要求工厂主必须支付固定工资，保障工人正常生活。

虽然上述大部分情况符合事实，但在一些工厂中（主要是小工厂）工人并未获得货币工资。大工厂工人懂得捍卫自己的权益，有时甚至效果显著。

笔者在前言中已指出领有工厂的产生绝非偶然或是彼得一世政府的错误政策所致。彼得一世时期工厂是建立在强制劳动基础之上的，当时的统治阶级贵族利用自身特权，纷纷建厂。此时贵族使用强迫劳动与商人权利受限间矛盾最终促使折中方案的产生，即农民固定在工厂内。18世纪末该状况发生变化，非贵族工厂主数量急剧增加。在强制劳动力充足时贵族工厂主并不需要领有工人。商人工厂主对保留购买农民权利已兴趣不大，随着自由劳动力数量逐渐增加，且其工作技能明显高于领有工人，他们更倾向于雇佣自由劳动力。18世纪风靡一时的领有工厂在19世纪时过境迁，其特有的优势已丧失，成为工业发展的阻力。

亚历山大一世继位之初政府与领有工厂的关系较为模糊，1802年实际上仍保留叶卡捷琳娜时期的传统，虽限制工厂主购买农民的权利，但并未完全取缔。1808年颁布商人和官员呢绒工厂主购买农民的新规章。在前文笔者已指出，在这些规章中并未确定购买的农民应永久依附于工厂主，而是具有一定期限（一般不超过20年），期满后工人将获得自由。[①] 后来该规章在

---

① П. С. З. Вып. Ⅰ. Т. ⅩⅩⅩ. №23123.

其他工厂中普及，在此条件下工厂主对购买农民兴趣不大，1811年内务部向国务会议提交的新方案中指出，贵族所属呢绒厂境况越来越坏，已无力购买农民。

内务大臣科佐达夫列夫认为使用自由劳动力的工人无法与贵族世袭工厂相竞争，因此注定衰落。他认为对国家而言，允许非贵族呢绒工厂主购买农民至关重要。科佐达夫列夫试图以法律形式确定工厂主与领有工人间的关系。其方案规定除周六外，工人在工厂内的日工作时间应为12小时，周六的日工作时间为6小时，周日和节日期间工厂停工。不能强制工人妻子与儿女工作，工人的工资数额应不低于附近工厂内自由雇佣工人的工资。工厂应为领有工人颁发工资，其工资数额应该与自由雇佣劳动力报酬大致相同。只有1/3的工厂农民应该进入工厂务工，其余工人应该从事农业生产。[①]

但该方案并未实施，1816年政府完全禁止工厂主购买农民。此时私人工厂已停止购买农民，因此，从此时起领有工厂主只能依靠工人自然繁殖增加工人数量。

在下一章中我们将对领有工厂主与工人之间的关系进行阐述，二者关系并非十分融洽。领有工人常在请愿书中要求采取相关措施改变其境遇。1819年前工厂事务由内务部管辖，政府对领有工厂的态度是致力于制定出调整工厂生活秩序和工厂主与工人关系的规章。为实现此目的，政府在大型领有工厂内推行新规章，规章的内容下文将进行详细阐述。

19世纪第一个规章产生于库巴维尼丝织工厂，1803年12月11日国家把该工厂转交给大公尤苏波夫时确认该规章。规章中明确规定了工人工资数额，且每隔10年增加工资，工资的增加额度应与粮食和其他生活必需品价格增长指数相一致。工厂主无权减产或停产，如果因工人过错导致停产，那么应按一定比例赔偿工厂主损失，不得让工人未成年子女参加工作，工厂主

---

① 1811年1月21日内务大臣提交购买农村中呢绒工厂的方案：Арх. д-та торг. и ман. 该方案内容详见：Нисселовин Л. Н. История фабрично-заводского законодательства Российской империи СПб., 1884. Т. II. С. 78。

有义务照顾残疾工人。①

上文已提到1811年国务会议并未采用科佐达夫列夫的方案。虽然该方案为调整领有呢绒工厂主与工人关系的新规章,但并不具有法律效力。内务部认为调整领有工厂主与工人关系的新规章是预防工人不满情绪和工人罢工的工具。1818年手工工场和对外贸易办公厅就科佐达夫列夫的报告进行讨论,办公厅工作人员指出,许多领有工厂内工人不满情绪日益增长,科兹诺夫工厂、拉扎列夫工厂、亚科夫列夫工厂和奥索金工厂工人请愿书足以证明该状况。通过对内务部相关材料的研究,办公厅人员指出,迄今为止政府还未出台任何调整工厂主与领有工人关系的法规。现在工人工资仍由工厂主随意定夺,政府也未对此做出明确规定……该状况致使工人工作态度十分散漫,工作效率低下,因此常受到体罚或被处罚款。因此,工人呼吁政府保护他们的权利……出台领有工厂管理规章势在必行,且必须尽快制定与推广该规章,这样才能减少工厂纠纷,保持社会稳定。

科佐达夫列夫完全赞同办公厅的意见,1818年5月4日就领有工厂问题手工工场和国内贸易办公厅负责人布尔纳舍夫专门向大臣会议提交相关报告。内务部也提交了与办公厅意见相符的报告,并指出颁布领有工厂规章是抑制工人不满情绪的唯一工具。②

为此布尔纳舍夫专门拜访了亚科夫列夫工厂、奥索金工厂、拉扎列夫工厂,在其指导下这些工厂纷纷建立工厂规章。这些规章不但对工厂主与工人的权利和义务做出明确规定,还规定工人年工资数额,规章规定五年内工人工资不能降低,期满后内务部将根据工人所需商品价格重新确定工资额度。具体工资标准由各工厂自行决定,但总体上必须具有提高的趋势,以便工人有足够的粮食、货币养家和抚养子女。三家工厂中工人工时各不相同,雅罗斯拉夫手工工场内工人日工时为14小时,奥索金工厂、拉扎列夫工厂日工时为12小时。所有规章规定年节假日期限为100天,如因工厂主过错工人

---

① *П. С. З.* Т. ⅩⅩⅦ. С. 21076.
② 1818年4月30日委托协会顾问布尔纳舍夫收集拉扎列夫、科兹诺夫、亚科夫列夫和奥索金等领有工厂信息:Арх. д-та торг. и ман.

旷工可获得同样的工资。

此外，雅罗斯拉夫省规章要求工厂主为工人提供医疗服务。按照弗里亚诺沃工厂规章，为监管工厂主规章实施状况，专门选举工长负责该事务。奥索金工厂规章还规定了工人工作疏忽大意与旷工的惩罚方式，三个规章都由枢密院确认。

内务大臣建议其他工厂也制定类似规章，但1819年手工工场和对外贸易办公厅管理工厂主的权利移交至财政部，工厂法律制定环境发生变化。

1823年克拉西里尼卡夫领有丝织厂发生暴乱，雅罗斯拉夫省长呼吁制定相关规章，但财政大臣并未出台任何规章。[①] 1826年奥索金工厂工资规章期满之后（以前规定，每5年重新确定工资），手工工场和内贸办公厅在提交给财政大臣坎克林的报告中阐述了该类规章的重要性。从1818年开始办公厅的意见发生变化。在给政府的报告中指出（1826年12月），政府应先在大型领有工厂内推行该规章，然后逐渐推广……领有工厂主可根据该规章管理工匠和工人，借此可约束工人。奥索金工厂办公厅认为仍有缺陷："该规章不但无好处，而且十分危险，甚至可能危害手工工场，此规章并不具有任何帮助工厂主执行其义务的措施，在工人眼中工厂主仿若一无是处……因此，该规章对工人利益十分关注，但并未兼顾工厂主利益。"

因此，办公厅坚决反对更新奥索金工厂规章，认为此规章不能兼顾政府利益，合理性有待商榷，打算赋予奥索金制定工厂规章的自主权，制定新规章然后推广。

办公厅报告在财政部会议上进行研究，会议同意办公厅关于奥索金工厂规章已不合时宜，且阻碍工厂发展的结论，同时也指出，虽然该规章已过时，但毕竟在工厂内推广多年，工人已习惯该规章内容，强行改变可能造成工人暴动。

坎克林同意委员会的意见，奥索金工厂于1834年确认降低工人工资的

[①] 1823年3月5日雅罗斯拉夫市市长提交的关于克拉西里尼科夫工厂的信息：Арх. д-та торг. и ман.

新规章，按照新规章工人可以获得相应的补贴，但实际上工人工资数额并未发生变化。

综上所述，按照亚科夫列夫和奥索金工厂规章工资应该每 5 年重新确认，而库巴维尼工厂规章规定每 10 年重新研究工人工资数额。财政大臣反对内务部规章，指出工厂主很难遵守定期研究工人工资的规章，虽然多次讨论该问题，但仍毫无头绪。19 世纪 30 年代，库巴维尼和弗里亚诺沃工厂工人暴动使大公戈里钦认识到制定新工厂规章的必要性，虽然 1824 年雅罗斯拉夫手工工场办公厅迫于工人压力制定了新规章，但仍未得到财政部确认。

沙皇尼古拉一世统治时已确认领有工厂不能适应新工业发展形势，且政界就该意见已达成共识。施托尔希指出早在 1804 年政府上层便已经指出该类工厂已无力满足工业发展要求。① 但此时俄国工业发展仍比较缓慢，领有工厂弊端仍未凸显。

众所周知，领有工厂的最大弊端之一就是工厂主无权减产或转产。18 世纪该措施的影响不大，当时工业产品尚能满足国家的订货需求。但从 19 世纪 20 年代起俄国新工业部门如雨后春笋，其中棉纺织行业最具代表性，旧生产部门不但受到排挤，工厂产品的种类和质量也开始变化（如棉纺织厂生产的薄呢绒不但用于军需，而且用于销售），当时生产技术也不断进步（新机器不断使用），领有工厂已不能适应工业发展形势。工厂主年复一年生产同一种产品，而且不改善产品质量和品种，不使用和推广新技术，因此，该类工厂中工人数量逐渐减少。1833 年工厂主奥索金在给财政部官员的请愿书中抱怨工厂主与工人争论不断，随着纺纱与清球机的推广，莫斯科呢绒工厂的生产效率日益低下，虽然工厂内有 33 台机器，但实际使用的机器数量不超过 7 台，如果大规模使用机器，那么很多工人将失业，工人境况将大不如前。②

因此工厂主出于自身利益考虑，也要求改善领有工厂管理制度，应此要

---

① Storch H. *Russland unter Alexander dem Ersten//Manufactur und Fabrikindustrie*. 1804. Bd. V. S. 61.
② 1833 年阿弗洛西莫夫提交给财政大臣的报告、奥索金国有呢绒工厂状况报告第三部分：Арх. д-та торг. и ман.

求政府逐步改变了该制度，并且制定与之相适应的新式生产规章，但并未对领有工厂实施彻底改革。政府也允许一部分工厂主推行新工艺，摒弃旧式生产方式。① 但变更生产技术不仅需得到政府的许可，而且要由大臣会议审批，涉及利益面较广，因此改革困难重重。1824年12月法律的意义重大，该法律出台标志着农民与工厂主的关系发生变化。如果工厂主申请，大臣会议讨论通过后，工厂主可辞退农民让其过渡为其他阶层。② 该法律出台后一部分领有工厂主赋予其工人自由。很明显，在工厂主看来强制劳动已时过境迁。

1824年法律的意义在于从法律颁布时起工厂农民与工厂主间的依附关系终止。1831年财政大臣向枢密院提议让领有工厂工人过渡至商人或市民阶层。③ 1835年领有工厂主有为自己的工匠和领有农民颁发护照的权利，但是必须遵守如下条款：①辞退工人对工厂生产的影响不大；②离厂工人并不向工厂主缴纳代租役，而是直接向国家纳税；③工厂主应向当地官员提交工人请愿报告。④

1835年法律颁发主要源于几位工厂主请求颁发给其工人护照，虽然该请求曾多次提出，但是枢密院并未给予明确答复。⑤ 因此工人自由后并不需支付给工厂主任何代租役，为让工人顺利谋生，离厂后警察局应为其颁发相关证明。很明显，此时使用强制劳动给领有工厂主带来沉重负担，工厂主宁

---

① 如1814年别拉维尼决定将丝织领有工厂改建为亚麻工厂，1816年克里亚科夫上任后决定将丝织品工厂改建为印花布工厂。1819年波杰姆金伯爵决定购买弗里亚诺沃丝织工厂，决定使用一半机器从事呢绒工业，大公尤苏波夫决定自己购买库巴维尼工厂；1826年商人库马尼决定将亚麻厂部分机器用于棉纺织生产。详见：1818年7月25日大公尤苏波夫关于库马维尼丝织工厂内机器数量的报告；1818年7月12日顾问库马尼提交的创建呢绒和棉纺织车间的报告。Арх. д-та торг. и ман.
② П. С. З. Т. X X X I X. №30136.
③ Там же. 2 - е изд. Т. VI. №4687.
④ Там же. Т. X. № 7861.
⑤ 1823年拉扎列夫向财政部大臣提交请求解散丝织厂工人报告。枢密院满足了拉扎列夫的请求：详见：1823年1月27日弗里亚诺沃丝织工厂主拉扎列夫解散工人颁发护照的请求：Арх. д-та торг. и ман. 在其他状况下工厂主在无官员许可时可辞退工人。详见：1822年4月20日商人采列维季诺夫的沙尼斯克工厂工人请愿书第三部分：Арх. д-та торг. и ман.

愿放弃该权利。

虽然1835年法律允许领有工厂辞退多余工人，但仍有相关限制，即以不降低工厂产量为前提。该法律并未改变领有工厂主和工人间的关系。19世纪30年代自由雇佣劳动力在工厂内快速普及，工厂主已认识到，自由雇佣劳动力更适合工厂生产。大多数领有工厂内不但有领有工人，还有自由雇佣工人。因领有工人劳动生产率十分低下，其工资通常明显低于自由雇佣工人。① 此后领有工人暴动的主要原因之一就是要求工资水平与自由雇佣工人一致，下文将对该问题进行阐述。虽然大部分请愿最后不了了之，但也会给工厂主造成一定损失。领有工厂主也意识到工人敌意不断加强，有时矛盾公开化。因此使用强制劳动的工厂主不断探索新方式缓和冲突。

19世纪30年代末财政部不断收到各类领有工厂主的请愿书（工业最为发达的莫斯科省尤甚），纷纷抱怨工厂管理权受到制约。此时政府界就清除领有工厂管理权问题已达成一致。1839年坎克林提交逐渐清理领有工厂管理权的方案，国务会议对该方案研究后指出领有工厂的管理规章已不适应现有社会经济发展条件，必须予以变更，但应遵循如下原则：①工厂的影响力不能降低，生产产品的种类不能变化；②禁止把领有工厂工人转交给其他工厂主；③限制工厂产品种类，领有人和工厂主关系必须明确；④新买主建设与维修工厂必须在原有范围内，仍处于其管辖范围之内；⑤采取严格措施让工厂主的行为处于国家法律监督之下；⑥出售工厂应提前6个月上报有关部门，各部门应严格把关。

国务会议认为，国家牺牲利益为私人工厂主谋福利，允许他们购买农民的时代已一去不复返……现在工厂工业已遍及全国，自由工人和工匠的数量迅速增加，他们更适合工业生产的发展，对各方都颇为有利。②

---

① 如库巴维尼工厂自由织工月产量约为呢绒工的2/3，该工厂内领有织工月产量为呢绒工的1/3。很明显自由织工工资高于领有工人工资。详见，大公尤苏波夫的请愿书第二部分：Арх. д-та торг. и ман。

② 1858年《手工工场和国内贸易办公厅报告》：Там же。

国务会议的立场是所有法律措施的出台都应保证将国家损失降至最低①，制定特殊法律使领有工人逐渐变成自由人，领有工厂逐渐过渡为私人所有，1840年6月18日沙皇确定该法律。

　　1840年6月18日法律在俄国领有工厂发展史中具有重要意义。该法律的颁布意味着政府对领有管理权的清理已逐渐展开，下文将对该法律的效力进行阐述。尽管该法律并未完全公布，也未纳入1842年法典，但因其"彻底性"，在政府管理领有工厂的过程中仍功不可没。②

　　按照该法律，工厂主辞退工厂工人可获得相应的补偿，如果工厂主是通过赎买的方式或向国家支付一定金额的方式获得的工人，那么每辞退一名男工国家给予36银卢布补贴；如果工厂主是无偿获得的工人，那么工厂主不能收到补偿金。被解放工人一般被纳入市民或国有农民阶层。

---

① 1844年12月12日商人赫列布尼科夫请求赋予领有工人自由：Там же。
② 1848年6月18日沙皇确认国务会议建议如下。
　　1. 对领有工厂的规定
　　如果工厂主本身具有领有工人，或者现在通过赎买等方式获得工人的领有权，在不需要或工人数量过多时可以辞退领有工人，此时领有工人可以变为自由雇佣工人或转换为地主农奴，但必须具备一定条件：（a）辞退工人可过渡为自由阶层，可获得市民称号或过渡为国家农民，此时工人可以在城市或农村中居住；（б）辞退工人并不是解散工人家庭，那些生病、体力不足或年迈工人工厂主仍承担相应责任，只有得到相应机构同意后才能辞退工人；（в）在人口调查前，国家人头税和其他差役由工厂主承担，以前他们自己出资建造的房屋和不动产仍归工人所有；（г）为辞退领有工人，国家应该支付给工厂主相应补偿金，具体金额应该与工厂主购买领有工人金额相一致，国家给予工厂主相应补助，男工补偿金平均为36银卢布，如果双方协商一致可以不支付补偿金；（д）工厂主在辞退工人前应提前通知内务部、财政部和国有财产部，在收到请愿书后决定是让工人过渡为市民阶层还是国有农民。
　　2. 工厂主停止履行责任的状况
　　如果工厂主具有一定官职，因故不能继续维持工厂生产，也必须遵循如下内容：（a）工厂建筑、土地、森林、磨坊和其他属于国家的财产应收归国有，工厂主自己的不动产，如机器、工具等财产可自由支配，在工厂主土地上修建房屋等设施可以按照双方协商价格买卖，如果协商不一致，可按照指定价格买卖，但总体上国家损失较大，领有工人可根据自己的意愿过渡为市民阶层，属于工厂主的土地和财产工厂主可自由支配；（б）剩余领有工人可安置在工厂内，或者迁移到别处，可以按照其意愿过渡为自由阶层；（в）如果领有工人完全不从事工厂工作，从事农业或手工业，那么他们和领有人间的关系不复存在（这些法律条文源于19世纪四五十年代财政部提交给国务会议辞退领有农民的建议）。如1844年12月12日免除商人赫列布尼科夫工厂领有工人决议：Там же。

(第一部分)第三章 世袭工厂与领有工厂

如果工人希望加入国有农民阶层,工厂主应遵从其意愿。在工人离厂时工厂主应该给予相应数额的补助,每名男工的补偿金额为50纸卢布,女工的补偿金额为20纸卢布(不受年龄限制),此外还应该为每人提供20卢布的搬家费用。①

因此,工人在离开工厂主时不需要缴纳任何费用,而且还可从工厂主处获得巨额补偿金,国家未给予工厂主任何优惠。

如果工厂主在辞退工人时获得相应补偿,那么所有人在工人迁移时都不能隐瞒这些金额。因此对于工厂主而言辞退工人无利可图,但强制劳动已不适应新的经济环境。②

1840年6月18日法律并未强行规定工厂主把强制劳动过渡为自由雇佣劳动,但是赋予了工厂主该权利。那么这些工厂主如何使用这些权利呢?我们深知18世纪商人坚决捍卫购买农民的权利,1811年政府为刺激工业发展打算扩展此权利。但在19世纪三四十年代俄国经济状况发生变化,工业发展成绩斐然,18世纪的强制劳动体制已不能适应新经济形势,1840年法律的出台就是俄国工业发展的例证。

根据1840年法律,42家领有工厂工人获得自由,根据现有资料,获得自由的男性工人数量超过15000人。③

---

① Закон 16 декабря 1840 г. //П. С. З. II. изд. Т. ⅩⅥ. №140586.
② 1848年6月18日法律推行的直接动力为工厂主辞退工人请愿。笔者以莫斯科省丝织工厂主科洛科里采夫请愿书为例阐述该问题,这个请愿书中明确指出因领有工厂内强制劳动过渡为自由劳动致使领有所有权受限。1839年工厂主科洛克里夫在提交给财政大臣的请愿书中写道,现在我朋友的工厂内已经有经验丰富的工匠,而我们工厂内很少织工会操作机器。最近35年随着俄国工厂工业快速普及,自由工人数量已经十分充足,生产开始依赖于机器,对工匠需求量降低。领有工厂管理很困难。虽然领有工厂有较多补助,但使用雇佣工人的工厂在工人素质、工人技能等方面都具有优势,虽然雇佣工人工资较高,但其优势无法比拟……为此科洛克里采夫申请无偿赋予其工厂工人自由,其父亲购买工人花费的15卢布也不再计较。依照工厂主请求,1840年3月27日农民获得自由(1839年6月6日科洛克里采夫申请赋予领有工厂内工人自由身:Арх. д-та торг. и ман)。
③ 因喀山省奥索金工厂和巴塔舍夫工厂没有准确的解放工人的数据,所以被赋予自由的工人的准确数量很难核算。

053

还有16家工厂工人因工厂停产获得自由①，其余26家工厂主认为自由雇佣劳动更适合工厂生产，因此开始解放工人。②

1840年法律对上述42家工厂效果明显，但对其他工厂影响有限。③ 韦什尼亚科夫认为，1840年法律推行后1840～1850年共有约20000名男性领有工人获得自由。④ 除此之外，19世纪40年代末至50年代初很多领有工人获得自由并不是源于1840年法律，而是因1861年2月19日农奴改革前已着手改革事务。⑤

综上所述，1840年以前领有工厂已逐渐辞退工人，工人数量不再增加可以说明大部分领有工厂主已意识到自由雇佣劳动的优越性，这是经济发展的必然结果，18世纪风靡一时的领有工厂在19世纪丧失主导地位。工厂主解放领有工人的动机在其提交给财务部的请愿书中有明显表露，笔者列举几个最具代表性的请愿书加以阐述。

例如，弗里亚诺沃丝织工厂主商人叶菲莫夫于1846年7月31日在给财

---

① 这些工厂分别是莫斯科市萨尔托科夫大公呢绒工厂，奥廖尔省托鲁别耶夫呢绒工厂，卡卢加省波戈达诺夫、久金、古宾亚麻厂，科斯特罗马省戈利亚诺夫、乌戈里恰尼诺夫亚麻厂，博罗夫斯克市博里沙科夫亚麻厂，雅罗斯拉夫省科热夫尼科夫亚麻厂，圣彼得堡省克特茨列尔玻璃厂，斯摩棱斯克省切什欣和巴塔舍夫玻璃厂，莫斯科省加加林大公丝织厂，博戈罗茨克县城别列尼索夫造船厂，沃洛格达省马里亚诺夫造纸厂，弗拉基米尔省季托夫工厂。
② 五家呢绒工厂分别为喀山奥索金工厂，博戈罗茨克县城库巴维尼工厂、巴布金工厂、累比尼科夫工厂和沃罗涅日省托尔斯泰工厂；七家造纸厂：特鲁比耶夫县城特鲁比耶夫工厂、沃洛格达省伊万诺沃工厂、佩列亚斯拉夫县城库马尼工厂、梅登城采列维季诺夫工厂以及乌戈里茨县城波ля夫的三家工厂；七家亚麻厂：佩列梅什列夫县城赫列比科夫工厂、佩列梅什列夫县城库马尼工厂、科泽利斯克县城彼留兹吉工厂、梅登城戈尼恰罗夫工厂、佩列梅什列夫县城杰梅里尼工厂、雅罗斯拉夫市大雅罗斯拉夫手工工场、阿列克辛市马斯洛夫工厂；四家细平布和波斯绒纺织工厂：扎赖斯克县城古夏金科夫工厂、涅列霍斯克县城杰梅里尼厂、书伊县城诺索夫工厂、莫斯科县城巴尼捷列耶夫工厂；另外三家工厂：莫萨利斯克县城奥廖尔玻璃厂、普龙斯克县城波尔托拉茨基制针厂和彼尔姆省杰列尼措夫工厂。
③ 笔者找不到喀山省奥索金等大工厂辞退工人的数据，但1849年该工厂制呢工获得自由，这是数十年努力的结果。
④ Вешняков В. И. Русская промышленность и ее нужны//Вестник Европы. 1840. Окт. 笔者在此处多次引用这篇文章，文章中多次提及1840年法律。韦什尼亚科夫认为103家工厂适用该法律。
⑤ 出于此原因2月19日改革前鲁吉尼（亚历山大洛夫县城）、比斯特洛姆（梅登县城）、卡尔杰尼（坦波夫县城）、维戈里（沃罗涅日县城）、科兹诺夫（叶戈里耶夫斯克县城）、萨尔特科夫（斯巴斯县城）等工厂主都提交了辞退工人的请愿书。

（第一部分）第三章　世袭工厂与领有工厂

政大臣的申请书中指出，按照现在的经济形势，领有工厂已不能适应经济发展的需求，与自由雇佣劳动力相比领有工人工资较高，还要为其发放生活用品，因此我们请求辞退领有工人。① 佩列梅什列夫县城亚麻厂工厂主商人赫列比尼科夫在1844年10月13日的请愿书中也指出，现在的社会风气改变了工厂生产模式，手工劳动已被机器生产所代替……领有工人已不能适应经济发展的需求，工厂持续亏损，厂内领有工人数量过多，为工厂主带来沉重的负担。随后赫列比尼科夫又指出，我们打算在亚麻厂内增添新设备，雇佣自由劳动力进行工作，欲把领有工人转交给国家。②

工厂主库马尼（在弗拉基米尔省有两家工厂，分别为亚麻厂和造纸厂）在1843年11月29日的请愿书中指出，因工业快速发展，手工工场境况恶化，我已找到工厂持续亏损的原因为工厂内的领有工人，因此请求恢复他们的自由。③

商人波波夫（在雅罗斯拉夫有造纸厂）也指出，现阶段工厂状况越来越差，领有工人已不能满足工厂生产需求，且其工资较高。贵族捷梅里尼④（在弗拉基米尔省和科斯特罗马省有亚麻厂和织布厂）、巴尼杰列耶夫⑤（在莫斯科县城有棉绒厂）等人也持类似观点。

随着新机器的使用、工业和贸易环境的变化，使用领有工人工作已无利可图，因此工厂主在请愿书中都要求解放工人。他们要求解放工人还有一个重要原因，即领有工厂工人难以管理，时常请愿和发生暴动。因此女商人古

---

① 1845年7月1日商人叶夫莫夫请求财政大臣赋予弗里亚诺沃工厂工人自由：Арх. д-та торг. и ман。
② 1844年12月12日赫列比尼科夫请求赋予领有工厂工人自由。其理由与托鲁别耶夫类似，他在申请书中指出，因机器造纸快速普及，手工造纸技术明显降低，工厂快速衰落……因此工厂主请求政府给予相应帮助（1844年1月5日托鲁别耶夫、波内尔科请求赋予领有工人自由：Там же）。机器推广促使波尔托拉茨基（普龙斯克县城制针厂工厂主）工厂解放工人（1849年6月13日波尔托拉茨基请求赋予领有工人自由：Там же）。
③ 1843年12月2日贵族库马尼请求赋予领有工厂工人自由：Там же。
④ 如今工厂工业状况发生变化，以前以领有劳动为主的工厂状况变化最为显著（1849年2月23日贵族杰梅里尼向财政大臣提交请愿书请求赋予工厂工人自由：Там же）。
⑤ 手工工场状况发生明显变化，领有工厂逐渐亏损，他想开始在工厂内使用机器，推行商业法律（1850年2月7日巴尼捷列耶夫请求赋予领有工人自由：Там же）。

055

夏金科夫（在扎赖斯克县城有细平布厂）于1847年1月29日上书财政大臣，要求解放工人，或者采取相应手段让工人服从管理、专心生产，避免工厂主因工人请愿而遭受巨大损失。① 商人古比尼（在小雅罗斯拉夫县城有细平布厂）在申请书中指出因开除农民库拉科夫引起全厂工人的愤怒，他不希望工人时常暴动甚至威胁工厂主，因为长此以往工厂主将无法管理工厂，因此请求财政大臣将这些工人纳入相关国家机构。② 马斯洛夫（在阿列克辛市有亚麻厂）③、科兹诺夫（在叶戈里耶夫斯克县城有呢绒厂）④ 等人在给财政大臣的请愿书中也指出工人不断请愿，难以管理。通过以上阐述可以发现19世纪40年代领有工厂地位逐渐下降，工厂主与工人间矛盾重重。但巴布金⑤库巴维尼工厂解放工人还有其他原因，工厂所有人死亡，其继承人想出售工厂，但出于各种原因不能出售，其继承者只能解放工人，但未获得国家的任何补偿。⑥

  领有工厂从强制劳动过渡到自由雇佣劳动主要源于雇佣工人可创造更多价值。解放后工人的处境如何呢？1840年法律规定领有工人可以过渡为市民阶层或者国有农民阶层。笔者根据39家工厂的数据得出如下结论，这些工厂中共有14441名男性领有工人，其中6329名过渡为国有农民阶层，其余过渡为市民阶层（主要为小市民），个别人过渡为商人阶层。过渡为国有农民的工人中有1447名迁移至西伯利亚或附近省份，其余农民从原所有人处赎买土地（3~4俄亩/人）。

  尽管领有工人愿意加入国有农民阶层，希望迁移至别处，但一些工厂主反对他们迁至别处。如玛斯洛夫领有工厂工人于1848年6月2日获得自由被纳入国有农民阶层，当时他们想迁至托木斯克省，为此他们在获得自由后

---

① 1847年1月29日商人夏金科夫请求赋予工人自由：Там же。
② 1843年2月20日卡卢加省工厂主请求批准农民古宾管理他的工厂：Там же。
③ 1848年3月20日商人玛斯洛夫请求赋予工人自由：Там же。
④ 1858年科兹诺夫向财政大臣上书，工厂状况日益困难，为此请求政府将工厂收归国有（1858年2月20日科兹诺夫呢绒工厂工人不服从管理：Там же）。
⑤ 巴布金家族——莫斯科工厂主世家，1782年在莫斯科创立呢绒工厂。
⑥ 1847年1月14日巴布金请求赋予库巴维尼工厂工人自由：Там же。

（第一部分）第三章　世袭工厂与领有工厂

的 7 年时间里不断向省长、财政部甚至沙皇请愿，事情虽然最终获得圆满解决，却是在军队的帮助下完成的。① 在工厂工人过渡为市民阶层时，根据法律他们应出售原有房屋，从工厂内迁出。如果土地是国家无偿拨给工厂的，工人即便过渡为市民，仍可保留原有的宅旁地和其他相关土地。如库巴维尼工厂（944 户工人）工人过渡为市民阶层时，不但有房屋和宅旁地，而且还有菜园和草场。别列尼索夫工厂（556 户工人）工人也无偿获得原有土地。

亚科夫列夫工厂②（1432 户工人）和奥索金工厂在收到房屋、宅旁地和菜园时并未支付任何费用。如果工人的土地是从所有人处购买的，那么工人在过渡为市民阶层时仍保留原有的房屋，且可以从所有人处购买宅旁地。因此，采列维金诺夫工厂（274 户工人）和乌克里恰尼卡夫工厂（335 户工人）工人都有一定数量的土地。工人获得自由后一般迁入附近城郊，国家为其提供宅基地，给予相应的现金补贴并提供贷款。③

有时工人迁移需大费周章。领有工厂主大公坎克林在 1842 年申请，工人不希望过渡为国有农民，因为他们对农业耕种已经生疏，而且习惯从事工厂劳作，为不从居住地内迁出宁愿过渡为市民，所有地方官吏都同意该观点。工人既不愿意过渡为市民阶层，也不愿意过渡为国有农民阶层，为此，按照 1844 年大臣会议决议工厂工人在无许可的情况下不能过渡为博戈罗茨克市民阶层，此外还给予 8 个月期限离开大公坎克林庄园，但工人对此决议

---

① 1848 年 3 月 20 日商人玛斯洛夫向内务部大臣请求赋予工厂工人自由：Там же。
② 1843 年雅罗斯拉夫手工工场工人获得自由后状况并没有改善。根据财政部官员谢罗夫 1843 年 5 月 1 日的密报，自由引起工人恐慌。在获得自由后他们变得疯狂，因不在工厂内工作，工厂主不再提供他们所需的一切，即便最优越的工人也满腹抱怨，很多失去工作的工人到处游荡。工人的"密谋"导致工厂产品产量大大缩减，1845 年工人在请愿书中向雅罗斯拉夫省省长申请，从赋予亚科夫列夫手工工场工人自由时起工厂产量便明显降低，但一部分人仍像以前一样在工厂内工作……获得自由的工人在雅罗斯拉夫附近地区四处游荡。亚科夫列夫工人的期待落空，他们的生活更加窘迫。详见：1842 年 7 月 4 日雅罗斯拉夫亚科夫列夫手工工场领有工人状况：Там же。
③ 弗里亚诺沃工厂工人屡次致信财政大臣，请求为他们提供贷款在弗里亚诺沃赎买土地建造房屋，但财政大臣建议他们迁至博戈罗茨克，并为他们提供贷款建造房屋，但最终迁移状况不得而知。详见，弗里亚诺沃工厂工人获得自由事件：Там же。

057

仍有异议。①

当时在村内还存在体罚,哥萨克军官摧毁工人家中烟囱,夺走门框和门,工厂工人也遭到警察局的惩罚。1845年7月19日莫斯科省省长指出,工人意识到违抗政府指令已不可能,被迫同意迁移。但从以后莫斯科省省长给财政大臣的书信中可看出农民仍在原地。尽管在博戈罗茨克建筑房屋政府给予土地和现金补贴,但只有10个家庭迁移,其余家庭分散在工厂附近,并未迁居,生活十分窘迫。

上文已经指出过渡为市民的工厂工人可以获得宅旁地或仍回到以前的居住地,也可到其他地区居住,当工人过渡为市民阶层时一般可出售自己的房屋,但不能获得宅旁地。因此,在此条件下领有工人获得自由后如同破产,领有关系终止时工厂主获得的好处明显多于工人。②

---

① 1844年3月3日,工人在提交给财政大臣的请愿书中写道:"现在我们对迁移到何处仍不清楚,没有官员通知我们将过渡为市民阶层,我们想留在原地,并不签署服从书。"详见,1839年12月10日大公加加林的请愿书:Там же。
② 尽管如此,但据笔者所查只有一家工厂工人因担心失去土地和房屋而不同意恢复自由身。但弗里亚诺沃工厂工人在19世纪初就开始多次请愿获得自由。1846年工厂所有人叶菲莫夫宣布打算恢复工人自由,但土地归工厂主所有,工人因害怕失去一切而拒绝签署文件获得自由。详见,弗里亚诺沃工厂工人获得自由事件:Там же。

第四章
领有工厂工人罢工（暴动）

工厂工人罢工。大雅罗斯拉夫手工工场。部分工人的短暂胜利。奥索金工厂。工人的顽强性。残酷体罚工人。弗里亚诺沃和库巴维尼工厂暴动。红村工厂。组建生产联盟的尝试。其他罢工事件。中央和地方政权间关系。

19世纪上半叶领有工人罢工与暴动为俄国社会史重要研究课题。大多数学者对该时期的农奴起义十分关注。对于工厂工人罢工（该问题现在仍有争议，争议的重点是工人罢工与农奴起义的差异）关注较少，迄今为止只有少量文献阐述该问题，主要是谢梅诺夫斯基和尼谢洛维奇的著作。本章将在手工工场和国内贸易办公厅档案室信息的基础上对19世纪领有工厂工人罢工进行阐述。

领有工厂工人暴动最重要的原因之一是工资较低。在笔者所掌握的材料中27家发生工人暴动的工厂中16家是因工资较低。[①] 当时工厂内除有领有

[①] 六家呢绒工厂分别为坦波夫省的Я.加尔杰尼工厂，1811年因不支付给工人工资发生暴动；喀山省奥索金工厂工人从1796年起因工资较低而暴动；莫斯科大型呢绒工厂多尔戈鲁科夫工厂，1797年和1798年工人因工资较低而暴动；沃罗涅日省基托夫工厂，1821年工人因工资较低而暴动；莫斯科附近米赫涅夫斯克工厂1835年工人因工资较低而暴动；沃罗涅日维戈里工厂1857年工人因工资较低而暴动。五家大型麻纺织工厂分别为：雅罗斯拉夫市亚科夫列夫大雅罗斯拉夫手工工场（亚麻厂和造纸厂）工人因工资较低持续请愿，从1798年一直持续至19世纪20年代；雅罗斯拉夫省乌戈里恰尼诺夫工厂（小雅罗斯拉夫手工工场）工人因工资较低而暴动；卡卢加省采列维季诺夫（棉纺织厂和亚麻厂）工厂1821年发生工人暴动；书伊县城诺索夫工厂1823年发生工人暴动；图拉省布洛夫金工厂1837年发生（转下页注）

工人外，还有自由雇佣工人，即便工作内容和工作时间一致，自由工人的工资还是明显高于领有工人（超出其工资水平的 1/3~1/2），因此领有工人十分愤怒。

领有工人的大部分请愿书中都指出工资较低，而且还存在各种罚款，工厂主巧立名目克扣工资。有时工厂主还强迫工人在工厂店铺内消费（如索科洛夫的米赫涅夫斯克呢绒工厂、罗戈日尼的弗里亚诺沃丝织厂）。

八个工厂中的工人抱怨工时过长和工作条件恶劣。加尔杰尼呢绒厂中工人罢工的原因是强迫年迈工人劳动；奥索金呢绒工厂、科兹诺夫呢绒工厂、基托夫呢绒工厂工人在请愿书中抱怨节假日工作，惩罚过多；维戈里呢绒工厂工人抱怨儿童工作时间过长，儿童从 10 岁起就在工厂内工作，每周一从凌晨 1 点开始工作，其他时间从凌晨 2~3 点开始工作，夜间 9 点才结束工作。冬季三餐加上休息时间每天为 3 小时，夏季为每天 4 小时。该工厂内 10 岁儿童冬季每天工作 15~17 小时，夏季每天工作 14~16 小时。即便是使用童工的英国工厂中也很难遇见该状况。

乌戈里恰尼诺夫亚麻厂的工人在请愿书中指出体罚过于严格，亚科夫列夫工厂的工人（大雅罗斯拉夫手工工场）在请愿书中指出工时过长（每天 16 小时），弗里亚诺沃丝织厂工人抱怨节假日工作。

（维戈里、克拉西里尼科夫、库巴维尼、弗里亚诺沃）工厂工人暴动的原因也包括年老工人无生活来源。

（奥索金克兹诺夫、拉扎列夫、弗里亚诺沃、乌戈里恰尼诺夫、诺索夫、多库恰耶夫）呢绒厂的工人在请愿书中指出工厂主非常残酷，时常殴打工人，对工人施以酷刑。

奥索金、拉扎列夫和戈尼恰洛夫工厂的工人在请愿书中指出工厂主让工

（接上页注①）工人暴动。三家丝织品工厂分别为弗里亚诺沃工厂（后更名为莫斯科省罗戈日尼工厂），从 1771 年起至 19 世纪 40 年代工人因工资较低持续请愿；库巴维尼工厂出售给巴布金后于 1834~1843 年经常发生工人暴动；雅罗斯拉夫市红村工厂于 1815 年发生工人暴动。造纸厂如圣彼得堡省地主波尔托拉茨基红村工厂，1816 年以后工人因工资较低持续请愿；卡卢加省梅登县城戈尼恰洛夫工厂工人因工资较低于 1814 年发生暴动。

（第一部分）第四章　领有工厂工人罢工（暴动）

人代替其服役。戈尼恰洛夫工厂的工人在请愿书中还指出，工厂主让工人学习音乐，然后将其出售给附近的地主。

卡尔杰尼、布洛夫金工厂的工人在请愿书中指出工厂主建厂时侵占其耕地；巴布金的库巴维尼工厂的工人并不从事农耕，工人请愿的主要原因之一是失去了牧地。

还有一些工人在请愿书中指出工厂主强迫工人从事工厂事务以外的工作，如为工厂主收割庄稼、干家务等。共有八家工厂提交此类请愿书，分别为奥索金呢绒工厂、沃罗涅日省的克里沃舍尼呢绒厂、卡卢加省的细平布厂、坦波夫省的托尔马切夫亚麻厂、图拉省的马斯洛夫亚麻厂、坦波夫省的奥努佛里亚工厂和多库恰耶夫工厂。

从关于工人请愿和罢工的调查中可看出工人请愿的原因主要包括工厂主强迫工人居住在工厂宿舍内，不允许工人居住在私人住宅内（莫斯科的多尔戈鲁科夫呢绒厂）、禁止工人女儿和寡妇嫁于外人（奥索金工厂）、居住条件恶劣（克拉西里尼卡夫工厂）、不为工人颁发出行护照（采列维金诺夫工厂）、奸污少女（诺索夫工厂）、随意改变生产种类等（布洛夫金工厂将帆布生产改变为细平布生产）。

领有工人与工厂主间冲突较为复杂，工人们想获得自由，不愿意受工厂主摆布。这也是奥索金国有呢绒厂工人和工厂主间展开长达数十年斗争的原因。

因此，工人暴动原因各异，但这些暴动是否有特定原因呢？根据现有数据我们对相关资料进行总结。

雅罗斯拉夫市亚科夫列夫工厂即大雅罗斯拉夫手工工场始建于彼得一世时期，最初主要生产粗布，19世纪初该工厂成为俄国最大的亚麻厂。该工厂生产的薄麻布供给宫廷，除生产亚麻制品外，还生产书写纸。1801年工厂商品销售额达100万卢布。[①] 此时工厂有1319名男工和1599名女

---

① *Дело о Ярославской большой мануфактуре Яковлевых, 21 февраля 1811 г.* // Арх. д-та торг. и ман.

工。1817年工厂内男女工人的数量分别为1048名和1323名（雇佣工人除外）。工人请愿的原因为工资数额较低，1803年工人将该诉求提交给雅罗斯拉夫省政府。省政府对工人代表的诉求给予答复，指出工人应该服从工厂管理，并要求工厂主立刻解决该问题，尽快给予工人满意答复，以此搪塞工人代表阿列克耶夫和叶佐波夫。次年工人派代表——莫斯克温和马尔克洛夫去圣彼得堡向亚历山大一世提交提高工资的请愿书，工人代表被拘捕并被处以鞭刑，其他工人受到训诫，带头闹事工人也受到当众惩罚。

尽管如此，工人还是不断派新代表提交请愿书，当请愿书到达枢密院时，官员对工人请愿者的答复如下："当政府高层调查清楚后无根据的请愿书将被丢弃，工人们应该安守在自己的岗位，服从工厂主管理，如果违背法律将受到相应的惩罚。"

1806年工人向亚历山大一世提交请愿书，请愿书中指出工人受到严重的虐待，工资较低。该次请愿也无果而终，带头工人受罚后又被送回雅罗斯拉夫。

此后11年间工人较为平静，从1817年起工人又重新开始请愿。此年度工人向内务大臣科佐达夫列夫和司法大臣特罗希尼斯基提交请愿书，并要求工厂主提高工人工资。为研究该问题政府成立了专门委员会，委员会成员包括雅罗斯拉夫市警察局局长、市长和工厂主。委员会指出，工人请愿不只因为自身需求，他人教唆和申请人蛮横无理也是重要原因之一。按照委员会的意见，工人在工作时间应控制自己的情绪，委员会虽然提出了提高工人工资的意见，但同时也要求开除工厂内的不良分子。

雅罗斯拉夫省省长要求工人服从工厂主，并采取了相关措施，但工人仍拒绝服从。

次年工人向司法部大臣洛巴诺夫-罗斯托夫斯基提交请愿书，指出工厂主仍压榨工人，请求赋予其自由。

内务部大臣科佐达夫列夫命令布尔纳舍夫研究亚科夫列夫工厂工人的状况。布尔纳舍夫指出，大雅罗斯拉夫手工工场工人认为其工资较低，完全不能满足生活需求。暴动发生的主要原因是工人酗酒和流氓行为……一大批工人游手好闲，他们一意孤行，常非法聚会。

为平息工人不满情绪，内务部决定研究和出台特殊规章，规章内容在第三章已详细阐述，规章已明确工人应获得的工资和每天的工时。计件工资仍维持原有水平，计时工资稍有提高。高龄和残疾工人应给予相应补贴，日工作时间为14小时。

该规章并未起到安抚工人的作用。工人持续向内务部大臣请愿，在请愿书中特别指出工厂主不照顾年长工人和童工。

1823年工人代表——鲁西诺夫和日拉夫列夫在亚历山大一世体察民情时向其提交申请书，在申请书中指出工厂主虐待工人和克扣工人工资。伯爵阿拉克切耶夫把申请书提交给财政大臣坎克林，为研究该事务还邀请圣彼得堡工人代表参加相关会议。

坎克林在研究后提交报告，报告中引用了雅罗斯拉夫省省长提供的信息，指出工人亚科夫列夫状况良好，申请书中工资较低纯属无稽之谈，工人不服从管理。坎克林随后又补充："我认为颁布决议是陛下的职责，现在应要求雅罗斯拉夫手工工场工人代表来此证实，在规章制定后应该由您确认和签署。"沙皇并不认可其报告，指出应该满足工人的要求。坎克林最后做出让步，此时雅罗斯拉夫省省长给坎克林寄来报告，在报告中指出工人对传唤工人代表的行为怀恨在心；因此省长立刻采取镇压措施恢复正常秩序（关于具体措施，省长避而不谈）。工人选举代表向沙皇提交申请书，其代表为鲁西诺夫和日拉夫列夫。

次年工人代表到达圣彼得堡，并且参加特殊会议，会议主席为手工工场和国内贸易办公厅主任，主席鼓励工人陈述事实：坚持工资过低，要求提高工资。

工人的答复上报给了沙皇，坎克林通知工厂主必须将工人工资提高10%。工厂主同意将工人工资提高7%。随后制定新规章，将夏季工人日工时从14小时降至13小时，冬季降至12小时。同时赋予工厂监管机构对打架斗殴等状况的处置权，赋予其将破坏工厂内部秩序和闹事者送去服兵役的权利。

因此，工人持续的斗争最终获得一定的成绩：工资提高，工时缩短。①

喀山市奥索金工厂中工人和工厂主间的矛盾源自18世纪。② 按照第五次人口普查数据，工厂内共有1414名男工，其中984名在工厂内工作（妇女不工作）。

1796年工人向喀山省巡视的枢密院马夫里尼提交请愿书，抱怨工资过低，马夫里尼对该问题十分重视，工人工资稍有提高。1789年工人向保罗一世提交请愿书，抱怨工厂主虐待工人和工资过低。1800年工人向司法部提交请愿书。手工工场委员会对该请愿书进行研究，随后颁布命令指出以后毫无根据的请愿应依法处理，严重者将流放至西伯利亚，同时要求工人签署合约，严格服从工厂主管理，工人几乎都拒绝签署该合约。

工人和工厂管理机构冲突不断。1806年工厂主请求扩大管理工人的权利，枢密院决定授予工厂主惩罚闹事和犯错工人的权利。奥索金工厂也试图强迫妇女在工厂内工作，但因工人全力反对，最终失败。

1817年工人向大公米哈伊尔·巴甫洛夫维奇提交请愿书。请愿书中对工厂主怨声载道，请求赋予工人自由，工人认为自己是自由人而不是工厂主的私产。请愿书被指为无理取闹，大公要求工人签署服从工厂主管理的证明书。但工人对此置之不理，并派遣工人代表——索科洛夫和叶夫列莫夫去圣彼得堡向沙皇提交请愿书。工人代表随后被捕，并且被送回喀山警察局。叶夫列莫夫受到严刑拷打，最后死亡，索科洛夫被送进监狱。

内务大臣派遣布尔纳舍夫去喀山省研究工人问题，敦促亚科夫列夫工厂制定规章。布尔纳舍夫指出，他并不期望工人顺从，工人也不需服从工厂主，但不能侮辱工厂主，工厂主不能随意处置工人。

同时，布尔纳舍夫为奥索金工厂制定规章，规章规定工人工资应该提

---

① 所有这些数据都来源于三个公文：1804年1月18日雅罗斯拉夫市市长指出亚科夫列夫工厂工人抱怨工资过低；1806年3月3日大雅罗斯拉夫手工工场负责人执行政府提高工人工资的命令；1817年3月16日大雅罗斯拉夫手工工场工人抱怨工厂主亚科夫列夫克扣工人工资。（Арх. д-та торг. и ман）

② 详见：Семевский В. И. *Крестьяне в царствование Екатерины* II. СПб., 1881。

高，但提高数额有限，日工时从 14 小时降至 12 小时。工人对此仍旧不满，于 1818 年重新向内务部提交申请书，申请书中指出奥索金工厂主惨无人道，要求工人从事其他工作，且工资过低。笔者举出几个具有代表性的例子："奥索金工厂对工人十分残暴，经常体罚工人，甚至迫害工人致死……工人受到各种迫害呼声越来越高，对任何人的残暴行为都不能制止，因此工人们呼吁依法对其制裁……我们在水深火热中生活了 23 年，我们四处请愿，但哭诉无门，于 1801 年 8 月 18 日、1803 年 6 月 30 日、1817 年 4 月 4 日分别提出申请……冬季我们在严寒中工作，因天气寒冷，四肢僵冷。"布尔纳舍夫制定的规章中指出，工人虽然无知、行为变化无常，但也十分勤奋……不能无故惩罚。当布尔纳舍夫到来时，工人们聚在一起向其抱怨所受的非人待遇。

为此工人向内务部大臣请求赋予其自由，而在获得自由之前应对奥索金工厂进行监管。

1819 年参议员库什尼科夫和伯爵圣基等人巡视喀山省。参议员试图让工人信服他们是自由人，沙皇并未将其卖给他人。参议员也试图证实，沙皇的意愿是赋予其祖先相关财富……但工人并不赞同该意见，他们的工资一直较低，生活十分窘迫。①

100 个工人家庭聚在一起，向参议员控诉奥索金工厂主的罪行。

同时，工人拒绝在工厂内工作，大部分工人（约有 200 人）认为他们不属于工厂。

1820 年大批工人向省长历数奥索金工厂主的罪行。省长要求工人签订契约遵守工厂规章，但工人拒绝了，指出他们并不属于奥索金工厂，以后也不会属于任何工厂。

官员决定采取严厉措施镇压暴动，工厂内甚至出现了军队。1820 年 10 月 4 日枢密院确认布尔纳舍夫规章，要求省长立刻查明闹事工人，把他们永

---

① 参议员认为工人请愿的主要原因在于其工资水平明显低于自由雇佣工人，同时经常给他们发放实物工资，且不实施计件工资。

久发配至伊尔库斯克呢绒厂。省长亲自到工厂阅读枢密院规章，工人抱怨连连，指出虽然他们受到教唆，但仔细阅读文件后发现其中的猫腻，并且重申以前不属于奥索金工厂的意愿，还要求沙皇签署相关命令赋予工人自由。

省长命人立即抓捕10名闹事工人，其中8人立即发往伊尔库斯克工厂。随后又将3名工人流放至伊尔库斯克，其他人遭到警察局的惩罚。

工人不但拒绝签署服从书，甚至彼此间签署秘密协议，达成一致坚决不妥协。政府为此成立特殊法庭，1823年12月14日10名工人被送往法庭审判，并受到鞭刑。法庭决议两周内逮捕以米哈伊尔·米亚斯尼科夫为首的11名工人，并煽动工人签署协议。枢密院对喀山法庭的决议进行了研究，然后提交大臣会议，1824年11月25日提交给沙皇，但判决内容发生如下变化：对前10名工人的判决维持原判，对米亚斯尼科夫处以鞭刑，他如果能当众认错那么将减轻刑罚，如果不能将加重处罚。判决很快得以执行，米亚斯尼科夫受到鞭刑，其父亲也受到惩罚，但他仍然不出卖自己的同事……

1829年7月18日工人代表巴比尼向沙皇尼古拉一世提交请愿书，历数奥索金工厂主的罪行。1832年2月3名工人代表波波夫、秋金、斯梅塔尼向沙皇请求惩罚奥索金工厂主，并指出省长对他们的请愿置之不理。财政部官员阿弗洛西莫夫负责调查此事，他指出工厂工人请愿的主要原因是过于自由，他们常会无理由地抱怨和请愿。

1834年奥索金工厂1名普通工人在沙皇尼古拉一世巡阅下诺夫哥罗德时向其提交请愿书，请愿书中指出奥索金工厂主苛待工人，且将自己送往军营。为研究该问题沙皇成立了由财政部、内务部和宪兵队代表组成的特殊委员会。委员会首先确定工人是否合法地依附于奥索金工厂。但工厂工人的解释和阐述苍白无力……因骨子里的专制思想，委员会成员至今也未找到奥索金工人摆脱奴隶身份的证据，因此工人的要求并未得到满足。只有32名工人签署服从书，其他工人拒绝签署。

工人向委员会陈述，奥索金工厂主虐待3名工人致死，1名工人于1814年死亡，另外2名工人于1826年死亡，55名工人被流放至西伯利亚，14名工人被流放至伊尔库斯克呢绒厂，76名工人被送去服役。

(第一部分)第四章 领有工厂工人罢工(暴动)

1836年在沙皇尼古拉一世到达喀山时,一大群工人涌向沙皇驻地,向沙皇提交请愿书,历数奥索金工厂主的罪行。为镇压工人政府采取了极其严厉的措施,大部分工人受到鞭刑,51人被工厂开除,很多工人被送去服役,其余被流放至西伯利亚。

同时,财政大臣决定允许奥索金工厂工人妻女去工厂工作。

尽管惩罚十分严厉,很多工人被开除,但其他工人仍拒签服从书。当警察局局长到工厂宣布财政大臣的命令,指出妇女和儿童必须在工厂工作时,只有64名工人签署服从书,其他人拒签。虽然省长全力劝服工人,但工人对此置之不理……有时甚至反对宣布决议。①

历代喀山呢绒工人的请愿并不是一无所获,1849年工人获得自由。

弗里亚诺沃领有丝织工厂工人也时常闹事。按照第五次人口普查数据该工厂共有533名工人,妇女和儿童都要工作。从1771年起工人四处请愿历数工厂主拉扎列夫的罪行,在请愿书中指出工资较低,工人认为他们并不是属于工厂,而是属于国家。

试图向叶卡捷琳娜二世请愿的工人受到严厉处罚,带头工人被流放至西伯利亚。

尽管如此,1800年工人在保罗一世到达莫斯科时仍提交了请愿书。工人希望答复是不再在工厂内工作,自己和家人可以离开工厂,然后去全国各地。闹事工人屡次遭受鞭刑,虽然如此,但工人仍十分顽强,1802年9月2日地方自治法庭工作人员指出弗里亚诺沃工厂工人经常闹事,工厂主对他们已不抱希望。

虽然1802年手工工场委员会要求拉扎列夫酌情提高工人工资,工资数额应参照库巴维尼工厂、克里亚科夫工厂、谢克里工厂、科洛索夫工厂的工人工资,但工人工资并未增加。

因工人持续暴动,1809年拉扎列夫向内务大臣提交申请书要求将工厂

---

① 奥索金工厂工人暴动信息参照如下文献:1803年12月16日奥索金工厂工人请愿事件;1808年2月9日奥索金工厂工人向喀山省省长请愿事件和1818年3月22日喀山省奥索金呢绒工厂状况。

收归国有。他写道:"为保障我的权益,国家应给予足够补偿金以保障以后生活,那些属于我的工厂财产应该给予补偿,因工人暴动我损失巨大,在1803年规章颁布后他立刻向参议员提交该申请书。"

大臣会议拒绝了拉扎列夫的请求。1815年工人又向司法部提交申请书控诉工厂主。在此次请愿书中指出拉扎列夫并未执行手工工场委员会制定的提高工人工资的决议,工人认为拉扎列夫应像库巴维尼工厂一样补发给工人工资,其数额为538000卢布,并要对拉扎列夫处以罚款。此外,他们还请求为让工厂顺利生产和让拉扎列夫支付补偿金应专门选举6名工人代表进行监管,工厂也应收归国有。

内务大臣命令布尔纳舍夫制定相应规章,但他并未发现,工人与工厂主间矛盾已激化,工厂主抱怨工人蛮横,工人抱怨工厂主苛待工人。虽然暂时制定了规章,但工人仍向政府高层提交了申请书。

此状况仍旧持续。按照沙皇亚历山大一世的命令,大臣会议专门研究了弗里亚诺沃工厂工人的请愿书。1820年3月2日枢密院确认满足工人补偿拖欠工资的要求,虽然拉扎列夫答应执行大臣会议决议,但他只能支付33769卢布,无力支付538000卢布补偿金。枢密院确认布尔纳舍夫规章,规章第15条款完全满足工人选举代表的权利。①

新规章在43家工厂推行后,暴动仍时常发生,拉扎列夫请求把闹事者流放至叶卡捷琳娜斯拉夫国有呢绒工厂。

在暴动领导者被处罚后弗里亚诺沃工厂维持了一段时间的平静,但1823年工人又提交请愿书,抱怨工厂主将自己选举的工长流放至叶卡捷琳娜斯拉夫国有呢绒工厂。因财政大臣不能满足其要求,总是站在拉扎列夫一方,工人希望财政大臣将其请愿书交给沙皇,但此请愿书并未得到沙皇答

---

① 工厂主选举6名工长记录计件工资簿,工长职责如下:第一,保证在颁发给工人工资时不出现恶意克扣现象;第二,轮流在工厂内值班,以便履行其义务;第三,保证记录单的真实有效性,按照规章和账簿为工人颁发工资,但并不扣除粮食、木材等其他花费;第四,在全体工人在场的情况下选举工长。(§ 15 Положения Фряновской фабрики, утвержденного в 1820 г. Сенатом)

(第一部分)第四章 领有工厂工人罢工(暴动)

复。此后工厂过渡给商人罗戈日尼。1837年工人向莫斯科省省长大公戈里钦、财政部和地方自治法庭提交请愿书,请愿书中指出罗戈日尼并不允许工人选举工长,工人工资较低(工厂内有800名自由雇佣工人,其工资为领有工人的1倍)。大公戈里钦对工人的请愿十分关注,很快给予工人答复。大公戈里钦告知罗戈日尼不能阻止工人选举工长,委员会将出台新管理规章。委员会确认必须将工人工资提高20%、30%或更多(取决于劳动工种),但委员会规章并未确认具体工资额度。工人工资提高额度十分有限。①

博戈罗茨克县城库巴夫尼村的另外一家大型丝织工厂1803年前属于国家,此后过渡给大公尤苏波夫,然后出售给商人巴布金,19世纪30年代该工厂发生大型工人暴动。按照第七次人口普查数据该工厂内共有680户工人。众所周知,1834年庄稼歉收,粮食价格急剧上升,8月工人向财政大臣提交请愿书,控诉工资较低,工人要求其工资应与自由雇佣工人工资一致。

提交请愿书后工厂内发生了大型暴动,很多工人抛弃工作,工人监管部门要求立刻发放粮食,他们愤怒地询问,为什么巴布金不执行规章要求,为什么不保障工人权益。1名工人被捕后被送至博戈罗茨克,但半路就被释放了。

警察局还想拘捕3名工人,因其他工人阻挠,并未成功,虽然工人领导被隔离,但新组织者很快就被选举出。

大公戈里钦命令库巴夫尼立刻派出两队士兵和30名哥萨克进入工厂。5名工人被处以鞭刑,省长要求其他工人由库巴夫尼处理,工人需签署服从书。

工人虽然未与士兵发生冲突,但也没签署服从书。②

财政大臣和大公戈里钦对工人暴动看法各异。手工工场和国内贸易办公

---

① 详见:1809年9月15日弗里亚诺沃丝织工厂主拉扎列夫请求将工厂收归国有事件,1815年2月9日弗里亚诺沃丝织工厂主拉扎列夫压迫工人事件,1823年1月27日弗里亚诺沃丝织工厂主拉扎列夫请求开除工人事件,1837年4月10日商人罗戈日尼请求购买弗里亚诺沃丝织工厂事件。(Арх. д-та торг. и ман)

② 1834年11月28日工人在给财政大臣的请愿书中指出工厂主的残酷行为:"三个人受到惩罚后,还惩罚其他人,这些人备受折磨,背上全是血,工厂主不顾工厂规章,肆意惩罚工人。随后士兵进入工厂,与工厂主一同惩罚工人。"

069

厅把工人暴动看作无人领导的自发行为,在领有工厂存在已久,但库巴维尼工厂工人从过渡给商人巴布金时起就提出增加工资的要求。此时大公戈里钦确认成立委员会,委员会指出巴布金工厂工人工资明显低于其他工厂,工人的工资不能满足日常生活需求。按照委员会的意见,退休工人的退休金和童工工资都不能满足其饮食需求。

大公戈里钦提出减少对犯错工人的惩罚,同时向财政大臣请求制定相应规章,政府明确规定了工人和工厂主的权利和义务,确定了调整其关系的规章,借此消除双方的矛盾,维持工厂安宁。

为制定相应规章政府成立了专门委员会,委员会成员包括财政部官员、大公戈里钦指定的工作人员。工人持续暴动,向坎克林和戈里钦提交了一系列请愿书,其中一个请愿书提交给了沙皇。工人请愿的主要目的是提高工资,工资应与工厂内自由雇佣工人的工资一致。委员会中戈里钦大公代理人积极保护工人利益,巴布金指出官员经常拜访工厂,询问工人状况,在工人中引起不小风波。工人意见越来越大,开始故意损坏工厂财物,完全无视工厂法律,逃避工作……成批工人准备逃离工厂,他们选出代表不停地提交请愿书,并相信很快他们将成为自由人。

尽管莫斯科省省长维护工人(委任官员制定相应规章,指出库巴维尼工厂领有工人工资应与自由雇佣工人工资一致),但工人并不满意。坎克林并未确认库巴维尼工厂新规章,工厂工人境况并未改善。19 世纪 40 年代初期工人向财政部提交了诸多请愿书,多次重复自己以前的请求,但仍无果而终。①

大雅罗斯拉夫手工工场工人请愿主要因为工资较低。商人乌戈里恰尼诺夫的小雅罗斯拉夫手工工场工人的工资甚至低于亚科夫列夫工厂。1817 年他们向雅罗斯拉夫省省长提交请愿书要求提高工资,并抱怨工厂主苛待工人。省长命令乌戈里恰尼诺夫增加工人工资,工人工资虽有所增加,但持续时间不长。工厂主加大罚款额度致使工资仍维持原有水平,工人又纷纷提交

---

① 1831 年 11 月 11 日大公尤苏波夫请求将工厂过渡给利奥尼,后过渡给商人巴布金。

申请书。中央和地方政府对此次请愿态度各异。1824年雅罗斯拉夫省政府确认工人请求，工厂计件工资绝对不能低于亚科夫列夫工厂工资水平……给予童工和年迈工人粮食和现金补贴，以便维持其生活。手工工场和贸易办公厅虽然命令雅罗斯拉夫省政府让乌戈里恰尼诺夫工人工资与亚科夫列夫工厂相一致，但也要求雅罗斯拉夫省市政官员到乌戈里恰尼诺夫工厂调查工人状况，然后再推行相关决议。坎克林同意该建议，乌戈里恰尼诺夫工人的请愿并未取得任何结果。①

1811年坦波夫省波尼达里亚赫村亚科夫县城的加尔金呢绒工厂发生大型工人暴动。工人向坦波夫省省长请愿时指出工厂主完全停止发放工资，并且让他们从事农业生产。省长命令地方自治机构官员和其他官员去工厂调查情况，调查报告中指出工人完全拒绝工作，即便官员苦口婆心劝诫，他们仍不肯开工。县警察局局长采取严厉措施，拘捕带头闹事工人，在工厂拉响警报，把工人聚在一起，威胁带头人员如果走出大门警察将开枪，最终工厂情况失控。省官员艰难地从混乱人群中逃脱，匆忙离开村子。省长派军队入村，并成立专门委员会研究工厂状况，委员会经过调研指出加尔金工厂发生暴动的主要原因是附近的奥努夫里亚·加尔金工厂已停产，他们也很可能失去工作。

省长在给内务大臣的书信中指出对该事件的处理结果，带头的4名工人受到鞭刑，其他工人也为自己的过激行为感到后悔，纷纷回厂工作，并且提交了悔过书，如果以后再犯愿接受惩处。该做法使工厂恢复稳定，数千工人回到工作岗位。②

---

① 详见：*Дело о притеснениях, чинимых фабрикантом Угличаниновым мастеровым людям, две части*, 1817. // Арх. д-та торг. и ман. 中央和地方政府对工人请愿的态度不同，笔者在上文已指出，大公戈里钦对工人的请愿十分关注，其继任者内务部大臣托尔马索夫对工厂状况也非常关心，于1818年6月3日命令布尔纳舍夫管理工厂事务。托尔马索夫伯爵对工厂工人的请求颇为关注，要求照顾工人利益，打击专横行为。（*Дело о притеснениях Лазарева мастеровы чинам*, 9 февраля 1815 г. //Там же）

② *Дело о возникшем непослушании между фабричными городового секретаря Якова Гарденина*, 26 июня 1811 г. //Там же.

很多工人暴动因受到政府的武力镇压而结束。1837年图拉省阿列克辛县城彼罗夫金亚麻工厂和细平布工厂共计337户农民向坎克林提交请愿书，指出工厂主苛待工人，拖欠工人工资。彼罗夫金工厂共有111名男工，其中44人获得工资，其他人以土地代替工资。尽管工厂主和当地政府采取各种措施，工人仍坚决拒绝工作。几名工人被捕入狱，其他人受到鞭刑，尽管如此工人仍坚持自己的立场。

政府派兵入村镇压工人暴动，带头的8名工人在村内受到鞭刑，然后被流放至西伯利亚，其他人被送至警察局。一些人在村内受到体罚，农民被迫恢复生产，县法庭规定彼罗夫金工厂只能使用一半农民到工厂内工作。①

领有工厂主虐待工人、克扣工人工资的例子不胜枚举，他们可以随意处置工人。圣彼得堡附近红村纺纱厂原属国家，后过渡给希维尔斯伯爵，此后几经转手，19世纪初工厂转给赫列比尼科夫。1803年赫列比尼科夫和工人签署协议，索菲伊斯县法庭确认了该协议。按照该协议工厂主和工人关系如下：工人以棉纱1/5的价格获得产品，而且还可从工厂主处获得木材。工人负责工厂建筑物的修建和机器的维修工作，实行两班工作制。工厂主和工人共同协商棉纱销售价格。工厂主必须提供废布（如果不能收到破布，那么工人在矿工日也能获得工资），而工人也应根据工厂主提供的破布数量提供相应数量的纱线，但应保障产品质量。

工人必须服从管理，技师应该掌控工厂的整个工作进程，生产车间由工人自行管理（按照第五次人口普查数据工厂共有181户工人）。工人收入由其自行协商分配，工厂中工作时间由村社确定。

不久后赫列比尼科夫把工厂过渡给地主波尔托拉茨，工人不断提交请愿书，控诉工厂主虐待工人。合同条约不清也是双方产生纠纷的主要原因。

一方面波尔托拉茨向内务部控诉，工人逃避任何责任，不服从管理，无故旷工，生产的产品质量较差，每天工作时间不超过4小时，节假日大多数

---

① Дело по жалобе крестьян поссессионной фабрики Бровкиных на притеснения от владельцев, 3 декабря 1837 г. //Там же.

工人酗酒。为此波尔托拉茨申请解除1803年合同，或者确认新规章。

另一方面工人也抱怨波尔托拉茨不执行合同条款，并未履行自己的义务。

内务部专门委派官员去工厂调查该状况，但他们并未发现工人过失。按照调查官员提供的材料，未满15岁儿童并未工作，妇女也并未参加生产，工人日工时一般不超过10小时。

最终枢密院于1813年确认红村工厂新规章，1803年合同仍有效，但进行如下变更：①工匠和工长并非由工人选举，而是由工厂主任命；②每日工作时间不低于12小时；③12岁以上儿童应该在工厂内工作。其他条款并未变更。

工人对新规章抱怨连连。1814年和1816年工人向亚历山大一世提交请愿书，指出工厂主克扣工人工资，请求将工厂收归国有，并要求提供100000卢布的贷款，这样工人就可以自己管理工厂，每加工一俄令棉纱支付给国家15戈比。

换言之，工人想集体管理工厂，但在当时的俄国这一想法不可能实现。

工人也知道请求自己管理工厂的想法不可能实现，因此持续抱怨工厂主无故克扣工资。按照沙皇的命令大臣会议对该问题进行研究，1817年1月23日召开会议确认波尔托拉茨克扣工人工资，命令工厂主退还克扣工资。同时，大臣会议不同意内务部的意见，宣布不支持工人签署服从书，应该给予请愿工人补偿金。

亚历山大一世确认大臣会议决议，并且要求内务部执行大臣会议决议，波尔托拉茨补偿工人5715卢布17戈比工资，当年5月工人收到了这些钱。

波尔托拉茨对大臣会议决议心怀不满，随后屡次向内务部提交申请书请求将工厂收归国有，工人独立的情绪日益高涨，这种情绪在工人间逐渐传播。最终，工厂主与工人间矛盾导致工厂受到严重损害，工厂停产。1825年当地政府收购红村工厂，工厂完全停产，工人也过渡为国有农民。①

---

① 详见：1805年12月1日工匠向前省长赫列比尼科夫抱怨地主波尔托拉茨基的恶行；1805年3月22日工匠拉德京向赫列比尼科夫抱怨红村棉纺织工厂主的恶行；1811年6月19日工匠抱怨红村棉纺织工厂主的恶行；1817年3月29日波尔托拉茨基提交的将红村棉纺织工厂收归国有的申请书。（Арх. д-та торг. иман）

通过以上阐述可知，领有工厂内工人不服管理的情况十分常见，政府经常以刑事法律处理该类事件。科兹诺夫亚麻工厂和呢绒工厂主控诉工人库列米尼道德败坏，请求将其流放至西伯利亚。[①] 1845年法典规定对不服从工厂主管理的工人进行处罚，主要措施是流放和处以鞭刑。[②]

清理领有工厂工作促使工人暴动发生，这些暴动促进新型社会关系产生、新型生产方式普及，工人获得自由后生产力迅速提高，资本主义生产方式的优越性日渐突出。工人暴动后工厂大多采用新型生产方式，这也反映出资本主义生产方式的演变过程。

财政部和内务部对工人暴动的态度至关重要。革命前地方政府很少关注工人请愿，贵族只关注工商业阶层取得的成绩。财政部总是坚决捍卫工厂主利益，内务部和财政部对工人暴动的态度各异。莫斯科省省长、大公戈里钦坚决捍卫工人利益，为此和财政部进行激烈的辩论。戈里钦的前任手工工场和国内贸易办公厅主任托尔马索夫也持此观点。从1818年7月3日布什纳舍夫给内务部大臣的书信中可以看出，托尔马索夫坚决保障工人利益，支持工人请愿。在弗里亚诺沃工厂工人和拉扎列夫发生冲突时，托尔马索夫站在工人立场，甚至于1815年命令拉扎列夫给工人发放的工资应该与库巴维尼工厂工人的工资一致。因工人控诉工厂主十分残酷，托尔马索夫派专人接手拉扎列夫和卡扎克维奇的工厂。拉扎列夫向手工工场和国内贸易办公厅控诉省长的非法行为。戈里钦还多次发言保护弗里亚诺沃工厂工人。1820年6月24日戈里钦告诉财政大臣必须增加弗里亚诺沃工厂工人的工资，并且对工人的罚款数额做出相关规定。戈里钦认为，工人也应该遵守相关规章，违反规章将被送去服役。

如果戈里钦的建议得以实行，那么工人将获得更多权利，工厂主的权利将受到冲击。财政大臣古里耶夫坚决反对该意见，大臣会议在研究该问题后一致赞成财政大臣的意见。戈里钦的提案并未被执行。

---

① *Высочайше утвержденное мнение Государственного совета 7 октября 1833г.* //П. С. З. Ⅱ. изд. Т. Ⅷ. №6475.

② 1845年重新修订1791年法典。惩罚方式主要包括监禁、鞭刑和流放到西伯利亚。

戈里钦和财政大臣的冲突十分具有代表性。如19世纪30年代索科洛夫（莫斯科省）呢绒厂领有工人暴动，索科洛夫向手工工场和国内贸易办公厅请求将暴动发起人乌沙特金流放至西伯利亚，工人则希望从轻处置。戈里钦维护工人的利益，在1836年12月22日提交给内务部的报告中他指出，乌沙特金并未犯错，他只是代表工厂工人提交请愿。为此戈里钦指出，不应该将乌沙特金流放至西伯利亚，将其流放会激怒工人。手工工场和国内贸易办公厅指责戈里钦思虑不周。最后此事只能提交枢密院研究。

当时很多人认为莫斯科省省长是反对分子，但19世纪40年代末很多人支持戈里钦的意见，如伯爵扎克列夫斯基，他对工厂主十分严厉，站在工人的立场上。1849年4月27日扎克列夫斯基在给沃罗尼切尼科的信中指出，省内工人无论是在道德上，还是在精神上都不能放弃对领有工厂主的仇视，他甚至希望工人持续告发工厂主。[①]

内务部和财政部对工人暴动态度之所以不同是因为：第一，内务部比较关注贵族利益，主要是农业阶层，因此对工厂主利益关注较少；第二，内务部负责处理警察和行政事务，致力于维持社会安宁，而工人暴动正是冲击社会秩序的因素。众所周知，大改革前在制定与工厂相关的法律的过程中警察和政治因素具有重要作用，这也是内务大臣积极倡导制定保护工人利益法律的原因。相反，财政部十分关注工业发展和税收问题，因此将工业发展和大企业主利益混为一谈，在工人暴动过程中坚决捍卫工厂主利益。

---

① Дело по прдположению гр. Закревского о недозволении учреждать вновь фабрики в Москве, 22 октября1848г. //Арх. д-та торг. и ман.

第五章
改革前工厂法律

1811年工厂工人划入特殊阶层规章。工厂主放弃农奴工人所有权的请愿。1832年大公戈里钦方案。戈里钦对工人的同情。莫斯科和圣彼得堡工厂主对方案的不同看法。1835年法律。财政部改善工人状况的措施。工厂主的不同看法。改善工人状况的措施破产。1845年第一部保护童工法律。保护童工法律的离奇命运。大公谢尔巴托夫方案。扎克列夫斯基伯爵的方案。扎克列夫斯基伯爵制定莫斯科工厂新方案。手工工场委员会和财政部对工厂规章的态度。工厂规章命运。

19世纪初自由雇佣工人数量占工人总数的一半左右，19世纪30~50年代其数量急剧增加。尽管如此，19世纪30年代之前自由雇佣工人的法律地位仍未确定。上文中已经指出，18世纪工厂为逃跑农民和各种流氓的收容所，工作效率十分低下。19世纪农民成为工厂工人的主体，夏天他们返乡务农，冬季在工厂内务工。虽然此时工人仍不能全年在工厂内务工，但工作时间明显延长。与18世纪一样，缺少专业化工人是俄国工厂发展的主要阻力。

众所周知，从19世纪初俄国政府就打算取消农奴制。大公康斯坦丁和尼古拉一世的老师、著名经济学家施托尔希对俄国政治经济状况进行了论述，他们指出，尽管19世纪上半叶俄国经济发展取得了成绩，但成绩有限，农奴制仍是抑制俄国经济增长的主要因素……工业中自由雇佣劳动力的优越性不容置疑，解放农奴势在必行。①

1811年政府已承认自由雇佣劳动力普及的必要性，试图通过建立特殊工人阶层帮助工厂主摆脱困境。为此内务部制定《成立特殊自由工人阶层规章》，虽然国务会议对该规章进行了研究，但并未以法律形式实施。

从该规章中完全能看出政府对自由雇佣劳动力的态度。根据该规章，自由工人阶层应该由有人身自由的工匠组成（规章第1条款），黑工不能纳入该阶层。自由工人具有某些特权（其家庭免除赋税、城市差役等，第10~12条款），但同时他们也应完全依附于工厂主，只有在其工厂主许可时才能为其颁发护照。在护照中应注明他们以前从事何种工作、主要技能和个人表现等信息（第15~17条款）。②

但该规章并未取得预期效果，工人与工厂主之间的关系仍处于无序状态。此无序状态对工厂主十分不利。工厂主在请愿书中持续抱怨，招募农民时已明确规定期限，但很多农民仍以地主召唤为借口返回农村。1829年很多工厂主参加了圣彼得堡手工工场展览会，莫斯科和弗拉基米尔工厂主请求财政大臣就工人问题给予相应的说法。财政大臣询问手工工场委员会，地主在护照到期之前是否召集农民返乡，是否能采取措施遏制该状况出现。

但是，限制地主权利牵涉到贵族阶层的利益，政府必须权衡利弊，不能立即采取相应措施满足工厂主的要求。工厂主抱怨自由雇佣工人数量不足。③ 莫斯科省省长、大公戈里钦在1832年指出，在莫斯科工厂中不论是工厂主，还是工人都接连不断地向当地官员请愿。如果无地主的书面许可，地方政府也很难满足工厂主要求。为此，大公戈里钦建议手工工场委员会莫斯科分部对该问题进行讨论，然后采取相应措施，制定方案调节工人和工厂主间的关系。

---

① Storch H. *Cours d'Economie Politique. St. – Petersbourg*, 1815. T. Ⅳ. P. 307, 319.
② 内务大臣在给国务会议秘书处的书信中提到购买农村非贵族呢绒工厂的方案，1811年1月21日手工工场和国内贸易办公厅档案。详见：Нисселович Л. Н. *История фабрично-заводского законодательства*. СПб., 1884. T. Ⅱ. С. 80–81.
③ 详见书伊县城巴拉绍夫提交给手工工场委员会的请愿书：*Дело об отношениях фабрикантов к их работникам, 24 августа 1829г. Часть I*// Арх. д-та торг. и ман.

此方案具有重要意义。从方案中能明显看出内务部对该问题的态度，具体状况在前文已有所阐述。在大公戈里钦的方案中工厂主的意愿得到满足，在护照到期前地主无权要求工厂内工作农民返乡（第1条款），同时也对工厂主提出了一系列要求。工厂主在雇佣工人时应该制定工作手册，工人根据该手册工作，随后获得相应证明（第2条款）。随后诸多条款对该思想进行阐述，工人对工厂主的抱怨主要集中在工厂内缺乏统一的规章和工厂主处事不公方面。处事公正工厂主与工人关系将十分融洽（第4条款）。如果工厂主并未遵守第2条款，那么警察将介入进行调查，按照请愿内容进行处理（第3条款）。每个工厂墙上都应挂上铅印或手写的《工人工作规章》（第5条款）。无工厂主许可，禁止工人从一家工厂转到另外一家工厂内务工（第6条款）。本方案共有7条（第7条款具有形式特征，并不具有现实意义）。①

大公戈里钦的方案具有特殊意义，手工工场委员会莫斯科分部对该方案进行了讨论。

与所预期的一样，除第1条款外大部分商人代表反对该方案。对第3~5条款的反对尤为强烈。针对第4条款4名商人代表库玛尼、乌鲁索夫、维列杰尼科夫和别斯指出，工人请愿的真实意图一目了然。对于第5条款，工厂主指出当我们遇到困难时，国家也将蒙受损失。工厂利润主要源于工厂主的经营管理，而不是单纯依靠良好的秩序。对于以上条款工厂主得出如下结论："执行这些措施对工厂主毫无益处，小工厂经营会雪上加霜。"

圣彼得堡手工工场委员会对戈里钦的方案进行了激烈的讨论，委员会成员梅特列夫认为第4条款是对领有工厂主的侮辱。

---

① Дело об отношениях фабрикантов к их работникам, часть I. 戈里钦大公为达官贵人和贵族代表，但很少有人知道他也是大工厂主，他本身也否定制定方案，如果说该方案源自工厂主，实际上阐述的是他与工厂主的"友谊"。但无论是俄国还是西欧工厂主不但不是类似方案的臆造者，大多数情况下他们甚至坚决反对任何限制工厂工作的措施。耐人寻味的是，其工厂法律与西欧法律具有很强的类似性。在英国所有工厂法律都需要议会通过，虽得到保守分子（土地所有者）的支持，却遭到自由主义者（资产阶级）的反对。在英国并未观察到任何政党斗争，但阶级利益依旧存在，俄国土地贵族并未参与工业企业组建工作，除自身利益外并不关注其他阶层处境，英国并不存在农奴制。

因此，商人和工厂主代表（手工工场委员会和委员会莫斯科分部）在会上都积极反对戈里钦的方案，但该方案仍具有很大意义。财政大臣建议手工工场委员会对该方案进行研究，对其主导思想将进行修订（使其对工厂主有利），随后该方案提交给国务会议，1835年5月24日提交给沙皇。

调整工厂内雇佣工人和工厂主关系的法律也因此诞生。该法律是调整俄国工厂主与自由工人间关系的第一部法律，共有10条。工厂有权雇佣所有阶层，但在工厂内工作期限不能超过护照上规定的期限（第1条款）。在合同期满之前，工人无权辞去工作或要求工厂主增加工资；护照颁发机构或地主无权要求工人在护照期满前返乡（第2条款）。在合同期满之前若工人未履行义务或具有其他不良行为，工厂主有权辞退工人，工厂主应提前2周通知工人（第3条款）。在雇佣工人时工厂主与工人应该签署相应的书面协议，颁发特殊的核算证明，并按照核算证明发放工资（第5条款）。所有工人都应遵守工厂工作规章（第6条款）。工厂主与工人产生争论与分歧时，依照工厂规章、核算证明解决问题（第7条款）。[①]

这些条款最初只在圣彼得堡和莫斯科实施，很快便在俄国的大部分工业省份推广。与戈里钦的方案相比，该法律比较照顾工厂主利益。按照1835年法律，工人失去在合同期满前离开工厂的权利，工厂主对工人可不承担任何义务，可以以任意理由随时辞退工人。该法律虽然要求工厂主必须具有核算证明，但也规定工厂主可不颁发核算单或签署书面协议。对核算证明的要求和工厂内张贴工作规章一样只停留于文字上，工厂主在不遵循这些条款时也不受任何惩罚，如果工人请愿时不能出具核算证明和相应规章，政府可以依法进行处理。因此，1835年法律规定工人在护照期满前不能离开工厂，保障工厂主的权利，工厂主的大部分要求得到满足。

这是俄国政府在工厂法律领域迈出的第一步，它是工厂主和工人斗争的结果。1835年法律颁布后工人的请愿并未停止，该法律的推行绝不能消除工人的请愿行为。为此1835年财政大臣坎克林向尼古拉一世提交改善工人

---

① *П. С. З.* Ⅱ. изд. Т. Ⅹ. №8157.

状况的方案。方案部分内容如下:"沙皇陛下您多次指出改善工厂内工人阶级的状况,避免工厂主一意孤行,也意识到该措施是维持工厂秩序和安宁的重要手段。"坎克林在自己的奏折中写到建议手工工场委员会莫斯科分会暗示莫斯科工厂主,必须采取措施改善工厂内工人工作条件。① 虽然并未对工厂主提出具体要求,他只是在奏折中指出,手工工场委员会莫斯科分会成员处理事件时必须十分小心,否则工人将不满,但坎克林的举措仍引起工厂主的不满。奏折结尾处写道:"财政大臣仍坚信,在知晓沙皇意图后所有工厂主将执行您的命令,以免造成不必要的冲突。"②

沙皇尼古拉一世对该奏折的亲笔批复如下:"此思想出发点很好,值得推广,但是工厂主是否自愿执行呢?能否客观地对待财政大臣的意见呢?"

坎克林的奏折最先在手工工场委员会莫斯科分部进行讨论。分部坚决反对坎克林奏折中提到的建议工厂主夜间停工的举措。按照分会意见,莫斯科所有工厂,除个别小工厂外,工人不得在工厂内过夜,这点对工人十分有利,他们远离厂房、机器,可以呼吸新鲜空气。③

尽管如此,莫斯科分部仍执行上层的意见,选举3名成员进厂宣传……工厂主的权利受到一定限制。四年后分会代表向财政部询问:"是否应在企业内推行原来的措施,本规章是否还应继续实施。"1844年莫斯科分会主席男爵梅伊多尔佛向财政大臣提交报告(此时财政大臣已不是坎克林,其继

---

① 手工工场委员会莫斯科分部阐述了如下内容:第一,莫斯科工厂主关心工厂内新鲜空气和工人工资,禁止工人夜间工作;第二,男工和女工都应有单独的住处,而且不能过于拥挤;第三,在工作人数达到50的工厂内,应该有2张床和相关家具,人数达到100的工厂内应有4张床和相关家具;第四,童工的日间工作不应过长,工厂主应该给予相关的照顾,并且提供相应教育机会;第五,工厂主有照顾工人的义务,应该保证工人能获得新鲜和优质食物;第六,工厂主应该尽力为工人提供其所需的酒精及其他相关饮料,保证工人工资可以维持其家庭生活,大多数工人妻子可以从事相关工作。(Дело о мерах к постепенному улучшению состояния рабочих на фабриках, 5 сентября 1835 г. // Арх. д-та торг. и ман)
② Дело о мерах к постепенному улучшению состояния рабочих на фабриках, 5 сентября 1838 г.// Там же. (В 1-м издании 22 июля-Ред.)
③ 19世纪30年代的英国文学作品中指出工人生活状况非常恶劣,很多工人在工厂内居无定所,当一半工人工作时,另一半工人休息。俄国工人生活状况更糟,即便是现在在工厂内仍无宿舍。

任者为弗罗尼切尼科，两年内莫斯科分部 20 多名开明工厂主暗示莫斯科分部执行政府高层的意志，但处理问题时应该格外小心）。在研究了工厂状况后他们指出当务之急是让工厂工人服从工厂主管理。梅伊多尔佛采取的措施得到弗罗尼切尼科的认同，为预防工厂主产生不满情绪，提出对工人过激行为和暴动也应给予相应处罚。

俄国经济史文献中通常认为调整工人工作条件、确定工作期限的工厂规章从 1882 年便开始实施。但关于童工工作的法律实施得较早，1845 年就已立法。1840 年英国大使就正式询问过俄国政府：在俄国是否有工厂内使用童工的法律？政府官员对该问题的答复比较隐晦："在俄国，工厂还有待发展，工厂中童工数量很少，暂时还未制定出相关的法律。"[①]

但制定专门法律保护童工势在必行。1844 年莫斯科附近德米特罗夫斯基县城的沃兹涅谢尼耶棉纺厂中发生大规模工人暴动，该暴动最终以武力镇压才得以平息。政府对此次暴动十分关注，派专人调查暴动发生的原因，最后发现莫斯科很多工厂使用童工。在 23 家莫斯科棉纱厂内工作着 2100 名童工，他们在这些工厂内全天都需要工作，夜间儿童和成年人一样需要工作。滥用童工现象频发导致 1845 年 8 月 7 日法律的出台，大臣会议确定该法律后规定，禁止未满 12 岁的儿童在夜间工作。[②]

1845 年法律并未规定工厂主违反该法律的惩罚措施，也未推行相应的监察措施。因此，此法律不具有任何的现实意义，也未列入法律汇编之中，一段时间后被完全遗忘。19 世纪 60 年代政府委员会禁止未成年人夜间工作时也未提及此法律，仿佛该法律根本没出台过。笔者在工厂法律相关书籍和文章中也未找到该法律条款。1866 年莫斯科省省长授意成立专门委员会制定系统化的俄国工厂法律。此法律从未实施过，政府在制定新工厂法律时也未参照该法律。该法律并未被纳入《俄帝国法律汇编》中，本书第一版也未提及该法律。

---

① Дело о мерах к постепенному улучшению состояния рабочих на фабриках, 5 сентября1835 г. // Арх. д-та торг и ман.

② П. С. З. Т. XX. №19262.

下文将对1845年法律的某些条文进行阐述（前文已零星提到），主要内容是对工人暴动的惩罚。法律第1791条款规定，如果工厂主因自身或工厂管理人员过错导致工人暴动，那么政府要按照相应条款给予惩罚（拘捕或服苦役）。此法律第1792条款也第一次确定了对罢工工人的惩罚措施（主谋拘留三周或三个月，其他人拘留七日至三周）。

委员会对法律第1792条款（方案中为1731条款）进行描述，并且对其详加注解，即该法律条款主要参照国外法律，对本法律的重要性和意义也不需要进行单独陈述。此法律出台的时机刚好，可降低工人暴动发生的概率。[1] 当工人暴动发生时，按照条款应进行相应惩罚，惩罚期限持续到其苦役结束为止。

法律中这两项条款颇具特点，1791条款的惩罚措施十分严格，借此可以确认尼古拉一世统治时期工人暴动十分常见，政府高层对该问题也高度重视。的确，19世纪三四十年代工厂工人暴动原因各异，根源为世袭工厂和领有工厂主和工人关系建立在强制劳动基础之上。尼古拉一世政府已经对工厂工人暴动习以为常，只采取强硬措施进行镇压。

在前文已经提到戈里钦针对工人请愿制定的特殊方案。19世纪40年代工人请愿十分常见。手工工场委员会经过研究指出工人暴动的原因如下：①某些工厂主并未支付给工人货币工资，而是以实物代替；②工人伙食较差；③罚款和借故（损坏机器、器材、蜡烛、擅离职守等）克扣工人工资。[2] 随着请愿次数不断增加，莫斯科省省长、大公谢尔巴托夫于1847年制定了工人核算簿和合同条款，入厂前工厂主必须和工人签署相应合同。虽然该方案并未实施，但具有一定的威慑力。手工工场委员会召开会议对该方案进行研究，会上反对者认为委员会确定的书面条款工厂主很难接受。

---

① Проект нового "Уложения о наказаниях" (С. 1127).
② Дело по отношению московского военного генерал-губернатора об определении правил об отношениях между фабричными рабочими и подрядчиками, 23 декабря 1847 г. // Арх. д-та торг. и ман.

对工厂法律而言1848年意义特殊。虽然俄国从未受过革命运动影响，但政府各界害怕革命运动蔓延，对该问题颇为关心。

从政治角度而言，工厂工人为不安定因素，随着工厂数量增加，不安定因素逐渐蔓延，对全国政局十分不利，财政大臣对此持不同意见。通过阅读1834年11月1日坎克林给沙皇尼古拉一世的奏折可以看出，西欧工人的不满情绪已经根深蒂固，暴动频繁发生……我们已发现，法国里昂工人起义后，城市遭到严重破坏，失去了往日的安宁……英国伯明翰和其他城市工人暴动不断，暴动者控制了城市政权，最终在很多地方形成了工人联盟……但俄国状况十分特殊，城市工人几乎都是农民，他们都有耕地……在农耕时节返回家乡……这种状况表明俄国工厂将相对安全并具有特殊优势，一方面它对工厂工人的影响有限，另一方面整体局势仍可掌控，各方面利益都能兼顾……因此工人没有理由集中反对俄国工厂。[1]

但并不是所有人都赞成财政大臣的观点。1848年当尼古拉一世看到国外革命运动快速发展时，莫斯科工人的政治安全问题又被提上讨论日程。莫斯科省省长、伯爵扎克列夫斯基就此问题向沙皇提交奏折阐述自己的意见。在奏折中他指出大部分莫斯科工厂是自由建立的，政府并未进行相应的干涉……在莫斯科除36000名工厂工人之外，工厂内还有37000名临时车间工人、农奴工人，这些人都和睦相处。为保持工厂和社会的安定与祥和，此时政府不应该破坏各行各业人的宁静生活，激怒他们会造成社会的不和谐，破坏原有安宁。为此，扎克列夫斯基引用了古老的法律条文[2]，他认为应该完全禁止在莫斯科建立新工厂，现有工厂不能扩大生产，只能增加车床、锅炉和工人数量。

扎克列夫斯基的奏折受到政府高层的认可，尼古拉一世的亲笔回复如下："你所阐述的观点十分重要，准备提交给大臣会议进行讨论。"因此，出于特定动机，俄国政府准备放弃传统的政策，维持大生产，不是

---

[1] Дело по высочайшему повелению о мерах к усилению мануфактурной промышленности в городах, 1 января 1835г. // Арх. д-та торг. и ман.

[2] 详见：Устав о промышленности (1893г.), I. С. 73。

增加而是减少工厂数量。扎克列夫斯基的方案引起莫斯科工厂主的强烈不满。财政部像以前一样积极捍卫工厂主利益，他们仍认为俄国工人与农村的关系千丝万缕，因此不能形成特定的工人阶层，莫斯科工人数量的增加并不会威胁国家安全。① 1849 年 6 月 28 日，扎克列夫斯基方案以法律形式颁布，至此在莫斯科建立新工厂十分困难，但该法律仍停留于纸上。②

扎克列夫斯基对待工人问题的态度较为激进，1849 年他制定了新方案。

扎克列夫斯基方案包括如下条款。工厂主录用工人必须有当地官员或乡政府机构颁发的特殊证明（第 1 条款）。在证明上应该指出其工资数额、工人及其家庭主要成员信息，并具有乡政府官员的签字（第 2 条款）。工人工资应该以货币形式支付，不能以实物形式支付（第 5 条款）。如果工人不服从相关规定，应该到相应警察局内接受惩罚（第 7 条款）。完全禁止工人去小酒店、饭店等场所（第 9 条款）。警察局应该把想离开城市的工人立即送还农村（第 10 条款）。

该方案的重点在于工人只有在得到官员或地主的允许时才能到工厂务工，工资并不支付给工人自己，而是支付给其家庭负责人或者颁发证明的许可人。

手工工场委员会强烈反对扎克列夫斯基的方案。委员会认为扎克列夫斯基的方案内容过多，甚至具有一定的危害。方案第 1 条款将导致工人开始寻找工厂主，以前是工厂主寻找工人。实施第 5 条款时会产生一个问题，即如果工人提出用实物工资取代货币工资如何处理。工厂主如果同意，将会违反方案规定，如果不同意，工人将产生怨恨。委员会对扎克列夫斯基所提的惩罚措施也持怀疑态度，他们认为在改善国民素质问题上惩罚措施效果有限。这些都是国家和政府应重点解决的问题，但大多数规章是纸上谈兵，改善工人的道德水平未必能提高全体居民的道德素养。委员会引用西方资产阶级思

---

① 详见：*Дело по предложению московского генерал-губернатор графа Закревского о недозволении учреждать вновь фабрики и заводы в Москве, 22 октября 1848 г.* // Арх. д-та торг. и ман。
② *П. С. З.* II изд. Т. XXIV. № 23358.

想，工厂主与工人间的隔阂不能依靠规章解决，需要其自行消除，采取镇压措施未必能取得明显效果。①

财政部支持委员会的意见，认为扎克列夫斯基的方案有很多漏洞，最初两个条款更是有百害而无一利，工人强烈反对将工资支付给第三方。因此，扎克列夫斯基的方案并未实施。

手工工场委员会偏向工厂主，因此拒绝执行莫斯科省省长的方案。上文中已经提到戈里钦、谢尔巴托夫和扎克列夫斯基的方案各具特点，俄国工厂法律的建立方式与西欧不同（在西欧工厂法律的出台过程中政治和警察起重要作用），只有一点十分类似，即捍卫大多数工厂主的利益，减少政府的干预。在俄国法律保护工厂主的利益要比其他国家效果明显，可以说改革前俄国并不存在调整俄国工厂劳动关系的法律（1845年法律实际上并不具有任何效力）。

笔者在上文中已提到，19世纪40年代末在政治风潮（首都工人集会）的影响下，政府上层已开始关注俄国工厂的弊端，其中最具影响力的人物是莫斯科省省长、伯爵扎克列夫斯基。在调整工厂各方面关系的法律方案遭到否决后，扎克列夫斯基又凭借自己的影响力为莫斯科省工人确定核算簿样例。但政府上层并未对该规章进行详细研究，认为该规章具有典型的警察－官僚特征，完全忽略人性，工厂主的利益也受到了影响。

首先该规章的重点是调整工人生活。如果工人居住在工厂内，那么节日期间工人外出期限不能超过规定时限（г条款）。禁止工人在房间内接待熟人过夜，平常见面的时间必须尽量短（е条款）。工人也不能保存其他人的财产、货币等财物（ж条款）。此外，禁止工人在工厂院内和食堂内吸烟，不允许进行拳头搏击和其他相关游戏，同时禁止赌博，甚至不允许有婚姻性生活，在出现错误时送交警察局处理（з条款）。周末和节日工人应该去教会，如果从事其他活动将处以5银卢布的罚款（и条款）。

---

① *Дело по предложению московского военного генерал-губернатора и пр.*, 22 октября 1848 г. // Арх. д-та торг. и ман.

扎克列夫斯基的规章也限制工厂主的权利。禁止工厂主雇佣工人，哪怕是持有护照的短工。在颁发护照前工厂主应先支付给工人 10 银卢布工资（条款 a，很明显是为避免工厂主借故拖欠工人工资）。工厂主必须提供高质量伙食，如果伙食质量较差，工匠和工人有权向当地官员反映该问题，工厂主会受到相应的处罚（o 条款）。禁止工厂主借故克扣工人工资（p 条款）。工厂主应发给工人货币工资，禁止发实物工资。工厂主必须发给工人扎克列夫斯基样式的核算簿，并在上方印上规章的印记。①

与当时的其他规章相比，扎克列夫斯基的规章绝不是昙花一现，该规章具有法律效力。19 世纪 80 年代该规章中的某些条款在莫斯科工厂仍具有法律效力。亚尼热尔在 1882～1883 年工厂监察报告中指出，工人在周日和节假日应去教堂做礼拜，如果工人不去教会将对其处以相应的罚款。②

为让扎克列夫斯基规章在全国范围内普及，有关部门把该规章提交给财政部，手工工场委员会和圣彼得堡企业主协会都对该规章进行了研究。圣彼得堡手工工场委员会坚决反对该规章中的某些条款，因为雇佣持护照短工十分困难，该规章很难执行。

按照委员会的意见，工人阶级受教育程度较低，不可能不说脏话，如果对其话语都处以罚款，那么他们的工资将全部被扣光，因此，其中很多条款难以执行……第二，委员会不同意过度惩罚工人，认为该行为可能导致工人情绪失控。

委员会反对惩罚不去做礼拜的工人，认为扎克列夫斯基规章中的很多条款十分滑稽，同时委员会也反对禁止工人代为保管亲人和熟人财物的条款……委员会认为该规章中的很多条款不能实施。

为保护工厂主利益，委员会反对只能支付给工人货币工资，不能支付实物工资的条款，同样也反对颁发护照前工厂主预先支付 10 银卢布工资。准确地说，委员会希望变更某些条款，要求赋予工厂主在合同期满前辞退工人

---

① 详见：*Труды комиссии, учрежденной для пересмотра Уставов фабричного и ремесленного.* СПб., 1863. Ч. II. Прил. VIII.

② *Фабричный быт Московской губ. 1884.* C. 89.

的权利，但应该提前两周通知工人。如果工人由于某种原因不履行自己的义务或做出过激行为，工厂主可以不通知工人而直接将其开除。①

修改后的扎克列夫斯基规章失去了警察特征，因手工工场委员会成员都是工厂主，修改后的规章并未触及工厂主的利益。财政部赞同圣彼得堡手工工场委员会的修改意见。一开始扎克列夫斯基自己也同意手工工场委员会的意见，赞成对规章做出相应变更。修改后的规章以保护工厂主的利益为前提，最终赋予工厂主在合同期满前辞退工人的权利，可以发给工人实物工资，合同签署前不用提前支付给工人10银卢布工资。后来扎克列夫斯基坚决反对变更合同条款，坚持只能雇佣有护照工人。

1854年财政大臣将修改后的扎克列夫斯基规章提交给国务会议研究，但因战争该规章被束之高阁。尼古拉一世时期调整工厂主与工人关系的法律尝试以失败告终。

---

① *Труды комиссии, учрежденной для пересмотра Уставов фабричного и ремесленного.* Прил. Ⅸ.

第六章
工资

　　1803年莫斯科省、雅罗斯拉夫省、弗拉基米尔省领有纺织工人工资。弗里亚诺沃工厂。库巴维尼工厂。大雅罗斯拉夫手工工场。19世纪50年代弗拉基米尔省棉纺织工人工资。其他部门工人工资提高。哈克斯陶森关于工人工资的阐述。尼古拉一世时期工人工资较高的原因。

　　本书第三章已涉猎领有工厂内工人状况。本章将对改革前俄国工厂工人的工资进行详细阐述。

　　阐述一个国家长时期内工人工资的变化状况并非易事，其难点在于工业部门众多，各行业与各地区工人工资水平各异，甚至同一地区不同部门中工人工资水平也有较大差异。在对比各时期工人工资水平时可以轻易看出工人工资是提高还是降低，但很难对所有行业的工人工资进行概述。

　　笔者只能依据现有统计材料，对相关数据进行深入整理和分析，并对工厂主提供的工资数据的真伪进行辨别，各种官方出版物中提到的工资数据也具有一定的参考价值。笔者收集了众多关于19世纪俄国工人工资状况的数据（众多出版数据），通过对这些材料整理和加工可以得出相关结论，借此可研究俄国各部门中工人工资的变化状况。笔者着重对纺织工人的工资进行研究，以中部工业区三个最具代表性的省份，莫斯科省、弗拉基米尔省和雅罗斯拉夫省为例进行研究。这三个省份是俄国工厂集中地区，材料比较集中，很多数据具有代表性。

上文已经提到，1803年手工工场委员会对领有工人的生活状况进行了研究，在工厂主提交的诸多材料中都涉及工人工资水平。手工工场委员会以问卷形式进行了调查，先后收到107名领有工厂主问卷。这些数据来源于工厂主，因此工资数额很可能被抬高，虽然高出实际工资额，但从中仍可看出工人的实际工资水平。下文将对莫斯科省、雅罗斯拉夫省和弗拉基米尔省纺织工厂工人的工资数据进行整理，具体数据详见表6-1。

经初步分析发现工人工资各异。即使一个工厂内不同工种工资水平也不同。如大公巴里亚京斯基呢绒工厂工人的工资水平较低，相反，莫斯科工厂内工人工资最高，叶菲姆和德米特里·格拉奇夫工厂工人工资特别高。工资不同的原因众多，表6-1只阐述工人货币工资水平，但此时大部分工厂仍发放实物工资。如巴里亚京斯基呢绒工厂和众多工厂一样，工厂工人有自己的房屋，这些房屋需要工厂主进行维修，所需费用直接从工人工资中扣除。大雅罗斯拉夫手工工场工厂主为工人颁发黑麦和小麦粉，照顾老人和儿童，按市场价格为工人采购木材。

在工人工资较高的工厂中，工厂主很少为其发放实物补贴。戈拉切夫工厂工人工资较高，其工资水平明显高于其他棉纺织工厂。莫斯科维尼工厂内领有工人的工资与自由雇佣工人一致，明显高于其他工厂。

通过对比表6-1、表6-2中的数据可知，一些地区和部门工资较低。莫斯科省呢绒工厂内织工的月工资为3卢布至6卢布60戈比，月均工资水平为4卢布50戈比。在丝织工厂内织工工资稍高，为3卢布75戈比至7卢布80戈比。雅罗斯拉夫省丝织工厂内织工的月均工资为4卢布15戈比。德米特里、叶菲姆和戈拉切夫细平布工厂内织工的月工资最高，约为10卢布。所有工厂中印花工工资都处于该水平，大多数情况下其他工人的工资都低于该工种。如卡里尼呢绒工厂和拉扎列夫丝织工厂整经工的月工资为3卢布50戈比，乌戈里恰尼诺夫工厂整经工的月工资为3卢布80戈比，科洛索夫丝织工厂整经工的月工资最高，达6卢布。

表 6-1　1803 年呢绒领有工厂工人月均工资

工种	呢绒工厂					
	莫斯科省					
	巴里亚京斯基工厂		卡里尼工厂		多尔戈鲁科夫工厂	
	卢布	戈比	卢布	戈比	卢布	戈比
呢绒工匠	—	—	7	—	—	—
织布男工	3	—	4	—	6	60
织布女工	—	—	2	60		
整经工	—	—	3	50		
纺线工	—	—	2	67		
染色工	2	50	—	—		
整毛工	2	60	4	—		
压机工	2	50	—	—		
制带工	2	50	4	—		
更夫	—	—	3	50		

表 6-2　1803 年丝织领有工厂工人月均工资

工种	丝织工厂													
	莫斯科省								雅罗斯拉夫省					
	杜德什金		科洛索夫		莫斯科维尼		拉扎列夫		乌戈里恰尼诺夫		科洛索夫		克拉西里尼卡夫	
	卢布	戈比	卢布	戈比	卢布	戈比	卢布	戈比	卢布	戈比	卢布	戈比	卢布	戈比
总工长	—	—	—	—	—	—	25	—	—	—	—	—	—	—
学徒	—	—	—	—	—	—	4	50	—	—	—	—	—	—
刺绣工	—	—	10	—	6	50	—	—	—	—	5	—	—	—
副工长	—	—	—	—	4	50	4	50	—	—	—	—	—	—
染色工长	4	—	—	—	6	50	—	—	4	—	—	—	—	—
染色工	3	—	—	—	—	—	—	—	—	—	6	—	—	—
副工长	—	—	—	—	4	50	—	—	—	—	—	—	—	—
学徒	—	—	—	—	—	—	—	—	3	—	—	—	—	—
装饰工长	—	—	—	—	—	—	—	—	—	—	6	—	—	—
学徒	—	—	—	—	—	—	—	—	—	—	5	—	—	—
机器操作工长	—	—	—	—	—	—	3	75	—	—	—	—	—	—
磨坊工长	—	—	5	—	5	—	—	—	—	—	—	—	—	—
副工长	—	—	—	—	4	50	—	—	—	—	—	—	—	—
监视者	3	—	—	—	4	50	—	—	—	—	—	—	—	—
纺纱工	3	50	—	—	—	—	6	—	—	—	—	—	—	—
织布工	3	75	—	—	7	80	5	6	5	83	5	70		
挑选工	—	—	—	—	3	90	3	38	—	—	2	50	—	—
整经工	—	—	—	—	—	—	3	50	3	80	6	—	—	—

续表

工种	丝织工厂												
	莫斯科省								雅罗斯拉夫省					
	杜德什金		科洛索夫		莫斯科维尼		拉扎列夫		乌戈里恰尼诺夫		科洛索夫		克拉西里尼卡夫	
	卢布	戈比	卢布	戈比	卢布	戈比	卢布	戈比	卢布	戈比	卢布	戈比	卢布	戈比
梳理工	—	—	—	—	—	—	3	25	—	—	—	—	—	—
卷线女工	1	38	2	—	3	33	1	30	1	61	1	75	1	38
并纱女工	3	50	1	38	1	83	1	30						
卷纬工	2	90			1	38								
锅炉工	—	—	4	—	1	38	2	25	3	45			3	50
修筘工	—	—					3							
细木工	3	25											5	
旋转机器操作工	2													
编结工	2	—					3	75			3	25		
挑丝工	3													
挑线工	—	—					3	25						
更夫	3	50	3	50	4	50								

工种	亚麻工厂				工种	细平布工厂			
	雅罗斯拉夫省					莫斯科省		弗拉基米尔市	
	大雅罗斯拉夫手工工场					戈拉切夫工厂		戈拉切夫工厂	
	卢布	戈比	卢布	戈比		卢布	戈比	卢布	戈比
工长	8	90	—	—	印花工	10	—	10	—
副工长	3	50	—	—	副工长	8	—	8	—
纺麻工长	7	50	—	—	学徒	6	—	6	—
副工长	4	—	—	—	印斑点工	3	—	4	—
绘画工	6	50	—	—	织布工	10	—	10	—
副工长	4	—	—	—	缂丝工	3	—	—	—
学徒	1	63	—	—	卷线工	3	—	3	—
童工	1	44	—	—	织工副手	—	—	8	—
雕刻工长	6	50	—	—	学徒	—	—	6	—
织布男工	4	15	—	—	细木工	—	—	4	—
织布女工	2	52	—	—	漂白工	—	—	4	—
整经工	—	—	3	80	染色工	—	—	4	—
制毡工	—	—	2	88					
细木工	—	—	4	—					
锻工	—	—	4	—					
卷线工	—	—	1	90					
摇纬工	1	62	1	30					
漂白女工	—	—	4	90					
挑选女工	2	84	—	—					

资料来源：手工工场和国内贸易办公厅数据：Арх. д-та торг. и ман。笔者在核算时将日工资乘以23天，这样核算的月工资可靠性较高。

梳理工、整毛工、制毡工的工资与整经工相差无几。工厂内细木工、锻工、钳工的月工资为3～4卢布。

女工工资明显低于男工。织工和纺线工工资较低，纺线工工资为2卢布67戈比，其他普通工种如女卷线工、女纺锤工、女纺纱工，月工资低于2卢布。

童工工资更低（成年女卷线工、纺锤工日均工资为7戈比，童工日工资为5～6戈比）。

为对工人工资水平进行有效评估，笔者还需核算工人实际工资数值。因此，将19世纪初工资水平和当时的粮价进行对比更具说服力，此时核算单位为纸币。1799～1803年莫斯科市黑麦面粉的平均价格为66戈比。[①] 1890～1894年莫斯科市黑麦面粉平均价格为93戈比。[②] 因此，90年间莫斯科市黑麦价格增长41%。19世纪初领有工厂内工人月均工资为4卢布，随着粮食价格不断提高，19世纪末工人月工资为5卢布64戈比，工资增长幅度十分有限。领有工人工资并不完全是货币工资，有时工人可从工厂主处获得实物补贴，如房屋、木材，个别工人还使用草场，工厂主还负责照顾老人和孩子。

根据现有材料可以确认，实物补贴价值远低于货币工资价值，货币工资仍是工人收入的主要组成部分。

工厂主提供的数据可能与事实不符，工人实际工资明显低于表6-1和表6-2中数据。

笔者已经确认，工厂主虚报工人工资水平。细平布和棉纱工厂内工资较高，其中织布工和印花工工资最高。工厂内锻工、漂白工、染色工月均工资为4卢布。织布工和印花工工资较高。19世纪初弗拉基米尔和莫斯科省细平布和纺纱行业发展迅速，对印花工和织工的需求量增加，工人工资水平也明显提高。

[①] *Хлебопекарный промысел в Москве.* Москва, 1894. Прил. 4.
[②] *Влияние урожаев и хлебных цен на некоторые стороны народного хозяйства.* СПб., 1879. Т. II. С. 151.

19 世纪初关于自由雇佣工人工资水平的数据不多。手工工场委员会某些工厂主曾上调自由雇佣工人工资水平，如杜德什金工厂领有织工月均工资为 3 卢布 75 戈比，而自由雇佣工人的月均工资为 7 卢布 33 戈比。莫斯科维尼工厂自由织布工人的工资和领有工人的一致，月均工资为 7 卢布 80 戈比。克拉西里尼卡夫工厂自由雇佣工人和领有工人的工资水平一致。沃多沃扎夫亚麻工厂（弗拉基米尔省维亚兹尼科夫村）全是自由雇佣工人，织工月工资为 6 卢布，漂白工工资为 4 卢布 58 戈比。雅罗斯拉夫省格里巴诺夫亚麻厂工人月工资为 5 卢布 83 戈比至 10 卢布。

自由雇佣工人月工资高于 6 卢布，个别工人可达 10 卢布，折合成现在的货币为 8 卢布 46 戈比至 14 卢布 10 戈比。

那么此期间工厂工人工资变化如何呢，是增加还是降低呢？上文已指出，弄清该问题并非易事。笔者掌握的材料虽然有限，但仍有一定价值。从中可以看出 19 世纪初至 19 世纪 40 年代某些大型领有工厂内工人工资变化状况，此外笔者还掌握了某些自由雇佣工人工资水平的数据。

19 世纪初弗里亚诺沃工厂归贵族拉扎列夫所有。工人居住在自己的木屋内，每户都有小菜园（每个菜园的平均面积为 144 平方俄丈）。工人有牧场，他们虽然不从事农耕，但有草场。工厂主提供给他们建房所需木材。工厂工作是他们唯一的收入来源。

除工资外，工厂主还提供如下补贴：①年长和未成年人可获得 75 戈比至 3 卢布的现金补贴；②19 世纪初每年为每户提供 3 卢布的柴薪钱，木材和柴薪不计入实物工资；③工厂主按进价将粮食卖给工人；④工人所有差役都由工厂主支付，不从工人工资中扣除。

笔者在第四章已指出弗里亚诺沃工厂工人不断请愿，控诉拉扎列夫，请愿主要是因为工资较低。该工厂工人请愿颇具代表性，工厂主最后被迫满足工人的某些要求。19 世纪 20 年代以前工人工资变化明显，具体数据详见表 6-3。

表 6-3 弗里亚诺沃工厂工人月平均工资

工种	1802 年 卢布	1802 年 戈比	1818 年 卢布	1818 年 戈比	1820 年 卢布	1820 年 戈比	1820 年与 1802 年相比增加比例（%）
织布工	5	06	14	00	15	50	206
挑选工	3	38	8	42	9	92	193
摇纬工	—	—	3	25	3	33	—
15 岁以下卷线女工	1	08	3	09	3	53	227
15 岁以上卷线女工	1	50	3	53	4	42	195
锅炉工	2	23	4	50	5	00	124
经线拆卸工	3	25	5	00	6	25	92

丝织行业所有工种工人的工资都明显提高。1818 年和 1820 年数据源于工厂账簿，数据可靠程度较高。1818 年工人在给亚历山大一世的请愿书中指出，工厂账簿中工人工资数据较为可靠。织工和挑选工工资差异很大，根据布匹质量确定其工资数额。织工和挑选工工资数据是笔者将个别车间内织工和挑选工工资乘以工人总数确定。因此，这些数据可靠性很高，为这些工人的真正平均工资，可用这些数据的算数平均值确定工人的真正工资水平。

因此，可以断定 19 世纪最初 10 年弗里亚诺沃工厂工人货币工资明显增加。但工人实际工资变化如何呢？我们对此时的粮价进行分析（见表 6-4）。

表 6-4 莫斯科省每普特黑麦面粉的平均价格

年份	价格 卢布	价格 戈比	增加值（%）
1799~1803	0	66	—
1816~1820	1	58	139

大多数工人货币工资增加额明显高于粮食价格，1818 年弗里亚诺沃工厂工人数量为 801 名，其中织工 187 名、挑选工 90 名、卷线工和并纱工 388 名。经线拆卸工和锅炉工工资提高数额低于粮食价格，经线拆卸工的数量为 4 名，锅炉工 15 名。

因此，可以确定 19 世纪前 20 年弗里亚诺沃工厂工人实际工资明显提高，大约提高了25%。

可根据政府特殊委员会数据研究19世纪30年代下半期弗里亚诺沃工厂工人状况，特殊委员会成立的主要目的是研究工人请愿问题，工厂从拉扎列夫手中过渡给商人罗戈日尼后，工人请愿接连不断。委员会对工厂查账，根据其信息可确定1836年工厂工人工资状况，具体数据详见表6-5。

表6-5 1836年弗里亚诺沃工厂工人工资

每户家庭的年收入	居民户数	工厂工人数量 男工	工厂工人数量 女工	1836年工资数额（卢布）
低于300卢布	104	124	185	22337
低于400卢布	49	82	117	16876
低于500卢布	33	89	75	14978
低于600卢布	23	61	64	12458
低于700卢布	24	69	58	15333
低于800卢布	14	44	36	10511
低于900卢布	8	30	23	6835
低于1000卢布	6	25	20	5670
高于1000卢布	9	27	26	13734
总计	270	551	604	118732

资料来源：莫斯科省省长公文材料。

省长也指出了提高弗里亚诺沃工厂工人工资的必要性。收入较高家庭的家庭成员都在工厂内工作，一些人担任管家、办事员和监管员等油水较高的职务。

如果抛开这些家庭，可以确认弗里亚诺沃工厂工人家庭年均工资为400卢布，他们有木屋、菜园，工厂主以进价提供给工人柴薪和粮食。1836年莫斯科市每普特黑麦面粉价格为1卢布12戈比，1837~1839年价格为1卢布35戈比。与1816~1820年相比，粮价明显降低，而弗里亚诺沃工厂工人工资并未降低（此时期工人名义工资仍与以前一样，1820年政府强制工厂主提高工人工资），工人实际工资增加。

特殊委员会制定新方案，根据新规章工人工资增加20%~30%，莫斯科省省长不同意该方案，认为工人工资增加幅度还有更大空间，因此弗里亚诺沃工厂并未制定新规章，也未推行政府建议的工资标准。

莫斯科省省长在提交给财政大臣的材料中含有弗里亚诺沃工厂自由雇佣工人工资数据。大公戈里钦认为，工人请愿的主要原因之一为领有工人工资明显低于自由雇佣工人。例如，入册织工全年工资约为 185 卢布，而工厂自由雇佣织工的全年工资为 350 卢布。入册印花工的月工资为 8～22 卢布，大部分自由雇佣印花工的年工资为 420～600 卢布……其中 58 人的年薪为 480 卢布。

因此，19 世纪 30 年代末丝织工厂内自由雇佣工人的工资较高。[①]

笔者还对博戈罗茨克县城的另外一家大型工厂库巴维尼工厂进行了研究。工厂创始人为商人泽姆斯基，不久该工厂收归国有，1803 年过渡给大公尤苏波夫。此工厂工人都有木屋和菜园，工人不从事农耕，工厂主免费提供房屋和取暖所需木材，按照进价供应粮食，工人有权使用工厂草场饲养牲畜。与弗里亚诺沃工厂不同的是工厂主为工人支付人头税，然后从工人工资中扣除，年老工人也可获得生活费。

按照 1802 年规章，工厂内男工工资为 4 卢布 17 戈比至 6 卢布 70 戈比（织工平均工资为 6 卢布 70 戈比），女工月工资为 1 卢布 50 戈比至 1 卢布 85 戈比。1802 年后库巴维尼工厂工人工资明显增加（见表 6-6）。

表 6-6　1802 年库巴维尼工厂工人月工资

工种	卢布	戈比	工种	卢布	戈比
织工	15	42	女刨工	5	00
挑选工	11	66	女揩车工	5	00
女退卷工	5	00			

库巴维尼工厂织工工资与 1802 年规章确定的弗里亚诺沃工厂工人工资一致。库巴维尼工厂挑选工和织工工资较高。19 世纪前 20 年库巴维尼工厂工人工资变化水平与弗里亚诺沃工厂类似，货币工资提高了近 2 倍，实际工资提高了 25%。

1833 年尤苏波夫将工厂出售给商人巴布金。巴布金将工厂转型，从丝

[①] 1803 年后弗里亚诺沃所有工人工资数据源自两部分：1815 年 2 月 9 日关于拉扎列夫丝织品工厂主压迫工人状况，1837 年 4 月 10 日弗里亚诺沃丝织工厂工人控诉商人罗戈日尼压迫：Арх д-та торг и ману。

织厂转型为呢绒工厂。因此，该厂工人工资不能直接与弗里亚诺沃工厂工人工资进行对比。

库巴维尼工厂和弗里亚诺沃工厂一样，自由雇佣工人工资明显高于领有工人。巴布金认为，自由雇佣工人工资数额应为领有工人工资的1倍，从而引起领有工人的强烈不满。领有工人在1834年8月给财政大臣的请愿书中指出他们对此差异感到十分气愤。钳工、锻工、车工、细木工等工资为10~15卢布，而自由雇佣工人工资为40卢布，领有机工月工资为8卢布，自由雇佣工人月工资为25卢布，15岁和16岁领有梳毛工工资为7卢布，而自由雇佣工人工资为17卢布，领有少女整经工工资为3卢布50戈比，自由雇佣工人工资为8卢布。

根据19世纪40年代工厂账簿信息，库巴维尼工厂工人的工资水平如表6-7所示。

表6-7 1834年和1843年库巴维尼工厂工人月均工资

工种	1834年 卢布	1834年 戈比	1843年 卢布	1843年 戈比
织工（呢绒工）	23	—	26	—
整经工	13	50	24	25
拉纬工	11	—	—	—
捻经工	4	—	—	—
抖丝工	8	—	9	—
操作缩绒机黑工	11	50	18	—
蒸汽机工	—	—	17	50
清棉工	10	—	15	—
清棉童工	7	—	8	50
梳毛童工	7	—	8	50
捻经童工	3	50	5	50
毛线挑选工	7	50	15	—
钳工	11	50	16	—
锻工	11	—	20	50
修筘工	12	—	15	—
细木工	12	50	20	—
锅炉工人	11	—	17	—
更夫	9	50	10	—
清洁童工（清洗机器）	7	—	10	—
寡妇、孤儿和残疾人	75戈比至3卢布		75戈比至4卢布	

如果把这些数据和工人引证数据对比就会发现，工人提供的数据与工厂账簿中数据一致。工厂账簿和工人提供的数据中锻工、钳工和细木工 1834 年的月工资为 10~15 卢布。[①] 梳理工工资颇具代表性。工人指出拉纬工工资较低，拉纬工工种特殊，工作强度大，工资却最低。

工人提供的数据与工厂账簿内工资数额相一致，可以反映工人的实际工资水平。

笔者认为，19 世纪 40 年代中期库巴维尼工厂工人平均工资明显高于弗里亚诺沃工厂。织工和钳工工资高出弗里亚诺沃工厂同类工种工资 15%。1842 年工人的工资几乎都提高了。织工月工资达到 26 卢布，学徒工月均工资为 15~20 卢布。技术水平较低工种（如更夫）的月工资为 10 卢布。但此时粮食价格也提高了（见表 6-8）。

表 6-8　莫斯科省每普特黑麦粉的价格

年份	卢布	戈比
1831~1835	1	93
1838~1842	2	31

织工工资增加幅度（13%）明显低于机工、整经工、挑选工、钳工、锻工、细木工，他们的工资增长了近 50%。总之，19 世纪 40 年代库巴维尼工厂工人的实际工资提高了。

19 世纪 40 年代中期库巴维尼工厂发生大规模工人暴动，主要源于 1834 年粮食价格上涨。为研究库巴维尼工厂状况政府专门成立特殊委员会。莫斯科省省长命令委员会官员索洛维约夫制定库巴维尼工厂工资一览表，但财政部并未确认调整领有工人工资的方案。索洛维约夫的工资一览表十分古怪，它只能代表 19 世纪 30 年代中期呢绒工厂雇佣工人的工资，因此，索洛维约夫建议（省长也持此观点）必须消除领有工人和自由雇

[①] 笔者在表中所列的全是平均工资，所以工资数据可能与工人提供的数额不一致，但完全可说明问题。

佣工人间的工资差异。

索洛维约夫制定的库巴维尼工厂工人月工资一览表如表 6-9 所示。

表 6-9 库巴维尼工厂工人月工资一览表

工种	卢布	工种	卢布
呢绒缩绒车间		呢绒压绒车间	
工匠	60~70	工匠	40
工人	21~35	工人	25~30
烘干工、干燥工	20	呢绒蒸煮	
呢绒染色车间		工匠	34
工匠	60~70	工人	20
工人	24	锻造车间	
洗涤工	20	锻工	25~45
蒸馏技师	34	钳工车间	
起绒工	24	工匠	35~40
呢绒修剪车间		工人	18~25
工匠	50	车工间	
工人	20~22	工匠	45
剪毛工	24~29	工人	20~25
针织工	21	仓库看守	25
修筘工	35	工厂更夫	20

注：在索洛维约夫的表格中毛纺织和纺纱工只发放实物工资，工人月产量并未指出，所以笔者不能确定织工、整经工工资。

索洛维约夫为军队呢绒供应委员会成员，因此他通晓呢绒事务，为制定该一览表他专门拜访了很多呢绒工厂。该一览表能确定巴布金工厂工人的实际工资水平，它能完全体现研究时期内莫斯科省呢绒工厂内自由雇佣工人的实际工资。该一览表并未显示工人具有较高工资，工资水平与工人提供的数据一致。根据该一览表，雇佣锻工、钳工、细木工等工人的月工资为 40 卢布。索洛维约夫认为他们的月工资水平为 20~45 卢布。梳毛童工（雇佣）的月工资为 17 卢布，索洛维约夫认为普通工人的月工资都超过 20 卢布。

工厂主也指出工人的工资状况。巴布金认为，织工月工资约为 36 卢布，纺纱工月工资为 30~35 卢布，拉纬工月工资为 15~24 卢布。

笔者还查到了大型领有工厂累比尼科夫（秋基诺村）工厂的工人工资数据（见表 6-10）。

表 6-10　1837~1842 年累比尼科夫工厂工人的月工资水平

工种	卢布	工种	卢布
织工	30~50	走锭精纺工	35~40
纺纱工	35~40	布边纺纱工	40
抖丝工	12~15	整经工	18~25
清棉工	9	线圈女工	9
铺装工	9	更夫	18
捻经工	8		

按照博戈罗茨克地方自治法庭要求这些数据由工厂监察处提供，工人工资实际数据可能略高。累比尼科夫工厂领有工人工资较高，所有人认为领有工人工资应与自由雇佣工人工资水平持平。制定库巴维尼工厂工人月工资一览表的特殊委员会于 1834 年也制定了秋基诺工厂工人工资一览表（此时工厂属于商人图鲁博夫），具体数据详见表 6-11。

表 6-11　1834 年秋基诺工厂工人工资一览表

工种	卢布	工种	卢布
织工	20~30	短工	日工资为 75 戈比至 1 卢布
拉纬工	24	染色工	24
捻经工	8	筐体清洗工	9
抖丝工	11	剪绒工	26
卷线工	10~12	清棉工	15~25
整经工	21	缩绒工	20~25
童工	9	更夫	21
呢绒清洗工	11~13		

从表6-9中数据可知,库巴维尼工厂工人的陈述完全属实,工厂内成年自由雇佣工人月工资为20卢布。呢绒工厂自由雇佣织工月工资不低于30卢布。1834年库巴维尼工厂领有织工工资为23卢布,1843年为26卢布。

如果我们把该工资与19世纪初莫斯科省呢绒工厂工资进行对比,便可断定工人工资已明显提高。呢绒工厂与丝织厂一样,19世纪上半叶不论是工人货币工资还是实际工资都持续增加。[①]

笔者还对亚麻厂的状况进行了研究。19世纪初俄国大型亚麻厂为亚科夫列夫的大雅罗斯拉夫手工工场。1817年该工厂有2371名领有工人。除为工人颁发货币工资外,还发放实物工资。每名工人每月可获得1普特20磅黑麦粉和5普特小麦粉,以30戈比/普特黑麦粉和50戈比/普特小麦粉的价格从工人工资中扣除,工厂主购买该类物品的价格远低于卖给工人的价格。工人按照定价获得木材,1817年工人获得木材的价格低于木材采购的价格。工厂主为年老工人发放补助金,为儿童提供粮食。工人有自己的房屋和菜园,所有的差役都由工厂主承担。

笔者也对实物的货币价值进行了核算,如1819年亚科夫列夫向手工工场和国内贸易办公厅提交申请书,请求免除以上述价格购买面粉和木材的义务,同时将工人工资提高50%。工厂主核算后指出,1813~1818年发放工资总额为108599卢布,每年购买木材和面粉的金额为53607卢布。因此,大雅罗斯拉夫手工工场工人的实物工资为货币工资的50%左右,因工厂连年亏损工厂主请求停止发放实物工资。

很明显,高工资织工的数量不多,1817年亚科夫列夫工厂亚麻织工的月均工资为15卢布(10卢布货币工资,其余为购买木材和粮食的实物工资)。女织工月均工资约为10卢布(货币工资为6~7卢布,50%为实物工资)。如果把该数据与1803年数据相对比,笔者可确认无论是货币工资还是

[①] 关于库巴维尼工厂、秋基诺工厂、累比尼科夫工厂的信息根据两个事件确定,即大公尤苏波夫请求把库巴维尼工厂收归国有,并把他转交给顾问利奥尼,最后于1831年11月11日提交给商人巴布金;1803年9月库巴维尼丝织工厂的申请转交给秘密委员会顾问大公尤苏波夫:Арх. д-та торг. и. ман。

实物工资都明显增加。1803年大雅罗斯拉夫手工工场织工的月均工资为4卢布15戈比,女织工的月均工资为2卢布52戈比,同时还发放实物工资。因1803年粮食价格较低(工厂主购买燕麦粉的价格为50戈比,小麦粉的价格为87戈比),实物工资数额较低,工厂主按照进价供给工人木材。1817年大雅罗斯拉夫手工工场工人月工资水平见表6-12。

表6-12 1817年大雅罗斯拉夫手工工场工人月工资水平

工种	工资
织工	8卢布20戈比至13卢布40戈比
挑选工	5卢布70戈比至8卢布95戈比
女织工	5卢布30戈比至7卢布50戈比
纱线染色	
工匠	12卢布50戈比
工匠助手	10卢布25戈比
工人	7卢布31戈比
妇女(卷纱)	3卢布23戈比至7卢布70戈比

手工工场和国内贸易办公厅官员在讨论亚科夫列夫手工工场请愿书时指出(具体内容已在第四章中阐述),所有工人都抱怨工资较低,要求年工资不低于150卢布(月均工资12卢布50戈比)。上文已指出,工人要求将工资提高7%。

其他领有亚麻工厂中工人工资与大雅罗斯拉夫手工工场差别不大。雅罗斯拉夫市小雅罗斯拉夫手工工场(乌戈里恰尼诺夫亚麻厂)工人有房屋,工厂主替工人缴纳赋税,与亚科夫列夫工厂一样为工人发放面粉,但货币工资较低。1817年小雅罗斯拉夫手工工场工人月工资水平见表6-13。

表6-13 1817年小雅罗斯拉夫手工工场工人月工资水平

工种	工资
男织工	7卢布50戈比至12卢布50戈比
女织工	4卢布17戈比至5卢布83戈比
整经工	5卢布83戈比至10卢布83戈比
卷纱女工	2卢布50戈比至3卢布33戈比
细木工	
修筘工	6卢布至8卢布
锻工	

弗拉基米尔省别列亚斯拉夫斯克县城库马尼亚麻厂的工人不但有木屋、菜园，还有自己的草场，工厂主还免费为工人提供木材。所有差役也由工厂主支付，但工人货币工资低于亚科夫列夫工厂（见表6-14）。

表6-14 1820年库马尼亚麻厂工人月工资水平

工种	工资 卢布	工资 戈比	工种	工资 卢布	工资 戈比
工长	15	—	整经工	10	—
副工长	12	20	童工	4	—
锅炉工	7	—	检验员	14	—
织工	7	16	修筘工	12	—
女卷纱工	5	—			

雅罗斯拉夫谢尔巴托夫亚麻厂中领有织工月工资约为12卢布50戈比，雅罗斯拉夫省罗曼诺夫市加尔布诺夫工厂自由雇佣织工月工资超过20卢布。按照莫斯科委员会数据，1820年呢绒工厂雇佣工人（成年男子）年工资为300~400卢布，妇女和童工年工资为150~200卢布。因此，19世纪20年代莫斯科市工厂中自由雇佣工人的月工资为25~30卢布，妇女的月工资为12~15卢布或更高。[①]

笔者还未掌握棉纺织行业工资的可靠数据，但上述数据足以表明工人的工资水平。在历史文献中工人工资数据时常间断，但19世纪50年代弗拉基米尔省棉纺织工厂中工人工资数据颇具代表性。

根据表6-15中数据可以确定1856年机械织工月工资约为11银卢布，手工织工月工资约为7银卢布，印花工工资约10银卢布，纺纱工工资约为15银卢布或更高，锻工、钳工和细木工工资为10~12银卢布或更高，黑工工资为5银卢布，摇纬和印花童工的工资很低，约为1银卢布。按照加列里尼的数据，女工工资为5银卢布50戈比至9银卢布，受1854年克里木战争

[①] 亚麻工厂工人工资数据可由两个事件得知，1817年3月16日大雅罗斯拉夫手工工场工人抱怨工厂主亚科夫列夫克扣工人工资，1817年6月22日乌戈里恰尼诺夫工厂工人抱怨工厂主：Арх. д-та торг. и ман。

103

的影响，波里索夫纺纱工厂所有工人的工资都较低，战争期间棉纺织工业十分萧条，与1854年相比19世纪50年代下半期工人工资明显增加。

表6-15 1856年伊万诺沃-沃兹涅先斯克12家工厂工人月均工资水平

工种	加列里尼印染厂，578名工人		加列里尼纺纱厂，560名工人		加列里尼印染和棉织厂，1530名工人		祖波科夫印花厂，554名工人		科库什金印染和棉织厂，289名工人		乌吉尼印花厂，177名工人	
	银卢布	戈比	银卢布	戈比	银卢布	戈比	银卢布	戈比	银卢布	戈比	银卢布	戈比
掌柜	54	17	—	—	62	50	54	17	25	—	29	17
监察员	14	58	—	—	—	—	—	—	—	—	—	—
司机	83	33	—	—	—	—	125	—	29	17	20	83
调色工	208	33	—	—	145	83	416	66	83	33	125	—
雕刻工	30	—	—	—	21	67	34	17	15	42	37	50
管理员	33	33	—	—	—	—	31	25	—	—	—	—
绘图工	29	17	—	—	33	33	41	67	—	—	—	—
钳工	13	33	12	50	—	—	14	58	10	42	10	—
蒸馏工	14	58	—	—	—	—	16	66	—	—	13	33
切削工	11	25	—	—	10	42	11	67	10	42	10	42
锻工	10	42	—	—	—	—	10	42	6	67	—	—
印花工	10	83	—	—	10	42	10	42	8	33	9	58
条痕工	—	88	—	—	1	4	1	4	—	88	1	4
封口工	14	58	—	—	—	—	—	—	—	—	12	50
印花机挡车工	16	67	—	—	—	—	—	—	12	92	—	—
细木工	11	25	—	—	—	—	—	—	—	—	—	—
黑工	5	42	—	—	4	58	5	—	4	58	5	—
纺纱工	—	—	14	58	—	—	—	—	—	—	—	—
织工（机械车间）	—	—	—	—	10	83	—	—	11	67	—	—
织工（手工车间）	—	—	—	—	—	—	—	—	—	—	—	—
整经工	—	—	—	—	6	25	—	—	—	—	—	—
胶工	—	—	5	83	—	—	—	—	—	—	—	—
卷纬工和齿轮工	—	—	1	8	—	—	—	—	—	—	—	—
清洗工	—	—	—	—	8	33	18	75	7	29	6	25
轧制工人	—	—	—	—	—	—	—	—	—	—	—	—
染色工	—	—	—	—	—	—	—	—	—	—	13	75
波若丁印花工	—	—	—	—	—	—	—	—	—	—	—	—
监工	—	—	—	—	—	—	18	75	—	—	—	—

续表

工种	布尔科夫印染厂，131名工人 银卢布	布尔科夫印染厂，131名工人 戈比	梅尼什科夫印染厂，101名工人 银卢布	梅尼什科夫印染厂，101名工人 戈比	鲍里斯印染厂，77名工人 银卢布	鲍里斯印染厂，77名工人 戈比	绍德奇尼印染和棉织厂，272名工人 银卢布	绍德奇尼印染和棉织厂，272名工人 戈比	杜尔杰涅夫印染厂，90名工人 银卢布	杜尔杰涅夫印染厂，90名工人 戈比	库巴耶夫印染厂，91名工人 银卢布	库巴耶夫印染厂，91名工人 戈比	平均工资 银卢布	平均工资 戈比
掌柜	20	83	—	—	22	92	62	50	43	75	29	17	40	42
监察员	—	—	—	—	12	50	16	67	16	67	—	—	15	8
司机	—	—	—	—	—	—	—	—	—	—	—	—	64	58
调色工	—	—	—	—	—	—	—	—	41	66	170	17		
雕刻工	—	—	—	—	—	—	—	—	—	—	—	—	27	75
管理员	—	—	—	—	—	—	—	—	—	—	32	25	32	28
绘图工	—	—	—	—	—	—	—	—	—	—	41	67	36	42
钳工	—	—	—	—	—	—	—	—	—	—	—	—	12	17
蒸馏工	13	33	—	—	12	50	15	—	—	—	—	—	14	17
切削工	10	42	—	—	11	25	11	25	—	—	10	42	10	83
锻工	—	—	—	—	—	—	—	—	—	—	—	—	9	17
印花工	9	17	—	—	8	33	8	75	10	42	10	—	9	67
条痕工	—	96	—	—	—	92	1	4	1	4	1	4	—	98
封口工	10	—	12	50	10	83	14	17	—	—	11	67	12	33
印花机挡车工	—	—	13	33	13	33	—	—	—	—	—	—	14	—
细木工	—	—	—	—	—	—	—	—	—	—	—	—	11	25
黑工	4	17	4	79	4	58	4	58	7	92	5	83	5	17
纺纱工	—	—	—	—	—	—	—	—	—	—	—	—	14	58
织工(机械车间)	—	—	—	—	—	—	—	—	—	—	—	—	11	25
织工(手工车间)	—	—	—	—	—	—	6	67	—	—	—	—	6	67
整经工	—	—	—	—	—	—	5	83	—	—	—	—	6	4
胶工	—	—	—	—	—	—	8	33	—	—	—	—	7	—
卷纬工和齿轮工	—	—	—	—	—	—	1	25	—	—	—	—	1	16
清洗工	6	67	—	—	—	—	—	—	—	—	—	7	7	8
轧制工人	—	—	—	—	—	—	—	—	—	—	—	—	18	75
染色工	—	—	—	—	—	—	18	75	—	—	25	—	19	17
波若丁印花工	16	67	—	—	—	—	—	—	—	—	—	—	16	67
监工	14	17	—	—	—	—	—	—	—	—	—	—	16	46

资料来源：按照1865年《弗拉基米尔省参考消息》第42~47期中地方研究者巴布里尼研究数据整理。

1854年别列亚斯拉夫－扎列斯基县城波里索夫纺纱厂工人月均工资水平见表6－16。

表6－16　1854年波里索夫纺纱厂工人月均工资水平

工种	工资（银卢布）		工种	工资（银卢布）	
	卢布	戈比		卢布	戈比
纺纱工（成年男工）	20	—	卷线女工	4	50
纺纱工助手（18岁）	7	50	辊轴工	12	50
捻经工（16岁）	5	50	辊轴女工	4	—
换筒工（14岁）	3	50	机工	13	—
齿轮工	5	—	锅炉工	6	50
磨刀工（成年男工）	7	—	运筒工	7	—
清棉工（成年男工）	7	—	分包公	12	—
梳理工（成年男工）	14	—	打捆工	4	—
制带女工	5	50	包装工	6	—
粗纺女工	6	—	钳工	12	50
卷线女工	9	—	车工	12	50
清棉工	6	—	焊接工	13	—
梳理工	7	—	锻工	14	—
粗纺女工	3	50	锻屑工	7	—
制带女工	3	50	细木工	11	—
换筒工（儿童）	2	50	油工	15	—
捻经工	5	—	房盖工	15	—
捻经工（儿童）	3	—	炉工	12	50
纺纱工	12	50	黑工	7	—
抖丝工	6	—	更夫	5	—
抖丝工（儿童）	2	50			

资料来源：1858年《手工工场和国内贸易办公厅杂志》第Ⅱ卷，弗拉基米尔省机械师尼瑟托夫提供的数据。

1852～1856年莫斯科市黑麦的平均价格见表6－17。

表6－17　莫斯科市黑麦的平均价格

年份	价格
1852～1856	47戈比

从19世纪50年代起粮食价格增长1倍,按照现有价值计算,1856年莫斯科省机械织工月工资约为22卢布,手工织工月工资为14卢布,印花工的工资为20卢布,纺纱工的工资为30卢布,因此可断定,现阶段工人工资较低。19世纪90年代上半期(1890~1894年)莫斯科市黑麦粉价格约为93戈比。①

因此,19世纪30年代俄国工厂工人工资较高。在《手工工场和国内贸易办公厅杂志》众多对俄国工人状况进行阐述的文章中,可确定工人工资很高,文章中指出丝织厂技术熟练工人的日工资为3~4卢布或更多(纸币),大多数纺纱工月工资为40~45卢布,印花工和雕刻工年工资为400~500卢布,染色工和漂白工月均工资为20~25卢布。妇女和儿童也到工厂内务工,通常年均工资为150卢布、200卢布和250卢布。这些数据明显不符合事实,实际上丝织工人工资明显低于文章中的工资数额。

哈克斯陶森在很多著作中对19世纪40年代俄国工厂工人的工资水平进行了描述,大部分学者认为其著作内容接近事实,可信度很高。他认为,19世纪40年代大雅罗斯拉夫手工工场工人工资水平如下:织工日工资为1卢布30戈比至2卢布(纸币),女织工日工资为60~80戈比。雅罗斯拉夫市奥洛瓦尼什尼克丝织工厂内轻料织工日工资为1卢布20戈比至1卢布40戈比,重料织工日工资更高。雅罗斯拉夫省大谢洛织工的日工资约为1银卢布。下诺夫哥罗德省阿尔扎斯克县城希金尼皮革厂成年男工年工资为170银卢布,即500纸卢布。哈克斯陶森认为俄国工厂工人的日均工资为1纸卢布,纺纱工的日工资为1卢布50戈比,织工和印花工日工资为2卢布。

哈克斯陶森将德国和俄国工人工资进行对比后指出德国工人工资较低。大谢洛女织工的工资是比列菲里德织工的1倍。哈克斯陶森在自己的书中提

---

① *Влияние урожаев и хлебных цен на некоторые стороны народного хозяйства* СПб., 1897. Т. Ⅱ. С. 151.

19世纪俄国工厂发展史（第四版）

到没有一个国家工人的工资高于俄国工人，俄国工人的货币工资明显高于德国，就实际工资而言，俄国工人仍高于其他国家。①

1847年国有财产部对俄国亚麻工业状况进行了研究，在其出版物中提到亚麻厂工人工资很高。根据统计数据，莫斯科库济米尼亚麻厂薄桌布织工日工资为3纸卢布，毛巾织工的日工资为2纸卢布。大谢洛纺纱工的日工资为42~50戈比。雅罗斯拉夫省尼科里村夏季技术熟练薄毛巾织工的日工资为1卢布50戈比，冬季工资略低。②

笔者认为，哈克斯陶森可能夸大了俄国工人的实际工资。根据笔者掌握的数据，俄国工人工资较低，哈克斯陶森的某些观点笔者也持否定意见，哈克斯陶森关于俄国工人工资高于德国的论述有些牵强，但可以确认尼古拉一世时期俄国工人工资的确较高。

的确，俄国工人工资应该扣除支付给地主的代租役，但该指标只适用于地主农民，不适用于国家农民；虽然尼古拉一世时期地主农民的代租役较高（印花布工业中心伊万诺沃村代租役约为80纸卢布，因此村镇工业发达，代租役略高），但因当时工人工资较高，其数额只为工资数额的1/10，改革后代租役被人头税所取代，工人负担更加沉重。

因此，可以断定19世纪40年代俄国工厂工人工资比之前和19世纪下半叶的工资都高（关于19世纪下半叶俄国工人工资水平笔者将在下文进行阐述）。

从19世纪初开始棉纺织工人的工资持续减少，并未提高。1803年戈拉切夫棉纺织厂织工（领有工厂）的月工资为10卢布（纸币），此时面粉价格为66戈比/普特，1856年雇佣手工织工的工资低于7银卢布，此时面粉价格为47戈比。因此，1856年雇佣手工织工实际工资低于1803年领有工人工资。19世纪初棉纺织工人的工资较高，印花工和棉布织工的工资却持续减少。

---

① Haxthausen A. *Studien uber die inneren Zustande Russlands.* B., 1852. Bd. Ⅰ. S. ⅩⅢ, 170, 171, 326; Bd. Ⅲ. S. 584, 586 и др.

② *Исследование о состоянии льняной промышленности в России.* С. 64, 80, 90.

研究弗拉基米尔省工业史的大家加列里尼于1873年向瓦卢耶夫委员会提供了伊万诺沃镇棉纺织工厂工人工资变化的数据，具体见表6–18。①

表6–18 伊万诺沃镇棉纺织工人月工资水平

单位：银卢布和戈比

工种	1810年	1830年	1850年	1860年
印花工	12～20	8～15	6～12	5～8
手工织工	6	4.50	3.50～4.00	3～3.50
机械织工	—	—	12～16	10～13
清洗工	3～4	5	7.00～7.30	7.50～9.00
锅炉工	2～3	3.25	3.50～4.00	4.50～4.75
蒸汽机工	—	3.75	4.60	5～6.50
修理工	2～2.5	3.15	3.50	3.75～4.15
黑工	1.50～2.00	3.15～3.50	3.50～4.20	3.75～4.50
童工	1.00～1.25	1.25～2.00	1.80	2～2.50
女工（裁缝、挑选工）	1.50～1.75	1.75～2.50	2.25～2.75	2.50～3
每普特黑麦面粉价格	0.14～0.19	0.28～0.33	0.50～0.60	0.60～0.65

印花工和织工无论是货币工资，还是实际工资都快速降低。虽然其他工人的货币工资都有所提高，但提高速度明显低于粮食价格。19世纪初伊万诺沃村工人工资和印花生产一样快速增长，工人工资高于国内其他地区（表6–15所阐述的加列里尼工人工资是银卢布，而不是纸卢布）；随着外出务工人员不断增加伊万诺沃村工人实际工资下降。

棉纺织工业和其他行业工人工资变化不一致状况很容易解释，19世纪初棉纺织织工和印花工在俄国是新生事物。英国棉纱价格下降使纺纱机逐渐得以推广，但俄国境内布匹价格并未随之下降。这对棉纺织织工和印花工十分有利，由于生产工艺简单，生产工具价格低廉，不论是大工厂主还是小企业主都纷纷投入生产。因新生产普及较慢，生产几乎由大工业主垄断（如

---

① Доклад высочайше утвержденной комиссии для исследования нынешнего положения сельского хозяйства в России СПб., 1873. Прил. Ⅰ. Отдел. Ⅱ. С. 227.

弗拉基米尔省伊万诺沃镇），印花工和棉纺织织工工资较高，因此每个织工和印花工都有可能自己从事该行业。因该行业利润较高，手工业者也可雇佣工人生产。

因此19世纪初棉纺织织工和印花工工资高出其他工人几倍，但工资差异很快就消失了。棉纺织工业越发展，工人数量就越增加，逐渐失去行业垄断特征。棉纺织工厂主的利润逐渐降低，织工和印花工工资也随之降低，棉纺织工业和其他行业工资差异也逐渐缩小。随着印花工和棉纺织织工工资逐渐降低，呢绒、丝织、亚麻等工厂工人工资开始提高，虽然很多工人纷纷加入棉纺织织工大军，但手工织工发展也不能导致其他工业部门劳动力价格降低。棉纺织织工工资降低的同时，其他行业工人工资纷纷上涨。

19世纪四五十年代棉纺织业和其他工业部门工人工资差异逐渐消除，棉纺织工厂工人工资与其他行业工人工资持平。

因此，棉纺织工和印花工工资降低也绝不能掩盖19世纪四五十年代工人工资普遍提高的事实。尼古拉一世时期工人工资较高已毋庸置疑。一方面，工业快速发展导致对劳动力的需求量大幅度增加；另一方面工人请愿次数逐渐减少，一是因为居民农奴化，二是因为手工业发展导致农民离开工厂回家兴办小工厂，这也是否定哈克斯陶森论断的有利证据。

第七章
工厂与手工作坊

工厂与手工业的联系。工厂影响下手工业诞生。伊万诺沃村手工印花工和织工。工厂转变为工厂监察机构。手工业地位巩固。19世纪上半叶工厂的作用。伊万诺沃村独立织工——手工业者。细平布集市贸易。工厂主关于家庭纺织品质量粗糙的请愿。工厂主抑制手工业发展的尝试。财政部对手工业的态度。1846年法律中手工业条款。尼古拉一世时期手工织布业快速发展。亚麻工厂分布。亚麻工厂主抱怨手工业者加大行业竞争。呢绒和丝织工厂分布。大麻加工手工业。金属加工手工业发展过程中工厂的作用。棉纺和印花工业部门演变。尼古拉一世时期手工业生产的总特征与其内部演变。

上文已经提及18世纪工厂与手工作坊间的关系,但并未涉及大生产和手工生产间的竞争。大生产、工业资本不但没有阻碍小手工业的发展,相反却促进了其发展,现在笔者仍坚持该观点。小手工业如何产生呢,是不是市场促使农民成为手工业者?大多数学者认为,小手工业源于家庭或作坊生产,其产品主要满足家庭需求。生产专业化导致某些农民从农村公社中分离出来,专门从事手工业,最初按照同村人订单生产,此后转化为按照市场需求生产。因此,农民产品面向市场就产生了小手工业。

俄国很多学者如沃洛佐夫认为手工业从农业居民的家庭生产转化而来,最终农民的家庭生产转化为以农民为主的工业活动。[1]

---

[1] Очерки кустарной промышленности СПб., 1886. С. 49(См. также работу А. Корсака в приложении. – Ред).

在西欧的历史文献中比歇尔的论断十分具有代表性，他在《国民经济产生》中指出，东欧国家的手工业源自家庭生产。继比歇尔之后，桑巴特也持该观点。康拉德字典中对手工业也有专门阐述。

的确，最近从事手工工业史研究的很多学者认为，手工生产源于家庭生产。上文已经提到，莫斯科公国旧式手工生产源于家庭生产，手工业产生于何时无从考证，但莫斯科公国时期农民手工业依然快速发展，而且保留着传统父权制的烙印。笔者认为，手工生产最初源于家庭生产，在17世纪与18世纪时不同程度地依赖贸易资本，收购商人像篱笆一样将手工业者与消费者隔离。俄国古代旧式的农民手工业都不具有资本主义特征，因此，这种与资本主义生产方式对立的工业形式虽然服从于贸易资本，但仍具有自己的特征。总之，至今农民手工业仍保留着独立的生产特征，他们以附近的市场或订单为生产标准，也有个别手工业者按市场订单生产，手工业者被迫服从于中间商，从某种意义上讲俄国市场由中间商掌控。西欧学界并未确认买方和雇佣体系间的差异。小生产者按照确定价格出售商品，同时也按照商人订单生产商品，但两种方式如出一辙。此时企业真正的领导者不是生产者，而是控制产品销售的商人。因此，俄国的手工工业在彼得一世之前不具有资本主义特征，但此后产生的新式手工业带有资本主义特征的家庭生产体系。很可惜，因历史资料匮乏，17世纪与18世纪商人与手工工业者的详细关系笔者不能完全确定。

长久以来农民手工业都按该模式发展。手工业在产生之初农民称之为"木屋"。手工业的生产范围较宽，如草鞋、毡子、粗糙的呢绒、麻布、箍桶、皮革等产品。所有这些手工生产都源于家庭生产，它们虽然战胜了资本主义生产方式，却并未占据主导地位。

但是否所有的农民手工业都采用这种形式呢？研究莫斯科省手工工业的莫斯科统计学家对该问题倍加关注，大部分农民手工业产生时间不长，主要产生于18世纪末或19世纪初。其他工业省份，如弗拉基米尔、雅罗斯拉夫、科斯特罗马与中部工业区各省份都从法国大革命（1812年）后开始产生农民手工生产。这些新手工生产是如何产生的呢？它与家庭生产的关系如何呢？

在俄国中部工业区,棉纺织手工生产是最普及的生产部门。当时俄国本土不能生产棉花,18世纪末俄国印花布产量仍较低,最初其价格十分昂贵(棉纱价格与丝线价格几乎持平),棉布只在上层社会普及。俄国丝织工业于18世纪产生于中部地区(主要是莫斯科省),当时农民无力购买该产品。如果我们对地方自治机构统计数据中各种手工产品进行研究就会发现,该类手工业并不源于家庭生产。如在莫斯科省有8000名工人从事烟卷行业,最初只供自己使用,后来开始在市场上出售。软皮手套手工业是否也如此呢?(莫斯科省共有3000人从事该行业)金银边饰、士兵背带、银金属丝带等产品是否也如此呢?

笔者认为,所有这些问题以及其他相关问题都是工厂和大型作坊发展的必然结果。手工业发展过程通常如下:最初只是满足家庭需求的家庭生产,然后发展成(过渡为手工生产时期)独立手工业,再进一步发展为附属于采购商的手工业者,随后转化为资本主义类型的手工业者(以家庭工业为主),个别手工作坊发展为工厂。该发展方式较为普遍,最后一项仍存在争论,争论焦点在小农手工业转化为工厂工业的可能性和时间上。笔者也认为,重要的手工业生产部门的发展十分复杂,这些手工业的发展并不是从独立的生产开始。这些部门并不是源于农民生产,而是依赖于大生产。

革命前很多工业部门的发展都可证明笔者的论断,现在发展最快的是俄国中部工业区棉纺织工业,该行业为手工业者主要收入来源。俄国大型棉纺织工厂始建于18世纪,由外国人创建,某些学者认为这种现象十分古怪。工厂引起手工业产生,手工印花业快速发展(书伊县城最为显著),工厂不但没有阻碍手工业的发展,相反却促进了其发展。每个大型工厂周围,小手工业作坊犹如雨后春笋,然后与大工厂相竞争,最后致使情况恶化。18世纪纺纱厂织工在工厂内进行生产。因手工织布工艺简单,很多工人在家中生产,工厂主为其提供纱线,18世纪末棉纺厂工厂主为农民发送纱线的现象十分常见。①

---

① 约有56个家庭从事棉布生产……工厂所有人从家庭采购棉布,这些家庭都有小型纺纱车,在城市中购买纺纱车,在自己家中生产大工厂中的类似产品。Campenhausen F. von. *Nachricht von der Stadt Jamburg. St. – Petersburg.* 1796. S. 20。

19世纪俄国工厂发展史（第四版）

19世纪初该方式快速普及，家庭织布业开始排挤工厂生产。① 据官方文献记载，19世纪20年代弗拉基米尔省工厂主为工人家庭发放纱线的现象十分常见。该类型工业发展模式如下：商人阶层大量建厂，农民最初在其工厂内工作，掌握生产技术后开始建立小作坊，自己生产棉纺织品。最初农民没有放置机床的设施，纷纷返乡在家中生产，现在该现象已十分常见。②

最终工厂开始瓦解，家庭雇佣劳动产生。因此并不是家庭工业促进工厂发展，相反是工厂促进家庭工业诞生。但该状况到此并未结束，从工厂主处获得订单后农民在家中从事生产，手工业快速发展，对工人和产品的需求量迅速增加，但熟悉此生产的人数有限。俄国家庭工作者逐渐转换为独立的手工业者，自己采购原料，产品在当地集市上出售。家庭工业过渡为独立的手工业生产，准确地说是家庭雇佣系统过渡为商业体系。很明显，手工业的发展模式与预想模式完全相反，并非由独立的手工业发展为工厂工业，相反工厂却经过家庭工业促进手工业发展。

伊万诺沃村棉纺织工业的发展历程足以证明该过程。很多历史文献对该村镇有所描述，其发展历程可谓众所周知。17世纪伊万诺沃村就已成为远近驰名的工业村，外国人塔梅斯于18世纪20年代在科赫马村建立亚麻厂

---

① 该问题科尔萨克在自己的著作中多次提及，但他认为该过程始于1825年，实际上此过程开始得更早。科尔萨克提出按家庭分发纱线终止于1825年，因为从这一年开始弗拉基米尔省工厂工业逐步繁荣。如1825年在书伊波塞里尼工厂有200台机器，为农村织工分发纱线，农村共有2000台机器；伊万诺沃巴拉诺夫工厂中没有纺织机器，只为附近农村400台机器分发纱线；库巴索夫也为附近村中农民分发纱线，附近村民有500台机器，在工厂中只生产细平布；很多厂主没有机器，只负责分发纱线，伊万诺沃村存在诸多该类工厂。详见：*Журнал мануфактур и торговли*（Далее：Журн. ман. и торг）1828. №2。弗拉基米尔省棉纺织工厂状况如下：很多工厂主只拥有少数机器，工厂主为附近村民分发纱线，村民使用自己的机器进行生产，最终将产品提交给工厂主。（Там же. 1830. №6. *Состояние фабрик и заводов Владимирской губернии в 1828*）科尔萨克的著作至今并未涉及俄国新时期工厂史，因此其很多论断的准确性有待考证。

② *Дело по проекту Зимина об ограждении фабрикантов от потерь при отдаче на дом крестьянам пряжи*, 12 сентября 1845 г.// Арх. д-та торг. и ман.

(第一部分) 第七章 工厂与手工作坊

后,该地区亚麻纺织业才有所发展。①

伊万诺沃村人在塔梅斯工厂学会了麻布纺织技术,随后当地从事贸易的富有农民在伊万诺沃村建立了几家大型亚麻工厂。18世纪下半叶这些工厂开始加工各种颜色的粗麻布。因印花工艺较为简单,18世纪下半叶起伊万诺沃村产生了大型印花工厂和小手工作坊。加列里尼指出,从1776年起伊万诺沃村印花工厂大量普及,当地人称其主人为工匠或手工业者。该类工厂为大型工厂的开端,因布匹深加工技术有限,随后一些精明的工厂主开始从事布匹深加工和装饰行业,主要为布匹印花和染色。②

18世纪末已经完成从粗麻布印花生产过渡为棉纺织品印花。工作在什里谢里堡印花布工厂的伊万诺沃村农民索科夫在工厂内负责调制染料,他回乡后创建了细平布印花工厂。从此时起伊万诺沃村细平布纺织工业快速发展,最初在大型工厂内普及,此后转为家庭生产。③

1812年伊万诺沃村工业活跃度超过莫斯科工厂,从此时起伊万诺沃村内手工业印花快速普及,在伊万诺沃村周围棉纺织业也快速发展。笔者在上文中已指出,1812~1822年为印花布生产的黄金时期。④ 19世纪50年代研

---

① 1720年在距伊万诺沃村10俄里的科赫马村中外国人塔梅斯修建了工厂。1720年修建的塔梅斯工厂为当地亚麻工业发展奠定了基础。塔梅斯工厂附近也修建了很多类似工厂。(Гарелин Я. Город Иваново-Вознесенск. Шуя, 1884. С. 139) 塔梅斯工厂附近粗布和亚麻手工业迅速发展。(Труды владимирского губернского статистического комитета Владимир, 1875. Вып. I. С. 62)

② Город Иваново-Вознесенск Т. I. С. 143.

③ 详见:加列里尼所著《伊万诺沃村细平布工业发展史》。波鲁希尼为本地多年老住户,他认为1751年为伊万诺沃村细平布工业的开端,此年农民格里高利·布特里莫夫从什里谢里堡工厂学会了细平布染色,开始修建工厂,当时工厂有100台印花和纺织机器。伊万·格拉切夫修建了第二家细平布工厂,工厂有300台机器。详见:Полушин Н. М. Очерк начала и развития ситцевой промышленности в селе Иванове и посаде Вознесенском//Встник промышленности 1860. Т. VII. 书伊的学者鲍里斯也持该观点,详见: Борисов В. М. Исторические сведения о начале заводов и фабрик в г. Шуе и его уезд//Труды владимирского губернского статистического комитета Владимир, 1865. Вып. IV.

④ 1812~1822年为弗拉基米尔省细平布工业黄金时期,印花布工业尤为兴盛。此时印花布价格非常高,高质量印花布价格犹如黄金。勤奋印花工在其家庭成员的帮助下每日可生产20块印花布,他们家中都有机器,可以自己组织生产,在交易日把自己的产品出(转下页注)

115

究者认为："伊万诺沃村工业具有自己特定的模式，工厂主为肯吃苦的农民提供大量优惠政策，这些人最初为无产者或只具有少量资金。所有这些政策都促使信贷业飞速发展，最终也促使印花行业飞速发展。在伊万诺沃村形成了完整的印花布生产体系。发展类似工业所需资金较少，因此，该村手工业快速发展。"①

19世纪初至20年代为伊万诺沃村印花布工业快速发展时期，工厂俨然成为印花工的学校。此时期印花生产部门中工厂主与手工业者之间的竞争尚不明显，印花布需求量大增促使工厂与独立印花作坊快速发展。笔者认为，此为俄国工厂主大量出现的时期，同时也是手工业发展的黄金时期。因工厂内印花工人具有较高的独立性，学成后他们返乡建厂，并开始雇佣工人生产，最终促使该部门的快速发展。

棉纺织行业状况有所不同。19世纪20年代印花工业在伊万诺沃村就已快速发展，印花工艺相对复杂，此时印花工为工人阶级的贵族，伊万诺沃村印花工供不应求。② 相反，棉纺织工艺简单，容易操作，农民都可以学会，很多织工习惯在家工作。因此细平布生产主要集中于伊万诺沃村，而棉纺织生产则集中于弗拉基米尔省的奥克列斯特等村镇。法国大革命后并未出现细平布工业的繁荣景象。

纺织工业中工厂倒闭现象十分常见，但倒闭的多为小型生产机构。印花工厂并未衰落，而是发展成独立工业单位，一些工厂发展为大型工厂。相反，细平布工厂却开始衰落，不但小型作坊，很多大工厂也相继倒闭。

（接上页注④）售给伊万诺沃村的商人，借助他们将产品销往各地。（Несытов И. *Колеристы и набойщики Владимирской губернии*///Памятная книжка Владимирской губернии на 1862 г. Владимир, 1862. С. 51. 详见：Гарелин Я. П. *Город Иваново-Вознесенск*. С. 204）

① Власьев М. *Село Иваново*//Вестник промышленности 1859. Т. Ⅲ. С. 16.

② 印花工虽十分勤劳、善良、坚毅，但他们的文化水平很低。（*О фабричном и мастеровом классе Шуйского уезда*//Владимирские губернские ведомости. 1847. №25）在工人阶级之中印花工的工资水平最高。他们生活十分恬静、幸福，在穿着上支出很高。织工和摇纬工工资最低。（Борисов В. *О мелочной промышленности в Шуйском уезде*//Там же. 1843. №4）

（第一部分）第七章　工厂与手工作坊

　　笔者已指出，18世纪末工厂主就已为织工提供棉纱，织工在家进行生产，以前只在工厂内进行棉布生产。19世纪上半叶家庭棉纺织业与工厂的斗争，以家庭手工业胜利而告终。此时期，工厂监察机构快速发展，这些机构完全不从事工厂工作，只负责为各村镇织工颁发材料。如19世纪40年代末在书伊县城工厂内只有1200名织布工，而在农村为工厂主工作的织布工达20000人。① 据弗拉基米尔省统计员季霍尼拉沃夫统计，19世纪50年代初期在弗拉基米尔省棉纺织工厂内共有18000台机器，而农村机器数量达80000台，各村按照工厂主订单进行生产。②

　　尽管19世纪三四十年代家庭织工按照工厂主订单进行生产的现象十分常见，但因织工不具备材料，因此棉纺织手工业、织布业仍处于主导作用。如1834年《手工工场和国内贸易办公厅杂志》中提到博戈罗茨克县城只有两种手工业生产方式，一种是从商人或其他企业主处获得原料；另一种是按照协商价格获得原料，制成品仍出售给原料供应方。③ 此种情况我们不能称为真正独立的手工业生产。

　　改革前弗拉基米尔省还有独立的织工，他们自己购买原料和出售产品。当时的人指出："很多织工或工匠都依附于工厂主，多依靠家人或雇人生产……这是当时较为流行的生产方式。这些工匠几乎都是农民，无许可证不能出售产品和购买材料、机器……这些手工作坊生产的细平布质量较差。他们的可信度不高。他们把应出售给工厂主或经销商的商品出售给其他人，也有些人从工厂主处获得原料后生产的细平布并不返还给工厂……这些工匠将细平布拿到伊万诺沃村集市上出售，然后从细平布工厂主处购买纱线。工匠们都不相信棉纱有成本。工匠们因十分贫困，无力修建房屋，只好在自己的木屋内工作……实质上，这些人的处境与工人相同。工匠连同自己的妻儿共

---

① *О фабричном и мастерово рабочие классе в г. Шуе и его уезде // Там же.* 1847. №20.
② Тихонравов К. *Владимирский сборник.* Москва，1857. С. 11.
③ *Статистические сведения по Богородскому уезду в промышленном отношении // Журн. ман. и торг.* 1834. №1. С. 21.

117

同整经、织布。"①

伊万诺沃村独立织工简化了细平布的交易程序。当时的研究者指出："伊万诺沃村集市为大型的交易场所，许多商人、工厂主和工业主来此处进行交易，他们在集市上讨价还价后进行交易。当地工业规章确定主要交易产品的价格，其中细平布和棉布价格颇受关注。这里生产大量的印花布，因此集市的主要交易对象为细平布……集市上的部分细平布由农民提供，此时他们已可在家生产细平布。此外，集市上还有棉纱和生产下等细平布的染料出售。"②

从对工匠的评论中可以看出人们对其印象较差，评价其是"独立织工"。工厂主经常抱怨家庭织工的不良行为，工厂主行为也引起"独立织工"的不满，这些工厂主为织工提供原材料，因小生产者与大工厂主间的不良竞争才出现此现象。该时期工厂主的请愿书足以证明该状况（请愿书中大多数人抱怨手工业者竞争压力增强）。

以前的请愿书多为织工抱怨工厂主控制原料和市场，此时很多富有织工已经做到真正独立。阿克萨科夫认为，乌克兰集市上在大工厂主出售美丽商品的同时，工匠、手工业者也开始出售商品……莫斯科省和弗拉基米尔省农民最初在家里为工厂主工作，后来他们自己购买棉纱，在家里生产各种棉纺织品，如条格布、南京棉布、粗麻布、细平布等，染色后自己或托人在集市上出售。当独立织工生产的产品数量达1000俄尺时，便用自己的马匹运到市场上销售。有些头脑灵活的农民在村中收购产品，然后运到集市上出售，这些产品对工厂主的冲击较大，因为它们不但质量较好，而且价格低廉。③

因此，小生产者有时也从事贸易，此时他们成为真正意义上的独立业

---

① Журов Ф. Миткалевые фабрикаты, их ткачи и комиссионеры во Владимирской губернии// Вестник промышленности. 1858. Т. I. О самостоятельных ткачах см. также: Лядов И. Рукодельные ремесла, промесла и торговля жителей Шуи в 1856 году. Владимир на Клязьме, 1876; Журов Ф. О цене за точу миткаля// Владимирские губернские ведомости. 1857. No. 15.

② Власьев. М. Село Иванова. 1859. С. 161.

③ Аксаков И. Исследование о торговле на украинских ярмарках. СПб., 1858. С. 20, 163.

主。部分手工业者，包括一些小商贩，最后发展成大工厂主。

笔者已经指出，尼古拉一世时期工厂主的请愿不断。那么当时大小生产者间的斗争与现在二者间的斗争是否有差异呢？工厂主对政府保护手工业者的态度如何呢？

1823年，财政大臣古里耶夫建议莫斯科商人协会阐述商人需求和工业衰退的原因。协会为此广泛征求社会各界的意见，在意见书中很多人抱怨农民手工业者的竞争。一个文件中写道："允许农民建厂后，对工厂和手工工场十分不利……阻碍大型工厂兴建的同时，也抑制工厂主改善产品质量，很多工人无视工厂规章，工厂生产大不如前。"①

有几个工厂主反对手工业者的方案比较著名，下文将对这些方案进行阐述。

方案作者茹罗夫指出，工匠们不需支付基尔德税的现实应引起财政大臣的关注，因为这会大大降低国库的收入。1825年弗拉基米尔税务局在提交给国内贸易办公厅的报告中指出，很多不具有工厂和贸易证明的农民（多为独立的小印花工）已有机器，他们使用马匹将其产品运到市场上进行交易，在交易过程中也不需支付任何费用。

税务局向办公厅询问，该问题如何解决，农民是否可以进行贸易，此贸易是否合法……由棉纱纺成的布匹和农民生产的印花布是否可以到县城内销售。②

办公厅虽然反对排挤农民工业，但是建议对拥有机器、使用马匹运输货物出售的农民按照二级基尔德标准进行征税。笔者在上文中已经指出，财政

---

① Предположения московского купечества о причинах упадка торговли//Сборник сведений по ведомству министерства финансов. СПб., 1865. Т. Ⅲ. С. 294. 该书在第39部分指出很多农民在城市中从事手工业和贸易，他们与商人和工商业者无异。第42部分指出随着贸易不断普及，很多城市贸易衰落，他们被迫从基尔德阶层过渡为市民阶层。第45部分指出俄国农民贸易严重损害商人利益，从事贸易的农民应消失，其地位应被商人取代，大部分农民仍归地主所有，他们所赚的利润也应归地主所有，因此不能成为城市居民或过渡为其他阶层。第46部分指出城市居民数量并未减少，他们的生活状况并未改变（第296、297、298页）。
② 1825年8月8日税务局向手工工场办公厅提交对农民机器征税的申请书：Арх. д-та торг. и ман.

部并不打算干预农民工业的发展。

1845年格扎茨克商人茹科夫在给沙皇尼古拉一世的请愿书中指出，格扎茨克和俄国其他工业区工商业发展畸形。沙皇在收到书信后，命财政部研究该问题。

茹科夫认为，贸易发展畸形主要源于县城内手工业主的产生，这些手工业主被称为牲畜贩卖商、小贩和工厂主等，他们不用支付任何基尔德税，便可在城市内任何地区进行贸易……在县城内还有农民承包人，他们从莫斯科采购加工细平布的原料和波斯绒经线……每个院落都有工作间，经线时常供应不足……致力于改善制品质量的工厂主，现在几乎不从事生产，生产多由农民完成，他们只关心以最低的价格从农民手中购买商品。在莫斯科和弗拉基米尔各县城中，该类生产方式十分常见，以书伊县城最为显著，此处所有农民、小商贩或工厂主几乎都从事手工业。伊万诺沃村农民把50000俄尺细平布运到市场上销售……现在商人的利润大幅度降低，莫斯科郊区2/3以上居民从农民处购买产品。

为限制手工业者与工厂主的竞争，茹科夫建议对小生产严格监督，从而避免国库损失，同时法律应该严格规定纺织品的宽度和长度、染料的质量等，农民只能生产低等商品，采取该措施后应该可以消除手工工业，但财政部驳斥了茹科夫反对独立小手工业者、反对工厂主为织工提供纱线的建议。[①]

1846年在弗拉基米尔省大工厂主加列里尼（《伊万诺沃村工业发展史》的作者）向财政部提供信件后，财政部的立场发生变化，该信件内容如下：

> 伊万诺沃村农民手工作坊非法生产致使附近村镇状况恶化……工厂主为农民发放丝线，但农民经常辜负工厂主的信任，擅自把这些纱线拿到市场上出售，这种状况为工厂主带来巨大损失。
>
> 禁止不具有贸易权的农民出售棉纱和棉纺织品，每个农民家庭机器

---

① 1845年2月10日工人向财政大臣提交商人茹科夫滥用职权、虐待工人的请愿书：Там же。

最多持有量为4台，商品上必须贴上标签，标签上必须注名禁止无权进行贸易的农民和市民从事贸易，不能将其产品转交给无权贸易人出售。

手工工场和国内贸易办公厅在听取手工工场委员会的意见后并不赞成加列里尼的意见，认为此意见不能实施。[①]

1845年弗拉基米尔省商人济米尼写信给财政大臣，信中抱怨获得工厂主材料的农民不能在规定的时间内供货……经常浪费大量扎绞线……有时甚至卷跑定钱……织工们认为，当原料掌控在他们手中时，工厂主必须满足他们的要求……他们经常挥霍材料，有时隐藏材料，有时把材料抵押……工厂主还必须赎回材料。该类事件除降低了工厂主的收入外，也让农民陷入了道德危机。

济米尼还制定出十分滑稽的法律方案，主要用于调节农民在家工作事宜。按照其方案，农民为获得在家工作的权利，应该提供当地官员开具的行为良好证明，此证明中应该指出农民持有机器的数量。证明由工厂主保存，如果农民工作疏忽大意，工厂主可以在证明上指出农民的错误。农民在获得工厂主提供的原料后应该积极组织生产，不能从事其他种类的生产……禁止农民存货或者抵押工厂主材料，如果出现该状况将进行相应处罚，以偷窃和诈骗罪论处……为保护国库利益，预防工厂主偷税漏税，禁止无贸易证明的农民出售细平布和其他家庭手工业品。

所以，弗拉基米尔省省长指出该方案使工厂主和农民都陷入了两难境地。

很明显，济米尼方案的出发点是保护工厂主利益不受侵犯，完全禁止家庭手工业。济米尼本身也是工厂主，但他并不了解19世纪40年代工厂的实际状况。莫斯科工厂主机构——莫斯科手工工场委员会分会反对采取任何措施阻碍家庭手工业发展。莫斯科手工工场委员会分会指出，从19世纪20年代起商人工厂便开始衰落，农民依靠其辛勤的劳动开始修建小工厂生产棉织

[①] 1846年11月4日男爵梅伊尼多尔夫提交赋予加列里尼荣誉市民称呼的请愿书：Там же。

品。他们认为济米尼的方案对农民压制过大，建议财政部不采用该方案。①因此，该方案并未实施。

所有这些方案都证明手工业对工业造成了冲击。工厂主提出的各种方案未被采纳的主要原因在于任何限制家庭手工业的措施对家庭工作都十分不利，方案提出者希望打击手工业者，从而保持工厂生产的优势地位。

《手工工场和国内贸易办公厅杂志》中刊登了很多文章打击手工业者，并阐述了具体措施。如1830年第10期《关于农民工厂》一文中写道："俄国农民工厂问题已迫在眉睫，工厂主不热衷于改善自己工厂产品的质量，只一味地采取措施压制农民发展工业，这样十分不利。俄国古老的工业领域应该与快速发展的经济形势相一致，一味依靠政府监管和管制并无实际意义。"

文章作者反对采取措施阻碍手工工业发展，并且认为如果俄国没有农民工厂主，俄国手工工场也难以取得令人瞩目的成绩。②

1832年财政部在给手工工场和国内贸易办公厅的批示中指出，城市大工厂中的产品加工工艺已经由普通工人带入农村，开始在自己家中依靠自身力量发展该行业，或者按照订单进行生产。③

该问题在省机械师的报告中也多次提出，如弗拉基米尔省机械师涅塞托夫在1850年给手工工场和国内贸易办公厅的信中指出："因苏兹达尔县城农民手工业兴起，加夫里洛夫工业区细平布工厂逐渐衰落，农村居民在生产上具有一定优势，可以降低劳动成本，其产品价格只为工厂产品的九成。"④

1851年涅塞托夫指出："尤里耶沃-波里斯克县城内棉纺纱生产已经由农民控制，可以说，这种手工工场工作方式不符合常规，因而造成大工厂在与手工业者的竞争中亏损严重。"⑤ 涅塞托夫也指出，其他地区农民在乡镇

---

① 1845年9月12日商人济米尼提交保护工厂主利益的方案：Там же。
② 手工业者一词的产生至今仍存在争论，援引文章作者指出在莫斯科农民工厂主被称为手工业者。但笔者认为很多人可以被纳入该行列。
③ Отчет департамента мануфактур и внутренней торговли за1832 г. //там же.
④ О действиях губернских механиков//Журн. ман и торг. 1851. Ч. Ⅲ. С. 32，58.
⑤ Там же. 1852. Ч. Ⅲ. С. 73.

集市上购买棉纱的现象也比较普遍。①

总之19世纪30~50年代俄国棉纱工业的发展主要依赖于手工织布业的发展。

莫斯科与书伊县城棉纱行业快速普及,俄国中部地区成为棉纺织工业中心。19世纪40年代末中部省份,如雅罗斯拉夫、科斯特罗马、梁赞、卡卢加等棉纺织工业中农民手工业占据主导地位。手工业普及的方式有两种,一种是农民在其他地方学成技术后返回家乡建立手工作坊,另一种是在本地纺纱和织布工厂的影响下农民自己建立相应的工厂。

如在卡卢加省小雅罗斯拉夫县城内棉纱手工业产生于19世纪30年代,1830年县城内才建立起第一家棉纱工厂——古比尼工厂。此后在该地区内手工织布业快速发展,古比尼工厂工人数量达上千人,50年代该工厂停止生产并倒闭。②1840年马留京绦带工厂建立后,此县城内绦带与带子手工织布工业快速发展。该工厂最终也因无力与手工业者竞争,于19世纪60年代倒闭。③

卡卢加省地方研究者也曾提及独立工匠。冬季所有自由农民都成为细平布织工。富裕工厂主将产品销至莫斯科,然后购买纱线,工厂主获得纱线后纷发给农民,最后收购细平布运至莫斯科。④

梁赞省叶戈里耶夫斯克和扎赖斯克县城内棉纺织工业产生于19世纪二三十年代,最初在莫斯科工厂工作的当地农民,返乡后开始采购织布机器、

---

① Вестник И. Р. Географического общества. СПб., 1858. Ч. I. Несытов И. *Мануфактурная и торговая промышленность города Шуи*. 很多当代学者对尼古拉一世时期手工业者和工厂主间的斗争进行过描述。著名经济学家和统计学家涅博西尼的描述如下:俄国的手工业者很仇视大工厂主,工厂主对手工业生产也抱怨连连。工厂主和手工业者间的竞争日趋激烈,很多手工业者因机器和技术落后,产品销售困难纷纷关闭手工作坊,开始到工厂内务工……但因工厂产品价格较高,手工业者的产品仍有销售市场。(Отчет о путешествии о Оренбургский край//Вестник И. Р. Географического общества. 1852. Т. Ⅳ. Отд. Ⅴ)
② Паямтная книжка Калужской губернии на 1861 г. Калуга, 1861. С. 194.
③ Доклад высочайше учрежденной комиссии для исследовании нынешнего положения сельского хозяйства 1873. Прил. Ⅰ. С. 158.
④ Мануфактурная и заводская промышленность Калужской губернии//Журнал ман. и торг. 1858. Т. Ⅳ.

123

纱线，按照莫斯科工厂主的订单进行生产。梁赞省织布业发展是从叶戈里耶夫斯克县城建立赫卢多夫纺纱厂开始的，此后大大小小纺纱工厂、手工作坊快速建立，但赫卢多夫纺纱厂状况越来越差。①

特维尔棉纺手工业的发展也是如此，如卡利亚济尼县城棉纺织工业也由农民发展起来，这些农民以前也在莫斯科工厂务工，他们在工厂学会相应技术之后，返回家乡设立手工业作坊。②

科斯特罗马省棉纺工业产生于19世纪20年代，从手工作坊发展而来。③ 70年代初期在科斯特罗马省还有众多"独立织工"，他们从工厂主处购买纱线，所生产的细平布在集市上出售。

19世纪三四十年代大棉纱生产的衰落（转换为以雇佣为主的家庭工业，可以被称为独立的手工生产）是有据可循的。棉纺织工厂内工人数量、俄国棉花和棉纱进口数量足以证明该状况，具体数据详见表7-1。

表7-1 1836~1857年俄国棉纺织厂内工人和棉花进口数量

单位：人，千普特

年份	棉纺织厂内工人数量*	棉花和棉纱进口数量
1836	94751	865
1852	81454	1960
1857	75517	2765

注：* 详见各年度的《手工工场和国内贸易办公厅杂志》(Арх. д-та торг. и ман.)。

表7-1可知，此时期棉花进口量增长了2倍多，但棉纺织工厂内工人数量缩减了20%。但该时期织布技术并未有明显进步（手工织布并未完全

---

① Промышленность государственных крестьян Рязанской губернии//Журнал министерства государственных имуществ. 1847. Ч. XXV; Хлопчатобумажная промышленность в Рязанской губернии//Журнал министерства внутренних дел. 1861. Ч. XLVIII.
② Сборник статистических сведений по Тверской губернии. Тверь, 1890. Т. V. С. 155.
③ Материалы для изучения кустарной промышленности и ручного труда в России. СПб., 1872. С. 125. 科斯特罗马省各乡棉纺织工业发展状况，详见：《手工业委员会著作》。(Вып. IX, XIV, XVI и XVII)

过渡至机器织布），工厂内工人数量明显减少，工厂生产萧条，因此逐渐过渡为手工作坊。大资本主义生产丧失原有地位，而独立手工家庭织布生产开始超越工厂，占据主导地位。

改革前俄国棉纺织工业的发展与新时期相比具有反向特征。大工业发展引起小手工业快速发展，工厂转化为家庭工业、手工业作坊。独立手工业者由工厂工人转变而来，他们可以自己处理与工厂主间的关系。棉纺织工业发展的独特性毋庸置疑，其他领域工厂发展趋势是否也是如此呢？下文将对该问题进行阐述。

俄国农民自古以来就从事粗麻纺织业，很明显，在原始亚麻纺织领域工厂的作用可以忽略不计，但这只是表面现象，实际上薄亚麻纺织发展史与棉纱工业发展史类似。书伊县城原始薄亚麻纺织工业源于彼得一世时期在科赫马设立的塔梅斯工厂。① 雅罗斯拉夫县城大谢洛为俄国重要亚麻生产中心，该地区内薄亚麻纺织业源于彼得一世时期的扎特拉佩兹工厂。② 此村镇内纺织业的发展受大谢洛地主亚科夫列夫影响较大，但其工厂于 1842 年倒闭。③ 雅罗斯拉夫省另一个纺织中心为尼科里村，该村薄亚麻纺织业始于萨尔特科夫领有工厂，该工厂于 19 世纪初倒闭，但工厂周围"独立"的原始织布业快速普及。④

---

① Борисов В. Село Кохма//Владимирские губернские ведомости. 1856. №2. 外国人塔梅斯在克赫姆村修建亚麻工厂，附近某些富裕农民也从事该行业。

② Материалы для истории полотняного производства в России//Сборник сведений и материалов по ведомству министерства финансов. СПб. , 1867. Т. Ⅲ. С. 285.

③ Труды комиссии по исследованию кустарной промышленности. СПб. , 1885. Вып. Ⅵ.

④ Исследование о состоянии льняной промышленности в России. СПб. , 1847. С. 73. 亚麻纺织手工业产生于雅罗斯拉夫省，该行业受 19 世纪三四十年代著名亚麻工业主卡尔诺维的影响较大，1800 年在地主庄园内开始产生小型纺织作坊，当时这些作坊只分布在雅罗斯拉夫县城尼科里村内，此后亚特列夫、萨尔特科夫庄园内也开始从事该手工业。此时纺织机器已逐步在作坊内推广……1822 年当新税率实施后，对外国麻产品征收高额关税，每普特商品关税达 1 卢布 80 戈比，地主庄园内开始用自动纺纱车，此后纺纱机也大量普及。从事麻线纺纱和织布手工业的工人数量减少，此时雇佣工人工资也大幅降低。如今在大谢洛附近以及雅罗斯拉夫市和涅列赫特市附近很多居民从事亚麻纺织业，很多人在家中工作，产品出售至首都和附近各省份，年销售额达 100 万卢布。Карнович Е. Исторический обзор льняной и полотняной промышленности в Ярославской губернии. Перепечатано в：Журнал министерства государственных имуществ. 1851. Ч. XL.

科斯特罗马省亚麻工厂也在一定程度上促进了手工织布业的发展。①

笔者已经指出，亚麻工业发展历史与棉纺织工业类似。实际上，俄国最初大亚麻工厂中所有工作都是在工厂内进行的。18世纪末旧式工厂开始衰落，从工厂主组织工厂生产过渡为工厂主组织分配纱线，最终转化为家庭生产系统。1785年梅登县城某些帆布厂中，在家中按工厂主订单进行生产的工人数量明显超过工厂内工人数量。②科斯特罗马省亚麻工厂主也按村发放纱线，这在19世纪初很多历史文献中有记载。据记载涅列霍特斯克县城中很多村民是织工，工厂主为其提供纱线然后在家中生产。普列斯市亚麻工厂主祖巴列夫把亚麻分给当地农民，农民家中都有机器，农民把织好的麻布送还给工厂主。普列斯市工厂主叶罗里尼也按照该方式组织生产。③

准确地说，雅罗斯拉夫省真正意义上的大工厂诞生于19世纪初。④

---

① *Материалы для изучения кустарной промышленности*. СПб., 1872. C. 125, 126. 应该确认科斯特罗马省乌戈里恰尼诺夫、斯特里加列夫等亚麻工厂已经建立，科斯特罗马省书尼格尼乡织工也纷纷建立手工作坊。（*Труды кустарной комиссии*. Вып. IX. C. 2081）诺维尼乡纺织手工业产生已久，很多手工作坊转化为工厂。（Там же. Вып. XIII. C. 327）奥别列夫乡因附近工厂发展手工业迅速崛起。基涅什马县城久比尼斯乡手工业开始崛起，圣彼得堡工厂工人返乡建厂。（Там же. Вып. XV. C. 205）维丘热斯克乡亚麻行业发展迅速，本地工厂主发展该工业。（Там же. Вып. XV. C. 196）谢梅诺夫乡44年前就已诞生亚麻纺织工业，他们在克涅舍斯基县城建立纺纱工厂。（Там же. Вып. XIV. C. 119）科斯特罗马省的县城几乎都从事亚麻手工业，很多亚麻织工纷纷在工厂周围建立手工作坊。领有工厂在此过程中具有重要作用。如18世纪科斯特罗马县城阿巴里赫村就发展起亚麻工业，工厂属于一个领主，他从附近雇佣农民进行生产。从1752年开始附近农民在此工厂内工作了40年，18世纪末该工厂出租他用。（Там же. Вып. IX. C. 2150）

② *Die Stadthalterschaft Kaluga//Journal von Russland*. 1794. Bd. I. S. 337.

③ *Описание Костромской губернии, Нерехотского уезда*, 1802//Арх. Имп. Волно-эк. об-ва.

④ 许多工厂主将自己的机器运到农村，如罗斯托夫工厂主就将113台机器运到70个村中。（Герман К. *Статистическое описание Ярославской губернии*. СПб., 1808. C. 119）雅罗斯拉夫县城某些农民从亚麻工厂带回机器回家纺纱。（*Топографическое описание Ярославской губернии*, 1802//Арх. Имп. Волно-эк. об-ва）伊萨耶夫教授对雅罗斯拉夫省亚麻家庭纺织行业的发展史进行了阐述。他认为，机器纺纱代替手工纺纱在该过程中具有重要作用。当手工纺纱时织工具有独立地位，但使用机器后（19世纪50年代）织工开始对中间商具有依赖性。手工业技术特征导致手工作坊数量过多，布匹与以前一样仍由农民在木屋中生产，但织工已不再自己购买纱线，而是从中间商处获得纱线。（*Труды кустарной комиссии*. Вып. VI. C. 672）雅罗斯拉夫省家庭手工业始于19世纪50年代之前已毋庸置疑，通过查阅关于手工业研究的材料笔者可以确认从50年（转下页注）

（第一部分）第七章　工厂与手工作坊

据1862年雅罗斯拉夫省纪念册记载，亚麻工业最初由大工厂主掌控，随后开始过渡至农民手中。①

19世纪30年代工厂主为农民分配麻线的现象在弗拉基米尔省十分普遍。②

此时，产生了使用自己原料进行薄亚麻布生产的织工。大生产最终促进了手工业的发展，手工作坊就是在工厂的影响下产生的。③

很多富裕织工开始自己购买原料、自己销售产品，贫穷织工仍从工厂主处获得麻线。这种"独立"的织工在雅罗斯拉夫省十分常见，在大谢洛附近更为普遍。麻布生产与细平布生产一样，19世纪20～50年代为该部门手工业快速发展时期。很多数据足以证明大型工厂逐渐衰落，如1852年弗拉基米尔省所有亚麻工厂中工人为2977人，而农村工厂工人达8579人。④

在此状况下，亚麻工厂主与棉纺织工厂主一样，对手工业者的竞争怨声载道。1835年财政部通报各省省长，要求他们为本地区工业发展献计献策。⑤ 科斯特罗马省省长呼吁当地商人和工厂主研究该问题。工厂主指出："亚麻工业衰落的主要原因是农民手工业发展迅速，他们不需支付任何费用，虽然生产技术落后，产品质量粗糙，但其价格低廉，很多中间商对其十分青睐……因其产品价

（接上页注④）代起大谢洛家庭纺织工业便已经普及，从19世纪起雅罗斯拉夫省家庭织工便十分普遍，《俄国亚麻工业状况研究》一书中已指出19世纪40年代起大谢洛织工已开始采购原料按照订单在家中工作，所以，机器纺纱促进了家庭工业的普及。

① 详见：Мещерский А. А., Модзалевский К. Н. Свод материалов по кустарной промышленности в России. СПб., 1874. С. 358。

② Владимирские губернские ведомости 1855. №33. Несытов И. Полотняная фабрикация во Владимирской губернии；Он тоже. Очерки 25 - летия развития мануфактурной промышленности Владимирской губернии. Б/г.

③ 哈里佐梅诺夫认为，别列亚斯拉夫县城亚麻生产由来已久，主要是粗布生产……县城内织工所需材料从苏兹达尔、尤里耶夫、罗斯托夫工厂主处获得，18世纪末还保留粗布生产。(Промыслы Владимирской губернии. Вып. V. С. 104)

④ Несытов И. Очерк 25 - летию развития мануфактурой промышленности Владимирской губернии. С. 46.

⑤ 根据尼古拉一世的诏令可看出沙皇对城市工业发展缓慢的状况非常不满，很多省长给予答复，在各省省长的答复中可以看出他们受到谢德里尼思想的影响。如奥洛涅茨省省长于1835年3月16日指出，根据沙皇指示，我比较倾向于商人修建工厂，虽然他们并不具有修建工厂的经验，但是他们拥有大量资金，这对工业发展十分有利。(1835年1月1日沙皇关于强化城市手工工场工业措施的指示：Арх. д-та торг. и ман)

127

格低廉，很多人争相购买。"

卡卢加商人也指出，城市工业和贸易衰落的首要原因是货郎和手工业者数量迅速增加，城市中商人阶层快速衰落，因资金匮乏，商人无力成立大型工厂。①

因此，麻纺织工业与细平布行业一样，改革前俄国手工业者对工厂主冲击巨大。笔者不再赘述其他纺织业的发展过程。呢绒纺织（军队呢绒和薄呢绒）工业与麻纺织和细平布纺织工业发展趋势类似。18世纪只有大工厂才能进行军队呢绒生产，19世纪初莫斯科周围的军队呢绒厂周围呢绒家庭纺织业已非常普遍，部分织工按照工厂主订单生产，其余产品农民留作自用。1809年部分呢绒手工业者（莫斯科省和弗拉基米尔省）的地位已可以和大工厂主相媲美。②

参议员阿尔舍涅夫认为，大部分莫斯科呢绒工厂只从事呢绒染色和装饰工作，坯布主要由附近农村生产。③ 18世纪呢绒工厂也从事毛线加工，如毛纱、编织、染色、制毡、拉毛等工作，大多数工厂从事此类工作。19世纪初开始专业毛纱和呢绒装饰厂诞生。毛纱工厂诞生对手工织工十分有利。1830年《手工工场和国内贸易办公厅杂志》中指出，德拉杰达莫夫头巾和一些呢绒都由莫斯科和科洛姆纳县城的且尔吉佐夫、普列奥比拉热尼、谢梅诺夫等地生产。文章作者指出，这对呢绒行业十分有利，呢绒产品价格逐渐降低。

文章作者认为此时俄国已存在家庭雇佣生产，而且该生产方式逐渐发展，有时没有工厂的商贩也加入此行列，这些商贩为农民颁发纱线，然后把农民生产的产品送到专业机构染色和装饰。

作者在文中指出，莫斯科某些工厂主虽然表面上全力呼吁反对生产竞赛和

---

① 沙皇关于强化城市手工工场工业措施的指示：Арх. д-та торг. и ман。
② 1809年10月12日关于允许自由出售军事呢绒产品的报告：Там же。当时一份官方报告指出，军队使用的呢绒几乎都由莫斯科工厂主生产……莫斯科近郊农民也从事该行业，他们拥有的机器数量很难统计。（Доклад его императорскому величеству министров внутренних дел и военных и сухопутных сил// С - Петербургский журнал. 1808. Июль. С. 55）
③ О нынешне состоянии мануфактур в России по сведениям сенатора Аршеневского//Северная почта. 1812. No22.

降低产品价格,却为自己生产上的一点点进步和冲击少量工业主而沾沾自喜。①

1830年在手工工场委员会莫斯科分会上,莫斯科工厂主发表宣言,从中可以看出工厂主对当地手工纺织业十分不满。莫斯科工厂主指出,部分资本家开始亏损,很多工厂开始萧条或倒闭,工人们在学成后返乡建厂,生产技术迅速普及,家庭手工业迅速发展,虽然很多工厂境况大不如前,但手工业迅速发展。②

手工织布和毛线编织业的产生也依赖于工厂。弗拉基米尔省别斯佳克村为毛袜生产中心,当地研究者将家庭手工业蓬勃发展的原因解释为18世纪末别斯佳克村成立大型呢绒工厂,工厂倒闭后很多呢绒以较低价格出售给当地农民。③辛比尔斯克省呢绒手工行业的发展主要依赖于附近的呢绒工厂,农民可以在工厂内获得毛线和使用工厂的缩绒。④ 总之,呢绒工厂受家庭工业的影响较大,细平布和麻布生产受其影响最大,毛纺织手工业在一定程度上受制于工厂。

手工丝织行业的发展完全依赖于工厂。该工业主要集中在莫斯科省和弗拉基米尔省的几个县城中。彼得一世时期莫斯科省就建立了大型丝织工厂,其中最为著名的是博戈罗茨克县城的别斯佳克工厂和库巴维尼工厂,现在这些地区也是手工丝织行业的中心。在丝织品纺织技术发展时农村内并未建立大型工厂,丝织工厂工人学成后返回农村。上文已提及,18世纪手工丝织工人在和大工厂竞争的过程中取得巨大成就。19世纪初手工丝织业在莫斯科省快速普及,当时一个莫斯科居民对该问题的描述如下:"莫斯科省一个县城中国有农民有300台织布机和数百台黑纱机。"⑤ 阿尔舍涅夫也指出,莫斯科波克罗夫斯基郊区、普列奥布拉任斯基村和伊斯梅格沃村很多小型丝织工厂有1~10台机器。大部分手工作坊依靠家庭劳动,也有一些作坊雇佣

---

① О необходимости разделения работ по производству средственных и легких сукон//Журнал ман. и тор. 1830. №6.
② Объявление от московского отделения мануфактурного совета гг. фабрикантам//Там же. 1830. №5.
③ Дубенский Н. О промыслах Владимирской губернии//Журнал министерства внутренних дел. 1858. Ч. XXXⅡ.
④ Материалы для изучения кустарной промышленности. С. 62.
⑤ Чернов С. Статистическое описание Московской губернии 1811 г. М., 1812. С. 72.

工人生产，一部分工厂按照大型工厂主订单生产，剩余产品拿到集市上销售。① 因此，此时独立的手工生产已具备家庭雇佣生产的特征。

1813 年，在距莫斯科 30 俄里的戈列别尼斯科夫村，上千农民从事丝织品和棉布加工业务。距莫斯科 80 俄里的瓦霍尼斯基乡共有 5000 名居民，却有 2000 台机器，很多农民按照莫斯科工厂主订单从事各种布料加工业务。② 19 世纪二三十年代俄国工业逐步繁荣，众多小型丝织工厂和手工作坊相继成立，其中一部分发展为大型工厂。③

19 世纪 30 年代，莫斯科和博戈罗茨克县城农村作坊内手工拆卷和纱线合线工作十分普及。④ 19 世纪 30 年代莫斯科和博戈罗茨克县城还没有染色作坊，仍不能生产塔夫绸。⑤

弗拉基米尔省手工丝织行业的发展得益于大工厂工人。扎洛季工厂（以前的拉扎列夫工厂）内很多工人来自弗拉基米尔省的卡宁和波克尔沃县城。19 世纪 30 年代，农村有众多丝织工人，他们的技术都由大型丝织工厂工人传授。⑥

大麻生产部门家庭工业也有所发展，纤维－纱线加工为该行业的初级阶段。以前卡卢加省为俄国帆布－亚麻纺织中心，织布主要在工厂内进行，但纱线生产主要依靠农村，农民按照工厂主的订单进行生产（工厂主提供材料，）⑦ 索具纱线也由农民（按照商人订单）在家中生产。⑧

---

① *О нынешне состоянии мануфактур в России//Северная почта.* 1812. №22.
② *Сборник сведений и материалов по ведомству министерства финансов.* СПб., 1865. Т. Ⅲ. С. 78.
③ *Сборник статистических сведений по Московской губернии.* М., 1903. Т. Ⅶ. Вып. Ⅲ. С. 27 – 28.
④ 工厂主抱怨染色工人隐藏丝线，为让布匹变重向上洒蜂蜜等物，详见：*Вторая московская выставка российских мануфактурных произведений в 1855 г.* СПб., 1856. С. 196 – 198.
⑤ Там же. С. 209.
⑥ *Историко-статистический обзор промышленности в России.* СПб., 1883 – 1886. Т. Ⅱ. С. 189.
⑦ *О пеньковом производстве в Калужской, Орловской и смежных губерниях//Журн. ман. и торг.* 1851. Ч. Ⅲ. С. 183.
⑧ *Памятная книжка Калужской губернии на 1861 г.* С. 195.

(第一部分)第七章 工厂与手工作坊

特维尔省勒热夫市居民冬季大多从事索具纺纱行业,他们大多按照当地商人的订单进行生产。① 19世纪40年代,奥廖尔省索具纺纱业飞速发展,当时的研究者指出,此处城市和乡村中手工作坊众多。据推测,奥廖尔省索具工厂与莫斯科省和梁赞省索具工厂一样由纺纱工人建立,这些工人(国有农民)由外地迁至于此。莫斯科周围有众多索具纺织工厂,工厂主为乡村居民发放纱线,此工艺在梁赞省农村居民间逐渐传播,此处索具工厂与大城市纺纱厂一样为农民提供原料,农民提交制品后给予相应的工资。②

阿尔扎斯县城大麻纺纱工业由当地农民掌控,以前这些农民都在临近县城的织布工厂中工作。③

笔者在第一章中已提到卡卢加省帆布厂开始衰落,此后该行业仍保持这一趋势。虽然以前当地帆布工厂规模有限,但仍产生了新型手工工业,如麻布纺纱和织布行业、布袋、防水布生产等。亚麻工厂为梅登县城亚麻手工工业中心。19世纪50年代亚麻手工业逐渐繁荣,该地区著名的商人活动家叶罗欣曾是倒闭呢绒工厂的织工。叶罗欣创立了一家小工厂,同时开始挨家挨户分配亚麻原料,该地区手工业具有雇佣家庭生产的特征。

至此作者只对纺织工业进行描述,该领域的发展具有独特性,借助家庭工业体系从工厂工人过渡为独立的手工业者,或者说通过家庭工业雇佣体系从工厂工人过渡为买方体系。其他生产领域受工厂的影响不是很大,金属手工业加工、冶铁与制铜业很少依赖工厂,当然个别情况除外,如巴甫洛夫地区工业十分发达。17世纪初巴甫洛夫地区就因高超的制索和钳工手工业而闻名,但所有研究者都认为,18世纪上半叶建立、1770年倒闭的舍列梅杰

---

① *Состояние мануфактурной промышленности Тверской губернии в 1845 г.* Тверь, 1846. С. 9 – 11. Перепечатано в "Журнале министерства внутренних дел" (1847. Ч. XVIII) под заглавием "Мануфактурная промышленность Тверской губернии в 1845 г."
② *Промышленность Орловской губернии*//Журнал министерства госуд. имущ. 1848. Ч. XXIX. С. 206. Также. см.: Волков. *Промышленность Орловской губернии*//Там же. Ч. XXX.
③ *Труды кустарной комиссии.* Вып. VI. С. 548;Вып. II. С. 49 – 60.

131

夫伯爵冶铁厂具有重大意义。① 巴甫洛夫村镇地主在工厂倒闭之后开始雇佣英国工匠发展本地工业，开始向工人传授相关技术。在巴甫洛夫地区手工业产生过程中巴拉绍夫工厂具有重要作用，巴甫洛夫村新式手工业在该工厂的直接影响下诞生。拉布津认为："巴甫洛夫剪刀生产之父为圣彼得堡剪刀工厂主卡纳普里，他到巴甫洛夫之后教会当地工匠生产剪刀，因圣彼得堡工作成本较低，巴甫洛夫有可能获得当地的廉价制品。"该工厂主也明显地促进了当地刀具生产技术的改进。拉布津又补充道："卡纳普里受到巴甫洛夫村民的广泛尊敬，他为村民带来财富。"② 砌刀手工业也不断发展，瓦奇镇成为该工业的中心，在其影响下康德拉托夫工厂于1831年建立。③ 下诺夫哥罗德省别兹沃德村金属丝生产者以前都是工厂中的工人。④ 下诺夫哥罗德省阿尔达托夫县城内金属手工业与大型采矿工业和铸铁厂的关系不容忽视。⑤

布尔马克诺是雅罗斯拉夫县城钳具和锻压工具生产中心。伊萨耶夫教授指出，19世纪30年代以前锻压工具生产工艺仍十分粗糙，但之后生产技术不断完善，主要源于布尔马克诺地主瓦列尼索夫在该地区建立了刀具厂。此前当地农民对刀具生产知之甚少。该工厂对当地居民影响较大，工厂内工匠为德国人，他们都是技艺精湛的锻造工和钳工。地主召集很多男童入厂工作，他们因此获得正规的手工业教育。工厂倒闭后工人各自回家，一部分工

---

① 在《手工工场和国内贸易办公厅杂志》中笔者找到了描写巴甫洛夫工业的第一批文章。(1846. Ч. IV) 很多书籍和文章对巴甫洛夫村进行了描述，如 Описание промыслов государственных крестьян Нижегородской губернии (Хозяйственно-статистические материалы, собираемые комиссиями и отрядами уравнения денежных сборов с государственных крестьян). СПб., 1857. Вып. 1. С. 64; Смирнов А. Павлово и Ворсма. СПб., 1864. С. 26; Ладзин Н. Ф. Исследование промышленности ножевой, замочной и пр. СПб., 1870. С. 5。

② Ладзин Н. Ф. Исследование промышленности ножевой, замочной и пр. С. 48.

③ Тихонравов К. Фабричное заведение стальных изделий в Муромском уезде//Владимирские губернские ведомости 1853. №42. 临近村庄内大量农民从事钢制品生产，毫无疑问，康德拉托夫对该生产在农民中普及起到了重要作用，不但在戈里钦大公领地该行业发展迅速，穆罗姆县城其他庄园手工业也快速发展。

④ Труды кустарной комиссии. Вып. IX. С. 2403.

⑤ Всероссийская выставка 1896г., Нижегородская губерния. Нижний Новгород, 1896. Т. II. С. 28.

人外出务工，另一部分工人自己建立了铁匠铺。① 此时布尔马克诺开始生产钢制品，弥补以前技术的不足。

铁制品厂促进了维亚特卡省斯洛波德斯克县城锻造工业的发展。② 彼尔姆地区金属手工业的发展大家都有目共睹。

手工业发展史通常具有共性。手工业创始人通常是中部省份的工厂主，他们无意间促进了当地手工业的发展，如克什特姆县城小型铁钉厂建成后培养了很多铁钉工。③

图拉省铁制品生产由来已久，但该部门发展受17世纪修建冶铁工厂影响较大，工厂存在时间超过了100年。研究图拉省手工业的专家鲍里斯认为："工厂消失后手工业仍蓬勃发展。"④

现在该地区许多金属手工业仍与工厂保持着密切联系。如图拉县城谢尔盖耶夫乡某些工厂仍按图拉工厂主订单进行生产，工厂主不但提供相关原料，而且还提供必要的生产工具。准确地说，只有从事淬冷技术手工业的工匠只按照工厂主订单进行生产。⑤

乌拉尔采矿工厂因具有原料优势，促进了工厂周围各式手工业的发展。手工业委员会著作中有这样一段话：下塔克里地区手工业由来已久，工厂主力求让更多工人从事手工业生产……手工业也因此蓬勃发展。在沃特金、勒德维尼等工厂周围有生产各种金属制品的手工作坊。⑥

在克拉斯诺乌菲姆斯克县城炼铜手工工业产生于18世纪，主要受苏克苏尼冶金工厂影响，但该工厂存在的时间不长。即便如此，该地区内锻工-钳工手工业仍蓬勃发展，地区内一些小手工业者，包括大工厂主以前都是苏克苏尼冶金工厂锻工和钳工……在工厂大火之后大部分工厂工人外出务

---

① *Труды кустарной комиссии.* Вып. Ⅵ. С. 709.
② Там же. Вып. Ⅺ. С. 340.
③ *Промыслы Екатеринбургского уезда.* Екатеринбург. 1889. С. 61.
④ *Труды кустарной комиссии.* Вып. Ⅸ. С. 2242.
⑤ Там же. Вып. Ⅶ. С. 892 – 947.
⑥ *Кустарная промышленность в связи с Уральским горнозаводским делом*//Там же. Вып. ⅩⅥ. С. 13 – 17.

工……部分工人在家从事手工业生产。①

因19世纪60年代铁钉厂倒闭，比谢尔德工厂周围铁钉制造业快速发展。②

伊萨耶夫教授列举的很多大生产转换为小生产、工厂生产转换为手工生产的例子，足以说明该类问题。进行手工生产研究的许多学者对该现象进行了阐述，主要原因为大生产排挤小生产者，工业开始分化。上文已经指出19世纪四五十年代以前各行业中大生产占主导地位，但现在大型生产已逐渐消失，手工作坊逐渐取代其地位。一般在该行业产生之初（如阿尔扎马县城锻造手工业）具有小型工厂特征，工厂主为节省成本也参与劳作，随着生产规模的扩大工厂主开始雇佣工人。每个工厂主雇佣12~18名工人……随着该行业不断发展，锻工们逐渐熟悉手工业生产，他们开始摆脱工厂主，独立从事手工业生产。③

阿尔扎马县城熟皮手工业发展历程如下："最初熟皮手工业只产生在乡镇中，镇内许多人善于生产熟皮，很多人为学会该工艺，以较低工资在工厂内务工。此时熟皮手工业在农村具有小工厂特征，小工厂主在廉价工作人员的帮助下进行生产。当许多人学会熟皮技术后，小工厂数量开始降低，工人成为独立工厂主。熟皮手工业最初具有工厂特征，此后手工业特征逐渐凸显，且该特征一直保存至今。"④

莫斯科省农民主要从事的手工业是制刷、制花、制帽、家具等行业。研究莫斯科省家具生产领域的伊萨耶夫教授认为，手工业发展史足以证明，在与大工匠斗争中，细木工人取得了巨大胜利，很多人成为小生产者。⑤

笔者赞同伊萨耶夫教授的观点。手工作坊源于大工业生产，不仅家具行业，而且其他手工业部门几乎都是如此。尽管诸多行业的手工业者获得了巨大胜利，但是我们也不能武断地认为，此时期所有部门都是如此，也不能说

---

① Там же. Вып. X. С. 2924, 2979.
② Гвоздорубный промысел в Бисердском заводе//Сборник Пермского земства. 1890. №4.
③ Труды кустарной комиссии. Вып. IV. С. 171 – 172.
④ Там же. Вып. III. С. 82.
⑤ Промыслы Московской губернии. М., 1879. Т. I. С. 30.

(第一部分)第七章　工厂与手工作坊

在当时的状况下手工作坊的技术完全可与工厂相媲美。

因此，工业资本在俄国手工工业发展过程中具有重大作用。笔者已指出俄国手工工业发展的特征是旧式手工业从家庭生产中产生，新式手工业主要源自工厂和大作坊。

由于统计数据缺失，很难准确确认不同种类工业部门对手工业的影响程度。只有个别省份的数据较全，可以进行详细阐述。莫斯科省的手工业发展数据最全，很具代表性。

莫斯科省大部分手工业（这些手工业大部分为非独立生产，类似于雇佣工作）产生时间较短，有些部门产生于18世纪末，其他部门产生于19世纪20~40年代。莫斯科地方自治机构对每个手工业部门的发展历史进行详细研究，因此其数据很具说服力。

莫斯科省从事小商品生产的农民共计141000人，其中82000人从事手工工业（约占总人数的58%），这些人直接建立工厂或者手工作坊。

笔者在上文已对棉、丝和毛纺织工业进行了详细阐述①，下文将对其他手工业部门进行阐述。

笔者以玩具生产为例进行阐述（1400名手工业者购买材料后进行独立生产）。该行业的发展模式为大作坊——雇佣家庭工业（独立生产），该行业的发展脉络十分清晰。

制刷手工业（880名工人，大部分人自己购买材料）。18世纪末，从事该行业的手工业者以前都在莫斯科的同一个制刷厂内务工，此时他们都有小工厂。②

19世纪30年代，这些手工业者都在亚历山大洛夫制帽厂内务工。工厂

---

① 地方自治机构汇编对纺织手工业史进行了描述，这些描述以很多新文献为基础，因此科尔萨克的有些描述可能存在错误。莫斯科省玩具生产厂家最初都是工厂内的雇佣工人，工厂主让他们离开工厂在农村的家中从事该行业。工人离开工厂初期都与以前的工厂主保持业务联系，为其提供商品，此时他们的地位与普通工人无异……随着业务关系的不断扩展，他们开始寻找新的买家，与以前工厂主的关系逐渐疏远。（Сборн. стат. свед. по Моск. губ. Т. VI. Вып. II. С. 5–6）

② Сборн. стат. свед. по Моск. губ. М., 1899. Т. VI. Вып. I. С. 1–6.

成立后，很多工匠学会了生产技术，开始在自己的家中生产此类产品。最初，工匠们从工厂获得原料，在家中生产。此后工厂工匠成为独立的生产者……帽子生产首先集中于伊万诺沃作坊附近，最后逐渐扩展到整个克列诺夫乡。① 因此，其发展模式为工厂—家庭工业—小独立生产作坊。

细皮手套缝制生产（3000名工人，使用商人的材料按照其订单进行生产）。100年前，地主沙拉什尼科夫开始在亚济科夫村兴建工厂生产皮手套……向当地少女传授生产工艺，然后让她们在家生产。因此该行业在附近地区迅速普及。② 工厂发展为家庭工业。

卷烟手工业约有9000名工人，按照商人订单进行生产，可以称为独立生产。

笔者在地方自治机构会议的材料中看到，地方自治机构官员对从事手工业的农民进行询问，得到的答复如下：商人的伙计到各村镇购买作坊然后成立工厂。姑娘和妇女学会手艺，然后在家中使用商人提供的材料进行生产……该现象较为常见。在莫斯科卷烟厂工作几年的农民都决定返乡。他们说服工厂主，以优惠的价格为其进行生产……农村中独立生产者诞生……莫斯科省农村独立手工业者的数量更多。③

因此，其发展模式为工厂—家庭工业—独立的手工业。手工作坊为工厂演变的结果。

在莫斯科农村中，制扣、金边装饰、镶边、绣金、金银边饰、制铂和其他手工业也获得了一定的发展。笔者已指出，资本主义类型的手工业者占所有莫斯科手工业者的59%左右，那么莫斯科省内其他41%的手工业者的情况如何呢？

即便是这些手工业不是在大作坊的直接影响下产生的，也是在其间接影响下发展起来的。此时需着重强调的是伊萨耶夫教授的研究对象——家具手工业。19世纪50年代之前，昂贵的家具生产都集中于里加切夫区的泽尼作

---

① Там же. С. 712 – 173；Т. Ⅶ. Вып. Ⅱ. С. 170.
② Там же.
③ Там же. Т. Ⅶ. Вып. Ⅱ. С. 204，223，230.

坊内，其工人约为70人。工匠们掌握家具生产技术后开始从事独立的家具生产。上文已经指出，伊萨耶夫教授认为，在家具手工业中大作坊促进了手工业的发展，金属手工业生产也颇具代表性。莫斯科省是铁与铜制品、托盘、饰针和金属丝等制品的主要产地。该类手工业或多或少与大工业发展有一定联系，裁缝、制梳、制镜等手工业发展状况也大致如此。

上文已经指出，手工业发展对地主农奴各种手工业都有巨大影响，对莫斯科省家具①、花边、手套、织布等行业都有显著影响。

普洛金科夫认为，下诺夫哥罗德省手工业发展的主要原因是地主在自己的庄园上努力发展相应的手工业，鼓励年轻人和无土地人员发展手工业。与舍列梅杰夫、萨尔特科夫、托尔斯泰等大型工厂主一样，他们掌控整个村镇，虽然他们从事的手工业部门各异，但村镇内手工作坊的作用不容忽视。如17世纪末萨尔特科夫在管理阿尔扎斯克县城克尔马姆村和维兹德区后，该地区制鞋业快速发展。舍列梅杰夫管理博戈罗茨克村庄，不但促进了该地区皮革业的发展，随后瓦西里县城尤里诺村手套工业也得到了迅速发展。②

雅罗斯拉夫省手工业的发展也颇具代表性。手工工业发展促进了农奴制的强化，地主把小男孩派往圣彼得堡、莫斯科及其他俄国工业城市的各种工厂中，向工匠学习技术，这些工匠的经验对手工业发展影响较大。

乌赫托姆县很多地主非常富有，当地手工业非常发达，很多地主农民成为杰出的工匠。③

下文仍对莫斯科省进行单独阐述。

在莫斯科工业中手工工业具有什么样的作用呢？（这种纯本土产业的手工业，不具有资本主义或农奴制特征）虽然手工业发展迅速，但其作用有

---

① 农奴制对手工业（家具工业）发展起到的作用甚微。（Исаев А. А. Промыслы Московской губернии М., 1876-1877. Т. I. С. 11）
② Всероссийская выставка 1896 г. Нижегородская губерния. Т. II. С. 31.
③ Кустарная промышленность в Пошеходнском уезде//Вестник ярославского земства. 1875. Июнь.

137

限。可以将该类手工业称为民族手工业，如制鞋、亚麻及毛纺织，特别是编织、皮鞋工业、熟皮生产、毛毡加工、制桶和皮革工业等。从事这些手工业的人数达30000，但其数量只为莫斯科手工业者的25%。

因此，莫斯科省（与中部工业区很多省份一样）的手工业完全是新式的、资本主义形式的，以前占据主导地位的民族手工业的地位逐渐下降。如果笔者把他们与非工业省份，如农业省份或北方森林省份的手工业进行对比，那么其结果将是另一种形式。如在维亚特卡省民族手工业仍占优势，资本主义类型的手工业发展薄弱。[①] 对我们而言，最重要的不是确定俄国境内有多少工人从事手工业（根据现有的数据完全不可能确定），而是手工业源于家庭生产的论断是否能得到证实。可以确认的是，资本主义形式的手工业生产不但在莫斯科省占据主导地位，在整个中部工业区都居于主导地位。因此，以莫斯科省为例阐述该问题颇具代表性。

笔者也很难确认，工厂中各种手工业产生要素在俄国历史文献中能否很好体现。如上文所述，很多研究者多次阐述该问题。1882年在展览会评述中，别扎比拉佐夫直接宣称："值得说明的是，俄国工厂在一定程度上促进了手工工业的诞生和发展。"但沃洛佐夫认为，俄国本土民族工业仍居主导地位。

科尔萨科对改革前工厂工业详细研究后指出，改革前俄国经济条件并不适于工厂工业模式，他认为，18世纪工厂诞生完全是人为因素，因此该种工业模式必定衰亡。

笔者在前言中已对上述论断进行反驳，彼得一世时期工厂为当时俄国经济和社会发展的必然产物。

在18世纪俄国工厂发展历程中机器生产并不占据主导地位，手工生产仍为主导，技术生产较为简单，因此对熟练工匠的需求量较少。在当时俄国工厂建立的基础并不是技术进步，而是社会发展条件，俄国居民不能接受先进生产技术，因此新技术不能快速普及。

---

① 详见：*Материалы по описанию проыслов Вятской губернии* Вятка，1889－1893。

（第一部分）第七章 工厂与手工作坊

众所周知，在居民掌握了新技术后，小生产开始排挤大工业。在当时的条件下大生产不具有技术优势（在工厂与手工作坊中使用人工劳作，并不配备相应的机器和工具，很多农民有手动织布机），工人学成技术后纷纷在家生产，这完全可以解释工厂主兴建巨大的工厂并购买昂贵的设施后工厂内空无一人的状况。当时的技术水平并不要求大生产出现，所以小生产模式逐渐取代大生产，手工作坊严重冲击工厂。

在家庭工业过渡为独立手工业之前，当手工业还处于初级阶段时，从事此行业的人数不多，工人工资不高，产品十分畅销。此时期家庭工人可使用其购买的材料进行生产，然后在市场上出售，雇佣劳动力逐渐转化为独立的生产者。

尼古拉一世时期可以说是俄国手工业发展的繁荣时期，但这并不意味着此时手工业者比以前和以后具有较大的独立性，大批的手工业者仍完全属于资本家。此时生产者与需求者之间建立起复杂的中介形式，这种中介形式一直延续至今。如棉纱工业中手工业生产最普及，雇佣家庭体系获得快速发展。

通常纺织车间内有 5~20 台或更多机器。农民木屋拥挤且光线较暗，大多数作坊十分简陋，大部分织工在家中安装纺纱机，材料在到达织工手中前要转手几次。印花布工厂主或分发处管理者通过代理人为承包人或生产者发放原料。按照惯例，这些生产者和承包人并不是织工，也没有手工作坊，只有少数人有自己的生产机构。手工业者从工厂主处获得纱线，然后进行生产。如果织工没有作坊，那么他可能从工厂主处获得准备经线的权利。承包人把经线和纬线分发给工匠，整理好后送还给承包人。作坊所有者自己也雇佣几名织工，和工人一起生产细平布，在同一天为工人发放工资。工资按照细平布的重量计算，工厂主按照承包人提供的斤数发放纱线，工厂主再从承包人手中获得规定数量的细平布，当然要扣除生产杂质、纱线损失、水分等物质含量。承包人对工厂主负责，作坊主对承包人负责，织工对作坊主负责，责任划分较为明确。

工厂主所发工资在所有参加者之间分配，此外，工匠还需缴纳一定额度的寄售金，剩余部分为手工业者收入。如果他们自己雇佣织工，那么他们还需发工资给工人。

因此,家庭生产者和材料供应者间的中介模式较为发达,有时此链条中还有其他成员。例如,某些承包人直接和作坊主或织工联系,一些承包人也有自己的纺织作坊,自己使用材料生产细平布,但是这种情况十分少见。有时工厂主直接与织工联系,这些织工聚集在工厂周围,织工从工厂主处获得经线和纬线后返回家中生产。①

19世纪三四十年代棉纺织和部分丝织与麻纺织行业家庭雇佣织工组织形式较为复杂,在该状况下建立起的供应链十分稳固,即便现在此形式也未发生变化。此状况可证明手工业者的无助,他们无力与市场、企业主和材料供应商直接联系。

19世纪初因棉纺织工人数量有限,其工资较高;但从20年代开始棉纺织行业迅速普及,织工工资开始降低(见表7-2)。

表7-2 弗拉基米尔省棉纺织工人的年均工资

单位:纸卢布

年份	低级细平布生产工人工资	中级细平布生产工人工资
1808	432	504
1813	359	449
1829~1858	125	166

资料来源:Журов Ф. Ход выработки ручного миткаля во Владимирской губернии//Вестник промышленности. 1861. Т. XIV。

19世纪最初10年是印花工人的黄金时期,同时也是织工的黄金时期,虽然有时织工工资提升的速度低于印花工人。19世纪30~50年代棉纺织工

---

① 以下著作对尼古拉一世时期家庭雇佣织工的状况进行了描述:Статистические сведения о Богородском уезде//Журн. ман. и торг. 1834. №1; Заблоцкий А. Обозрение Владимирской губернии//Журнал министерства внутр. дел. 1840. Ч. XXXVI; Промышленность государственных крестьян Рязанской губернии//Журнал Министерства госуд имущ. 1847. Ч. XXV; Соловьев Я. Обзор хозяйства и промышленности Владимирской губернии//Влад губ вед 1854. №28-30; Журов Ф. Миткалевые фабриканты, их ткачи и комиссионеры // Вестник промышленности. 1858. Т. 1, и во многих журнальных и газетных статьях этого времени。

人的工资波动较大，但并未出现降低趋势。书伊和苏兹达尔县城织工经线平均价格见表7-3。

表7-3 书伊和苏兹达尔县城织工经线平均价格

单位：纸戈比

年份	价格	年份	价格	年份	价格
1829	4.46	1839	3.38	1849	2.95
1830	4.43	1840	3.64	1850	2.90
1831	3.96	1841	2.78	1851	2.10
1832	3.09	1842	2.71	1852	3.27
1833	2.42	1843	2.92	1853	2.71
1834	2.01	1844	3.63	1854	2.25
1835	2.37	1845	3.63	1855	1.83
1836	3.34	1846	2.85	1856	3.1
1837	3.78	1847	2.43	1857	4.23
1838	3.62	1848	2.91	1858	4.36

资料来源：Он тоже. Заметки на статью Село Иваново М. Власьева//Вестник промышленности. 1859. Т. IV. С. 26. 该价格只是细平布价格。

与19世纪20年代相比，19世纪40年代棉纺织工人工资明显降低因为此时这一手工行业获利较低。农民仍使用工厂主分发的纱线生产细平布，仍使用以前的机器生产，50俄丈长的布匹的销售价格为1.25~1.5纸卢布，每俄尺利润为2.5~3戈比；以前同等长度布匹价格为6~8卢布，每俄尺利润为12~16戈比。夏季最勤的劳织工每天的织布长度可超过15俄尺，冬季因白天变短和照明费用利润明显降低，扣除所有花费织工每日获得的工资为20戈比。如此便可以轻易理解，为什么工厂周围富人较多，边缘地区穷人较多。[1]

当时学者持不同看法，他们认为，棉纺织手工业发展条件较差毋庸置疑，个别地区织工工资较低，大部分工人可以依靠农耕获得额外收入，苏兹达尔和尤里耶夫县城就是如此。下文将对书伊县城进行详细阐述。[2]

---

[1] Заблоцкий А. Заблоцкий-Десятовский А. П. Граф П. Д. Киселев и его время. С. 297.
[2] Соловьев Я. Обзор хозяйства и промышленности Владимирской губернии. 1854. №30.

上述家庭雇佣纺织体系组织形式的弱点在于材料供应者和生产者间相互孤立，工厂主和职工矛盾日益激化，双方不满情绪日益增加，笔者对当时的请愿书进行了研究。

在一份请愿书中家庭工厂主对织工的抱怨如下："织工并不处于工厂监管之下，因此对我们的控诉十分常见：他们经常说难道经线是赏赐给我们的吗？我们的机器难道是你们提供的吗？由于生产条件简陋出现瑕疵在所难免，当送到工厂时布料粗糙，或较为潮湿。他们采取各种手段降低布料质量，有时直接向上洒水，送到工厂时也不因布料潮湿而羞愧……实事已经如此，当然要扣钱。有些织工更加过分，他们直接把所有商品、经线和纬线出售，把钱装进自己的腰包，该类状况不胜枚举。这些坏蛋总是沾沾自喜，他们从不考虑工厂主的损失。简直道德败坏、不知廉耻。"

对代销人的抱怨也较多……代销人经常挥霍工厂主数千卢布的商品，并且毫不知错。但当地官员忽视工厂主诉求，他们在获得工厂主的货币后并未采取任何举措……很明显，此时从事细平布生产的居民获得的利润越来越低。①

弗拉基米尔省机械师涅塞托夫认为，工厂主为织工和作坊发放棉纱增加了双方矛盾，织工隐藏大量材料……同时他们也需要增加新工具。②

下文将阐述工厂主与织工间的关系。上文已指出织工的状况日益恶化。代销人降低工资……从秋天起织工工资明显增加。农民需要货币以支付人头税和代租役，然后偿还各种债务，因此呼吁增加工资。但此后农民又陷入债务之中，不得已降低工资。③

我们不用听织工控诉就可断定工厂主并不高尚。例如，在原料产地工厂主存储棉纱，然后把材料分发给织工，工厂监督处对棉纱的重量进行详细核算。在该模式下织工对工厂主的抱怨不具有任何作用，看起来工厂主也亏损较大……工厂主并不支付给织工货币工资，只是用质量有瑕疵的印花布代替

---

① Журов. Ф. Миткалевые фабриканты//Вестник промышленности. 1885. T. I.
② Обозрение фабрик и заводов Владимирской гуебернии//Влад. губ. вед. 1848. №2.
③ Соловьев Я. Обзор хозяйства и промышленности Владимирской губернии.

工资。因此可以断定此交易中工厂主获利较多,其影响力也不断增强。①

无论怎样,19世纪50年代末期因工业快速发展织工数量快速增加,工人数量时常不足,家庭生产体系引起工厂主抱怨……工厂主称织工为恶棍,为增加工资他们挖空心思。《莫斯科消息报》中的一篇文章指出,伊万诺沃印花工厂快速发展时劳动力价格迅速上升,只有提高工资才能找到工人,不但伊万诺沃工厂如此,沃兹涅先斯克工业区状况也类似。工厂主千方百计驯服织工,让他们服从管理,告诫工人应该诚实、勤劳。这些都是西方工厂主惯用的手段,在推行先进技术时也学习相关的管理经验。该文作者为织工素质败坏而痛心,在文章最后他提出自己的建议:"避免该类状况出现的唯一手段是建立机械纺织机构。感谢上帝,以后会越来越好。"在其他文章中,作者也希望通过推广纺织机器冲击手工织布行业。当时工厂主、织工和代销人阶层都互相控诉,控诉自己的不幸和对方的错误,只有在工厂内推广机械车床才能避免各方不幸。②

机械纺织车床的出现促进了纺织工业的变革,1846年书伊县城建起第一家机械纺织工厂。③ 最初纺织机器并未在棉纺织行业迅速推广。1849年手工工场制品展览会评论中指出,俄国机械织工仍凤毛麟角。至19世纪50年代末手工劳动在棉纺织行业仍占据主导地位,但机器已开始排挤家庭织工。

19世纪50年代初莫斯科很多工厂开始采用蒸汽车床进行呢绒生产④,因此呢绒生产比棉纺织生产更具工厂特征,但该领域机械生产对手工业影响较小。

棉纺织工业其他部门的演变具有另外的特征,如印花工业。笔者在上文已指出,俄国印花工业的产生早于棉纺织工业,机器在印花业中一直占据主导地位。

涅塞托夫认为,伊万诺沃村印花布生产的历史可以划分为四个阶段。第

---

① Власьев М. *Село Иванова*//Вестник промышленности. 1859. Т. II.
② Журов Ф. *Замечание на статью "Село Иваново" М.*, Власьева//Вестник промышленности. 1859. Т. IV.
③ *Первая прядильно-механическая ткацкая мануфактура в г. Шуе*//Влад. губ. свед. 1847. №44.
④ *Замечания о нынешенем состоянии обработки волокнистых веществ в России*//Журн. ман. и торг. 1853. Ч. IV. С. 15.

一个阶段为1812年之前，此时为伊万诺沃村印花工艺发展的开端。第二个阶段为1812~1822年，此期间为印花工人的黄金时期，上文已经提到印花工人就算不劳动仍生活富足，当时工人已经开始独立从事印花生产。第三个阶段为1822~1836年，此时印花工人大量增加，在伊万诺沃镇有7000名印花工，在此影响下其工资大幅度降低，但因印花工劳动生产率提高工人工资较高，仍保留着传统手工生产。1835年伊万诺沃村内产生了第一台气缸机，它让织布工感觉到手工织布受到限制。这些机器的使用标志着伊万诺沃印花工业新时期的来临，织工黄金时代终止。机器数量快速增加，只需要手脚进行操作。第四个阶段为1835~1855年，此时的特征为机器逐渐排挤手工纺织。1835~1845年因生产大幅度增加织工的数量并未降低，但以前工厂生产依赖人工，现在依赖机器。工人工资水平急剧降低，以前织工每月工资为数百卢布，现在其工资只为10~15卢布。1845~1855年蒸汽机在伊万诺沃镇迅速普及。

随着机器的广泛推广，织工的境况逐渐恶化。此时2名工人就能完成以前30~50名织工的工作量。1840年祖布科夫工厂内织工数量为250名，但1854年工厂内工人数量降至60名，而且产品产量大幅度增加。19世纪50年代，整个弗拉基米尔省织工不超过2000名。织工每月工资降低至5~12卢布。只有特殊生产中仍使用手工织工，一些没有机器的小工厂中仍用手工织布。织工子女开始学习其他手艺，19世纪初手工业的繁荣期终结。①

---

① Несытов И. Колористы и набойщики Владимирской губернии//Памятная книжка Владимирской губернии на1862 г. Владимир，1862. 详见：Гарелин Я. Город Иваново-Вознесенск. С. 204 – 207。弗拉西耶夫得出的各年度印花布生产利润：

伊万诺沃村各年度织工生产印花布年均利润

单位：纸卢布/年

年份	金额	年份	金额
1812~1822	800~1100	1842~1852	300~550
1822~1832	650~800	1852~1858	250~500
1832~1842	450~600		

但这些数据的正确性有待考察。（Село Иваново//Вестник промышленности. 1859. Т. Ⅱ）

受技术条件变更影响，尼古拉一世时期某些手工业部门开始衰落，此时却是俄国手工业发展的黄金时期。在手工业更替时新部门快速发展。如从19世纪30年代开始，弗拉基米尔省书伊和其他县城中新型手工业快速发展，如羊皮行业。当地研究者利亚多夫指出，最近5年内羊皮制造业快速发展，其产量几乎增长了1倍。① 短时间内该手工业在书伊斯克县城已快速普及，仅次于棉纺织工业。② 熟皮工人中并没有穷人，但也没有大资本家。其他手工业领域尽管家庭生产有所发展，但完全依赖于采购商和贸易商，此时为手工业的繁荣时期。如19世纪四五十年代特维尔省最重要的手工业为制钉业，该手工业完全采用资本主义生产方式。铁钉工把自己的产品几乎都销售给购买铁制品的大贸易商。也有一部分铁钉工人使用自己的铁制品进行生产，实际上他们的材料仍依赖商人供给，大多数铁钉工不能自行销售产品。此状况造成每个铁钉工都熟知自己产品的销售对象，在交货时贸易商支付给他们部分货币、部分原料。特维尔省其他金属手工业的发展也受此限制。③

铁钉工完全依附于贸易商人。当时的研究者指出，利润几乎都被商人榨取。商人在下塔吉克购买生铁，然后将其送至锻造工家里，工人根据商人提供的原料生产铁钉。整个生产流程较为方便，生产工艺十分简单。大部分锻造工在家中淬火，按定价出售产品。商人在从锻造工手中收购铁钉需缴纳占商品价值的12%的费用作为劳役地租，锻造工在出售给商人生铁时收取占商品价值的20%的费用作为劳役地租。④

在官方文献中也有关于雅罗斯拉夫铁钉工的描述。该手工业完全依赖于大资本家——商人，铁钉工从商人处以较高的价格购买生铁后进行锻造。雅罗斯拉夫县城的工厂主受到排挤，他们开始依附于雅罗斯拉夫商人——垄断资本家巴斯杜霍夫和恰普里尼。如当时每普特拉扎列夫生铁价格为1卢布

---

① Лядов И. Овчинно-шубное производство в г. Шуе и его узеде//Влад. губ. вед. 1860. №12. 详见：Влад. губ. вед. 1855. №30.
② Доброхотов Красносельская волость Вязниковского уезда//Там же. 1866. №10.
③ Обозрение мануфактурной промышленности Тверской губернии в 1850г. //Журн. ман. и торг. 1851. Ч. II.
④ Забелин А. Промышленное движение в Твери//Вестник промышленности. 1860. Т. X.

70 戈比，而商人出售该产品时价格为 2 卢布 35 戈比。①

当地研究者诺瑟里尼指出，19 世纪 50 年代切列波维茨区乌洛姆铁钉工数量达 20000 人，但他们不具有独立性，俨如铁钉商人的雇佣工人。②

可想而知，此时期铁钉手工业发展规模有限，铁钉工人状况十分恶劣。

但是与下一时期相比，尼古拉一世时期铁钉工人状况较好。波克罗夫指出，19 世纪 20~50 年代是铁钉生产的黄金时期。③

因此，尼古拉一世时期铁钉手工业快速发展，诺塞里尼认为，1820 年乌洛姆地区生产的铁钉数量超过 100000 普特，1857 年其数量达 500000 普特④，此时铁钉工数量快速增加，但铁钉生产方式较为落后。工人们虽然对采购商和贸易商的依赖程度较高，但生活状况良好，他们还未发现机器竞争的危险性。

巴甫洛夫地区钳工的状况如下："大部分巴甫洛夫工匠自身不具有资金……巴甫洛夫商人为其产品的主要买家，他们采购钳工需要的材料，通常工匠从贸易商处获得材料，然后按照较低价格出售产品……农民购买材料价格较为昂贵，而出售产品价格较低。"工人按照订单进行生产，工资水平较低，而且还经常变化，钳工常常入不敷出。

据此描述巴甫洛夫钳工的处境十分恶劣，笔者在阅读诸多文献后发现，充当钳工的农民生活并不贫困，他们完全能支付差役，及时支付人头税。他们如果不完全依赖巴甫洛夫商人，处境将更好。⑤

巴甫洛夫钳工生活状况较好的原因是手工生产仍占据主导地位。

通过以上阐述可断定，尼古拉一世时期手工工业繁荣的地区都比较富足。索洛维耶夫指出织布工人对贸易商人依赖程度高，他认为即便弗拉基米

---

① *Материалы для статистики России*, *собираемые по ведомству м-ва госуд. имущ.* 1859. Вып. Ⅱ. С. 130.
② 详见：Носырин. *Улома и ее металлическое производство.* СПб., 1858。
③ *Труды кустарной комиссии.* Вып. V. С. 377.
④ Носырин. *Улома и ее металлическое производство.* С. 23.
⑤ *Хозяйственно-статистические материалы, собираемые комиссиями и отрядами уравнения денежных сборов с государственных крестьян.* СПб., 1857. Вып. I. С. 64–67.

尔省十分贫困,也会成为俄国比较富足的省份之一。3年前在到达斯摩陵斯克省之后,他指出,他需要很多时间重新评估贫穷与富足之间的标准。需要强调的是,农民总体上是富足的,贫困是相对的。索洛维耶夫认为,农民富足的原因是工厂生产受到排挤,进一步说只有两个手工业部门受到排挤,即麻布纺织和亚麻纺纱行业。很多行业中手工生产一直延续至今,在书伊县城内还有其他手工业,如不久前建立的家具加工和熟羊皮工业。①

以上阐述足以证明尼古拉一世时期俄国手工工业快速发展,工厂并不与之竞争,这是此时期工业发展的特征。此时手工业具有重要意义,如手工业为梁赞省国有农民日常生活的重要组成部分,耕地较少地区农民的生活条件明显好于耕地较多地区。手工作坊发展状况良好的地区,人们生活较为富足、打扮十分时髦。②

农民手工业的发展为尼古拉一世时期特维尔省居民财富增加的主要原因。1820~1850年特维尔省财政收入逐年增加,此时期居民数量开始增加,城市居民增加得更为明显,商品流通范围扩大,居民日常生活状况开始改善,城市和郊区居民尤为突出。③

---

① Соловьев Я. Обзор хозяйства Владимирской губ. // Влад. губ. вед. 1854. №30, 31.
② Промышленноасть государственных крестьян Рязанской губ. // Журнал министерства государ. имущ. 1847. Ч. XXV.
③ Покровский В. И. Историко-статистическое описание Тверской губ. Тверь. 1879. Т. 1. С. 160.

第八章

改革前工厂与社会、文化的关系

亚历山大一世时期的关税保护主义者和自由贸易主义者。莫尔德维诺夫的著作。《杂志思想》。与工业相比土地的优势。社会上自由贸易主义者观点的普及。斯拉夫主义者对工厂的态度。手工业生产的支持者。哈克斯陶森的著作。俄国理想化工业体制。对手工业体制不可靠性的认识。对农奴制和领有工厂的态度。圣西门主义的独特思想。西欧主义者对工厂的看法。尼古拉一世时期政府官员和坎克林伯爵对工厂的态度。19世纪40年代工厂快速发展。尼古拉一世时期政府对工厂的理论观点和实际态度间的分歧。

亚历山大一世登基初期贵族影响力不断增强,同时社会上自由主义运动活跃。此时除个别受过教育的贵族外,农业领域大部分贵族很少能制定有利于工厂发展的措施。叶卡捷琳娜和其继任者的关税政策致使国外产品的价格迅速上涨。因此,新自由主义时期贵族的政治影响不断加强,他们反对以前历任沙皇的关税保护政策。

如果我们对19世纪初内务部官方材料进行研究,就可以确认《圣彼得堡杂志》为宣传斯密学说的根据地。政府各界视亚当·斯密为伟人,认为亚当·斯密为手持真理的巨人。当时政府的职责十分有限,主要目的是保护工业自由发展……政府并没有制定奖励和惩罚措施,也没有制定工业规章。[①]

---

① Санкт-Петербургский журнал. 1804. Авг. Изложение учения Адама Смита(С.133-136).

(第一部分）第八章　改革前工厂与社会、文化的关系

1803年内务大臣伯爵科秋别伊在报告中指出政府必须制定相关的工业政策，他认为："自由环境下很多工业部门停滞不前，工业取得的成绩有限。因此必须给予相应扶持，清除发展道路上的障碍，如制定总的管理规章……俄国自然条件首先适于农耕……居民和土地分布不均匀……这些都阻碍了工厂的进一步发展。"①

亚历山大一世即位后采取的第一项措施是取消保罗一世制定的禁止进口国外产品的规章。笔者并未对亚历山大一世时期的税率政策进行详细研究，虽然亚历山大一世较为开明，但1811年推行的关税政策明显具有保护关税特征。虽然该关税政策出台于1811年，但每年都重新修订，至1816年才修改完毕。工厂主力挺该政策，力求禁止国外产品进口，要求对国外产品征收较高关税。此时不但商人提交请愿书，贵族工厂主也纷纷提交请愿书请求政府实施保护关税政策，工厂主坚决捍卫自身利益。② 此时期关于关税问题，政府界持不同态度。以财政大臣古里耶夫为首的官员是1811年关税政策的反对者，1813年他制定了较为适中的保护税率，他指出现有关税税率实行后国内手工工场制品的价格过高给国库带来巨大损失。古里耶夫认为："禁止性关税税率给国内生产造成巨大损失，工厂主不能完善技术和提高产品质量，最终导致工业投机盛行。"③

国家最高文官伯爵鲁缅采夫本身就是大工厂主，他和内务部大臣科佐达夫列夫是禁止性关税税率支持者。鲁缅采夫向沙皇提交工厂主的请愿书，且宣称："禁止外国商品进口势在必行，现在国外状况十分恶劣，商品进口将造成大量工厂倒闭……俄国很多国宝、黄金和白银将外流，被换成纸币，这些东西毫无用处！"鲁缅采夫完全支持工厂主。

科佐达夫列夫反对减免俄国境内外国工厂主进口机器税费措施。他反对古里耶夫的方案，在给亚历山大一世的奏折中指出："我认为，新税率实施

---

① *Отчет министра внутренних дел за 1803 г.* СПб., 1804. С. 61.
② 详见：*Сборник свe. и матер. по ведомству министерства финансов.* СПб., 1865. С. Ⅲ. 1811年和1816年莫斯科和其他地区工厂主的申请。
③ Ладыженский К. Н. *История русского таможенного тарифа.* СПб., 1886. С. 172 – 174.

149

后会对外国人十分有利，会造成国内大量工厂倒闭……某些经济学家和作家反对英国禁止进口其他国家产品的政策，新税率就是其意图的体现，方案把俄国重点发展方向定为农业，却忽略了没有工厂农业也不能繁荣，农民从事农耕将长期处于赤贫状态，如果该税率实施，那么俄国对待工业和工厂主的态度则又返回至彼得大帝之前的状态……俄国工厂和手工作坊将消失，很多居民将贫困潦倒，各种机构对资本的需求将导致国库贷款大幅度增加，呢绒工厂将开始从事其他手工业生产（这些工厂几乎都属于贵族，其中很多工厂属于高级官员），如果政府并未实施任何关税保护政策，便会引起政府官员的不满，俄国工厂将拱手他人，不但国库损失巨大，而且俄国工业将由外国人垄断。"[1]

因此，政府内部就关税政策问题并未达成一致。19世纪20年代是俄国社会就保护关税和自由贸易问题的争论时期，社会各界对该问题都较为关注。此时大部分受教育团体与土地所有者的关系缓和，就关税问题争论较大，分别是关税保护或者禁止性关税的支持者。保护性关税宣传册数量远远高于自由贸易文章和小册子发行的数量。关税保护主义者最杰出代表是著名的自由主义者和活动家莫尔德维诺夫。

1815年莫尔德维诺夫的《致俄国手工工场产品的某些见解》一书备受关注。此书被三次出版，为当时较为流行的书籍之一。

在该书绪论中莫尔德维诺夫指出，居民对许多商品价格过高抱怨连连，呢绒、其他纺织品、某些生活必需品价格过高为政府禁止进口国外商品的直接后果，这些人认为俄国应该以农业为主导产业。

莫尔德维诺夫对这些人的意见给予严厉抨击的同时提出了自己的见解，他指出农业只能喂饱数量有限的居民，为让居民的生活更加富足，必须发展新型产业和手工业："推行各种手工业和工业能降低社会对粮食的需求，促使工作岗位与居民数量增加。"此外，莫尔德维诺夫还指出为发展本国农业必须发展工厂。

---

[1] Ладыженский К. Н. История русского таможенного тарифа. СПб., 1886. Прил. С. 46-48.

俄国工厂数量不多的主要原因在于农业发展不够成熟,仍使用落后的农业设备和进行手工劳作。

非农业手工业的发展对俄国来说至关重要,受气候影响俄国农民有半年时间无所事事。

手工生产和农业生产的有效配合不但可以改善居民生活条件,而且可以促进国内各种产品数量的增加。

不从事手工生产的土地所有者只是从事粗放型劳动……在英国因农民从事手工业不但农业蓬勃发展,而且工厂和手工业也十分繁荣……无手工业和工厂的英国也不能获得此时的繁荣。

莫尔德维诺夫指出工厂的普及和发展可为农产品提供市场,所以农业生产者也应关注工业发展状况。农业生产者也可将部分农业收入投入工业生产之中。

在城市繁荣时,农民、手工业者、工厂主和商人都有利可图,农民获得的利润最低,工厂主获得的利润明显高于商人。

农民的处境较差,主要因为他们并不是自由人,依附于其他阶层,不具有政治优势,不能随意处置自己的土地,他们未受过教育,生活十分贫困。①

莫尔德维诺夫为关税保护政策的支持者。他同意有条件地进行自由贸易,即所有人都应参与对外贸易,统一投票是否取消禁止性关税。

1815年莫尔德维诺夫的新书《答俄国国民问——在俄国普及手工工场的利弊》问世。在此书前言中他指出现在各地都在争论手工工场的利弊,手工工场的主要优势是具有阶层特征。

莫尔德维诺夫指出,大部分读者认为本土产品价格昂贵,对此抱怨连连。

他们认为,应该直接从国外进口产品,国外产品价格低廉,俄国拥有土

---

① Мордвинов Н. С. *Некоторые соображения по предмету мануфактур в России* СПб., 1815. C. 8,22,24,36. 除这些要素外,莫尔德维诺夫还建议制定禁止性关税体系和其他征税项目,并确认了国际收支状况对纸币汇率的影响。很明显,俄国政府推行禁止性关税体系的目的是提高纸币汇率。

地，但居民数量较少，应该专注于农耕，手工工场和手工业可忽略；进口国外产品可以增强本国工业的竞争意识，从而改进技术。①

也有人认为如果一个国家的国民对其居民过多而不满，那么应该改善农业技术，提高农产品单位产量，工厂和手工业并不是其首选。②

莫尔德维诺夫指出，所有的不满都因呢绒涨价而起，呢绒工厂主也因此遭到各种抨击与漫骂。读者对1811年关税十分不满，指出1793年规章只禁止进口玻璃、皮革、帽子、家具等产品。莫尔德维诺夫对自由贸易进行抨击，国外产品价格昂贵不仅因为关税税率较高，而且因为1812年是困难时期。作者认为只有在纸币汇率降低，国外产品价格上涨时才可以允许进口国外产品。

有时国家也处于两难境地，国内产品完全可以满足消费者的需求。③

莫尔德维诺夫指出抨击1811年关税的多为时髦的年轻人，他们接触了孟德斯鸠和亚当·斯密的学说后指出在俄国不应该兴建工厂，俄国没有市民和工厂主阶层。作者反驳道：只有在具备足够工厂时工厂主阶层才能形成。

《贸易简论》和《税率辩论》也是当时俄国关税保护主义者的重要作品。④ 作者在这两本书中指出，社会对关税保护体系十分仇视，原因如下：国外产品涨价，呢绒尤甚（需要指出的是，俄国贵族喜欢穿英国呢绒做的服装）。在这两本书中作者都提到了各地民众对关税问题的看法。卫国战争后社会各界开始倡导关税改革运动，这足以证明俄国社会的活跃性。那么为

---

① Мордвинов Н. С. *Некоторые соображения по предмету мануфактур в России*. СПб., 1815. С. 8.

② Мордвинов Н. С. *Некоторые соображения по предмету мануфактур в России*. СПб., 1815. С. 11.

③ Мордвинов Н. С. *Некоторые соображения по предмету мануфактур в России*. СПб., 1815. С. 80.

④ 《贸易简论》（圣彼得堡，1808年）和《税率辩论》（圣彼得堡，1816年）为瓦西里耶夫所著，第一本著作具有明显的重商主义色彩。书中指出了实施货币政策的好处，提出禁止进口外国奢侈品并对其征收高额关税。为改善手工业生产环境，作者建议对车间工人的工作进行监督，惩罚怠工工人，并处以相应罚款。第二本著作作者主要阐述贸易平衡对纸币汇率的影响，工厂可以促进工人与土地分离，但作者指出，俄国工厂大部分工人仍保留与土地的联系，夏季返乡务农。

什么社会各界反对保护关税制度呢？主要源于当时社会各界受西欧思想影响较大，亚当·斯密的思想此时已在俄国广泛传播，俄国社会也开始接受先进思想，要求在俄国将之付诸实践。因当时社会状况发生变化，社会各界对莫尔德维诺夫的《答俄国国民问——在俄国普及手工工场的利弊》一书兴趣倍增。作为农业阶层的贵族已习惯使用外国产品，不赞同保护关税体系，此税率实施后会给贵族造成损失。在农业党中一些受过西欧教育的贵族开始接受西欧经济学家的思想，也不赞同实施保护关税体系。

当时自由贸易主义者学派文献众多，关税保护主义同盟的文献资料也非常多。自由贸易主义者学派最杰出的代表是施托尔希以及著名经济学家、政治经济学教育家大公康斯坦金和尼古拉巴夫洛维奇。施托尔希用法语传授政治经济学课程，赞成发展农业，认为农业发展带来的利益大于工厂工业。他反对国家以保护关税为名发展本国工业。尽管施托尔希本身为保守主义者，但他对工业体制毫无好感。施托尔希指出在历史的发展过程中一个现象十分明显，即随着居民数量的增加，工业和教育应该首先考虑国民的健康、灵活性和理解力。[1]

1812年施托尔希在《自由经济协会杂志》上发表诸多文章抨击大工业，认为工人应在地主庄园内工作。1814年别克发表小册子，指出工业的好处大于农业，抨击自由主义的观点。他指出："其他国家都竭尽全力把农业中过剩的农民迁至工厂或者流放至殖民地……在那里他们种植棉花、养蚕，甚至开始生产布匹，借此获得较高的利润。在俄国农业已不能满足居民需求，应该尽力采取方法增加居民收入。"[2]

谢梅夫和亚科布教授认为，自由经济协会出版的诸多著作反对在俄国发展工业。亚科布认为，俄国为非工业国家，应大力发展工业，因为工厂倒闭工人失去生活来源后境况十分窘迫。在俄国，工厂必须与农业相联系或政府赐予工厂土地。[3]

---

[1] Storch H. *Cours d'Economie Politique*. Paris，1823. Vol. Ⅲ. P. 241.
[2] Семевский В. И. *Крестьянский вопрос*. СПб.，1881. Т. Ⅰ. С. 335.
[3] Там же. С. 338.

1815~1820年《杂志思想》为自由贸易主义者组织的重要出版物,该杂志中大多数文章坚决抨击关税保护主义,在出版界家喻户晓。杂志也翻译萨伊、边沁、圣西门和西欧其他作家的著作,但该杂志主要关注经济问题。

1816年《杂志思想》中很多文章倡导保护自由贸易,19世纪初的出版物呼吁进行税率改革。莫尔德维诺夫的书中有大量的佐证材料,笔者在杂志中找到《俄国手工工场研究的某些意见》一文,其内容耐人寻味。莫尔德维诺夫给予该文强烈抨击。此文章指出俄国工厂较少的原因不是保护不足,而是资本不足。"资本、资本、资本的作用十分神奇,它可以把远古的沙漠变为天堂。它是连接产粮省份和无粮省份的渠道,它十分可靠。"

俄国农业落后并不是因为工厂不足,而是因为资本不足。

如果我们使用国外原料,为粗糙商品支付较多的货币,人们将逐年贫困,工厂主却因此富足。走私产品数量将大幅度增加,汇率将持续降低。

从事手工业生产,不用在田间工作,也不用去工厂内务工,人们的道德将十分高尚,犯罪率将下降,大多数孩子将工作在作坊或大工厂中。

1816年杂志还刊登了莫尔德维诺夫的新文章《答俄国市民问》,文中专门抨击关税保护主义者的观点。文中指出与工厂相比,俄国是农业国,更适合发展农业,不需要工厂。

> 农耕、畜牧业和养羊业就是我们的手工业,我们不需要从事其他行业。
>
> 只有耕地较少的国家才从事其他行业。
>
> 家庭小工厂存在可以为家人提供服装,剩余产品可以销售,大型工厂需要很多工人,但工人将不从事农耕,不割草、不饲养牲畜。
>
> 200名工厂主必将遭到惩罚,因为他们使俄国的太阳开始暗淡,人们将感谢沙皇的恩赐。

该杂志随后刊登文章《自由贸易的优势》,该文作者与关税保护主义者进行激烈的辩论,呼吁保护自由贸易。莫尔德维诺夫认为,应该摒弃关税保

（第一部分）第八章　改革前工厂与社会、文化的关系

护体系，杂志社编辑高度评价该文章，希望读者能洞察作者的观点。

《自由贸易的优势》一文作者指出因俄国实施关税贸易保护政策，每年薄呢绒行业将损失3500万纸卢布，其后果是俄国工厂主暴富。

在另外一篇文章《俄国手工工场》中作者对俄国农民和工厂的特征进行了论述。

进入农民的木屋会感受到温暖，农民穿着传统的服装、草鞋。工人居住的房间十分简陋且脏乱差，夏季十分炎热，冬季四处通风。难道可以说这些人是幸福的吗？他们的思想逐渐腐化，道德开始沦丧……莫斯科的老人难以理解，石桥附近（彼得一世时期在此处建立了大型呢绒厂）无论是白日还是黑夜都无行人，叶卡捷琳娜时期这种状况才得以改善。

该文章明显反对保护关税体系，笔者已经指出政府高层对该问题十分关注，但他们各有打算。3月下旬《杂志思想》的序言中指出："现在关于手工工场与税率的争论将结束。右翼分子占优势，垄断资本家获得胜利！但《杂志思想》仍全力抨击其观点。呼吁感谢政府的英明决策！"

1816年3月31日出台的新税率仍具有保护关税的特征，以前禁止进口的棉布、毛纺织品、呢绒和大部分丝织品等货物，现在虽然允许进口，但需征收占商品价值15%~35%的关税。

亚历山大一世制定自由关税政策通常是出于外交上的考虑，也是承担维也纳会议的义务。① 此时期的出版物中指出，俄国教育协会中关税保护运动蓬勃发展，贵族对本土产品价格昂贵怨声载道。此运动深入整个俄国经济生活，对亚历山大一世时期关税政策变更具有重要作用。

新税率出台后，只有《杂志思想》对其十分推崇。1816年4月杂志对新税率的影响进行评估。杂志社编辑认为，实施关税保护政策时产生的工厂会立刻倒闭。许多投机者，俄国人所说的强盗，依靠掠夺穷人积攒财富……人民负债累累，该状况将在很长时间内持续。

---

① 详见：Ладыженский К. Н. *История русского таможенного тарифа.* СПб.，1886. С. 178 и след.

从重农主义者的观点中可以看出他们对俄国经济的憧憬。关税保护主义者认为在俄国必须修建工厂，反对者认为俄国是农业国，不需要工厂。此时争论的焦点是俄国农民冬季是否需要从事劳作，重农主义者的回答是不需要。

在俄国工厂是庞然大物，因此，农民在空闲时间也开始从事相关手工业。换言之，重农主义者认为俄国的工业生产者并不是工厂工人，而是农民和手工业者。

关于工厂组织的不合理性和农业居民应从事小生产的建议完全在《工厂和农业居民状况对比》一文中体现了出来。下文将引用该文章中的某些观点。

该文作者通过对比工厂工人和农业居民的状况，得出如下结论。

工匠为获得工资在工厂内工作，但通常他们都有小房屋。在英国，工人工资很低，除工资外工人不能获得任何补助，因此非常穷。

对手工业者而言耕地为其重要财富，它能保障食物供给……有些人家能自己制作呢绒、鞋子和服装，而工匠所需产品都需要购买……农民像工匠一样在指定地点工作，但他们能呼吸新鲜空气，生活较为安逸……俄国农民过着恬静而安逸的生活……农民是健康和幸福的阶层。大多数工厂的工人居住条件较差，经常居住在集体宿舍和野外简陋的木屋中。农民工作种类较多，需要较多的时间和注意力。聪明的庄稼人需要懂得很多（这也可以解释，为什么外国人对俄国人民的智慧惊奇无比。俄国农民犹如国外的雇农，他们有无穷的智慧）。相反，工厂工匠一生都需从事一种行业，终身在工厂内工作，其工作促使工厂生产不断完善。俄国农民不使用机器，不讨论怎么样工作能提高产量……他们要为很多事情操心。

该文章中还对农民和工厂工人的心理特征进行了分析。

农民在土地中播下种子，此后他们混日子，然后等待秋收……农民的信仰十分虔诚，他们信仰上帝，品德优良。他们对沙皇十分顺从……热爱自己的土地……工匠不信仰上帝，对机器情有独钟……上帝经常降下灾祸，虽然如此，他们仍不信仰上帝。成百上千的工匠居住在工作地点，他们没有私产，经常打架斗殴。英国手工工场中打架斗殴现象频繁。

（第一部分）第八章 改革前工厂与社会、文化的关系

《杂志思想》中并未完全体现出亚历山大一世时期的主要思想，该杂志还曾提及农奴制，支持自由贸易，甚至拥护政治自由。①《杂志思想》十分拥护农奴制，该杂志的很多文章中指出俄国农民的状况要好于西欧农民。他们倡导保留农奴制，捍卫农民和地主间的家庭关系。他们认为要保护农民首先要保护其土地。俄国农民有土地，地主对其也十分关注，杂志认为，农民应该感谢农奴制的创立者。英国农民只能依靠土豆生活，而俄国农民吃喝不愁，不会饿肚子……俄国没有穷人，人们生活十分富足。②

保护自由贸易和保留农奴制同时提出绝非偶然，其根源为阶层利益。土地贵族没有工厂，因此他们仇视工厂，认为工厂完全不利于国家发展，俄国的现状更适合发展农业，俄国农民的状况明显好于西欧农民。另外，贵族和地主要求保留农奴制，只有发展农业才能保护其利益。

因此，在经济利益影响下形成了特殊的社会理论，把西欧经济思想与俄国实际相结合，即农奴制和自然经济。《杂志思想》唯一承认的工厂类型为小型地主工厂，农奴在该工厂内生产畅销产品。③《杂志思想》的编辑，农奴制的维护者认为大型资本主义工厂产生要以西欧资本主义体制为基础。《杂志思想》多次发表文章对西欧工人的恶劣状况进行描述，英国工人尤甚。英国工人状况成为《杂志思想》文章主要抨击的对象。英国社会经济状况被赋予悲剧色彩。杂志中很多文章对1819年英国工人罢工进行描述，

---

① 在1819年杂志第一册中发表文章《时间本质》，该文章指出，时间本质要求法律绝对统治、法律至高无上，确定每个居民的权利和义务，以及政府的权力和职责，但不能实施独裁统治，但在法典中也有其他问题……为让居民获得优越的生活条件，政府需要维护法律的权威性。大多数经验表明，受政府影响任何基层都能成为国家法典的捍卫者。法律的真正维护者是国民。他们维护法律的不可侵犯性……不推行任何新法律，就不能征收新税种，不能创办重要企业……通过人民投票，确定上帝的主张；每个人的私有财产不可侵犯，不允许政府机构滥用职权……这就是时间的本质！人民的需求至关重要。
② Дух журналов. 1820. Кн.《税率理论》注解，对农奴制的赞美详见文章《俄国和国外农民状况对比》（Там же. 1817. Кн. 49）和《欧洲各国的奴隶制》（Там же. 1818. Кн. 12）。第一篇文章中指出俄国农奴生活十分幸福，他们先缴纳劳役地租、代租役、国有和地主赋税，并指出丧失土地农民的危险处境。第二篇文章中指出俄国农民状况明显好于德国农民。
③ Дух журналов. 1817. Кн. XVIII（主要规章大多数针对大领有机构）。这篇文章中指出最富有的庄稼汉不应该缴纳代租役，而是自己从事生产。

157

19 世纪俄国工厂发展史（第四版）

指出此罢工主要原因为工厂和手工业竞争引发的工人生活贫困。圣西门的思想获得编辑们的认可，其《政治经济学原理》中的观点广泛流传。①

西方重农主义者为资本主义和资产阶级思想家，而俄国重农主义者则是土地贵族思想家和农奴制的保护者。② 该状况出现有其必然性。此时正直美国内战，实施奴隶制的南方坚决捍卫贸易自由。禁止性关税的支持者，工厂的保护人莫尔德维诺夫以和解的语气谈论农奴制。此时，无论是土地贵族，还是工厂贵族都一致捍卫农奴制的地位。许多贵族工厂以强制劳动为基础，如果他们使用雇佣劳动力，那么地主也可能因代租役而合理使用农奴。众所周知，伯爵舍列梅杰夫就因伊万诺沃、巴甫洛夫等村农民缴纳的代租役而暴富。很明显，这些地主绝对不会拒绝自己的农奴拥有私产，创造更多价值（舍列梅杰夫不愿意自己的农奴恢复自由身，即便这些农奴成为百万富翁，成为工厂主，他们仍像以前一样为地主农民。舍列梅杰夫像英美资本家一样拥有大量土地，可以确定农奴工厂的价值，这点与城市土地价值类似，土地增值很快）。出于该原因，不论是工厂的反对者还是支持者，都一致赞成保留农奴制，农奴制为其收入的主要来源。

众所周知，重农主义者的宣传在短时间内获得了巨大成绩，1819 年俄国为执行和普鲁士、奥地利的条约颁布具有明显自由特征的关税税率政策，进口货物关税较低。因该税率实施时间不长，笔者不能对其实施状况进行详细阐述，俄国工厂主，特别是呢绒工厂主十分反对该税率，该税率于 1822 年被废除。俄国重新实施以前的关税保护政策（1822 年税率中规定的禁止性进口货物与 1816 年类似）。此结果在意料之内，工厂主虽然人数较少，但其社会影响力巨大。笔者已经指出，工厂主中一部分人为高级官吏，他们本

---

① 此时期很多作者都坚决捍卫自由贸易，详见：Арнольд К. И. Мнения о системе тарифа в России. СПб., 1816；Тургенев Н. Опыт теории налогов. СПб., 1819. 斯尼特金指出是否允许外国商品进口应该十分值得探讨？（莫斯科，1818 年）真正追求真理的人的座右铭为自由主义，他的文章代表当时很多人的意见。
② 所有的自由主义者都是农奴主。施托尔希以及此后的尼古拉·杜尔格涅夫都是农奴制的推崇者，但他们都推崇自由贸易，同时他们也指出俄国社会发展趋势不容逆转。《杂志思想》也指出了取消禁止性关税的好处。

身就是富有的地主（如伯爵舍列梅杰夫），他们在中部工业区有众多资产，对工业发展十分感兴趣，因此他们希望农民在自己的工厂内务工，然后缴纳代租役。毋庸置疑的是在保护关税政策的庇护下俄国工厂蓬勃发展，1819年税率生效后，关税税率又反复提高了几次，英国商品无力与俄国国内商品竞争，此时工厂主获得巨大财富，贵族利益受损，因此工厂主坚决拥护1819年税率，在俄国工商业政策中烙下明显印记。工厂主千方百计保留自己的工厂，纷纷降低产品价格，最终工厂主获得胜利。

19世纪20~50年代俄国工业快速发展，棉纺织行业尤甚。此时期莫斯科省成为巨大的工业中心，为其他农业省份提供大量产品。笔者不对该问题进行单独阐述，只引用阿克萨科夫书中的一段话："俄国政府的任何措施都不能与1822年税率相比，该税率导致工厂主日常生活发生巨大变化，莫斯科省、弗拉基米尔省和科斯特罗马省形成完整工业区，居民开始接受新事物，成千上万的居民参与了此运动，纷纷在工厂内务工。乌克兰和新罗斯地区成为产品销售市场。"[①]

哈克斯陶森认为，19世纪40年代莫斯科成为工业中心，贵族城市转变为工厂城市。大量贵族转化为工厂企业家……如果我们提问，谁属于此行列？那么得到的答复会是工厂主或商人以及大贵族。[②]

亚历山大时期俄国仍是农业国，但国内状况发生了变化。与以前相比，此时工业具有重要意义。此时期俄国产生了大资本家——工厂主，他们从手工业者中脱颖而出，在贵族庄园中（特别是19世纪三四十年代）兴建工厂，此时期思想领域并未出现变化。

笔者在上文已经指出，尼古拉一世时期旧式工厂开始解体，工厂开始转变为工厂监察机构（但这并不影响工厂绝对数量的增加）。在此影响下，思想界开始意识到工业快速发展，主要以小工业和农村工业为主的事实。在此氛围影响下俄国思想界形成独特的理论体系，此时思想具有明显的民粹主义

---

① Аксаков И. *Исследование о торговле на украинских ярмарках.* СПб., 1858. С.13.
② *Studien uber die innern Zustande Russlands.* I. XIII, 60.

特征，并且混有农奴制因素。该理论完全具有民族特征，但政府上层与社会大众思想区别较大，政府上层受斯拉夫主义影响较深。

1845年出版的杂志《莫斯科维亚》影响较大，当时该杂志由斯拉夫主义学派承办，其主编为基列耶夫斯基。基列耶夫斯基在杂志上发表《俄国手工工业》一文，表达斯拉夫主义者对俄国发展工业带来的意见。

斯拉夫主义者并不否认发展工业带来的好处。

文章指出，手工工业具有重要意义，它可以改善俄国下层居民的日常生活。

斯拉夫主义者认为并非所有工业模式都能体现国民利益，小工业（现在被称为手工业）最适合俄国国情。

俄国工业活动应主要在城市开展，乡村中也不应该消除小生产者，应该给予相应的扶持。

在对比国内外工业发展的历程后，斯拉夫主义者指出，大生产者获得巨大利润是以牺牲小生产者利益为基础的，他们都不希望保留乡村工业，乡村工业不但技术落后，而且受传统思想影响颇深。

很明显，城市、城市工业和城市生活绝对不允许存在守旧的思想，如斯拉夫主义者的思想。

历史发展进程证明手工业完全不适合城市生活，城市生活并不适应俄国人民的日常生活……人民应该保留乡村生活习惯，以后他们仍需从事现有生产活动，农民也可从事手工业、贸易，但传统生活方式应该保留，绝不能接受城市的生活方式。

那么是否可以认为，斯拉夫主义者仇视工厂呢？答案是不完全是。手工业的优势已毋庸置疑，农村人的道德值得弘扬，此时，斯拉夫主义者认为只有城市需要工厂。他们绝不仇视资本主义生产方式，只是强调不应该完全普及该生产方式，应保留传统的生活方式。斯拉夫主义者认为城市应是大型工厂的聚集区，主要生产奢侈品；乡村应发展手工业，生产生活必需品。

城市工业的任务繁重，不但需要改善生产技术，而且还应促进工人道德水平的提高。工厂主犹如大家长，工人如同其子女。他们的相互关系体现在彼此的权利和义务上。现在莫斯科已有20多家超大型工厂，无论是在技术上，还是在道德上都应该为俄国工业做出榜样。这些工厂中有受过宗教培训的童工，因此，俄国工厂不但是积累财富的场所，也是工人道德和良好习惯的培育基地。为此，基列耶夫斯基也提出了对1822年关税政策的浅见。

斯拉夫主义者认为，手工业和工厂可以并存，但工厂应该对工人进行教育，只有这样他们才会专心工作。手工生产为最可靠的工业模式。工厂主和工人关系十分清晰，工厂主为父亲，工人为其孩子。

基列耶夫斯基在引文中很少提到工厂和工厂工人。地主维列杰尼科夫在《莫斯科维亚》杂志上发表文章《工厂工匠》阐述该问题。

作者首先把俄国工厂工人状况与西欧工人状况进行对比。他指出在西方，特别是英国，工人生活极端贫困；而俄国工人的贫困程度低于法国和英国工人。为证实其观点，作者特别对俄国工人的饮食和生活状况进行了研究。俄国大部分工厂工人都是拥有耕地和草场的农民……工厂只是工人为满足必要需求的谋生手段。大部分家庭成员在空闲时间外出务工，借此获得额外收入。单身工人在工厂内定居，冬季也不返乡过年……俄国工厂工匠生活十分富足。很多人经过工厂时都听到工人在歌唱。俄国工人吃着精良的面包，喝着热汤，每天还有2磅牛肉。

作者在文章结尾处重复了自己的观点，俄国工厂工人的状况明显好于英国和法国工人，俄国工人并未中断与土地的联系，他们夏季返乡务农。

尽管斯拉夫主义者偏好于乡村工业，但他们也并未完全否定西方的工业模式。《莫斯科维亚》杂志支持1822年保护关税政策，该杂志获得商人们的青睐。他们认为贸易资本自古就存在，莫斯科公国时期商人地位至关重要，他们呼吁保护旧式生产模式。科科列夫文章的主要思想为赞美富农和小贩，他对富农十分青睐，认为他们是俄国精神的代表。

俄国人对富农的评价并不客观，他们诚实劳动，辛苦赚钱，富农见识较广，但他们命运坎坷……承受比别人更多的痛苦。

科科列夫认为，富农有很多特殊才能——智慧、知识、认真工作的态度和极强的事业心，但他们仍不满足，仍赚取更多钱……

因此，相对于大工业而言，斯拉夫主义者更倾向于手工工业。他们认为在工厂发展的同时，古老商人和小商贩阶层也有所发展。

19世纪初莫斯科已是俄国工业中心，即便如此俄国工商业仍蓬勃发展，亚历山大一世时期俄国仍是农业国。工业和商人资本在城市中具有巨大作用，所以土生土长的莫斯科人都希望发展民族经济体系，但并不完全否定工厂。一些庄稼人在手工作坊内工作，他们心地善良，素质明显高于工厂工人，除工厂工人外，尼古拉一世时期一部分工厂主也十分推崇斯拉夫学派的思想。斯拉夫主义者认为工厂主产生完全是社会经济发展的必然结果，所以他们对工厂的态度比较暧昧，其思想与亚历山大一世时期土地贵族利益保护者的观点有明显区别。

耐人寻味的是，19世纪30年代普希金是《杂志思想》观点的支持者，他在自己的手稿中进行了如下阐述：

> 我仔细阅读英国工厂工人的请愿书，感觉毛骨悚然。工厂主极其残酷，虐待工人，这令人心痛！工人忍受着工厂主的暴行，还得忍受贫困的生活！如果想象下埃及金字塔，那么工人的位置便可想而知。斯密提到呢绒厂或德扎克索尼提到制针厂的状况完全虚假。英国工人境况十分恶劣，当机器大量普及时成千上万工人将失去唯一的生活来源。俄国完全不存在该状况……俄国农民也受奴隶制的桎梏，无人说农奴顺从。他们善于模仿，十分机灵……俄国工人都有住宅。对农民而言，他的木屋就是他的全部。俄国农民境况也逐渐改善。[①]

笔者在图书馆阅读尼古拉一世时期最流行的杂志时发现，该时期斯拉夫主义者思想盛行，他们推崇关税保护体系，确认俄国发展工厂工业的必要性，但他们更倾向于手工业。这些杂志中还引用坎克林伯爵的著作，下文笔者将对人类的社会性进行阐述。俄国农民生活状况较理想，从下面这段话中

---

① Пушкин А. С. Соч. Изд. 1882. Т. V. С. 222 – 223.

(第一部分)第八章 改革前工厂与社会、文化的关系

就可以看出:

> 谁也不能阻碍俄国农民追求幸福的脚步,他们的生活十分富足。他们有土地,祖祖辈辈从事农业生产,他们非常热爱自己的故乡……俄国庄稼汉的支出只限于酒精,严格遵守传统的家庭生活方式,对法律和工艺都有自己的见解,否则他们的生活方式将与国外农民无异。通常人们都有同等数量的土地,他们属于同一管理机构,他们互相关心、互相扶持,生活中具有强烈的宗教烙印。①

笔者还将阐述哈克斯陶森的关于俄国社会思想史的名著。哈克斯陶森认为,人们非常聪明,善于思考,当他在俄国各地旅游时,政府都非常客气。他希望只把他看作一个普通的旅游者。该书是尼古拉一世时期经济文献的集大成。哈克斯陶森的书籍获得沙皇尼古拉一世的嘉奖,俄国政府也给予高度评价……作者的思想在社会各界广泛流传。在莫斯科旅行时他与德国人格尔采尼相识,格尔采尼抨击哈克斯陶森关于农民日常生活、地主权利、地方警察局和管理机构的观点。② 哈克斯陶森的书令格尔采尼十分不满,他指出俄国经济体制、村社和日常生活都十分落后。与格尔采尼相比,社会活动家、出版人车尔尼雪夫斯基更加著名。

哈克斯陶森的观点与斯拉夫主义者的观点类似,他认为俄国状况明显好于西欧,俄国不存在无产阶级。在欧洲其他国家爆发反对财富和私有者的社会革命,其口号为消除领有权,平均分配土地,在俄国不会发生这样的革命,因此欧洲革命者的乌托邦思想在我们国家完全可能实现。

哈克斯陶森为我们详细介绍了俄国的状况。西欧保守分子认为西欧革命是消除俄国贫困的灵丹妙药。尼古拉一世时期俄国农奴的生活状况为法国革命者追求的目标,农奴的状况令他们惊奇无比。不但社会制度、私有制、君

---

① Шелехов Д. О. *Вольнонаемном труде//Библиотека для чтения.* 1837. Кн. 6. С. 33 – 34.
② Семевский В. И. *Крестьяне в царствование императрицы Екатерины* II. Т. II. С. 442.

主专制政体没有消亡，俄国反而成为欧洲最坚强的堡垒，成为欧洲最强大的国家。

这种令人惊奇的体制值得继续保持，但推行欧洲工业模式将导致俄国工业模式坍塌。哈克斯陶森反对推广西欧工业，宣扬王权主义，宣传所谓超越斯拉夫主义者的大民族主义思想。俄国手工业非常繁荣，却陷入劳动组合体制。他指出，俄国大部分手工业具有错误特征，居民在村社内从事该行业，如鞋匠、锻造工和皮革工匠，他们拥有巨大优势。俄国人居住在一个大家庭中，大家庭需要劳动分工，同时发展必要的手工业。村社成员互相帮助，共同购买材料，销售制成品。村社工匠把自己的商品送到市场上销售，到处都有他们的店铺，他们摒弃德国工匠行会，在村社内他们完全自由……俄国村社内不存在任何行会或压迫。村社手工业为自由工业联盟，同时也是圣西门思想的实践，该工业组织为村社带来巨额收入。

哈克斯陶森勾画出俄国手工业蓬勃发展的景象。（不能说此时哈克斯陶森反对传统生活方式的观点是错误的，尼古拉一世时期手工行业和现在一样没有任何组织，手工业者彼此孤立，他们对工厂态度冷淡）

在俄国推行西欧式工厂与民族化工厂完全对立，政府怂恿贵族按照国外模式发展工业，贵族转化为工厂主……为什么在俄国普通民众做出让步和服从时政府还要国有农民设置棉纺织工厂呢？工厂技工和管理人员完全从英国和德国聘请……政府帮助他们修建工厂，购买机器……教会工人操作机器，然后把他们派往旧式俄国工厂。毫无疑问，需要对其进行统一领导、严格监管，迫使工人听话，这样工人便能很快学会新技术，新工厂也很快与传统生产方式融为一体……现代欧洲推广的工厂模式绝对不适合俄国，该模式会影响俄国居民的道德水平。因此需要正确和合理使用这些工业模式，俄国民族工业，即俄国式工厂也可以配备新机器，发展重要的工业部门，如呢绒、麻纺织、棉纺织和丝织行业，虽然不能生产出时髦的商品，但足以满足大部分居民的需求。

读者已经深知，保守的普鲁士伯爵为乌托邦主义者。俄国居民性情温和、容易管理，因此私人工厂可以推广，但是否由国有农民修建最为合适呢？其工作是否需要监督和领导呢？下文将对该问题进行讨论。

在任何时候俄国现有的工厂模式都是现代因素……仍有很多人反对其实施，但现在应该关心的只是怎么样在民族工业的基础上发展该模式，当然也有部分工厂转化为上述的民族工厂联盟。彼得一世时期建立的工厂体制（如亚科夫列夫工厂），可以说为民族思想的体现。彼得一世在农奴制基础上建立工厂，工厂主有权使用工厂农民，同时也必须负责工人的饮食起居。工厂主不具有驱赶工人的权利，他们应该供养工人到死。现在大多数工厂需要的不是农奴，而是自由雇佣劳动力。如果工厂主按村社模式组织工人，那么应该像村社一样给予农民相应的关怀和照顾……除法律规定免除工厂主供养工人的义务外，工厂主必须对工人负责，此时，农民已转化为工厂工人。

哈克斯陶森的论述完全可以解释该观点，众所周知俄国工厂模式是在强制劳动基础上建立的领有工厂，俄国农奴对圣西门主义者的观点十分推崇，村社和劳动组合的崇拜者首先是农奴制的保护者。他们视西欧资本主义为敌人，认为企业主和工人关系为赤裸裸的金钱关系（货币关系——卡尔列里的阐述）。

哈克斯陶森不赞成工厂还有其他原因，他认为工厂产生后农奴制失去原有特征。贵族庄园过渡至大商人手中，人与人之间的相互信任、相互理解和尊敬等品德将消失。新时期工厂主把农民看作生产工具、机器和赚钱的工具。因工业发展和代役租的推广俄国农奴制开始发生变化，哈克斯陶森指出圣西门主义者认为每个人都能获得自己所需的东西，按照农民的职业征收代租役。

哈克斯陶森指出，以前俄国为农业国，农奴关系完全适应当时的社会经济体制，为俄国社会的必然现象。农奴的状况还说得过去，俄国农奴村社犹如小的自治共和国。在俄国传入了西欧的文化、工业和工厂和奢侈品后，所有状况都发生了变化。农民开始在工厂内工作，村社成员帮助他耕作土地。农奴制矛盾日益突出，虽然仍能适应当时的社会状况，但每个有良知的俄国人都在考虑如何不发生流血革命而消除农奴制。今天该问题仍有待研究。

哈克斯陶森认为工厂工业阻碍农奴制的废除，因工厂数量增加俄国工人工资明显提升，贵族不能雇佣工人劳作，需要使用农奴劳动。

哈克斯陶森认为政治和法律模式与现实经济生活密切相关，引进西欧工业的同时应该引进西欧文化。哈克斯陶森提出，什么样的工厂模式可以维持农奴制的问题。他又把工厂视为敌人，并未深入研究该问题。在下层人民参与工业的影响下，俄国人的理性思维获得较大发展。此时一个问题必须解决，即发展工业对农奴制保留的影响程度如何。哈克斯陶森让俄国人民追求教育，他要求政府在教会帮助下教育普通民众。

不能否认哈克斯陶森的观点有很多拥护者，其已形成完整的学术体系。俄国村社的捍卫者明白，西欧经济方式和西欧教育思想与俄国社会体制水火不容，所以斯拉夫主义者捍卫俄国的独特性，反对学习西方。

哈克斯陶森是尼古拉一世时期俄国社会保守主义思想的代表。当时俄国大部分经济学家支持其观点。如圣彼得堡大学教授戈尔洛夫指出，只有分散的工业才具有意义，才适合我们的民族……在我们现有的手工工场体系条件下，工厂很难蓬勃发展，但该系统可以让人民从大工厂获得幸福，工匠和人民都安居乐业，工厂主在获得财富的同时工人却开始不学无术。手工工场体系的保护者只看到一个方面，英国大工厂虽然造成工人的贫穷与无助，但同时也取得辉煌成就。[①]

坚戈博尔斯基也是19世纪四五十年代的俄国经济学家，他是国务会议成员，1857年自由关税税率的制定者。他在自己的书中写道："手工业具有民族特征，与俄罗斯民族的道德和风俗相适应，促进俄国农村公社父权制组织形式的稳固，同时也是俄国社会体制的基础，并不妨碍工人从事农耕，不打扰农民的家庭生活，不掠夺农民的份地，不会像大城市一样聚集工人，不会产生无产阶级，而这些都是现代社会的祸根，这样的工业值得保存并继续发展。"

在1849年第三期《国民教育部》杂志中地主热列布措夫发表了《两个现代经济问题》一文，该文章受哈克斯陶森的影响颇深。他指出，西欧无产阶级是国家的祸根，西方先进知识分子都幻想建立公有制社会，该理想在西欧很难实现，在东方则有可能。作者认为，不但农民土地所有制，任何农民工业都是公有制的表现形式，他完全赞成手工工业具有集体特征的论断。

---

① Горлов И. *Обозрение экономической статистики России.* СПб., 1848. С. 201.

（第一部分）第八章　改革前工厂与社会、文化的关系

这些文章大多抨击西欧学派的观点。俄国社会主义因素——村社和集体主义在19世纪40年代并未完全得到认同，斯拉夫主义者对俄国日常生活现象进行了深入研究。斯拉夫主义者认为俄国村社此时能保障人民的利益，全心全意关心农民生活，同时也是和不良状况斗争的工具，但村社所有者对此并不重视，也未制定相应的政策。西欧主义者认为村社和集体主义具有临时意义，随着自由思想的传播和社会生活的不断改善俄国人民自己将抛弃传统日常生活方式。现代经济学家已经确认了该状况，确定了村社秩序……同时探索采取何种方式能消除贫困，何种社会经济体制将带来希望。西欧主义者认为该种形式为俄国社会主义。[①]

西欧主义者比斯拉夫主义者更倾向工厂工业。19世纪30年代思想家协会杰出成员奥加列夫的庄园中就有棉纺织工厂，他向乡村居民介绍工厂的好处，想要在自己的庄园内建立以雇佣劳动为基础的工厂，尽可能发给农民更多的工资。

奥加列夫在给一个朋友的信中写道：我深爱着这些农民，我想把他们当作朋友，给予他们我能给予的一切。从工厂建立时期我就会成立工厂奖励委员会，当然这些仍在计划之中。我不知道，他们是否能接受这些新事物，我现在已经看到他们的热情。[②]

自由主义杂志《望远镜》《莫斯科观察者》《祖国札记》《现代人》很少提到这些问题。1849年《祖国札记》（第95卷）对圣彼得堡手工制品展览会的状况进行了描述，文章赞扬俄国工厂工业取得的巨大成绩，并且对其成绩感到骄傲。同时在杂志中也刊登重农主义者的文章（如1851年曾发表《英国贸易状况的变化》一文）。

1847年在《现代人》杂志中我们找到了米留京对 A. 布托夫斯基《国民财富经验》一书的评论。这篇文章对斯密的学说给予坚决的抨击，赞同圣西门和西欧社会学家的观点。1851年《现代人》杂志发表《资本的历史

---

① Анненков П. В. *Воспоминания и критические очерки*. СПб., 1881. Отд. Ⅲ. C. 128.
② ОгаревН. П. Идеалисты тридцатых годов//Вестник Европы. 1883. Апр. C. 512；Семевский В. *Крестьяне в царствование императрицы Екатерины* Ⅱ. Т. Ⅱ. C. 442.

意义》一文，文中以英国为例阐述资本的文化意义。此外作者还指出，在真理面前所有伪学说都会黯然失色，教育和工业取得的成绩众所周知。总之，无论是《现代人》还是《祖国札记》，都仇视俄国工厂工业。

现在我们将研究的重心转到尼古拉一世政府对待工厂问题的态度上面。尼古拉一世时期财政大臣坎克林的作品足以让我们了解政府各界对工厂的态度。最具代表性的作品是《人类社会经济学》[①]，1855年该文章被收录至谢尼科夫图书馆。下文将对其某些观点进行阐述。

坎克林指出，家庭手工业者生活状况较好，工匠为社会生产生活必需品，工厂工业则引起人民生活更加贫困。当欧洲手工业生产蓬勃发展时，国家也采取措施制止无产阶级和穷人数量增长；劳动者品德高尚、讲礼貌、具有较高的自觉性……当工厂生产快速普及后，所有这一切都会发生变化。当只有几家工厂时人们就在考虑，将来它会发展成什么样……当工厂蓬勃发展后，该考虑的是如何帮助它消除丑恶，带它走回正途……很可惜，这些政策不能减少无产阶级的数量，其数量仍持续增加；产品销售困难，货币政策成效不大，因此，所有措施都不是治本之策。

尼古拉一世时期财政大臣坎克林支持民粹派和圣西门主义者的思想，他还做出如下阐述：

> 机器价格低廉，需求量迅速增加，但它并未给所有人带来财富和幸福……其存在是劳动阶级的不幸，致使劳动者生活愈加贫困。
>
> 工人为生计在工厂内工作，企业主一般都压榨工人，强迫他们在自己的工厂内劳动。大部分工人虽辛勤务工，却只能获得微薄的工资。
>
> 社会主义者认为机器是劳动阶级的敌人！企业主残酷地压榨工人！软弱和贫困的工人失去大量财富！为什么农奴制时期有识之士否定工厂呢？因为工厂生产会造成下层人民道德素质败坏、备受凌辱、发生暴动、追求高工资。

---

① *Die Oekonomie der menschichen Gesllschaften.* Stuttgart，1854.

(第一部分) 第八章 改革前工厂与社会、文化的关系

最后一个因素会造成下层人民赤贫和道德沦丧。坎克林的观点与斯拉夫主义者一样，认为工厂具有不可弥补的缺陷。

坎克林对俄国和西欧工厂提出不同的建议，西欧无产阶级只是对工厂不信任，俄国工人对工厂的态度与之不同。

俄国工人来自农村，他们自尊心较强，阻碍城市工厂的壮大，经济萧条时他们也失去工作，此时农民将返乡，甚至在不劳作和不支付人头税时也有容身之地，也能吃饱，工厂主阶层也不会因工人要求增加工资而联合起来……惨叫暴乱、放弃工作也不会改善工厂工人的生活状况，相反会把其带入不幸的边缘；而且社会无序将造成社会生活混乱，人民都仇视该状况。

因此，俄国工厂状况与西欧具有本质性差异，俄国不存在工厂无产阶级。因资本主义会导致无产阶级形成，所以尼古拉一世时期保守的大臣不会赞同在俄国发展大型资本主义工业。

很明显，坎克林是铁路建设的反对者，他认为旅行没有任何意义，应该满足人民的精神需求。他随后指出，铁路是我们时代的病痛，它浪费大量钱财，造成下层人民发生分化，又形成新式资本。因此，人类应该从资本中解脱出来，社会财富必须均衡分配。

众所周知，为消除投资过高和不均问题资本应该逐渐增加……增加财富造成道德缺失，罗马人的教训我们至今仍未忘记，资本积聚同时伴随着社会的巨大损失。

以上都是坎克林对发达工厂和工人关系的描述。从中可以看出财政大臣坎克林的立场。

尼古拉一世时期国务活动家基谢列夫伯爵的观点对社会的影响也非常大，他的观点与坎克林类似。他在一个官方札记中写道，我总是在思考俄国工厂工业的发展前景，它能否在俄国的土地上生根发芽呢，能否在我们的土地上开花结果呢。[①]

---

① Заблоцкий-Десятовский А. П. *Граф П. Д. Киселев и его время.* СПб., 1882. Т. II. С. 200.

总之，尼古拉一世时期政府上层认为工厂具有很大的危险性，此时政府上层认为与发达的工厂工业相比农村手工业更可靠，它不会造成工厂无产阶级道德腐化。俄国工厂工人与农村的联系使政府上层放松了对工厂的戒心，但政府仍对西欧的工厂心存疑虑。政府上层所持的观点绝对不适合大工厂发展，相反会促进农村手工业的发展。19世纪40年代初期《手工工场和国内贸易办公厅杂志》发表诸多文章阐述政府上层对工厂的看法。一些工厂主，如茹科夫已深深地意识到政府目的是保障工厂工人的利益，他向办公厅提交文件要求在自己的工厂内实施新管理办法，办公厅在自己的杂志上发表文章要求其他工厂主效仿该做法。

茹科夫的功绩如何呢？他对工人的道德水平十分关注，为预防工人道德败坏，他要求工人轮流返乡，以保持工人与农村的联系。他要求工人做到如下几点：第一，不要忘记自己是农民；第二，虔诚履行自己的义务；第三，不沉迷于首都的奢华；第四，意识到不断劳动的必要性，要省吃俭用，不要铺张浪费；第五，意识到在工厂的生活是幸福的。在节假日，工人休息时工厂主的义务如下：第一，组织大家唱赞美诗；第二，唱完赞美诗离开时工人不得单独出行，要成群结队，以便更好监督工人在工厂外的行为，同时也培养他们的集体意识，大多数工人出行是由工厂管理人员或工厂掌柜陪同。①

工厂主对工人的行为进行严格监督，工厂主对工人的行为了如指掌。相关负责人制定记事簿每日对每个工人的行为进行记录，工人也应该互相监督，表现良好的工人获得奖励，不遵守纪律的工人应受到相应惩罚……采取匿名举报的方式。茹科夫认为，所有这些措施主要是为了让工人遵纪守法，保持谦虚谨慎的态度，工作时能够全心全意，保持原有的品质。

19世纪40年代俄国工厂被称为田园，阅读茹科夫的文章就会发现这可能有些夸张，他建议给予工厂工人适当的食物、饮品和服装，如此工人才能有体力继续劳动，保持原有的品质，对现有生活感到满足。茹科夫的做法取

---

① *О внутренне устройстве и управления табачной фабрики г. Жукова//Журнал мануфактур и торговли* 1840. Ч. Ⅰ.

得了一定效果，他在给办公厅的书信中就提到了该问题。

茹科夫的观点具有一定的现实意义，其主要观点是工厂必须保持与农村的联系，尼古拉一世时期很多人赞同该观点，他们说得十分直白。

现在最耐人寻味的问题是尼古拉时期政府对工厂和资本主义的看法，政府在实践中是否偏向民族工业呢？众所周知，尼古拉一世时期政府并未阻止手工业发展，但也没有提出鼓励手工业发展的措施，只有国家财产部出台了个别保护措施。俄国政府高层很多官员是大工厂主，与坎克林一样，他们力挺俄国工厂工业，此时工厂法律的制定足以体现该状况。

政府提出保护关税税率，为工厂主提供货币贷款、修建巨大的工厂机构（亚历山大洛夫手工工场），借此工厂主受益匪浅。

怎么解释口号和实际不符的状况呢？实际政策被提出不是源于道德考虑，而是出于当权者的意图和当时实际的社会、经济状况。坎克林对工厂和工厂主不具好感，因此在主管财政部时对工厂主的利益毫不关心。尼古拉一世时期俄国开始出现资本主义生产方式，资产阶级的影响力逐渐增强，这在此时期政府工业政策上也有所体现。

此外，出于国家财政利益政府也要求提高国民劳动生产率，换言之，生产力的发展就是工业的发展。国家出台政策保护大型资本主义生产方式，其目的就是增加财政收入，大工业主的阶级利益处于第二位。为增加俄国经济财富，政府对重要的税源——工业十分关注。因此，虽然尼古拉一世时期政府各界对工厂的态度各异，但工厂仍成为政府重点关注的对象。

第二部分
农奴制改革后俄国工厂

第一章
改革后俄国工业

1861年2月19日改革对各工业部门的影响。大改革引发的工人短缺危机。俄国工业定期波动。集市贸易衰落。工业危机。"他"① 先生关于工业危机与收成关系的论述。铸铁产量增长。促进新时期工业飞速发展的因素。现代工业危机。工业危机产生的原因。货币交易所汇率变化。贴现率。货币需求。1899~1900年冬季各工业部门萧条。俄国工业品市场问题。金融市场。俄国工厂工人数量增加。生产集中。俄国资本主义生产面临的障碍。

尽管政府1861年2月19日改革之前就已开始清理世袭工厂,但废除农奴制并未引起俄国工业危机。俄国工业的生产方式仍以农民劳动为主体。因乌拉尔地区仍使用农奴劳动,所以该地区冶铁和采矿业发展缓慢。工人从工厂主处获得食物和住宅,很多工人住在工厂中,在极其恶劣的条件下坚持工作,完全无人身自由。工人获得自由后成批离开工厂,并迁移至其他省份,他们对过去的生活仍心有余悸。如彼尔姆省波戈斯洛夫区居民总数约为10000人,当3000名成年男子离开后,该地区男性工人数只为原有数量的1/4。工厂工人纷纷离厂,低价出售宅旁地、房屋和菜园,有时直接送给他人。一年夏天,别列佐夫工厂一次性离开了800名优秀工

---

① Д. Ф. 尼古拉(1844~1918年)先生笔名,俄国经济学家,把马克思主义引入俄国的知名学者之一。——译者注

人，米阿斯工厂也有 200 个家庭离开①，该类状况不胜枚举。工厂忽然失去大量劳动力，因地处偏僻，附近没有居民点，不能立即补充劳动力，工厂主立刻提高工资，即便提高几倍，仍无人应征。

该状况导致工厂产量大幅度降低，很多工厂受到严重冲击，纷纷停产或倒闭。库夫什尼工厂的铸铁产量见表 1-1。②

表 1-1　各年度库夫什尼工厂的铸铁产量

单位：普特

年份	铸铁产量
1858	476000
1862	313000
1868	353000

1858 年上涅杜里尼工厂铸铁产量为 457000 普特，1868 年为 256000 普特；1858 年巴拉尼奇工厂铸铁产量为 407000 普特，1868 年为 316000 普特。自 1868 年起上涅杜里尼工厂、巴拉尼奇工厂完全停产。1860~1867 年全俄和乌拉尔地区铸铁产量见表 1-2。

表 1-2　1860~1867 年全俄和乌拉尔地区铸铁产量

单位：千普特

年份	乌拉尔	全俄（包括芬兰地区）	年份	乌拉尔	全俄（包括芬兰地区）
1860	14513	20468	1863	11921	17027
1861	4226	19451	1865	12329	18281
1862	10467	15268	1867	12399	17553

资料来源：Материалы для истории и статистики железной промышленности в России: Общий обзор. СПб., 1896. С. 25。

---

① Безобразов В. П. Уральское горное хозяйство//Труды комиссии для пересмотра податей и сборов. СПб., 1867. Т. ⅩⅡ. Ч. 5. С. 104, 150, 238.

② Там же. С. 72.

由上文数据可知，2月19日改革对俄国冶铁业冲击较大，因政府监管力度大和大规模使用强制劳动，乌拉尔采矿工业雇佣工人数量减少。上文已经提到农奴制是俄国采矿业发展的最大障碍，此阻力消除初期乌拉尔采矿业仍停滞不前，俄国铸铁产量几乎没有增加，1861年以后铸铁产量出现直线下跌趋势。俄国采矿业发展史足以证明俄国农奴制改革所建立的新型经济条件是刺激该行业发展的重要因素。随着冶金业的发展，铁路网得以修建、贷款利率降低，股份公司普及。俄国经济改革完全采用西欧模式，换言之，采用资本主义生产方式。

　　因工厂不能使用农奴劳动，1861年改革使工业遭受巨大损失。军队呢绒工厂由于附属于贵族，仍与以前一样使用农奴劳动。但在农奴制改革前旧式领有和世袭呢绒工厂就已开始衰落。生产技术进步影响较大，依赖强制劳动的工厂无力与新型资本主义工厂竞争。如从19世纪30年代开始卡卢加省呢绒工厂数量就开始减少。1839年该省份有15家呢绒工厂，其中11家属于贵族。1848年省内只有4家呢绒工厂，亚历山大洛夫县城商人工厂产量大幅度降低，此时只剩下3家商人工厂，其余工厂全部倒闭。1861年卡卢加省贵族工厂全面倒闭，几家商人工厂建立。[1]

　　19世纪60年代以前辛比尔斯克省有大量使用强制劳动的领有贵族工厂。1860年该省份30家呢绒工厂只有2家归商人所有。农奴制改革领有工厂主遭受巨大冲击，19世纪60年代末只有8家工厂仍归贵族所有，10家贵族工厂倒闭，其他工厂租赁给商人，商人工厂数量增至10家。[2]

　　18世纪末19世纪初，沃罗涅日省也是俄国重要的呢绒生产中心之一，此时沃罗涅日俨如工厂城市。维谢洛夫认为，沃罗涅日可以被称为工厂城市，该省山上也布满了工厂。[3] 但1856年沃罗涅日只剩下3家工厂，19世

---

[1] Обозрение фабрично-заводской промышленности Калужской губ. // Памятная книжка Калужской губернии на 1861 г. Калуга, 1861.

[2] Памятная книжка Калуужской губернии на 1861 г. Обозрение фабрично-заводской промышленности Калужской губ. Калуга, 1861.

[3] Памятная книжка Воронежской губ. на 1865 – 1866 гг. Воронеж, 1865. C. 50.

纪60年代中期该城市只剩下1家工厂。沃罗涅日呢绒工业完全依靠强迫劳动，因此无力与使用自由雇佣工人的莫斯科商人工厂竞争。农奴制改革对该地区工业冲击较大。

喀山市呢绒工厂产量也大幅度降低，笔者在上文已指出彼得一世时起喀山市就建立起大型领有工厂，最初工厂属于米科里亚耶夫，然后过渡至奥索金。19世纪40年代起该工厂每况愈下，30年代工厂内工人数量约为1000名，50年代中期工人数量降为450名，60年代该工厂只有260名工人，工厂产量也随之降低。①

奥廖尔和斯摩陵斯克省地主呢绒工厂完全衰落，奔萨、坦波夫、梁赞、萨马拉、波尔塔瓦、哈里卡夫和波多利斯克省地主呢绒工厂数量也大幅度减少。② 与此同时，属于商人的新式呢绒工厂应运而生。莫斯科省为俄国呢绒工业中心，莫斯科省除有很多领有工厂外，农奴制时期此地还产生了很多大型资本主义工厂，改革前它们就已冲击旧式使用强迫劳动的呢绒工厂。改革只是加速了那些不适应新经济形势的旧式工厂的衰落，毫无疑问呢绒生产完全适应农奴制改革后的经济状况，表1-3中数据足以证明该论证。③

表1-3 1860年和1863年莫斯科省工厂和工人数量

年份	工厂数量(家)	工人数量(人)	年生产总值(卢布)
1860	432	94721	26204000
1863	365	71797	26083000

农奴制改革对其他工业部门的影响较弱。因内战美国对俄国棉花的进口量大幅度降低，19世纪60年代上半期农奴制改革对棉纺织行业冲击较

---

① Памятная книжка Казанской губ. на 1863 г. Казань, 1863.
② Шерстяные изделия//Историко-статистический обзор промышленности России СПб., 1886. С. 152.
③ Там же. С. 139.

大。俄国与其他国家一样,棉花和棉纱价格上涨,但棉纺织产品价格变化不大。①

棉纺织工业萧条促使亚麻工业开始活跃。19世纪上半叶很多大型机械亚麻纺织厂竞相建立（1860年亚麻纺织厂数量为20家）,亚麻厂产品产量大幅度增加。韦西尼认为,美国内战和波兰起义为俄国麻纺织工业带来生机,使其逐渐摆脱萧条状况。②

农奴制改革对丝织行业影响不大,改革前该领域就大量使用雇佣劳动力。1859~1863年俄国从欧洲进口丝线和捻线数量见表1-4。

表1-4　1859~1863年俄国从欧洲进口丝线和捻线数量

单位：普特

年份	数量
1859	7391
1860	6501
1863	7129

资料来源：Там же. С. 195。

笔者现在对改革后俄国工业发展状况进行研究。从表1-5和图1-1中可以看出农奴制改革后俄国工业的发展进程。

读者必须仔细阅读表1-5和图1-1。

图1-1中工人数量变化虚线可以表现欧俄50个省工厂工人数量变化状况（不征收消费税）,很明显,关于工厂工人数量的官方数据漏洞较大,而且不充分；工厂内实际工人数量明显高于报告内工人数量。尽管各年份工人总数的真实性仍需进一步研究,但从图1-1曲线中仍可确认实际状况。

工人数量具有三个明显波动,第一个波动在1873年达到顶峰,1873~

---

① 19世纪60年代棉纺织工业危机详见：Гарелин Я. Город Ивано-Вознесенск. Шуя, 1884. Ч. Ⅱ. С. 25-27。

② Историко-статистический обзор промышленности России. М., 1883. Т. Ⅱ. С. 24.

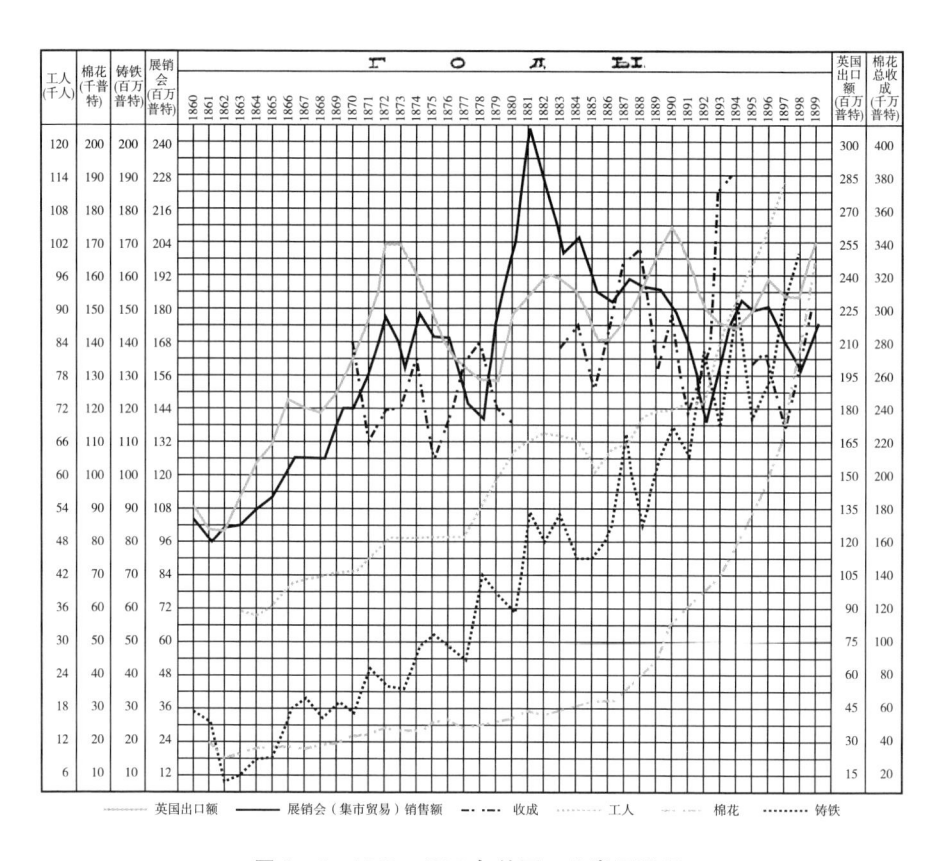

图 1-1 1860~1899 年俄国工业发展进程

1877 年工人数量并未明显增加，1877 年后开始出现新回升，1882 年达到顶峰。随后 3 年工人数量开始减少。最后一次上升从 1877 年开始，1891 年饥荒致使增长趋势暂停，1893 年后工人数量快速增加。

图 1-1 展销会销售额粗线可以展现俄国集市贸易发展状况。19 世纪 80 年代以前该曲线波动与工人曲线波动状况类似，但 70 年代初和 80 年代后该曲线急剧提升，70 年代和 80 年代中期开始衰落。两个波动尤为突出，比工人波动曲线更明显，两曲线波动重合可证明该波动的特征。工厂中工人数量和下诺夫哥罗德集市商品数据的真实性有待考证，却能在一定程度上体现出工业发展趋势。

表1-5 改革后俄国棉花、棉纱进口数量，俄国境内铸铁产量，工人数量，
粮食产量和下诺夫哥罗德展销会商品价值

年份	俄国境内外国和中亚棉花需求量（千普特）（芬兰除外）	俄国境内外国棉纱进口量（千普特）（芬兰除外）①	俄国境内铸铁产量（千普特）（包括芬兰）②	欧俄50省不征收消费税工厂工人数量（千人）③	1894年前欧俄50省粮食产量（百万俄担）1894年后粮食产量（千万普特）④	下诺夫哥罗德展销会进口商品价值（百万卢布）⑤
1860	1840	145	20468	—	—	105
1861	2643	142	19451	—	—	93
1862	850	97	15268	—	—	103
1863	1083	68	17027	358	—	103
1864	1637	105	18301	355	—	111
1865	1591	117	18281	381	—	113
1866	2952	130	18568	397	—	127
1867	3298	184	17553	407	—	125
1868	2556	160	19807	414	—	126
1869	3208	171	20104	428	—	144
1870	2801	254	21949	442	280	143
1871	4165	293	21933	463	217	158
1872	3606	319	24375	492	240	179
1873	3530	323	23484	498	240	158
1874	4666	343	23213	487	270	180
1875	5216	372	26016	501	206	170
1876	4708	340	26957	491	237	169
1877	4435	161	24403	500	269	146
1878	7183	508	25476	559	280	142
1879	6449	881	26413	608	242	181
1880	5743	577	27364	648	229	200
1881	9076	387	28662	668	—	224
1882	7755	361	28237	682	—	201
1883	8949	235	29407	669	276	206
1884	7373	172	31106	665	293	186
1885	7574	180	32206	616	247	184
1886	8388	177	32484	635	289	193
1887	11257	229	37389	657	330	190
1888	8362	281	40716	707	334	187

续表

年份	俄国境内外国和中亚棉花需求量（千普特）（芬兰除外）	俄国境内外国棉纱进口量（千普特）（芬兰除外）①	俄国境内铸铁产量（千普特）（包括芬兰）②	欧俄50省不征收消费税工厂工人数量（千人）③	1894年前欧俄50省粮食产量（百万俄担）1894年后粮食产量（千万普特）④	下诺夫哥罗德展销会进口商品价值（百万卢布）⑤
1889	10429	281	45180	716	261	181
1890	11483	238	56560	720	293	168
1891	10406	164	61340	738	229	144
1892	13797	127	65432	472	266	167
1893	11327	138	70141	860	378	187
1894	15399	148	81347	—	380	176
1895	11475	135	88665	—	268	177
1896	12861	117	94951	—	273	165
1897	15110	127	114782	1124	227	156
1898	16803	165	135636	—	263	173
1899	—	—	165156	—	302	253

注：①外国棉花和纱线进口数据来源于海关办公厅出版物《俄国对外贸易年鉴》和《俄国对外贸易简评》。1890年之前俄国经里海地区运往国内的中亚棉花并未纳入海关办公厅统计年鉴之中，因此，该年度统计数据也并不包括中亚棉花运输量。为确定1890年前中亚运往欧俄地区棉花数量，笔者借鉴奥伦堡铁路运输棉花的数据（笔者找到1877~1889年奥伦堡铁路的棉花运输量）。为确定1890年后俄国棉花中亚棉花运输数量笔者使用《俄国对外贸易简评》中的相关数据，该资料中含有各年度俄国进口棉花数量的详细数据。但笔者在详细核算《俄国对外贸易简评》后发现该简评中数据有很多遗漏和错误，1861~1869年棉花和纱线进口数据严重失真，此后各年度数据也有一些遗漏。

②1875年之前数据主要源自：《俄国冶铁工业历史和统计材料汇编——冶铁工业简述》(Материалам для истории и статистики железной промышленности России. Обзор железнойпромышленности СПб., 1896)，1875年的数据源自：Сборник статистических сведений о горнозаводской промышленности России, 1898年的数据源自：Вестик финансов 1899. №21. С. 524，1899年的数据源自：Матьеев А. Железное дело России в 1899г. СПб., 1900。

③1863~1865年数据源自相应年份的《财政部各部委材料和信息汇编》，包含西伯利亚、喀山、芬兰和波兰等地区数据。1866~1877年数据来源如下：在《财政部年鉴》中含有相应年份的工人数据，但只对主要生产部门进行统计。为获得所有行业的工人数量的统计数据，笔者尝试对年鉴中未涉及部门进行统计。笔者通过仔细的核算确定1865~1878年这些生产部门中工人数量，最终确认这些年工人数量均匀增长。当然笔者的核算也存在诸多误差，但笔者核算误差最高不超过20%。小手工业者与土地联系十分紧密，他们对工业波动影响较小。因工业行情瞬息万变，各年度不同行业工人数量不同，因此不可避免地会出现一些误差，在核算过程中应该十分小心，对各种数据应该准确计算，对统计材料也应去伪存真。1878~1884年数据源自政府的《俄国工厂工业信息》，笔者从手工工场和国内贸易办公厅处获得该数据。这些数据也有很多遗漏，小生产企业并未被纳入统计之中，但其增加数量有限。1885以后数据源自手工工场和国内贸易办公厅的各年度《俄国工厂工业数据汇编》。1892年和1893年数据中包括采矿工业的工人数量，采矿企业征收消费税，因此笔者的数据中

应该扣除采矿企业。1897年工人数据也出现该状况。在笔者制定的表格中并没有1894~1896年工人数据,手工工场和国内贸易办公厅并未公布这些年的工厂工人数据。此表格中阐述的工人数据只是不征收消费税工厂内工人数据,因材料有限和数据遗漏难免会有误差。各年度工人实际数据与登记数据有很大差异,笔者通过仔细对比和推敲发现这些数据完全能体现出此时期工人数量变化特征。

关于工厂统计数据笔者必须做出如下阐述:应该确认表格中的数据是不是只针对工厂数据。从1885年起俄国官方统计数据中对小工业和工厂间的区别已有明确划分,产品销售额超过1000卢布的企业都列入此行列中,但不包括小手工作坊。1885年以前并没有大工厂与小作坊的区分。在工厂统计数据中并不包括手工作坊内工人。可想而知以前小企业数量明显低于现在。1878~1884年小机构纳入统计数据之中,为此核算此期间的工人数量应该扣除小企业的工人人数,小企业内工人数量较少,不超过20000人。必须说明的是1861年以前工人数据详表1-5,表中的数据也不包含芬兰和波兰等地,但欧俄地区内一些人数较少的手工作坊也并未纳入统计数据之中。

④1870~1879年数据详见《俄国工业历史统计概述》(Историко-статистическому обзору промышленности России?)(М.,1882. T. I. C. 46)(该数据中包含波兰地区的信息),1883年以后的数据源于中央统计委员会的《欧俄粮食收成》。1881年和1882年数据缺失,1894年以后统计数据中粮食的计量单位改为普特,而不是俄担。

⑤详见各年度的《下诺夫哥罗德展销会贸易报告》(Отчет о ходе торговли на Нижегородской ярмарке)。

从19世纪80年代开始展销会销售额曲线开始下跌,此时工人数量曲线先降后升,出现该现象的原因是什么呢?该状况出现主要源于下诺夫哥罗德集市在俄国贸易中的地位降低,古老贸易形式——集市贸易开始退出历史舞台。俄国资本主义发展需要建立现代化贸易形式,下诺夫哥罗德集市已不再在俄国贸易机制中起主导作用,其光环逐渐消失。此后几十年集市贸易的作用开始减弱,1881年集市交易额降至最低点。19世纪后期集市贸易衰落是俄国经济快速发展的必然结果,集市与古老的经济形式——独立手工业生产和村社等一同衰亡。运输条件的变化和工业资本主义的发展加速了旧工业部门的衰亡。

加加林指出,当时俄国集市数量众多,乌克兰集市在俄国经济生活中的作用也不容忽视,其集市贸易十分繁华。波尔塔瓦、涅任、罗姆内也是俄国集市贸易中心,集市贸易的主要产品为莫斯科工业区手工工场产品,莫斯科手工工场制品主要销售市场为小俄罗斯地区,在该集市上可以购买到全国各地商品。但19世纪70年代起旧乌克兰集市贸易中心的地位开始衰落,与此同时乌克兰新贸易中心——哈里卡夫市场发展迅速,哈里卡夫有很多集市，耐人寻味的是这些集市几乎于同一年出现。各地集市出售商品数额见表1-6。

表1-6 各地集市出售商品数额

单位：百万卢布

地点	集市	1868~1872年	1895年
罗姆内	马斯利亚尼集市	3.0	0.4
罗姆内	沃兹涅先斯克集市	2.2	0.3
罗姆内	亚历山大洛夫集市	3.6	0.3
波尔塔瓦	伊利因斯基区集市	15.0	1.4
哈里卡夫	克列谢尼集市	8.5	14.0
哈里卡夫	特罗伊茨卡亚集市	2.9	1.8
哈里卡夫	乌斯别斯克集市	2.5	7.0
哈里卡夫	波克罗夫斯克集市	5.3	8.3
库尔斯克	科列尼集市	5.6	0.7
总 计		48.6	34.2

资料来源：Фабрично заводская промышленность и торговля России СПб.，1896. С. 425-427。

此时俄国还有其他较为重要的贸易城市，在下诺夫哥罗德之后，伊尔比特集市的地位毋庸置疑，该地区各年份产品交易额详见表1-7。

表1-7 伊尔比特集市交易额

单位：百万卢布

年份	数额	年份	数额
1887	56	1893	48
1889	49	1894	49
1891	45	1895	48

众所周知，19世纪末俄国贸易流转额数量迅速增加，但集市贸易交易额明显下降，以上数据足以证明集市贸易开始衰落。如果观察集市贸易额绝对值，集市贸易衰落现象更是一览无遗。

图1-1中下方曲线是国外棉花进口量和中亚棉花产量，此外，除中亚和国外，俄国还从高加索地区进口棉花，但数量不多，年需求量只有数万普

特。该地区棉花主要使用高加索线路运往俄国中部地区,但从1890年铁路部门才开始统计运输数据,笔者不能提供1890年以前的数据,也不能对该年度以前的棉花运输量进行统计。

从图1-1可知,棉花收成曲线与工人数量曲线变化趋势截然相反。该曲线不能反映本年度真正棉花加工数量、关税水平和运输数量。运输数量波动强度明显高于产品产量,只有棉花价格变化、关税变更等因素才是生产的影响因素。1887年棉花进口数量快速增长,下一年度进口数量锐减。1887年棉花进口数量增加源于该年度关税增加,工厂主为避税大量进口棉花,但该年度进口数量与之前相比已明显降低,1888年棉纺织企业产品产量也降低了。如果我们对工厂真正加工棉花的数量了如指掌,那么棉花曲线非正常波动便可以消失,曲线就会变缓,波状特征开始凸显。

如果我们稍加注意就会发现,棉花曲线一直沿同一方向运动,1886年以前与工人和展销会销售额相一致,1876年和1877年运输数量开始急剧降低,1887年后运输数量开始增加,曲线凸起主要因为19世纪70年代末和80年代初工人暴动。

铸铁产量变化曲线波动较小。农奴制改革对该行业影响较大,产量开始大幅度降低(棉花曲线下降并非由农奴制改革引起,而是受美国内战影响)。19世纪60年代末期以前铸铁曲线几乎并未发生变化,70年代开始曲线开始上升,但上升幅度有限。1877年,与棉花曲线一样,铸铁产量有明显回落趋势。虽然1886年与以前一样铸铁产量缓慢增加,但该年度起开始发生变化,曲线开始稳步上升。

图1-1曲线变化完全可以体现革命后俄国工业发展历程。很明显,俄国工业发展具有一定波动性,具有周期性特征,这与其他资本主义国家经济发展历程类似。如果我们把俄国工业波动与其他国家工业波动相比,如英国,就会发现英国也同样具有工业高涨期及萧条期。但是英国工业高涨时期为19世纪70年代、70年代末与80年代初、80年代末和90年代初。萧条期为70年代中期和80年代中期。把俄国工业曲线与英国工业曲线进行对比就可以知晓工人数量变化状况和进口产品数量。

英国产品出口变化曲线与俄国工厂数量变化趋势惊人相似。虽然两曲线体现不同国家经济发展状况，但当英国出口产品数量增加时，俄国工厂内工人数就会增加，当俄国工厂工人数量减少时，英国出口产品数量就会减少。最近几年英国出口产品数量曲线并未有上升趋势，俄国工人数量曲线却明显上升。

俄国工厂内工人数量波动的原因是什么呢？

俄国工厂内工人数量波动与英国货物出口波动状况相符。学者确定影响俄国工业状态的最重要因素是收成状况。尼古拉先生为该观点的忠实粉丝。他通过研究改革后工业史指出，俄国工业逐渐萧条，几乎接近衰败边缘，因此会造成严重后果，但收成水平也未必是俄国工业繁荣的唯一原因，但该观点仍具有一定意义。如果俄国工业波动完全可以解释收成的波动曲线，就意味着俄国农业已成为俄国资本主义体制的基础，但该基础不是很牢靠，在各种不利条件影响下可能恶化，资本主义体制可能随之灭亡。

那么尼古拉先生的工业繁荣取决于收成的论断是否正确呢？① 在对照 1886~1889 年主要粮食作物、农民收入波动、商品生产数量和俄国工厂工人数量后得到的答案是否定的。1886~1888 年，农民土地收入与工业波动具有一致性。1889 年并未观察到一致关系，农民收入降低了 20%，且连续 4 年持续降低，但此期间俄国产品生产数量和工人数量持续增加，4 年内增加趋势明显。通过对 4 年数据研究可以断定工业发展状况并不依赖于农业收成，统计材料足以证明该论断。

下面将讨论重点回归到图 1-1 上。

19 世纪 70 年代中期为工业停滞期，但 1874~1877 年粮食收成较好，1874 年是俄国粮食收成最好年份之一。毫无疑问，19 世纪 70 年代末为俄国经济活跃期，但工业活跃是否因收成较好呢？虽然 1878 年收成较好，但 1879 年收成较差。1882~1886 年为工业萧条期，此时期只有 1885 年收成较差，工业也处于萧条期。而 90 年代收成较差时期俄国工业品和棉纺织品数

---

① Николай-он. *Очерки нашего пореформенного общественного хозяйства*. C. 189.

量大幅度增加。

如果我们对铸铁产量曲线进行研究，就会发现收成与生产间无必然联系。铸铁产量曲线波动较小，只在研究末期才有一定幅度增长，铸铁产量迅速提高始于1888年，很明显受收成影响较小。

此外，通过对最后5年数据研究可确认，19世纪末俄国工业飞速发展，这是工业危机的前奏，那么此次经济提升是否受收成影响呢？很明显，收成对工业提升无明显影响。19世纪末经济提升始于1897年，而这一年俄国发生了严重饥荒。按照中央统计委员会统计数据，1897年粮食收成同比下降15.2%。[①] 尽管出现饥荒，但工业仍快速发展。该状况无论是在1897年，还是在1898年都有所体现。根据中央统计委员会数据，1899年俄国粮食产量只能勉强达平均值[②]，但1899年经济提升规模持续加速，1899年达到最高点。1899年末工业危机和萧条来临，现在萧条仍在持续。那么是否能说该危机源于粮食收成不好呢？我们对相关统计数据进行研究后发现1899年粮食产量同比（最近5年）增长13.7%。[③] 在粮食歉收年份并未发生经济危机，相反在粮食收成较好年份却产生经济危机。因此，经济状况取决于收成的论断完全错误。通过阅读此时经济学著作就会发现，俄国科学研究中教条主义严重，研究者视野狭窄，真正的科学不被人接受。

综上所述，在俄国工业中粮食收成状况不具有任何影响，哪种粮食收成对工业的影响都不大。但不能说，棉纺织工业波动完全受收成影响，只有19世纪末粮食收成对棉纺织工业影响较大，但不能因此就断定收成对工业具有较大影响，主要原因如下：第一，收成影响一般在下一年度才有所体现；第二，棉花进口曲线并不是棉纺织品生产曲线，所以该曲线不能反映棉纺织品变化情况。粮食生产对工业部门尤其是重工业影响较小，铸铁和金属开采等行业完全不受粮食收成影响。

那么影响俄国工业波动的因素是什么呢？笔者已指出，该波动与英国工

[①] Стастика Российской империи：Урожай 1897г. СПб., 1898. Вып. XLII. С. 3.
[②] Там же. 1899. Вып. XLVI. С. 6.
[③] Там же. 1900. Вып. XLIX. С. 9.

业波动相吻合，因此影响英国工业发展的因素足以解释俄国状况。俄国工业发展过程中出现与其他国家类似的周期性特征。经济高涨和萧条交替为俄国经济的典型特征，其他资本主义国家也是如此。因此，影响俄国工业波动的原因为资本主义生产本身所具有的周期性，俄国工厂工人数量周期性波动和下诺夫哥罗德集市的商品流通也受经济周期影响。

1857年世界经济危机对西欧和北美经济造成严重冲击，但对俄国影响较弱。19世纪50年代末期俄国银行、股份企业、贸易和工业公司倒闭，贸易萧条，生产停滞，这些都是经济危机导致的。当时作家描述道："感谢上帝，股份公司形成之后持续时间不长，最初股份公司业务蓬勃发展，很多人对其评价颇高，因此股份公司很容易获得资金。在证券交易所内可以轻易购买到任何股份公司的股份，谁也不能正视该业务对公司经营的利弊。公司经营不善则会影响汇率水平（该现象为经济危机通病，具体内容详见笔者《定期工业危机》一书。——笔者注），最终致使对货币需求量的增加……银行停止放贷，股票不能保持原有货币价值。一方面，货币供给量严重不足；另一方面，股票价格大跌迫使股东关注公司运营状况，是否管理不善、管理者滥用职权等行为所致……所有这些行为都会影响股票价格。诸多公司股票销售困难，当时建立股份公司需要投入1.5亿银卢布，资金不足现象十分常见。该现象在所有工业部门中都有所体现，手工工场尤甚，当时国内贸易一片狼藉，经济严重萧条……贸易萧条对小手工业影响最大，他们因产品大量积压面临倒闭风险。如果政府不为商人提供优惠贷款，那么国内情况将更加恶劣，俄国国内贸易处于崩溃边缘。"[1]

该描述完全是工商业危机时的正常现象。В.别扎比拉佐夫也对19世纪50年代俄国工业危机进行了详细描述，他指出："众所周知，战争结束后工商业快速发展……1854~1857年俄国工商业异常活跃。工商业快速发展促进工厂工业异军突起，北方工业区体现最为明显，国内集市贸易激增，国内外手工工场产品销售额大增……1855年和1856年俄国工业发展达至顶峰，

---

[1] Шипов А. *Как и отчего исчезли у нас деньги*. СПб., 1860. С. 33–34.

此时是俄国所有工商业者的黄金时期。"普通工人、工厂工人、工厂主和商人也称该时期为其生活的黄金时期；工厂不用担心产品销路，工厂主纷纷建立新厂或扩大原有工厂生产规模，商品价格和工人工资快速增长……工业高涨之后，另一个时期到来，所有工业部门开始萧条，1858年和1859年萧条期来临。1858年起国内生产和贸易停滞，1859年俄国国内工业状况逐年恶化，工厂主抱怨居民购买力变弱，产品大量积压，市场状况恶化。股票业务无节制增加让其自食其果，让国民经济雪上加霜。我们说工业高涨为第一时期的主要特征，工业萧条对国民经济冲击很大，破坏生产力和国内市场，因此工业危机对国民经济影响最大。①

笔者不再对19世纪50年代末的经济危机进行描述，对俄国经济危机的描述不是本书的主要任务。表1-8中笔者列举了1856~1859年建立股份公司资本的数据，以讨论危机之前股票热状况。

表1-8 建立股份公司资本

单位：百万卢布

年份	数额	年份	数额
1856	15	1858	51
1857	300	1859	67

资料来源：Там же. С. 22。

19世纪70年代初西欧出现疯狂创业热潮，德国和奥地利表现尤为明显。随之而来的是1873年5月美国经济危机，该危机迅速波及欧洲。1870~1872年俄国出现明显生产扩张，随后出现工商业危机。加列里尼指出，可将1872年末和1873年初称为倒闭时期……此时国内产品无力与外国产品竞争，贸易恶化，印花布产量过剩，产品销售困难。②

维尔特对1873年世界经济危机对俄国贸易的影响描述如下："公司大量

---

① Безобразов В. П. *О некоторых явлениях денежного обращения в России*. М., 1863. Т. Ⅱ. С. 24.

② Гарелин Я. *Город Иваново-Вознесенск*. Шуя, 1884. Ч. Ⅱ. С. 60.

倒闭严重影响俄国国内贸易，对下诺夫哥罗德市场影响最大。8月末该现象初露端倪，3名商人负债额达到1170000卢布……小商贩负债金额虽然很少，但其人数众多……敖德萨众多公司倒闭引起商人恐慌，他们纷纷撤资。敖德萨一家倒闭公司负债额达50万卢布，另一家公司负债额达1200000卢布。其余破产公司负债额在10万~100万卢布，圣彼得堡银行也开始调整经营策略，千方百计减少损失。"①

1876年手工工场和国内贸易委员会莫斯科分部报告中指出莫斯科工商业状况十分恶劣，众多企业无力偿还银行贷款足以证明危机的严重程度，具体数据详见表1-9。

表1-9　1874~1876年俄国企业破产数量和债务总额

单位：家，卢布

年份	破产企业数量	债务总额
1874	68	5313000
1875	56	10900000
1876	113	31495000

报告中指出了莫斯科工商业发展的总体状况："如今没有一家公司愿意在莫斯科设厂，企业亏损现象十分常见，市场上产品供应数量大幅度降低。"②

报告对经济危机产生的原因进行了阐述：19世纪70年代初期因铁路网络快速发展工业异常活跃。随着产品需求量增加、金融业飞速发展，工厂主纷纷扩大生产，即使商品价格有所回落，产品销售困难，产品产量仍继续增长。1872年和1875年粮食歉收加速危机到来，手工工场内商品价格快速降低，生产缩减，很多银行相继倒闭，这对手工工场影响最为严重。

《欧洲消息》评论员指出19世纪70年代经济危机产生的原因有许多，其中铁路建设对其影响最大。19世纪70年代初期出现铁路建设热潮，俄国

---

① *История торговых кризисов.* СПб.，1887. С. 475.
② *Вестник Европы.* СПб.，1877. Кн. XⅡ. Внутреннее обозрение.

国内用于铁路建设的资金达数十亿卢布。1868~1871年为铁路建设高峰期，1871年后开始回落，虽然1873年和1874年又出现短暂铁路建设热潮，但1875年起又大幅度降低。

与此同时，国内商品需求量发生变化。当铁路建设处于活跃期时，商品需求量大幅度增加，但是当铁路建设热潮过后商品需求量大幅度减少。

铁路建设需要大量资金，因此俄国政府大举借债，经济危机波及政治领域……俄国国内经济发展异常缓慢，此时类似于德国在赔款法国50亿法郎时产生的"金雨"。俄国铁路建设资金中有154.4亿卢布为借款，约为50亿法郎。铁路建设萧条时众多企业纷纷倒闭。①

19世纪70年代之前俄国经济完全具有创业热和投机特征。1878年集市上产品数量大致为70年代最少，此后市场行情逐渐好转。此期间商品输送量逐年减少，俄土战争结束后商品需求量开始增加，商品价格急剧提升。1878年下诺夫哥罗德集市非常繁荣，该场景让人想起马卡里耶夫集市。市场上各种商品需求量急剧增加，产品很快被抢购一空，工厂主获得较大利润。俄国工业开始复苏……很多倒闭工厂纷纷开工，工厂主盘算着扩大生产，1879年中期工业最为活跃，此次经济繁荣持续至1880年。②

别扎比拉佐夫认为，此时期商业活跃的等级有待讨论，但工商业业主确实获得了丰厚利润。政府工作报告中某些数据表明，该时期某些股份公司利润为40%~50%，甚至达70%。

1878年起生产快速增长，1879~1880年冬季生产仍持续增加。此次生产增加在棉纺织行业表现尤为突出，1879年增加纺锤数量达90万个（有些学者认为达到100万个）。当时俄国纺锤数量为350万个，如果不是受经济危机影响，俄国棉纺织行业纺锤数量会更多。③

---

① Там же. С. 802. И. 布里奥赫也对19世纪70年代的经济危机进行了描述，他在《铁路对俄国经济影响》一文中指出美国大规模修建铁路使工业活跃和萧条交替，笔者在《工业危机》一书中对此也有涉猎。

② Безобразов В. П. *Народное хозяйство России* СПб. , 1882. Ч. I . С. 277.

③ Там же. С. 279.

此时经济复苏不可避免地产生反作用，1880年商品供给数量已超过需求数量。别扎比拉佐夫认为，经济发展不是一帆风顺的，受各种因素影响，市场行情也变幻莫测。19世纪70年代波动较为强烈，1881年集市贸易最为繁荣。1881年粮食收成较好对经济发展十分有利。别扎比拉佐夫认为，19世纪70年代末和80年代初经济发展特征为战前工业十分萧条，1877年战争结束后工业才开始复苏，1879年工业发展规模达到顶峰，1881年下半年以前仍持续增长，1881年中期市场仍较为活跃。

别扎比拉佐夫认为，19世纪70年代末期工业复苏主要受战争因素影响。笔者在查阅相关文献和对比大量数据后得出，所有其他因素只具有附属作用和从属意义，这些因素虽然多变，也会对俄国工业产生影响（如收成、粮食价格提高、政治事件等），但并不是俄国经济形势变化的主要原因。别扎比拉佐夫认为，收成在经济发展过程中具有一定作用，但仍处于次要地位。别扎比拉佐夫也指出，19世纪50年代和70年代末俄国工业复苏的差异在于50年代工业发展过程中股份公司的作用不容忽视，与70年代相比此时经济发展具有交易所特征。70年代工业发展特征为工业领域生产狂热化，对工厂工业影响最大。

笔者并不认同别扎比拉佐夫的观点，货币发行数量增加是19世纪70年代投机热产生的主要原因，该发行量足以促进工业活跃。19世纪70年代中期持续萧条导致商品生产数量低于需求量，这在1878年集市上就有所体现。需求量增加导致商品价格提升，从而促进工业复苏，萧条期结束。活跃和萧条不断交替原因也不同，其他资本主义国家也是如此。可以说经济萧条促进活跃期诞生，生产过剩导致萧条来临。19世纪70年代末与80年代初期生产开始活跃、商品流通数量增加和投机活动盛行不但在俄国有所体现，在其他国家也较为明显，如美国、英国、法国和德国等。准确地说，19世纪80年代仍是工业萧条期。

1882年巴黎联合银行倒闭，1884年美国铁路萧条景象再次出现（1873年曾出现该状况），但此次影响程度有限，1882~1886年随处可见生产缩短和商业萧条景象。准确地说1882年集市较为萧条，商品运输量降低，生产开始萎缩。1887年之前工业一直处于萧条期。

普里克隆斯基在文章中对80年代工业萧条状况进行了详细阐述,其文章在1883年《实务》杂志上刊登。

文章指出1880~1881年冬季所有工业部门都异常萧条。圣彼得堡的大工厂,特别是机械工厂开始遣散工人……如别尔德工厂以前有3000~4000名工人,现在只有1000名工人;亚历山大洛夫工厂原有800名工人,现只留下350名工人;萨姆普索尼耶夫工厂原有1200~1500名工人,现只剩余450名工人;诺贝尔工厂原有900~1200名工人,现只剩下600名工人;在其余机械工厂中工人数量也大幅度减少。各工厂中工人数量几乎减少了一半。

普里克隆斯基认为,莫斯科省工业萧条始于1880年春天,下诺夫哥罗德集市的状况足以证明该论断。1880年冬季至1881年莫斯科-弗拉基米尔地区工人数量锐减,小工厂状况更加恶化,很多小工厂纷纷倒闭。弗拉基米尔省亚历山大洛夫县城内危机对丝织工业影响最为严重。1881年1月以前从事丝织行业的165家工厂已倒闭50家,其余工厂产品数量也大幅度降低,该工业部门中失业人数超过9000。小作坊中的工人工资开始降低,如年轻女织工冬季的工资从18~25卢布降至6~8卢布。伊万诺沃-沃兹涅先斯克失业工人数量众多,因工业萧条工人平均工资大幅度降低。大工厂主不想扩大生产规模,通过罚款形式克扣工人工资,工厂纪律十分严明。大工厂主虽然不想减少工人数量,但受经济状况影响他们也开始辞退工人,如莫洛佐夫工厂就已开始辞退工人……工厂工人状况极其恶劣,很多工人失业,因经济行情较差他们不能找到工作,工厂工人罢工事件时常发生……1881年1月杜霍希尼县城工厂主赫卢多夫降低工人工资支出,2000名工人收到账单,并被要求离开工厂。1880~1881年冬季科斯特罗马省工厂工人数量减少了1/3。按照莫斯科电报员阐述,工厂工人十分绝望,被工厂主辞退后他们失去收入来源。切尔尼戈夫卡区省克里尼察村工厂工人数量缩减了40%,工人工资降低了30%~50%。特维尔省莫洛佐夫和别尔格工厂部分工人被辞退,其余工人工资降低了20%。列热夫因工厂原料被扣留在车站,工厂内近12000名工人半年无生活来源。巴甫洛夫村很多从事刀具、锁具生产的工匠

193

也纷纷失业。工匠工资从 2 卢布 50 戈比降至 60~80 戈比。马里采夫工厂产品产量大幅度降低。

1880~1881 年工作量减少和工人工资降低后工人状况至今仍未改善。的确，在收成影响下工业在 1881 年稍有起色，同时工人工资稍有提高，但工人状况改善持续时间不长。在工资降低影响下，1882 年诸多工厂内工人开始罢工，但因劳动力市场低迷并未取得预期效果。

1882 年工业萧条影响范围较广，与以前工业萧条相比，影响更为严重。1882 年波兰地区工业开始萧条，1882 年夏天华沙约有 20000 工人失业，波兰和西北地区工业中心受经济危机影响较为严重。

在莫斯科-弗拉基米尔等地区工业持续萧条，此外手工业不如工厂工业。

普里克隆斯基在文章结尾处写道："很明显工业危机还将延续，这将引起就业岗位减少和工人工资降低。至今为止还未发现结束征兆，工人处境仍十分悲惨，工人日常生活状况恶化已经引起社会和政府关注。因此工人问题必须妥善解决，通过工厂立法保护工人利益是政府做出的初步尝试……工人问题持续困扰俄国政府，持续工业危机致使工人状况持续恶化。"[1]

可以说萧条一直持续到 1887 年。莫斯科地方自治委员会记者在《莫斯科地方自治机构年鉴》中对 1886 年工业的描述如下：1886~1887 年冬季工厂状况十分糟糕，工人工资降至最低点。劳动力需求量和工人工资纷纷降低，生产开始缩减。工业萧条持续，很多完全脱离土地的工人返乡务农。很多地区工厂停产，工人失业。[2]

1887 年开始工业活跃期来临，19 世纪 90 年代初世界经济开始萧条，1895~1896 年资本主义世界经济开始史无前例地回升，这点众所周知。

俄国工业有其独特性，即规模大，这点与其他资本主义国家不同。工业回升期为创业热期，萧条期为企业创建的低谷期，回升和衰落交替在俄国工

---

[1] Приклонский С. Хроника рабочего труда в России//Дело. 1883. No1.
[2] Статистический ежегодник московского губернского земства. М., 1887. *Кустарные отхожие и фабричные промыслы* С. 18. 19 世纪 80 年代工业萧条在诸多杂志中有描述，如《内部评论》和《俄罗斯思想》。

业发展历史中表现明显。其中《俄国股份企业活动概述》[①] 一文对俄国股份制公司创建热的周期性变化进行了如下描述：

> 1850 年和 1851 年俄国还不具有股份公司，从 1853 年起股份公司数量开始增加，1857 年和 1858 年股份公司创立活动达到顶峰。此时期与 1851~1855 年一样，只创立了 18 家股份公司，其注册资本为 1640 万卢布，1856~1860 年该类公司数量达 108 家，注册资本数量达 31.7 亿卢布。此后五年，即 1860~1865 年创业热潮衰退。19 世纪 60 年代西欧创建热潮波及俄国，70 年代初期俄国也出现创建热潮……1871~1873 年成立了 227 家股份公司，注册资本达 34.7 亿卢布，从 1873 年起创建活动又开始萧条。1879 年公司创建活动衰落，一直持续至 1881 年，此后股份公司数量开始增加，1889 年为拐点，俄国又开始了公司兴建热潮。笔者参照《国家知识手册》中的某些数据对俄国股份公司发展状况进行整理，具体数据详见表 1-10。

表 1-10　1856~1881 年俄国新建股份公司数量

单位：家

年份	新建股份公司数量	年份	新建股份公司数量
1856	8	1869	21
1857	14	1870	33
1858	41	1871	60
1859	28	1872	61
1860	17	1873	106
1861	8	1874	50
1862	6	1875	48
1863	9	1876	41
1864	10	1877	25
1865	11	1878	13
1866	18	1879	20
1867	12	1880	30
1868	20	1881	45

---

① *Вестник финансов*. 1900. №29.

19世纪80年代下半期工业萧条又一次席卷全球,此时俄国新建股份公司票面金额如表1-11所示。

表1-11　1880~1889年俄国新建股份公司票面金额

单位:千卢布

年份	金额
1880~1884	231575
1885~1889	175360

此后10年间股份公司数量快速增加,但19世纪90年代上半期公司创建热潮已有所回落,90年代末又快速兴起。此时期俄国境内新建股份公司数量详见表1-12。

表1-12　1889~1898年新建股份公司数量

单位:家

年份	新建股份公司数量	年份	新建股份公司数量
1889	29	1894	47
1890	39	1895	86
1891	24	1896	20
1892	31	1897	118
1893	50	1898	153

从19世纪80年代下半叶起南俄地区冶铁业快速发展,俄国农奴制时期在采矿工业中居主导的旧式乌拉尔工厂地位逐渐丧失。以农奴制为基础的生产部门很难适应新经济形势,因此南俄顿涅茨克区域采矿业获得飞速发展。顿涅茨克铁路和叶卡捷琳娜铁路为该地区快速发展的中坚力量。

1887年以前南俄地区只有2家冶铁工厂,即尤兹和巴斯杜霍夫冶铁厂。1887年起采矿工厂犹如雨后春笋。短时期内产生了众多冶铁厂,如亚历山大洛夫、卡梅尼、格达尼采夫、德鲁日科夫、彼特洛夫、顿涅茨克-尤里耶夫、尼古拉-马里乌波里、塔加尼洛克等。尤兹冶铁厂工人数量达10000人，其他工厂工人数量相对较少。

1899年南俄地区有17家大冶铁工厂，这些工厂有29个高炉，还有12个高炉正在建设中。①

这些工厂主要按照国家订单进行生产，其产品主要为铁路材料，因此在工厂周围产生了很多小工厂，这些小工厂主要加工各种冶铁零件。

亚历山大洛夫工厂周围就有4家以上小工厂（管道和机械零件），诺沃罗斯工厂周围建立了机械工厂，其他机械厂建在杰巴里采夫车站附近，亚历山大洛夫县城各站点工厂林立。拉戈济尼认为，1895年此类小工厂数量不少于100家（此处小工厂是针对上述大工厂而言的）。②

1896年《财政消息》刊登文章对南俄地区冶铁业发展状况进行评价，具体内容如下：

现在南俄地区是俄国冶铁业中心，每年投入冶铁部门的资金数量不断增加，具有较强生产能力的大型工厂数量快速增加，这就是俄国企业活动的特征……几年前该地区生产规模有限，现在新建工厂都配备高炉，高炉日产量为10000普特。③

南俄采矿工业另一个特征是国外资本占优势，纯俄国人投资的企业只有2家，即巴斯杜霍夫的苏里尼工厂和巴里亚京斯基家族的亚历山大洛夫工厂。④ 其他工厂部分为外商独资企业，部分为合资企业。诺沃罗斯公司（尤兹工厂）由英国人创办、格达尼采夫公司由法国人创办、顿涅茨克彼得洛夫南俄公司由比利时人创办（大股东为科克里利）、德鲁日科夫公司由法国

---

① Брандт Б. Ф. *Иностранные капиталы.* СПб., 1889. Ч. II. С. 61.
② Рагозин Евг. *Железо и уголь на юге России.* СПб. 1895. С. 71.
③ Очерки южнорусской металлургической промышленности//Вестник финансов. 1896. №22.
④ Там же. 1897. №17. С. 263.

人创办。

　　这些工厂在国外发行股票，且十分畅销，在国外证券市场上只要提到顿涅茨克彼得洛夫或顿涅茨克，其股票就很容易销售。

　　短时间内顿涅茨克煤矿价格急剧上升，从每俄亩100~150卢布上涨至200~300卢布，甚至400卢布，有时每俄亩为500~600卢布。1897年第33期《财政消息》指出，工业建设影响南俄地区所有居民，南俄地区经济发展势头不可阻挡，最近2~3年工业发展速度惊人。两年内南俄地区焕然一新。产生了众多矿井和工厂，其中以德鲁日科夫车站附近的顿涅茨克集团工厂、沃雷尼采夫车站附近的俄比合资企业、塔加尼洛克车站附近的乌格列冶金工厂、鲁加尼斯克车站附近的顿涅茨克-尤里耶夫等工厂最为著名。哈里卡夫还出现了大型蒸汽和机械制造厂。南俄其他城市也开始兴建机器制造厂，如叶卡捷琳斯拉夫、敖德萨、尼古拉耶夫和马里乌波尔等城市。南俄工商业迅速发展，但铁路长度和码头数量仍不能满足工商业发展需求。[1]

　　南俄工厂主要产品为钢轨和铁路附属产品，工厂在建立时就会获得国家订单，国家是工厂产品的主要采购者（国家在工厂建立时就给予资金扶持，主要以现金补贴或贷款方式为工厂提供帮助，此时国家扶持的主要表现方式为国家订货）。

　　因此，南俄地区工业发展取得巨大成就与国家扶持密切相关，可以说该地区工业发展具有很大的人为性特征，其中最主要因素是国家大规模兴修铁路（此时国家铁路网还不发达）。随着国家对轨道和铁制品的需求量不断增加，俄国冶金市场逐步繁荣。此外，虽然南俄工厂数量增长速度逐渐放慢，但国内铁制品需求量巨大，此地区产品销售市场仍然广阔。现在铁路部门铁制品仍供不应求，俄国大规模修建铁路，铁制品需求量远大于供给量，铁路钢轨价格仍居高不下，不久前每普特铁轨价格为50~70戈比。工厂主要产品为钢轨，但钢轨价格降低迫使工厂主开始生产其他铁制品。

　　1886~1899年俄国冶铁业快速发展，具体数据详见表1-3。

---

[1] *Вестник финансов*. 1897. No 33. C. 474.

表 1-13　1886~1899 年各国铸铁产量

单位：百万普特

年份	美国	英国	德国	俄国	法国	比利时
1886	352.3	454.6	215.3	32.5	92.0	42.8
1899	844.2	576.7	489.8	165.2	156.6	74.4

资料来源：Матвеев А. *Железное дело в России в 1899 г.* СПб., 1900. Табл. I。

13 年间俄国铸铁生产增长了 4 倍，除德国外，此期间俄国铸铁绝对增加量高于任何一个欧洲国家。1886 年俄国铸铁产量不足世界总产量的 3%，俄国铸铁产量不但落后于美国、英国和德国，而且落后于法国、比利时。1899 年俄国铸铁产量占世界产量的 7%，在欧洲俄国铸铁产量只落后于英国与德国，超越了法国、比利时。

很可惜，暂时没有最近两年俄国工业统计数据，但俄国经济飞速发展毋庸置疑。最后我们只能根据 1897 年俄国工业发展数据大致评估此时经济的发展状况，数据足以证明此时期俄国经济快速回升。1887~1897 年俄国工业发展数据详见表 1-14（但此数据并不包括芬兰地区）。①

表 1-14　1887~1897 年俄国工厂数量和工人数量

生产部门	工厂数量（家）		
	1887 年	1893 年	1897 年
纤维生产	2847	3025	4449
食品行业	14508	13607	16512
食品行业（不含面粉加工行业）	9229	10181	10588
动物产品	4425	3350	4238
木材加工	1093	1191	2357
造纸	242	343	532
化学工业	588	683	769
陶瓷加工	2380	2031	3413
采矿工业	2656	3482	3412
冶金	1377	1822	2412
以上部门以外的工业部门	772	799	935
所有生产部门总计	30888	30333	39029
除去面粉加工部门的数据	25609	26907	33105

---

① 详见：*Свод данных о фабрично-заводской промышленности в России за 1897.* 1900。

续表

加工产品和制品价值(千卢布)			工人数量(名)		
1887 年	1893 年	1897 年	1887 年	1893 年	1897 年
463044	621929	946296	399178	497910	612520
375286	399700	648116	205223	216834	255357
225826	247260	359158	176849	187451	207582
79495	78422	132058	38876	44228	64418
25688	38876	102897	30703	39913	86273
21030	27529	45490	19491	33803	46190
21509	39560	59555	21134	28382	35320
28965	34472	82590	67346	75471	143291
156012	249168	393749	390915	461455	544333
112618	171140	310626	103300	132008	214311
50852	74201	117767	41882	52867	66219
1334499	1734997	2839144	1318048	1582901	2098262
1185039	1582557	2550186	1289674	1553521	2050487

1893 年起所有工业部门都快速发展，金属加工和采矿业尤甚。因采矿业劳动生产率快速提高，所以工人增加数量有限。此时生产同等数量产品南俄地区新建冶金工厂所需工人数量远低于乌拉尔地区，乌拉尔工厂因使用强迫劳动，至今仍未摆脱农奴制的桎梏。但在乌拉尔地区，落后冶金工厂对劳动力的需求量也很大。

最近几年工业快速发展，其中金属加工和采矿业发展最为迅猛。上文已指出，俄国冶金工业主要为铁路服务，这也是 19 世纪 90 年代工业恢复发展的主要原因。从 1893 年开始铁路建设规模逐渐扩大，从 1896 年起铁路网络扩展异常迅速，1898～1899 年铁路建设达到顶峰。1891～1899 年新建铁路长度见表 1-15。[①]

---

① *Статистический обзор железных дорог и внутренних водных путей России.* СПб., 1900 (изд. м-ва путей сообщения). 这些数据适用于整个俄国，包括芬兰地区。

表 1-15　1891~1899 年新建铁路长度

单位：俄里

年份	长度	年份	长度	年份	长度
1891	118	1894	2117	1897	2394
1892	490	1895	1839	1898	2865
1893	1691	1896	2272	1899	4692

1897 年在莫斯科法律协会统计部门报告中，米哈伊洛夫指出，很多数据足以证明俄国铁路飞速发展，俄国经济史中将其称为铁路建设热潮。无论是国有铁路，还是私人铁路都快速发展。财政部案头上新建铁路方案众多。最近 7 年俄国铁路网几乎增加 1 倍。此时期欧洲没有一个国家的铁路规模能与俄国相媲美。最近 5 年俄国年均铁路建设长度为 2812 俄里，铁路建设高涨时期德国、法国在 1870~1880 年年均建设铁路 1496 千米和 873 千米，1840~1850 年英国年均建设铁路 931 千米。现在，俄国铁路长度已超过德国、英国和法国，只落后于美国。

19 世纪 90 年代铁路建设热潮远超 70 年代，表 1-16 中数据足以证明该状况。

表 1-16　19 世纪 70 年代新建铁路长度

单位：俄里

年份	长度	年份	长度
1870	2960	1873	1879
1871	2426	1874	1697
1872	831	1875	759

在本书第一版中作者已经指出此时经济增长速度十分惊人，笔者指出 1898 年初俄国经济危机初见端倪，此时期金融市场和工业异常活跃，当时很多学者认为经济危机之说纯属无稽之谈[1]，但经济危机不久便成为现实。

---

[1]　详见：первое издание Русской фабрики。（СПб.，1898. С. 325）

此次危机影响范围极广。19世纪90年代末经济回升具有世界性特征，在德国和美国表现尤为明显。1895年工业萧条结束，贸易萧条导致银行积聚起大量自由信贷资本，银行利率降低，低贷款利率导致金融市场繁荣和公司创建热潮。工业高涨导致自由资本数量减少和贷款利率提高，最终危机结束。经济回升、衰落、活跃和萧条为经济发展的周期性规律，当然资本主义经济高涨和衰落也不可避免，具体内容详见笔者的《定期工业危机》一书。

笔者还对19世纪末西欧市场上的贷款利率进行了统计，具体数据详见表1-17。

表1-17　1895~1899年各城市证券市场平均利率水平

单位：%

年份	巴黎	伦敦	柏林
1895	2.20	2.00	3.15
1896	2.00	2.48	3.65
1897	2.00	2.78	3.84
1898	2.20	3.26	4.28
1899	3.06	3.75	4.98

资料来源：Афанасьев Г. Е. *Денежный кризис*. Одесса，1900. С. 2。

1899年以前伦敦和柏林金融市场贷款利率一直呈上升趋势。最后两年巴黎金融市场上贷款利率也呈上升趋势。1897年以前西欧贷款利率较低，主要源于市场上有大量自由资本。西欧市场上大量的自由资本是俄国外资主要来源之一，外资是促进19世纪90年代俄国经济发展的重要因素。外资从老牌资本主义国家进入其他资本主义国家已不足为奇，外资注入时期为经济高涨时期。经济高涨时期总是出现资本移民现象，这也是资本主义生产方式在全球普及的重要因素之一。笔者在《定期工业危机》一书中专门对老牌资本主义国家——英国的发展状况进行了阐述，有兴趣的读者可以阅读。

笔者并未掌握19世纪最后几年俄国涌入外资的具体数据。据布拉尼德特统计，1897年流入冶金和采煤工业中的外资数额（以独资或合资形式创办企业）为167683554卢布，此年共引进外资（债券、备用金、物资等）约

223483861卢布。① 至1899年1月比利时企业在俄国投资额为339843500法郎。② 以上数据足以证明，外国资本广泛参与俄国工业发展。从1894年开始外资对俄国经济发展至关重要，维特货币改革成绩斐然，外国资本源源不断地流入俄国，卢布外汇稳定。吸引外资是俄国货币改革的主要任务之一。

因此，19世纪末俄国经济高涨与国外资本主义国家经济回升密不可分。俄国也融入世界资本主义经济循环之中，为全球资本主义体系的有机组成部分。笔者已指出以前俄国工业具有波动性特征，随着19世纪末工业在俄国经济生活中的作用不断提升，经济周期的表现更加明显。

19世纪俄国《财政消息》发布了一系列报道，指出俄国境内贷款利率明显降低，此贷款利率受国有债券收益率影响较大，俄国国有债券收益率与西欧国家持平，约为4%，这无疑促进了建厂热潮兴起。虽然国家债券利率有所提升，但获利额明显低于投资工业领域的收入。因此，俄国国债在西欧证券市场上销售状况与19世纪末工业高涨和危机都密切相关。

西欧国家的发展经验表明，证券市场危机通常发生在经济危机之前，俄国经济危机也是如此。1893年起圣彼得堡证券交易所证券交易飞速发展，各种债券牌价快速增长，1896年前后牌价达到最高值。1891~1896年圣彼得堡证券交易所内某些知名信贷、工商业企业和铁路公司股票价格足以体现该状况，具体数据详见表1-18和表1-19。③

1892年因粮食收成较差，俄国工业处于萧条期，俄国大部分证券牌价下跌。1893年起某些证券的牌价仍旧下跌，但很多债券价格开始提高。1894年证券交易所行情突变，所有债券价格都飙升，证券交易所门庭若市。1895年证券市场仍势如破竹，证券交易量大增，证券市场异常活跃。在没有任何政策扶持的背景下，圣彼得堡证券市场一片繁荣。19世纪90年代初期圣彼得堡证券交易所周围没有任何建筑，只有几辆马车停靠，十分荒凉；

---

① Брандт. Б. Ф. Иностранные капиталы. СПб., 1889. Т. II. С. 235.
② Вестник финансов. 1899. №40.
③ 参照《1896年期票利率、铁路线和国家有价证券和私人证券价格评论》，в和н分别代表最高和最低利率。

但现在证券交易所附近高楼林立,车水马龙,十分繁华。投资证券的热情笼罩着社会各界,交易大厅已不能满足交易需求,某些大型酒店成为证券交易场所。

表1-18 1891~1896年俄国商业银行股票最高和最低牌价

单位:卢布

名称	1891年	1892年	1893年	1894年	1895年	1896年
圣彼得堡信贷银行	627 540	567 445	499 434.5	665 466	910 620	858 630
圣彼得堡国际银行	533 437	465 420	512 435	683 486	770 615	712 618
俄国对外贸易银行	298 238	291 249.5	331 270.5	466 327	550 420	555 468
伏尔加-卡马银行	766 700	812 690	920 790	1050 890	1400 1000	1375 1195
俄国工商银行	255 215	255 200	260 227	368 230	455 335	388 320

表1-19 1891~1896年俄国工业企业和铁路股票最高和最低牌价

单位:卢布

名称	1891年	1892年	1893年	1894年	1895年	1896年
俄国棉纺织手工工场	200 170	150 150	200 160	225 200	350 250	360 330
俄国保险公司	1220 1050	1210 1125	1240 1100	1500 1210	1625 1380	1600 1510
普吉洛夫斯克工厂	— —	— —	79 64.5	180 75	194 118	147.5 112
布里亚尼钢轨厂	127 112	100 74	133 92	389 133	580 365	557 452
俄比车厢制造厂	— —	— —	— —	1525 750	2500 1360	2275 1900
东南铁路	175.75 124.5	160 128.75	176.25 154.75	192.25 162	200.5 178	194 163

1896年交易所状况开始发生变化。通过对比1896年和1895年交易所证券牌价便会发现1896年很多证券价格降低了。1896年证券价格急剧降低，交易所陷入危机，但此时工业状况良好，危机并未蔓延，此时期俄国经济快速发展，证券交易所证券价格变化具有临时性特征，证券价格变化并未引起任何人的注意，此状况犹如暴风雨来临前的平静。

笔者在1898年本书第一版时指出，1896年圣彼得堡交易危机已向社会各界宣告，经济危机即将来临[①]，此后经济形势足以验证笔者论断。笔者对19世纪最后几年银行股票、汇率变化情况进行了详细研究，具体数据详见表1-20。

表1-20 圣彼得堡交易所股票最高和最低牌价

单位：卢布

名称	1896年	1897年	1898年	1899年1~2月
圣彼得堡信贷银行	858	729	755	809
	630	630	645	687
圣彼得堡国际银行	712	649	635	597
	618	538	565	528
俄国对外贸易银行	555	460	445	450
	468	385	385	399
伏尔加-卡马银行	1375	1325	1300	1260
	1195	1200	1207	1180
俄国工商银行	388	385.5	383	381
	320	315	327.5	330

1896年起大部分银行股票价格降低，该年是证券交易所的转折年。此后3年证券市场十分繁荣，证券交易所门庭若市。1896年后证券交易价格下跌趋势有所缓解，1898年后又开始大跌，随后两年变化幅度不大。1899年上半年大部分银行股票价格明显低于1896年。

通过对比1896~1899年证券价格变化可以看出证券价格缓慢降低，但其价格仍超过欧洲重要交易所内的利率。因银行和交易所内自由资本数量减

---

① *Русская фабрика.* СПб., 1898. С. 325.

少，证券价格开始大跌。

交易所状况对工业发展影响较小，此时交易所内狂热现象有所缓解，但工业仍处于飞速高涨时期。所有这些现象都符合资本主义经济发展规律，而且是工业危机特定的表现方式。经济危机看起来是突然爆发，其实需要几年的酝酿期。

从1898年末俄国境内货币发行量开始降低，卢布迅速升值。此时很多人不了解货币流通规律，对此现象漠不关心。但在沙拉波夫、奥利亚等人的文章中已经明确指出流通中货币不足现象，"钱贵"现象比比皆是。

表1-21 1898年7~12月官方贴现率

单位：%

月份	巴黎	伦敦	柏林	圣彼得堡(6个月期票)
7月	2	2.5	4	5.5
8月	2	2.5	4	5.5
9月	2	2.5~3	4~5	5.5
10月	3	3~4	5~5.5	5.5~6.5
11月	3	4	5.5~6	6.5
12月	3	4	6	6.5

资料来源：Афанасьев. Г. Е. Денежный кризис. С. 3。

表1-22 1899年1~6月官方贴现率

单位：%

月份	巴黎	伦敦	柏林	圣彼得堡(6个月期票)
1月	3	4~3.5	6~5	6.5~2
2月	3	3.5~3	5~4.5	6
3月	3	3	4.5	6
4月	3	3	4.5	6
5月	3	3	4.5~4	6~5.5
6月	3	3~4	4.5~4	5.5~6

经济学家都很清楚贴现率提升（即所谓"钱贵"现象）绝对不等同于流通领域货币不足或货币流通量减少。贷款利率高低取决于信贷资本供求量。较高贷款利率意味着信贷资本需求量增加，同时资本供给量也较高，但

流通中货币需求量并不是由此决定。1898～1899年贷款利率提高导致外汇发行错误,该因素也是促使俄国工业迅速回升的重要原因之一,其直接影响是资本需求量迅速增加。

因此,从1898年起俄国市场上货币急剧短缺,前几年建厂热潮导致众多企业产生,这些企业几乎没有自己的资本,完全依赖贷款。在基辅担任国家银行管理处主任的阿法纳西耶夫对当时状况的阐述如下:

> 通过对此时期新建企业的长期观察,我得出如下结论,如只有200000卢布,但建厂所需资金为500000卢布,此时建厂手续如下:在制定公司规章后提交相关机构确认,规章得到确认后公司可以正常运转,公司决定采取股份制,公司创立者一同去银行申请建厂所需的另外300000卢布贷款,银行因此成为公司创立人。
>
> 公司募集到所需资本,获得国家银行许可之后通知财政大臣,从国家银行获得贷款之后创立者可以召开股东大会和成立管理机构,银行也成为公司股东。现在股票所有人为公司创立者,在为创立人提供贷款的任何银行都可以购买公司40%的股票。此时公司创立人只需准备200000卢布,然后从国外采购机器设备,银行担保可从国外厂家采购价值为100000卢布的设备。如果工厂主以后出售产品(糖)100000普特,假如每普特1卢布,那么总收入为100000卢布,通常用这些钱支付定金。因此,工厂主建厂所需500000卢布中,创立者只有200000卢布,其余都是贷款。制糖业该类企业颇多,它们都是依赖于贷款建立,原因如下:第一,制糖业利率明显高于其他行业或证券市场;第二,贷款利率较低且相对容易。个别时期该行业获利颇丰,因此很多企业主纷纷投资该部门,但该状况持续时间不长。当资本增加时,信贷政策就会发生变化,收入开始降低,企业状况开始恶化,企业主偿还能力降低,因此很难获得新贷款。此时债权人(主要是银行)预感到企业状况恶化,便开始减少贷款额度。①

---

① Там же. С. 29.

其他工业领域状况也是如此，众所周知，圣彼得堡和莫斯科银行主要业务是为各类工商企业提供贷款，同时以股票为抵押物在金融市场上出售股票。随着经济形势的变化，银行认为投资实业比贴现业务利润高，因此银行也参与企业创建热潮。各股份银行短期贷款信贷业务统计见表 1-23。

表 1-23　各股份银行短期贷款信贷业务统计

单位：千卢布

日期	圣彼得堡银行		莫斯科银行	
	核算	贷款	核算	贷款
1896 年 1 月 1 日	86819	155014	32082	64987
1899 年 1 月 1 日	170584	177786	78435	85273
1899 年 7 月 1 日	171162	157010	88065	77002

资料来源：Там же. С. 13。

工商业企业发行各类股票和债券风险较大，因此证券市场风险增加，1899 年起证券市场行情逐渐恶化。银行为了自身利益提出减少各种贷款的措施，1899 年 7 月有价证券抵押贷款放贷金额大幅度减少。银行拒绝提供贷款对很多依靠银行贷款的企业冲击巨大，因工业巨头杰尔维兹和马莫尼托夫把数百万流动资金全部投资于各类工业企业，特别是铁路和机械制造业企业，8 月这两家公司相继倒闭。此类巨头企业倒闭引起交易所恐慌，9 月末证券价格开始大幅度降低。9 月 23 日为圣彼得堡交易所的"灾难日"，9 月官方贴现率又提升至 7%，12 月甚至提高至 7.5%。财政大臣全力平息证券交易所恐慌，恢复群众对国家金融的信任。大部分股票价格波动十分强烈，1899 年最后一季度和 1900 年上半年证券市场行情稍有好转。

尽管金融市场恐慌导致几家大公司倒闭（其中大型车厢制造厂——菲尼克斯倒闭影响最大，危机时期 3 家车厢制造厂相继倒闭），但该状况证明此时经济危机不是工商业危机，而是金融危机。财政大臣对这些意见十分重视，并在财政部官方出版物《工商业报》《财政消息》《新时期》中发表对危机的见解，甚至完全否认此时出现货币危机，认为证券交易所崩盘是部分证券持有者的投机行为所致，提出应采取措施打击不法行为，但措施并未解决金融市场混乱的问题。金融市场混乱现象笼罩整个交易所，影响范围越来越大。

1899~1900年冬季经济回升势头仍在，此时期过后俄国贸易开始萧条，企业陆续倒闭，工人大量失业。新闻界对该问题进行大量报道。

罗兹和北部工业萧条最为严重，比亚韦斯托克地区特别明显，经济萧条对此处纺织业影响最为严重。比亚韦斯托克地区《西北部之声》报纸指出，除个别工厂外，大多数工厂已停产，很多工人在城内四处游荡，开始寻找工作和口粮。虽然工人屡次提出改善工人状况问题，但效果并不明显。因此，这一年比亚韦斯托克状况十分惨烈，该地区有数万失业人员需要补贴，粮食供应十分紧张。

克拉亚认为，比亚韦斯托克许多公司在1月就已指出当地工厂工人状况恶化，此次经济危机导致2000人失业。工厂主无力支付工人工资，很多工厂停产并辞退工人。

罗兹形式更严峻。《俄国消息报》指出，罗兹正值经济危机，不但小企业状况恶化，大企业也深受其害。危机对纺织工人影响特别严重，罗兹犹太人村社拨款20000卢布用于帮助失业犹太织布工。本次危机让罗兹人产生创办工厂监督机构的想法，该机构主要任务是给失业人员提供相应帮助。

1900年初《祖国之子》对罗兹工业危机进行描述，文章指出："危机的破坏性非常大，波及罗兹各个行业。即便与工业危机无直接联系的部门受其影响也较大，一个部门危机波及其他部门，形成连锁反应。彼得罗科夫大街上行人都十分沉静，街道上充满忧郁、伤感，人们眼神中透着痛苦……因工厂大量倒闭，工人无所事事，待在家里或四处游荡。工厂倒闭后工人去哪里呢？他们哪也不去，聚集在罗兹街道上。犹太人村社资助家庭超过2000家。"

罗兹萧条一直持续到5月，大型棉纺织工厂——巴里工厂债务达350万卢布。《西北部之声》对该公司倒闭状况进行描述：银行家和纺纱工人状况最为悲惨。报纸中写道，大工厂倒闭在工业领域可谓轰动一时，给俄国工厂主沉重一击，工商业危机之后更多工厂主受到冲击。在签署贸易合同时该状况就有所体现,各企业纷纷降低产量。众多工厂因市场状况不佳,纷纷停产,在市场行情好转时重新生产。危机影响不断扩大,贴现率也大幅度提高,该状况在各部门都有所体现。银行家和贴现人对工厂主开始不信任,因此工厂主很难获得贷款。圣彼得堡交易所商业银行股票价格见表1-24、表1-25。

表1-24 1899年圣彼得堡交易所商业银行股票价格

单位:卢布

名称	7月	8月	9月	10月	11月	12月
圣彼得堡信贷银行	700	687	686	684	693	679
	652	654	640	670	669	635
圣彼得堡国际银行	528.5	502	486	460	466	458
	460	485	440	450	450	434
俄国对外贸易银行	400	383	376	360	362	354
	350	361	346	348	350	325
伏尔加-卡马银行	1206	1190	1201	1210	1240	1240
	1190	1180	1180	1193	1210	1210
俄国工商银行	332	283	276	255	253.5	250.5
	260	270.5	235	247	234	223.5

资料来源:По Сводным балансам акционерных банков。

表1-25 1900年圣彼得堡交易所商业银行股票价格

单位:卢布

名称	1月	2月	3月	4四月	5月	6月
圣彼得堡信贷银行	665	658	640	582	546	504
	645	632	575	554	500	467
圣彼得堡国际银行	430	429	420.5	406	392	365
	420	417	409	390	350	337
俄国对外贸易银行	341	345.5	331.5	323	313	286
	332	327	317.5	321	287	251
伏尔加-卡马银行	1233	1228	1250	1245	1170	1150
	1215	1216	1230	1170	1160	1133
俄国工商银行	245	244.5	248	239	332	220
	224	229	226	227	210	204.5

（第二部分）第一章 改革后俄国工业

危机期间贸易也十分萧条，报纸中称俄国贸易在垂死挣扎。地方报纸刊登了如下内容：

> 大街上 21 岁以下年轻妇女经常聚集。她们在街道上闲逛、无所事事，在大街小巷四处游荡，她们不能酗酒，已经食不果腹。不但织布女工状况惨烈，很多男织工也纷纷失业，他们已经几天没吃东西，并且无处安身。大街上聚集了很多 12 岁男童、21 岁姑娘和 55 岁老人。很多家庭因无收入食不果腹，已经无力去街道上。罗兹和其他很多工业区一样受危机影响严重，工厂内生产锐减，很多人失去工作在街道上闲逛。在比亚韦斯托克和其附近工业区也存在该状况。6 月《北方通讯员》指出，比利时资本家决定从罗兹工厂撤资。罗兹人受工业危机影响严重，罗兹最有影响力的资本家加采菲尔认为，很多工人失业后纷纷返乡。
>
> 1900 年华沙的状况也十分惨重。沃雷尼认为，1900 年初华沙很多商业大亨纷纷破产，公司信誉大幅度降低，在经历一段低迷之后倒闭公司又重新开工。波兰报纸指出，只有大型工厂恢复生产。

从 1899 年秋季开始，莫斯科棉纺织中心第二大棉纺织工业区莫斯科－弗拉基米尔工业区伊万诺沃－沃兹涅先斯克市也出现贸易萧条状况。1889 年《圣彼得堡消息报》中指出伊万诺沃－沃兹涅先斯克市工厂从 10 月 1 日起产量降低，很多工人被辞退……他们沿街走着、沉默着，四处寻找工作，为生活四处奔波，但工厂主给的答复是我们不需要工人，不能提供工作。整个工业区都是如此，工厂主纷纷停产或降低产量。《北方地区》报纸中指出，该问题已波及全国，他们都众口一词，指出无钱雇佣工人，企业负担十分沉重。企业因不能获得贷款债台高筑，只能停产或降低产量。

1899 年末下诺夫哥罗德市《伏尔加工人》报纸中指出下诺夫哥罗德市场委员会收到大量请愿书，控诉轮船主不支付船舶租金，用食物代替。该报纸认为该状况频发原因是轮船主业务量降低，经济危机导致很多人失业，伏尔加河运费大幅度降低。

下诺夫哥罗德交易所为伏尔加河流域工业动脉，危机时期交易所状况十分复杂。交易所财政状况吃紧，交易量明显降低，此前虽然业务量无明显变化，但小船主已提到业务量减少。

1900年2月《下诺夫哥罗德专页》中指出，从1899年秋季开始经济危机已笼罩下诺夫哥罗德。秋天索尔莫夫、多布罗夫和纳布戈里茨工厂内工人数量大幅度减少，冬季工人数量减少了一半，但工厂仍继续裁员。我们对鲁尔巴托夫工厂工人状况进行了分析，工厂危机时很多轮船停泊在码头，致使大量轮船工人失业，工人生活状况十分悲惨，没有资金和实物补贴工人只能自己渡过难关，但连续失业几个月让他们负债累累。交易所对面的公园内、奥布若里尼和戈托夫金饭店附近、下诺夫哥罗德集市上聚集着很多失业工人，他们在四处寻找工作，大多数人衣衫褴褛。前几年轮船工人十分繁忙，工资较高，生活状况良好。

1900年4月末图拉《奥廖尔消息》中指出："图拉市工业居民状况不断恶化。工厂纷纷停产或降低产量，对工人的需求量大幅度减少，许多工人失业，开始变卖值钱首饰、家具以换取口粮。"

1899年11月《里海》杂志中指出巴库地区企业受经济危机影响严重，如机械厂已无订单，因此其产量减少了一半。即便工厂主获得了订单，但产品销售后也不能收到货款。该状况引起工人数量急剧减少，如今城市内失业钳工和车工比比皆是，失业工人在大街上游荡，四处寻找工作。报纸中写到巴库每天都有工厂倒闭。

顿涅茨克受19世纪末建厂热影响较大，因此工业危机后该地区状况十分惨烈。《敖德萨专页》中指出从1899年9月至1900年3月该地区18家比利时企业停产，公司债务达450万卢布。煤炭价格上涨导致冶金企业困难重重，纷纷降低产量。《第聂伯河地区》报纸中指出1900年1月马里乌波尔工厂因停产数千工人失去工作，无业人员数量迅速增加。

1899年末经济危机波及基辅制糖业。几个大型糖厂相继倒闭引起制糖工业主恐慌，纷纷申请希望国家提供相应帮助。伏尔加-卡玛银行管理机构报告中称基辅的状况与莫斯科和圣彼得堡一样。

（第二部分）第一章　改革后俄国工业

俄国很多大型工业中心于1899年末出现工业萧条状况，该状况逐渐恶化，1900年，春季很多大工厂倒闭一直持续到夏季。如工商业公司巴里泽尼破产，其债务达700万卢布；库图佐夫银行办事处倒闭，其负债达600万卢布。19世纪末这些银行办事处都积极参与创立热潮，该类例子不胜枚举。

商品价格大跌导致市场商品交易量大跌，虽然煤炭和某些矿物燃料价格仍有所提高，但1900年大部分工厂产品价格明显低于上一年度。1900年下诺夫哥罗德交易所生铁交易量迅速减少。

1900年第37期《工业世界》中指出乌拉尔铁制品价格骤降，已降至20戈比/普特。供货商指出市场上产品供过于求，上一年度铁制品价格就已开始降低。市场上铁制品需求量减少，因工业萧条、贷款困难、流动资金匮乏，工厂主已不考虑扩大生产。

乌拉尔矿主代表大会授权出版的定期杂志《1899年俄国冶铁业》指出了经济危机对俄国冶金工业的影响程度。该杂志指出1899年俄国生铁价格变动具有如下特征：1899年初市场上各种铸铁和铁制品需求量较高，产品价格较稳定。某些铁制品，如上等房屋用铁和铸铁等产品价格与上一年持平，但从秋季开始情况发生逆转，钢价格开始降低，需求量迅速下降，各种铁制品生产过剩。中等生铁价格变化不大，薄铁和铁皮仍可以维持原有价格。铸铁价格几次下跌，市场状况急剧恶化。①

1900年生铁价格仍有继续下跌趋势（1900年春季之前国外市场上铁制品价格较高）。1899年末和1900年施工量减少导致铁制品价格降低，高加索地区生铁市场状况恶化就因此而起，当然1899年石油工业建厂热潮也有一定影响。当时一个刊物对该状况的评论如下："危机影响范围之大前所未有，有些人推测，危机影响将不断扩大，而且将波及更多企业。很多企业将陆续破产，依靠信贷建立的企业和资金薄弱企业将先受到影响。因工厂状况与资本家利益息息相关，与工人、消费者和各工业个部门利益密切联系，经

---

① Матвеев А. *Железное дело в России в 1899 г.* С. 28，29.

213

济危机影响将不断扩大，而且将持续蔓延。"①

1899～1900年俄国受经济危机影响最为严重，该危机一直持续至今，因此，危机波及范围较广，所以危机影响将进一步加深。② 世界资本主义经济进入萧条期，1895年经济开始飞速回升，此次经济回升一直持续了2～3年，此后在西欧和北美等资本主义国家已出现明显工业萧条状况。俄国工业危机端倪出现较早，如过早发现则可能降低损失。

俄国工业危机可以说是经济危机理论的良好佐证，同时也印证了笔者的经济危机理论。此次危机所有阶段都与笔者的理论构造相一致，在危机开始之前笔者已指出经济危机即将来临，而且危机发展趋势与笔者论断丝毫不差。笔者为此还出版专门阐述经济危机的小册子，很明显即便是不熟悉笔者理论的阿法纳西耶夫在对危机进行详细研究后也非常赞同笔者的危机理论。同时他指出19世纪末工业提升与世界证券市场上出现的资本异常积聚密切相关，主要体现为较低贴现率。生产快速发展导致自有资本被套牢，贴现率开始提高，"钱贵"现象产生。准确地说，因信贷资本价格昂贵导致贷款数量降低，依靠贷款企业纷纷倒闭。

阿法纳西耶夫还指出，危机随后来临，工业快速增长消耗大量资本，流动资本逐渐转化为固定资本。本年度流动资金短缺现象异常严重，银行贴现率变化足以证明该状况。③

阿法纳西耶夫的阐述与笔者的危机理论完全吻合。该理论可以归纳为如下方式："工业提升引起上一年度货币资金大量积聚，随之而来的是居民购买力增强，商品需求量也大幅度增加，商品价格随之提高。在市场状况良好时产品价格提高将促进生产扩大，打击投机行为、抑制破产。如果价格提高范围超过其极限，将会引起大量公司破产，市场状况将更加恶化。以前积累的资金很快消耗殆尽……该状况可用蒸汽机的工作状况进行比喻。在气缸中蒸汽机犹如自由货币资金，当蒸汽压力达到一定标准时活塞持续受阻，然后

---

① Там же. С. 37.
② Писано в 1900г.
③ Афанасьев. Г. Е. *Денежный кризис.* С. 30.

活塞开始运动，最终到达气缸，蒸汽开始排出，活塞返还到以前状态。自由货币资金状况就是如此，资本积聚到一定数额后将参与工业发展，资本消耗后工业又返回以前状态。很明显，资本主义工业危机具有周期性特征。资本主义工业就是按照该周期不断发展……因此，工业提升末期都会出现贴现率提高现象，此时可以断定因工业资本需求量过高，国内自由信贷资本数量明显减少。此时，"钱贵"现象出现，实际上并非货币价值上涨，而是信贷资本增值，主要源于信贷市场上自由资本数量降低……工业活跃和萧条交替与国内工业资本扩张关系密切，工业提升年份是新资本的诞生时期。"[1]

因此，可以确认阿法纳西耶夫对俄国经济危机的阐述完全符合笔者的经济危机理论。危机发展所有阶段都可以在该理论基础上进行确认，每个阶段发展都有一定的规律性。

关于危机的争论最后将停在一个问题上，即俄国是否属于资本主义国家。在本书第一次出版时笔者便已经指出俄国经济高涨和萧条交替进行的决定因素并不是收成，而是工业周期的各个阶段，笔者的论断也因此遭受大量批判。1899年粮食丰收，工业危机发生足以证明笔者的论断。

笔者还将继续阐述改革后俄国工业发展的总体特征。俄国资本主义发展因素足以证明某些经济学家的论断，主要为尼古拉的论断。现在关于这些因素的争论毫无意义，最近几年俄国工业飞速发展足以证明笔者理论的正确性。关税政策是经济快速增长的重要原因之一，这点不可否认。

1887年前俄国铸铁产量停滞不前，但此后因关税改革该部门快速发展。1887年铸铁、铁和钢关税明显提高（按照1868年税率，铸铁关税税额为5戈比/普特，实际上因从国外进口钢轨和其他铁路材料具有免税权，大部分材料并不征税，某些商品进口还享受优惠关税。1881年起优惠关税全部取消，1887年达25戈比/普特，1891年海路进口关税税率为30戈比/普特，陆路进口税率为35戈比/普特）。除关税外，俄国铸铁产量迅速提高还受其他因素影响，如采煤业，1886年和1887年外国煤炭进口关税提高后煤炭开

---

[1] Туган-Барановский М. И. *Промышленные кризисы*. Изд. 2 – е. СПб., 1900. С. 171–173.

采量迅速增加。

　　本书并不打算对俄国关税政策进行评述。但关于俄国经济增长源于关税保护政策实施的论断也有待考证。税率和工业状况的关系问题十分复杂，俄国税率政策仍需调整。保护关税政策的实施并不能促进俄国新式生产部门建立，这在俄国工业发展历史中足以证明。

　　铸铁生产行业是政府最为关注和全力保护的行业。改革前俄国政府就禁止铸铁进口，为扶持采矿业政府牺牲大量关税收入。但1816年之前，该部门一直处于萧条状态。保护性关税政策实施并未促进该领域的发展，相反却导致俄国铁制品价格提高和技术落后。农奴制改革之后在没有关税保护政策时，虽然冶铁业发展进程比较缓慢，铸铁生产行业却有一定的发展。俄国关税保护主义支持者认为19世纪60~70年代冶铁业发展缓慢原因为缺少关税保护政策。他们认为，如果1857年和1868年政府实施的关税税率是真正意义上的保护性关税，而不是自由主义政策，那么现在俄国工业将与美国一样飞速发展。自由关税主义者认为俄国进口轨道和铁路附属产品促进俄国铁路建设飞速发展，俄国铁路网不断扩大为俄国工业发展的主要原因之一。

　　不但关税政策变化促进新时期工业发展，此时工业发展还有某些特殊特征。虽然大部分纺纱工业都实施禁止性关税政策，但棉纺织工业发展仍不尽如人意。关税保护主义者认为，牺牲一个部门促进其他工业部门发展十分值得。1887年棉花原料和棉纱关税提高，棉花进口关税提高促进俄国中亚地区棉花种植业发展，但纺纱和织布行业举步维艰。棉纱关税提高对棉纺织工业发展十分不利。1891年棉花关税继续提高，虽然棉纺织工业仍继续发展，但波动较大，此时期所有工业部门都快速发展。

　　刺激该增长的原因是什么呢？上文中已经指出，随着铁路网不断扩张，运输条件发生巨大变化，但在俄国工商业发展过程中铁路网扩张未必起到了主导作用，任何铁路线路铺设都能打开新商品市场，商品市场发展具有连带作用——促进其他行业发展。在《定期工业危机》一书中笔者对市场理论进行了详细阐述，市场是构建资本主义生产过程的基础。根据该理论资本主义市场是自发建立的。新市场建立唯一的条件是生产合理分配。的确，该条

(第二部分)第一章 改革后俄国工业

件对资本主义发展至关重要,但同时也是资本主义生产的主要障碍,在资本主义经济体系中生产分布并非十分合理,因此资本主义生产也会遇到诸多问题,但如果采取相关措施,困难则会降低。在实物经济环境中资本主义生产快速增长。假如社会生产主要源于两个部门,即呢绒部门和粮食部门,如果两个部门产品都用于最终销售,那么两种商品需求和供给则处于平衡,当一种产品生产数量发生变化时,另外一种产品价格也十分稳定。如果呢绒行业增长并未与粮食生产增长的数量相一致,那么呢绒就生产过剩。此时呢绒生产者和粮食生产者不能协调一致,不能对商品生产进行掌控,市场上呢绒与粮食生产的比例将失调。价格为资本主义生产的"指示器",通过该"指示器"资本主义经济可以达到粗略平衡。但此"指示器"并未十分完善,只能通过缩短生产恢复市场平衡。呢绒生产比例失衡会导致呢绒产品价格降低,生产缩短,因此,无限制生产为其发展的主要阻力。

笔者认为呢绒生产具有资本主义特征,其产品主要用于销售,此时农业也具有实物特征,因此,呢绒生产增长绝对不能要求农产品数量增加。为扩大呢绒产品销售市场,农民不惜余力用粮食换取更多呢绒。农民不惜用大量粮食交换呢绒的原因众多,如家庭工业衰落、制作服装等。此时呢绒生产增长与粮食总产量提高并无直接关系,随着呢绒市场逐渐扩大,农产品将用于交换,虽然农产品生产总量较大,但其价格逐渐降低。

如果实物经济占主导,那么生产力将处于较低水平,此时生产规模尽可能扩大。如居民稀少时粮食主要用于满足农民自身需求,农产品产量也可快速增加(随着货币关系扩展,需求量也快速增加)。粮食生产扩大后,如同商品一样,用于交换呢绒,此时资本主义农业方式扩展并未与国内传统文化方式相冲突。

此时两个因素至关重要:第一,在生产缩减时商品交换增长;第二,纯自然条件下生产扩大的可能性很高,因此与老牌资本主义国家相比,年轻资本主义国家更具发展资本主义工业的优势。因此,俄国发展资本主义工业的条件明显优于西欧资本主义国家。

笔者将英国和俄国新建铁路线路进行了对比。在俄国新建铁路线路为资本主义工业开辟了新市场，居住在铁路线附近的农民以前无力购买工厂产品，现在他们可以用制品换取工业品。英国也在亚洲或非洲很多国家建立了数千俄里铁路，英国新建铁路客观上也为俄国工厂主提供了销售市场。

相反，在英国新建铁路线路并未开辟新市场，以前居民就已参与商品交换。老牌资本主义国家资本主义工业可以继续发展，但只能依靠自身力量，而新兴资本主义国家可以依靠外力发展本国工业。

因此，该差异是理解老牌资本主义国家的资本向新型资本主义国家转移的关键，也是理解资本主义生产方式在全球普及的关键。此观点也证明俄国资本主义生产发展的主要障碍是市场不足，该观点也是我们理解相关理论的主要依据。市场理论是笔者理论的基础，同时也是以上所述内容的基础。众所周知，外国资本流入是俄国资本主义迅速发展的重要因素之一。在俄国资本主义工业化过程中产品销售市场范围明显窄于西欧，按照常理，此时资本和商品一样应该由俄国流入西欧，自动寻找更广阔市场。在俄国可以获取高额利润，是资本进入俄国的主要原因。俄国现实生活中教条主义导致国内资本主义工业品市场匮乏，某些大型资本主义企业年利润有时达到100%（如顿涅茨克冶金企业），正常股份制企业也获得20%的利润。在欧洲没有一个国家发展资本主义工业的条件优于俄国，外资很少流入欧洲其他国家足以证明该状况。在俄国能获取高额利润也是俄国市场不断扩大的主要原因。

高利润标准是资本主义生产的第一步，但暂时资本主义生产并未成为主要的工业生产方式，资本主义工业利润不但包括生产过程（发达资本主义国家）创造的利润，还包括销售过程中赚取的价值。如俄国冶金工厂获得的巨大红利并不只是源于工厂主的高效管理（可以说，至少不只取决于经营状况），工人认真工作以及有较多的买方也不容忽视。居民只购买生活必需品时没有阶级和社会地位差别，这也是庞大利润的来源。那么买主所支付的税赋产生于何处呢？为什么铸铁价格很少与劳动价值一致呢？俄国市场上铸铁量一般供不应求。俄国资本主义工业产品供给量很少能满足需求量,因此该类产品价格较高。

俄国工业资本不但是工人的依靠,而且还是资本主义生产者收入的源泉,首先为土地所有者——农民提供生活保障。土地所有者按照高于生产价值1倍的价格购买犁和镰刀,这为冶金工厂带来较高利润,尤兹、科克里利等工厂都是如此。

此时俄国俨如一只肥羊,这也是外资流入俄国的动力之一。俄国卖方资本家属于特权阶层,具有垄断地位,因此不能不为资本主义生产的发展尽心竭力。在那些保留原了陈旧经济发展模式的国家工业品市场巨大。

外资注入和国外企业参与本国经济是19世纪俄国工业发展的动力之一。俄国冶金工业重复以前其他工业部门发展之路,外资持有者的作用明显大于本国资本家。俄国棉纺织工业可以说是工业化中最具代表性的工业部门,纺织工厂主(莫洛佐夫、克列斯托夫尼科夫等工厂)代表认为,俄国工商业发展需要政府扶持。在一些工业部门中外资具有先锋军作用。18世纪末俄国棉纺织工业发展初期,德国移民克诺普就是棉纱和棉布生产的实际领导者。《克诺普工厂及其意义》一书对数十年间该工厂在俄国手工工场发展中的突出作用进行了阐述。克诺普长时间作为俄国采购英国纺纱和织布机器的中介人,对俄国棉纺织工业发展意义重大。俄国中部工业区所有棉纱厂都是克诺普建立的,他也是很多工厂的股票持有者。

克诺普公司经常为新工厂购买设备和装置,工厂设置和订购过程如下。

从当时的宣传册中笔者了解到,如果工厂主想建立工厂,可以直接去克诺普公司说明自己所需设备和办理事务。如果克诺普公司能办理此事,会立即做出相应答复,此外还可以咨询工厂的发展前景、设置方式和盈利状况。当工厂主做出答复后,克诺普公司就着手办理相关业务。

罗马尼·罗马诺维奇负责最后评审,并给予工厂主最终答复,如"好,我们帮助您兴建工厂"。高兴的工厂主有时会提及,我在某些新闻或传言中了解到,在新工厂中技术已有所进步。但得到的答复是,这不只是你的事情,难道你比我更了解英国的状况吗?

因此，工厂主提交订单，然后把自己所需设备型号和办理事宜告知工厂办事处，办事处通知自己在英国的代理处，俄国需要何种型号机器设备……然后从英国收到图纸、机器和设备的安装手册，之后把这些材料转交给客户，如果英国供货商可以负责，那么英国人负责建厂事宜，如果英国人不参与该流程，那么克诺普公司办事处派遣工作人员负责安装和调试工作……安装完毕后经常会出现一个问题——机器完全是英国制造，需要专业人员即英国装配工进行调试。因此，最后流程不能只依赖于工厂经理和机械工，仍需克诺普公司的帮助，因此克诺普公司参与到建厂各流程中。[1]

克诺普除了是很多公司的股东外，他还有自己的资产，在纳尔瓦附近兴建了俄国第一家技术最为先进的克列尼戈里手工工场。舒尔采-格弗尼茨认为，克列尼戈里纺纱厂规模巨大，工厂内共有400000个纺锤，笔者认为这完全是俄国土壤上建立起的英式家园。[2] 舒尔采-格弗尼茨确认克列尼戈里工厂生产消耗低于德国工厂。克列尼戈里工厂技术完全不亚于德国最好纺纱厂。

尼采认为舒尔采-格弗尼茨的评价可能有些片面，但克诺普公司的确促进了俄国工业技术的进步。但在全面评价克诺普公司时不能不承认它在俄国欧化过程中具有重要作用。英国人和瑞典人一样教会俄国人怎么才能获得胜利。莫斯科工厂和俄国技师开始学习资本主义国家的先进技术，英国的机器和技术开始在俄国传播，因此，克诺普公司在俄国民族工业，特别是棉纺织工业中具有重要作用。

南俄冶金业是俄国资本主义发展的新阶段，该行业完全被外国人掌控。没有外国资本家的帮助第聂伯地区黑色金属开采和加工业很难茁壮成长。顿涅茨克冶金业务创始人为英国人尤兹，至今他仍然统领南俄铁制品加工业。随着外国资本的渗入，资本主义工业生产致使市场上产品供给量发生变化。

---

[1] *Контора Кноп и ее значение.* С. 35. 36. 39.
[2] Шульце-Геверниц Г. Крупное производство в России/Пер. Б. А. Авилова. М., 1899. С. 39.

（第二部分）第一章 改革后俄国工业

俄国市场过于狭小，因此仍需发展资本主义，只有引进外资才能让无坚实工业基础的俄国追赶上西欧发展步伐。

众所周知，外资涌入给俄国经济带来较大负面影响，罗兹·卢森堡称之为"外资涌入后遗症"。该问题困扰俄国已久，很多人认为该问题无法解决，笔者认为现代经济危机和铁制品价格衰落有望解决该问题。夏季举办的南俄采矿工业者代表大会（土地及国有财产部大臣参加了此次会议）就俄国铁制品生产过剩和给予资金扶持的必要性等问题进行了讨论，会议指出制糖业已逐渐摆脱困境，其中生产定额和出口补贴效果最为明显。政府拒绝采取相关措施维持铁制品价格，原因如下：第一，国家本身就是铁制品的巨大需求者；第二，铁制品价格昂贵会成为俄国工业快速发展的阻力。与会者认为铸铁生产标准化是俄国经济增长的阻力，因此采矿主的要求并未得到满足。

19世纪最后10年俄国工业成就巨大，笔者还出版书籍对俄国工业发展特征进行论述。沃伦佐夫、尼古拉、卡雷舍夫、卡布鲁科夫等学者认为工厂工人在全国居民总数中所占比例降低。这与马克思的学说不谋而合，马克思认为，随着工业发展从事工业劳动居民的数量逐渐降低（但并未指出随着工人数量降低何种居民数量增加）。笔者在本书第一版中已经对该问题有所涉猎，同时也指出当时很多统计材料存在错误。沃伦佐夫先生对各类工人群体的数据进行了对比，尼古拉和卡雷舍夫先生对最近几年工厂内工人数据进行了对比，得出采矿工人和手工业者数量都有所增加的结论。卡布鲁科夫先生在其著作《农民经济发展条件》第12页中指出1865年工厂工人的两个数据相矛盾，但并未修正该矛盾。

因此卡布鲁科夫在著作中并未涉及该问题，只有沃伦佐夫生继续研究此问题，他在杂志《祖国之子》中发表文章指出尼古拉的错误。笔者认为应该向读者介绍自己的观点，笔者仍坚持本书第一版的论断。

因俄国工厂工人数量不断增长，所以这些数据很难支撑笔者的论断。1887~1897年工人数量增长是笔者在相应数据基础上得出的，具体内容详见表1-26。

表 1-26　各部门工人数量增长率

单位：%

生产部门	增长率	生产部门	增长率
纤维生产	+69	陶瓷生产	+113
食品加工	+24	采矿工业	+39
动物产品加工	+66	冶金业	+107
木材加工	+181	其他部门	+58
造纸	+137	总体平均值	+59
化学工业	+67		

此时无须对这些数字进行注解，各部门工人数量都明显增加，有些部门工人增长率为居民增长率的数倍（此时期俄国居民增长率为13%~15%）。

但工厂和采矿工人数量绝对不是大工业中所有工人的数量。首先应该对俄国资本主义工业所有重要部门进行研究，如对俄国资本主义发展具有主导作用的铁路部门，铁路工人的具体数据详见表1-27。

表 1-27　1887年和1897年采矿和铁路工人数量

年份	采矿和工厂工人数量（人）	铁路工人数量（人）①	总计（人）	工人总增长率（%）
1887	1318048	218077	1536125	
1897	2098262	414152	2512414	64

注：①源自："Статистический сборник министерства путей сообщения"（СПб., 1899. Вып. LVII）。后贝加尔斯克铁路的工人数并未计入该数据之中。

1887~1897年俄国大型资本主义生产部门和铁路运输行业中工人年均增长率为6.5%（为居民增长率的4倍）。

19世纪最后两年（1897年以后）为俄国工业快速发展时期，据官方统计数据，此时期大生产和铁路行业中工人数量为300万人，官方统计数据往往有遗漏，此时俄国工厂、矿井和铁路领域工人数量远超300万人。这些数据并不是所有重要工业部门内工人数量，因政府人手有限和一些部门的状况特殊，有些领域并未纳入统计数据之中。例如，建筑领域瓦匠和木匠等工人，该行业工人数量众多，超过 100 万人；运输行业除铁路外，水路和陆路运输领域的工人数量也不容忽视。

笔者根据这些数据及其他相关材料确定关于工厂工人增长率的核算具有严重缺陷，其真实性有待考证。

此时必须提及笔者与卡雷舍夫辩论的一个问题，即生产集中化。卡雷舍夫在《俄国财富》一文中对生产集中问题进行了阐述，他认为某些生产领域并未出现生产集中，相反却出现生产分化现象。卡雷舍夫先生甚至认为，根据相关统计数据，1894 年俄国小工厂数量大增，因此他在 1898 年得出结论，俄国小工厂数量将大量缩减，俄国工厂数量也将快速减少。

卡雷舍夫的其他论述也有待考证。他认为因小企业不断发展，俄国工厂数量将减少，大企业生产规模有限，从而导致工厂产品数量逐渐减少。新时期某个工厂内工人数量并不能准确反映某个部门内生产集中状况，生产集中受诸多因素影响。

一家工厂内工人平均数据或生产总额不能正确反映该部门的集中程度，但其数值应该接近此部门总体数据的平均值。

几家工厂数据不能准确反映工业领域实际发展状况，应该提取各部门企业数据，研究特定时期内各部门生产变化更具有说服力。此工作十分烦琐，且工作量巨大，统计各企业工人数量也十分困难，所以笔者以棉纺织工业为例阐述该问题（详见表 1-28）。

表 1-28 欧俄 50 省大型工厂*和工人数量

单位：家，人

年份	工厂数	工人数	工厂数	工人数	工厂数	工人数	工厂数	工人数	总计 工厂数	总计 工人数
1866	—	—	26	40844	27	18059	115	23097	168	82004
1879	1	8946	40	83583	44	32591	118	28212	203	153332
1894	8	54981	60	119013	48	33462	108	27050	224	234506

注：*此处所指大型工厂为工人数量超过 100 名的工厂，为更好突出重点按工人数量对工厂进行分类。

资料来源：1866 年和 1879 年数据详见：Масленников П. К вопросу о развитии фабричной промышленности в России//Записки императорского русского географического общества, по отделению статистики. СПб., 1889. Т. VI. 1894 年数据详见：Перечнь фабрик и заводов в России. СПб., 1897。

由表1-28可知，28年内大型棉纺织工厂内工人数量增长了近2倍。此时有100~500名工人的工厂数量缓慢减少，而工厂内工人数量却明显增加。有500~1000名工人的工厂数量明显增加，工人数量增长0.8倍。有1000~5000名工人的大工厂数量增长了1倍多，工人的数量增长了近2倍。1866年俄国并没有5000名工人的大型工厂，1894年此类工厂数量已有8家，1879~1894年该类工厂内工人的数量增加了5倍多。

1866年1000名以上工厂内工人数量约占工人总数的49%，1879年和1894年该类工厂工人比重分别为60%和74%。1866年低于500人工厂内工人比重为28%，1879年和1894年其比例分别为18%和12%。生产集中快速普及，1894年68家大型工厂内工人数量明显高于其他156家工厂工人数量。

因时间有限笔者不能对其他部门工厂数量变化进行研究。在俄国资本主义工业各重要部门都已出现生产集中现象，这点毋庸置疑。笔者以南俄采煤业为例说明该问题（见表1-29）。①

表1-29 矿井内煤炭开采量

年份	煤炭开采总量(车厢)	5000车厢或更多	1000~5000车厢	300~1000车厢	100~300车厢	30~100车厢	低于30车厢
1882~1883	891	388	344	112	27	7	3
1883~1884	961	446	362	112	31	8	2
1884~1885	1078	535	379	173	22	7	1
1885~1886	1298	605	547	113	27	5	2
1886~1887	1430	718	423	207	56	26	6
1887~1888	1458	713	473	193	43	27	9
1888~1889	1911	1011	573	181	89	44	14
1889~1890	1969	1123	504	170	122	40	10
1890~1891	2061	1434	293	153	138	37	6
1891~1892	2533	1948	207	234	105	32	6
1892~1893	28014	2184	260	253	69	32	4
1893~1894	3147	2481	286	268	88	20	4
1894~1895	3348	2641	358	233	87	24	5

---

① *Вестник финансов.* 1895. №51.

1882~1883年年采煤量超过5000车厢的占年煤炭开采总量的40%以上，1894~1895年其比例已达79%。1882~1894年大煤矿煤炭开采数量增长6倍，中等煤矿（年产煤炭1000~5000车厢）采煤量变化不大，小煤矿（低于1000车厢）中采煤量增长低于1倍。1882~1883年小煤矿煤产量占年煤炭开采总量17%，而1894~1895年其比例只为10%。

伊里因对该问题较为关注，俄国工厂工业生产集中状况详见表1-30。[①]

由表1-30中数据可知，研究时期生产集中状况明显。此时期工人数量迅速增加，具有1000名以上工人的工厂数量迅速增加。1866年、1879年和1890年该类工厂内工人数量约占大型工厂工人数量的27%、40%和46%。

据伊里因统计，具有超过1000名工人的大型工厂约占所有工业企业的4.4%，但大工厂内工人所占比例为66.8%。1890年该数据分别为6.7%和71.1%。

表1-30 根据1866年信息欧俄地区71个生产部门中工人数量超过1000人的大型工厂

年份	工厂数量总计	使用蒸汽机（台）	工人数量（人）	生产总额（千卢布）	工厂数量总计（家）	使用蒸汽机（台）	工人数量（人）	生产总额（千卢布）	工厂数量总计（家）	使用蒸汽机（台）	工人数量（人）	生产总额（千卢布）	工厂数量总计（家）	使用蒸汽机（台）	工人数量（人）	生产总额（千卢布）
1866	42	35	62801	52877	90	68	59867	48359	512	204	109061	99830	644	307	231739	201066
1879	81	76	156760	170533	130	119	91887	117830	641	354	141727	201542	852	549	390374	489905
1890	99	99	213333	253130	140	140	94305	148546	712	455	156699	186289	951	694	464337	587963

很可惜，笔者并没有查到新时期生产集中程度的详细数据。笔者只能通过1897年工厂工业数据汇编材料对工业企业内工人平均变更数量进行简单的对比，具体内容详见表1-31、表1-32。

---

① *Развитие капитализма в России* СПб., 1899. C. 403.

表 1-31　欧俄 50 省企业流动资金状况

年份	1000000 卢布或更高 企业数量（家）	1000000 卢布或更高 年流动资金（百万卢布）	250000~1000000 卢布 企业数量（家）	250000~1000000 卢布 年流动资金（百万卢布）	150000~250000 卢布 企业数量（家）	150000~250000 卢布 年流动资金（百万卢布）	10000~150000 卢布 企业数量（家）	10000~150000 卢布 年流动资金（百万卢布）	低于 10000 卢布 企业数量（家）	低于 10000 卢布 年流动资金（百万卢布）	总计 企业数量（家）	总计 年流动资金（百万卢布）
1886	561	2465	1850	787	4194	580	44489	1117	65517	250	116611	5198
1887	645	3560	2055	912	4414	612	45157	1136	68661	257	120932	6476
1888	741	3972	2163	931	4577	629	48055	1191	71058	276	126594	6999

资料来源：各年份 Статистический разультат раскладочного и трехпроцентного сборов。

表 1-32　各生产部门中单位企业内工人平均数量

单位：人

生产部门	单位企业内工人平均数量 1887 年	单位企业内工人平均数量 1897 年	生产部门	单位企业内工人平均数量 1887 年	单位企业内工人平均数量 1897 年
纤维生产	140	144	陶瓷生产	28	42
食品加工	19	20	采矿工业	147	160
动物产品加工	8	15	冶金业	75	89
造纸	81	86	其他部门	54	71
化学工业	36	46	总计	50	62

笔者以不同生产部门中同一规模企业工人增长数量为例阐述生产集中状况。

俄国工商业流通资金中大商业和工业资本的作用可以根据基尔德贸易和工业企业相关数据进行确定（并未核算消费税），具体数据详见表 1-31。

根据表 1-31 中数据可以确定俄国工商业发展体系。1886 年流动资金超过 1000000 卢布大企业流动资金数量为所有基尔德企业流动资金的 47%；1888 年其比例为 57%，而此类企业数量只占基尔德企业的 0.6%，年流动资金低于 100000 卢布的中小企业所占的比例为 94%；此外，1886 年和 1888 年基尔德企业贸易流动资金所占的比例为 26% 和 21%。少量大型基尔德企业持有流动资金占整个商人企业流动资金的一半以上。

以上数据可以完全证明俄国资本主义已获得长足发展。因此，19 世纪

90年代下半期俄国资本主义工业取得巨大成绩并不令人惊奇。笔者在上文已指出，俄国具有适合资本主义工业发展的土壤。南俄地区取之不尽的矿产资源众所周知，巨大疆界为内部移民创造了便捷条件，居民流动性为市场经济创造了条件，其他资本主义国家很难具有俄国这样的优越条件（适合于资本主义工业发展）。刺激俄国资本主义发展的因素众所周知，不需赘述。

此时，很多问题应运而生，即为什么新时期俄国资本主义取得的成绩较大呢？为什么俄国现在仍落后于其他资本主义国家呢？换言之，抑制俄国资本主义发展的原因是什么呢？

答案便是俄国文化具有落后性特征。资本主义发展促进文化发展，但资本主义也需一定的文化底蕴才能产生。俄国劳动生产率较低，虽然俄国工人工资较低，但俄国工人付出的劳动明显多于西欧国家。舒尔采－格弗尼茨对该问题研究得十分深入，他认为哈克斯陶森的论断现在仍适合俄国工业，即俄国劳动力生产率低下。[①] 舒尔采－格弗尼茨指出英国操作1000个纺锤需要3名工人，而俄国需要16.6名工人。因此，俄国工厂主操作同样设备需要支付4倍工资，英国工厂主完全可以雇佣廉价劳动力，而俄国却不能。很多学者认为俄国劳动力价格昂贵是俄国财富增加缓慢的主要原因，较低工资、较长工时和沉默工人是俄国工业与西欧工业体制最大的区别。而俄国工业技术落后也是重要原因之一。

与西方工人相比俄国工人不学无术，且文化水平较低。俄国与西欧资本家对企业活动的态度也存在差异，业务知识和见识也不同。俄国资本短缺是俄国生活文化落后的后果之一，外国资本快速进入弥补了俄国资本的不足，但外国资本家也不能改变国内市场秩序。俄国工业发展的每一步都是与行政指令和压榨联系在一起的，不但引起各方面恐慌，而且阻碍俄国工业发展。

因此，评估俄国日常生活条件意义重大，俄国落后文化阻碍俄国工业发展，40年前俄国著名经济学家车尔尼雪夫斯基在文章《迷信的逻辑和规章》中就已经得出该结论，他将俄国生活条件概括为"亚洲化"。

---

① Шульце-Геверниш Г. *Крупное производство в России* М., 1899. C. 93.

第二章
改革后工厂法律

特殊委员会主席什塔克里别尔的方案。圣彼得堡和中部工业区工厂主对童工保护法的态度。赫卢多夫和巴拉诺夫伯爵等人的意见。19世纪70年代法律方案。1875年机器制造者代表大会决议。1822年法律。最后法律。工厂法律与19世纪80年代工业危机的联系。为什么有些工厂主反对而圣彼得堡工厂主支持限制工时法案的实施。1894年罗兹工厂主申请。莫斯科协会因手工工场发展对工作日限时的态度。1897年6月2日法律。

从19世纪60年代起俄国工厂立法步入全新阶段。

从1859年开始俄国政府就打算采取措施禁止儿童在工厂内工作和限制未成年工人工作时间。1859年在圣彼得堡省省长授意下特殊委员会成立,该委员会专门调查圣彼得堡省工厂中使用未成年工人的状况,并制定圣彼得堡市和周边各县城工厂规章。虽然该规章的主导思想与扎克列夫斯基的方案大体一致,但仍有一些不同。扎克列夫斯基的方案完全具有农奴制特征,相反圣彼得堡方案具有人道主义特征,对工人利益十分关注。

方案中首先规定工厂主应该提前采取相应措施预防工厂内危险事故发生,并且要求工厂主提供相应医疗帮助。工人房间应该整洁、干净、干燥,男性工人房间内温度应为13~15摄氏度,妇女和儿童应该单独居住。

该方案中最重要的条款是严禁12岁以下儿童到工厂工作,未成年人每日工作时间不得超过14小时。禁止18岁以下未成年人夜间工作。由监察人员监管法律执行情况，监察人员有权在任何时间访问工厂，要求工厂主提供工资、工时等信息。如果工厂主违法应支付罚款。

该方案由圣彼得堡工厂主制定，他们多为委员会成员。圣彼得堡大工厂主坚持采取措施保护工人利益，但莫斯科和其他地区工厂主则全力反对实施该措施。

委员会对圣彼得堡工厂进行了调查，指出圣彼得堡省棉纺织工业8209名工人中8~14岁未成年人的数量为616名。6家纺纱厂全天（黑白两班）工作，6家纺纱厂只白天开工。无论是成年人还是童工每日工时都为14小时。委员会指出，孩子工作到夜晚，夜间他们非常疲惫，无意识地进行工作，返回家中匆匆吃饭之后就立即睡觉。[①] 纺纱厂中儿童十分疲惫，身形消瘦，面色苍白，一些11~12岁的童工已在工厂内工作了2~3年，工厂内还有7~8岁的儿童。

圣彼得堡工厂主对委员会方案的态度如何呢？委员会建议棉纺织工厂主解决两个问题：第一，工厂主不得招收10岁以下儿童工作；第二，禁止童工夜间工作。对于第一个问题，6名工厂主支持委员会意见，5名工厂主反对。除2名工厂主外，圣彼得堡其他工厂主都反对童工夜间工作。1名工厂主指出，无特殊情况，工厂主一般不应组织夜间工作。委员会中很多工厂主已意识到夜间工作对儿童和成年人的健康都有害，而且生产效率低下，原因如下：第一，夜间不能对工人进行有效监管；第二，工作人员不能集中注意力工作；第三，夜间生产的产品质量明显低于白天；第四，机器损耗过快，使用寿命降低；第五，夜间工作照明和供暖花费支出增加；第六，夜间工作有发生火灾的危险。

委员会把童工规章告知圣彼得堡和周边县城所有纺纱厂，只有1名工厂主反对该规章。

11名纺纱和织布工厂主同意把工时降至委员会要求的标准，并且指出

---

① *Проект правил для фабрик и заводов в С.-Петербурге и уезде*, 1860 г. *Объяснительная записка*. СПб., 1860. С. 19.

19世纪俄国工厂发展史（第四版）

夜间工作不论是对男性工人，还是对妇女都十分不利，对儿童危害最大，因此圣彼得堡和周边各县纺纱和织布工厂主都应执行该规定，这 11 家工厂内共有 494640 个纺锤，而当时圣彼得堡所有纺纱厂内纺锤数量为 578515 个。①

此后圣彼得堡其他工厂主对委员会方案进行了研究，22 名工厂主中只有 4 名工厂主不同意该方案。因此，大部分圣彼得堡大工厂主支持保护未成年人工作规章。

19 世纪 60 年代自由主义思想广泛传播，在此状况下该方案得到广泛支持。省长签署后该方案在工厂主间争相传阅，圣彼得堡省工厂主完全赞成该方案，下文将对其他省份工厂主对该方案的态度进行研究。

俄国大棉纺织工厂主赫卢多夫兄弟（其工厂位于梁赞省叶戈里耶夫斯克县城）对方案中禁止未成年人夜间工作表示抗议。他认为禁止儿童工作意味着禁止成年人工作。赫卢多夫指出失去工厂工作的儿童，不但不能给予父母任何物质帮助，反而整天游手好闲，这对各方都不利。他们工作不但可以改善家庭生活，也会稳定社会治安。

您是喜欢游手好闲的孩子还是喜欢工厂内健康的孩子呢？我们需深入了解工厂内状况，如很多儿童非常不幸，失去亲人后在工厂内工作，如果失去工作他们只有死路一条，工人家庭生活较为贫困，儿童工作可以贴补家用。

图拉省工厂主也反对限制未成年人工作的方案。他们指出，该方案一方面对工业发展非常不利，另一方面对未成年人也十分不利，工人家庭生活困难，需要童工工作贴补家用。

很多工厂主以保护工人利益为由反对该方案，借此捍卫自身利益。

特维尔棉纺织工厂主希洛夫反对限制未成年人工作时指出，国民有劳动的自由，很明显该观点源于西方。当时西欧资产阶级经济学家就以劳动自由为借口为工厂主辩护。

工厂主对委员会提出成立工厂监督员的方案表示反对，赫卢多夫认为，

---

① Там же. С. 59.

应由工厂主自己对工厂进行监管,莫斯科工厂主莫洛佐夫、索洛多夫尼克、特列奇亚科夫、普洛霍洛夫等人认为委员会的工厂监管方案是对工厂主的不信任。他们认为,监管工厂工作人员的职责应该附属于手工工场委员会,即手工工场委员会莫斯科分部和当地的手工工场委员会,换言之,由工厂主自己监管,特维尔省工厂主的建议也是如此。

著名工厂主马里采夫也认为政府监管对工业十分不利。

所有工厂主对于监督人员在任何时间拜访工厂的条款都非常害怕,特维尔工厂主认为,工厂主都非常辛劳,夜间对工厂进行检查可能造成工厂的损失……此时工厂主应该在住宅、饭店等地方,法律保护人民休息的权利,难道这对工厂主就不适用了吗?

手工工场委员会与工厂主的意见一致,反对政府对工厂进行监管。

行政人员意见各异。里弗良德、爱斯特兰和库尔兰省长利韦尼建议完全禁止夜间工作。相反弗拉基米尔省省长的意见则与工厂主一致。他指出,禁止未成年人在工厂中工作对于其家庭不利(对于父母而言,12岁已是成人),如果父母不限制未成年人到工厂务工,那么谁也没有权利限制其工作……相反,可以对使用未成年人工作的机构进行监察。如果不进入工厂工作,很多儿童将进入手工作坊……作坊和工厂哪个工作环境更好呢?了解该状况的人都知道,哪个机构工作更繁重,对孩子的健康更不利。禁止工厂雇佣未成年人使作坊内未成年人的数量增加,这是任何人都不愿看到的。

弗拉基米尔省省长指出,手工业作坊的工作条件比工厂恶劣,但此时也不能否定限制未成年人在工厂工作的方案,而限制儿童工作的规章必须在所有工业机构普及。但对弗拉基米尔省省长而言,阐明手工业机构状况只是为阻止政府干预工厂主招收工人寻找借口,其目的是保护工厂主利益。

特维尔省省长、伯爵巴拉诺夫的意见十分具有代表性。他对工厂主希洛夫保护自由劳动的意见进行了评述,指出棉纺织工厂主为关税保护主义者而使生活不正常,只是一味地呼吁国民劳动自由。很明显工厂主关注的重点不是国民的素质,而是自己的腰包。他们的利润来自工人,但并不感谢工人,只是将工人作为劳动工具,他们想尽办法剥削工人,对工人健康和素质漠不关心。年轻工人并不是好色之徒，他们并未虚度年华，无所事事。大部分工厂不提供医疗服务，即便有也是形同虚设。政府应该采取措施打击手工业机构，他们如美国农场主一样残酷剥削工人。农奴制废除后，农奴摆脱地主束缚成为自由人，国家应该关注市民的健康、教育，而不是把其当作奴隶使用，应该改善工人状况。

省长明显属于反对剥削者的行列，此时期自由主义思想开始广泛传播，省长的发言具有代表性。

大部分省长反对推行工厂监督制度，建议委托地方机构，如警察局来监管。伯爵巴拉诺夫建议，工人可以选举自身代表，对工厂状况进行监督。巴拉诺夫认为："工厂主自己并不知道监察机构的弊端，该机构是对市民私人权利和自由的不尊重，俄国市民都有自由权利，英国虽然也建立工厂监察机构，但工人不希望监察员过多干预其生活……工厂主也不希望实施监察制度，希望同行进行监督。"①

圣彼得堡委员会方案成为1859年其他委员会工作的基础。委员会最后一任主席为什塔克里别尔，其在任职期间提出制定俄国手工工场和工厂法律的任务。委员会制定出新工业规章方案，还打算进行广泛改革，消除行会。此处笔者只对委员会工厂法规方案进行描述。什塔克里别尔委员会成员非常同情工人，受圣彼得堡省省长思想影响较深。新时期委员会在工厂规章方面最为重要的变革为确定儿童和未成年人工时与工业法庭职权。

按照1859年新工厂方案修订案，未满12岁的儿童不能在工厂中工作。12~18岁未成年人日工作时间不能超过10小时，并且不能从事夜间工作。由工业机构所有人承担不执行该规章的责任（修正案第112~114条）。

为对工业机构进行监督，委员会正式任命政府监察人员，从而对工厂实际状况进行严格监管（修正案第116~121条）。

为解决工厂主与工人间分歧，成立特别工人法庭。工人法庭成员由本地

---

① 详见：*Труды комиссии, учрежденной для пересмотра уставов фабрик и ремесл*. Т. Ⅱ. Прил. ⅩⅤ.

工厂主与工人组成,在审判时双方成员数量相等。年满 21 岁工人都有选举权,但在本地工作时间不能低于 1 年,且无不良记录。

被选举人(工人)年龄不能低于 35 岁,在本地工作时间不能低于 5 年,知书达理,且无不良记录,法庭主席由法庭成员选出,法庭主要处理工人伤残赔偿,调节工人和工厂主间矛盾,对违反规章者给予惩罚,如不遵守夜间工作规章、未成年工作条款、危险机械不进行隔离等。准确地说,法庭可对工厂主和工人间所有争论进行管理(修正案第 136、138、154、161、185 条)。

对工人罢工的惩罚仍遵循以前标准(主犯拘留 3 周至 3 个月,其他人拘留 7 天至 3 周),但方案增加了因工资降低引起罢工时对工厂主的惩罚措施(第 269 条)。

除惩罚条文外,委员会还确定工厂工人反政府、政府规章而起义的惩罚措施。委员会认为,如果出现起义或不服从管理等状况,1865 年惩罚规章中已经规定惩罚措施,但这只能在工人与工厂主间产生强迫关系时才生效……农奴制和领主管理权废除后,1865 年法律条文已经失去效力(该条款不只适用于义务工人,还适用于雇佣工人)。[①]

为此什塔克里别尔委员会针对工厂立法提出很多真知灼见。很明显,委员会打算进行大刀阔斧改革,但其中某些条款至今都无法实现。委员会提出成立工业法庭,其成员从工厂主和工人中选出,而且双方成员数量相等。此思想源于法国仲裁法庭,但俄国方案的民主思想比法国更前卫。按照法国法律法庭审判长和副审判长都由皇帝任命,俄国审判长则由法庭成员选出;在法国法庭秘书由当地官员任命,而在俄国方案中工业法庭不依附于政府。

1847 年英国法律规定工厂内未成年儿童日工时不得超过 10 小时。该 10 小时同样适用于妇女,俄国童工方案产生于 1847 年,但是法律拒绝对成年妇女的权利进行保护。按照英国法律,8~13 岁儿童每天可以在工厂内工作 6.5 小时,而俄国禁止 12 岁以下儿童在工厂内工作。

① Так же. Т. I. С. 482.

委员会方案与俄国以后工厂法律相比最大的优点是工厂保护规章不但在大工厂普及，而且在所有雇佣工人机构中实行，会造成小手工业机构负担加重，难以继续经营，不得已服从工厂监督机构的状况；笔者通过对小手工业作坊调查发现很多机构并未执行该规章。

委员会方案注定不能实现，工厂主绝不允许对国内自由劳动力加以限制，莫斯科工厂主极力反对该方案，并且直接上书手工工场委员会莫斯科分部。工厂主也极力反对成立工厂监督机构，他们怕引火上身。手工工场委员会莫斯科分部指出，监察机构成立将带来巨大危害，不但消除工厂主与工人间的任何联系，而且造成请愿数量急剧增加。同时该机构也反对工业法庭的普及，他们坚持法庭审判成员应该直接从工厂主中选出。按照他们的意见成年以 18 岁为标准界定过高，应该以 15 岁为标准，方案中规定的卫生和保健措施对工厂主也十分不利。

方案的命运可想而知，和其他诸多方案一样，最终夭折。工厂主最终胜利，但是不能说委员会的工作毫无效果。什塔克里别尔委员会方案中的某些条款很快被执行。1866 年法律新惩罚规章中就删除了一些委员会强烈反对的限制规章。关于不允许 12 岁以下未成年人到工厂中务工和限制未成年人工作时间的思想在社会上广泛流传。

保护童工思想在 19 世纪 70 年代政府界广为流传，政府试图推行，却遭到工厂主全力反对。各种委员会不断要求制定法律保护童工，但因各种情况此类法律最后都未能实施。最后于 1870 年成立以副省长伊格纳季耶夫为代表的委员会制定雇佣工人方案，该方案规定儿童日工作时间不能超过 12 小时，12~14 岁未成年人白天工作时间不能超过 8 小时，夜间工作时间不能超过 4.5 小时，14~17 岁工人白天和夜间工作时间分别为 10 小时和 4 小时。同时委员会建议制定工业机构工资数额规章，成立工厂医院，对未成年工人进行教育等。1872 年伊格纳季耶夫方案提交给内务部，但石沉大海。1874 年为研究雇佣工人问题，成立了以瓦卢耶夫为主席的委员会。该委员会成员除政府、贵族和地方自治机构代表外，还包括工厂主代表。他们反对国家以立法形式对未成年工人工作时间进行限制。委员会方案大部分参考伊格纳季耶夫方案，特别是对 16 岁和 17 岁工人的保护，12～14 岁儿童白天工作时间缩短至 6 小时，但 14～16 岁未成年人工作时间延长到 8 小时。国务会议对该方案进行研究，但并未最终确认。为什么限制未成年人工作时间的法律方案很难实施呢？除工厂主极力反对之外，莫斯科手工工场委员会分部也极力反对该方案。

1869 年手工工场委员会莫斯科分部对未成年工作问题进行详细研究后仍反对什塔克里别尔方案。手工工场委员会莫斯科分部认为如果变更相应规章，对工业和工厂发展十分不利，在以后出台新规章时也应避免该问题，可以不允许未满 11 岁儿童进入工厂工作，但是 11～15 岁未成年人每天工作时间不应该超过 10 小时……当 11～15 岁未成年人进行两班生产时，每班工作时间不得超过 8 小时。[1]

1871 年莫斯科证券交易协会委员会也对该问题进行了研究，委员会对伊格纳季耶夫限制工人工时的方案进行了严厉批评，且认为不应对手工工场委员会莫斯科分部的 1869 年规章进行任何变更。

1872 年内务部新方案遭到莫斯科交易所负责人纳伊杰诺夫的全力反对。由莫斯科交易所协会、交易所成员、工厂主组成的莫斯科证券交易协会特殊会议对该方案进行研究，与会者一致反对该方案，认为因俄国工业陷入困境，社会各界思想发生变化……此时消除夜间工作不可避免，随着工厂内未成年人数量减少，工人工资明显提高，如果全部招收成年人那么工厂生产成本将提高，无力与外国产品竞争。[2]

此想法具有爱国热情，全力保护国家工业利益，同时也是工厂主反对政府政策的借口。

因莫斯科和其他省份工厂主的极力发对，瓦卢耶夫委员会的方案也被束之高阁。他们都以维护工业利益、国家正处于工业发展的转折期为借口，不对未成年工人的权益进行保护。

---

[1] Андреев Е. Н. *Работа малолетних в России и Западной Европе*. СПб., 1884. С. 28.
[2] Так же. С. 32.

以上材料足以论证限制未成年工作时间的方案在 19 世纪 70 年代不能实行的原因，但需要解释的是，为什么这些方案经常被提出。

因为限制未成年工作法律涉及利益面较广，笔者在阐述圣彼得堡工厂主对什塔克里别尔委员会方案的态度时已涉该问题。

1867 年俄国棉纺织和纺纱行业克列尼戈里工厂主科利别有 240000 个纺锤和 1647 台机械，他向政府申请延长日工作时间。科利别认为，冬季集市上产品十分畅销，小作坊白天和夜间都进行生产，有时工时为 14~15 小时，工人工资也大幅度增加。如果此后下诺夫哥罗德市场因纱线销售不好而萧条，那么冬季一半工人将失业……因此，在市场行情较好时应该允许延长工人工作时间，夜间也可以正常生产，这样双方都可以获得更多收入。小生产者因资金不足经常降价出售商品，这对大型纺纱厂十分不利，但小生产者在发现生产过剩时可以轻易停产，大工厂就不可能如此洒脱。

为此科利别申请颁布法律禁止 10 岁以下儿童在工厂内工作，对 10~13 岁未成年人在工厂内工作的时间进行限制，完全不能超过 9 小时，13~17 岁未成年人和妇女的日工作时间应为 12 小时。

其他工厂主也提出了类似申请。

1875 年里加证券交易委员会和里加技术协会特殊委员会希望只有 10 岁以上儿童才能在工厂工作，且 13 岁以下儿童日最高工作时间为 6 小时，17 岁以下未成年人日最高工作时间为 12 小时，禁止其夜间工作。

1875 年在圣彼得堡举行的机器制造者代表大会上，与会人员对工时问题进行了激烈的讨论。代表大会成员之一、大工厂主戈卢别夫申请，在缩短工人工时时应首先考虑工厂主的利益。他指出未成年人日工时可以低于 8 小时，但前提是每年工作天数不能低于 300 日。其意见得到很多人赞同，包括兹韦里尼采夫。[①] 大工厂主诺贝尔极力反对 8 小时工作日立法，但完全赞同缩短工作时间。诺贝尔认为，圣彼得堡工厂以前日工作时间为 14 小时，现在已降

---

① *Труды съезда главных по машиностроительной промышленности деятелей.* СПб., 1875. С. 110–111.

至 12 小时，19 世纪 70 年代初已缩短至每天 10.5 小时，此外节假日已经非常多。其论断符合工厂主利益，诺贝尔宣布如果其他工厂日工时为 11 小时，那么我的工厂日工时为 10 小时。①

为此代表大会申请日工时应该缩短至 10 小时，大工厂、手工作坊全部实施该规章……每年节日和礼拜日应为 65 天。代表大会申请颁布限制未成年人和儿童工作的法律。②

1870 年全俄工商业代表大会第一次会议上提出应采取措施保护未成年人，一些代表也提出，在制定限制成年人和未成年人工时的新工业、保护童工和妇女规章时，应该参考其他国家的相关法规。在这次代表大会上很多人反对出台保护工人法律。斯卡里科夫斯基指出，西方对未成年人工作加以限制，但俄国不具有该方面的法律……俄国工厂主采取诸多措施致使工人阶级非常贫苦。斯卡里科夫斯基认为工厂内儿童应该从事较轻松工作，工厂内儿童生活状况应优于农村。

工厂主瑟罗米亚特尼科夫提出的保护国民劳动自由的问题引起激励争论，大部分与会者为官员和各类知识分子，他们都赞成出台保护工人的法律。③

工厂主任何时候都会全力保护自身利益，俄国技术协会在保护工厂主利益过程中发挥了巨大作用。1874 年技术协会技术教育常设委员会代表安德烈耶夫指出工人素质低下的原因有两个：第一，成年工人工作时间过长；第二，儿童过早进入工厂或者作坊内工作。④ 安德烈耶夫认为委员会应建议工厂主有目的地对工厂内童工进行教育，不断改善工作条件，135 名工厂主对委员会的建议进行了答复。

据统计，大部分工厂使用童工，有些童工甚至不到 10 岁。儿童工作时

---

① Там же. Вып. Ⅱ. 3 - е заседаие 4 - ого отделения. С. 39.
② Там же. *Журнал общих собраний.* С. 65，66.
③ *Протоколы и стенографические отчеты заседаний Всероссийского съезда фабрикантов, заводчиков и пр.*，1870г. СПб.，1872.
④ Андреев. Е. Н. *Работа малолетних в России и Западной Европе.* С. 43.

237

间有时和成年人一样,某些工厂中达到 12 小时,有时童工在夜间也工作,其日工作时间长达 17 小时。

高强度工作对儿童健康十分不利,孩子们患上了各种工厂病。

特殊委员会对成员提交的材料进行研究。该委员会制定未成年人保护方案的初衷如下:第一,未满 12 岁儿童不允许进入工厂或手工业机构从事任何一种类型的工作;第二,所有对未成年人身体有危害的生产部门都不允许聘用 17 岁以下未成年人(该法案无性别区分)。①

按照委员会方案,12~15 岁未成年人工作时间应该限定为日间 5 小时,只有在获得特殊允许时才能在夜间工作,成年人日工作时间应该限定为 10 小时。②

在安德烈耶夫的倡导下,1875 年在机器生产者代表大会上,与会者也提出了类似规章。需着重强调的是,地方自治机构也提出过类似申请。如 1874 年弗拉基米尔省地方自治机构申请禁止未满 14 岁儿童在工厂内工作,并且提出限制 14~17 岁未成年人在工厂内工作时间的请求,其工作时间为每天 8 小时。③ 1877 年在弗拉基米尔省地方自治机构倡导下成立研究该问题的特别委员会,委员会的主要职责是正确处理工厂主与工人之间的关系。委员会对工厂内部秩序、工人与工厂主间关系进行了详细研究(委员会认为工厂主每月必须发放一次工资,工厂工人可以自由购买其所需物品等)。④

政府界经过长达 23 年的对未成年人工作、调整未成年人工作关系等问题的争论后于 1882 年 6 月 1 日颁布法律,禁止工厂和手工作坊内雇佣未满 12 岁儿童(第 1 条款)。12~15 岁未成年人每日工时不得超过 8 小时,禁止未成年人夜间工作,周末和节日期间也应停工(第 2、3 条款)。机构所有人有义务对工厂内未成年工人进行初级教育,特殊政府监察员对法律实施状况进行监督(第一部分第 5 条款,第二部分第 1、6 条款)。

---

① Там же. С. 51.
② Там же. С. 54.
③ Владимирский губернский земский сборник. Владимир на Клязьме, 1874. № XⅡ. С. 394.
④ Там же. 1878. № XⅡ. С. 28.

为让工厂主尽早实施新法律，经财政部和内务部协商该法律具有2年过渡期。

1882年法律意义重大，尽管莫斯科工厂主反对，但政府仍迈出保护工人利益的第一步。工厂监察员的设立标志着工厂主与工人新关系的确立。

那么工厂主对该法律方案的态度如何呢？答案是工厂主态度各异。圣彼得堡棉纺织工厂代表向财政部提出的申请中指出，按照委员会意见我们立即执行新法律，限制工作时间，纺织厂内完全不能进行夜间工作，所有手工作坊都应该服从该规章，如果推行同一工作时间那么竞争相对公平……他们认为不应完全禁止12岁以下儿童工作，12~14岁儿童应只工作6小时，周六工作时间不再是7小时，而是5小时……应该完全禁止妇女和18岁以下未成年人夜间工作，工厂每周工作时间不应超过70小时。①

该法律出台后，手工工场和国内贸易办公厅对1882年法律执行情况进行了调查，着重关注禁止妇女夜间工作，12~14岁未成年人工作时间为6小时，成年男子每周工作时间为70小时法律条文的执行情况。其中48名圣彼得堡棉纺织工厂主拒绝配合手工工场和国内贸易办公厅对1882年法律实施状况的调查，18名工厂主认为以上措施不利于工厂生产，3名工厂主直接阐述必须禁止12岁以下儿童到工厂内工作，4名工厂主指出应完全禁止夜间工作，主要原因有两个：第一，夜间工作对工人身体及精神有害，对生产非常不利；第二，过度生产必然产生危机。②

其他纺纱工厂主反对禁止夜间工作，同时也反对禁止12岁以下儿童务工的条文，中部各省份工厂主大多持该观点。

此时工厂主划分为两派：圣彼得堡工厂主赞成限制使用童工，甚至强调成年男子工作标准化；莫斯科工厂主反对政府干预工人与工厂主之间的关系，主张劳动自由。

那么圣彼得堡工厂主与莫斯科工厂主意见不一致的原因是什么呢，为什

---

① Андреев. Е. Н. *Работа малолетних в России и Западной Европе.* Прил. С. 8.
② Там же. С. 6.

么圣彼得堡工厂主支持该法律，而莫斯科工厂主反对该法律呢？

笔者认为，出现这种现象主要是因为圣彼得堡与莫斯科工人工资存在差别，很明显圣彼得堡地区工人工资高于莫斯科地区，高出 1/3 左右。中部工业区居民较为密集，大部分居民去其他省份打工。莫斯科与弗拉基米尔工厂主不会因工人不足而困扰。相反较远雅罗斯拉夫、科斯特罗马、特维尔和其他中部工业区省份工作岗位有限，甚至不能满足本地居民需求。

圣彼得堡省处于俄国边缘，圣彼得堡工人大多是其他各省份的农民。因此，圣彼得堡对工人具有较大吸引力，圣彼得堡工厂工资明显高于工人所在省份工资。

两个地区工资差异最终导致生产技术差异。圣彼得堡工厂技术明显高于莫斯科和其他中部工业区省份。现代技术广泛应用，对工人能力的要求逐渐提高，夜间工作对于工资较低的莫斯科工厂非常有利，对于工资较高的圣彼得堡地区则十分不利。因此，圣彼得堡大部分工厂白天工作，莫斯科地区则是全天工作。

工资越高，使用机器的吸引力就越高。圣彼得堡工厂主发现与较高的工资相比使用机器比使用未成年工人的效率高，莫斯科工厂主因中部工业区内劳动力廉价使用机器会造成巨大损失。

如果我们对圣彼得堡和莫斯科工厂的竞争力进行核算，那么圣彼得堡工厂主多次提出推行限制工时法律的意图就显而易见。莫斯科工厂因劳动力廉价经常 24 小时工作，工厂主常对圣彼得堡工厂主较高工资和较短工作日制度进行抨击。莫斯科工厂工时与圣彼得堡地区一致对圣彼得堡工厂主十分有利，因此圣彼得堡工厂主提出法律方案保护工人权利，而莫斯科工厂主坚决反对该方案。[①]

在法律出台后，许多工厂主开始与新创立的监察机构打交道。莫斯科地区工厂监察员亚尼热尔认为，某些工厂主与经理对法律实施和检测措施非常

[①] 莫斯科和圣彼得堡工厂主对工厂法律态度各异的原因详见：Литвиновый-Фалинский В. П. *Фабричное законодательство и фабричная инспекция в России* СПб., 1900. С. 114–115。笔者的著作中涉及工厂法律时多次引用该著作中的结论。

反对，态度十分恶劣。但监察人员大多能识破其伎俩，并对法律实施的状况进行监督……同时工厂主自始至终都坚决反对该法律，他们认为政府应尽早取缔该法律，政府对工人的利益保护过多，遗忘了工厂主。①

但工厂主的意见也有一定的根据，少量监察员无法对本地区内所有工厂进行监察。例如，亚尼热尔第一次只对其负责地区内1500家工厂中的174家进行监察。弗拉基米尔省工厂监督处报告是在对71家机构监察的基础上得出的，但并未对地区内所有手工作坊进行监察。很明显，在此情况下很多工厂主仍无视法律。

上文已多次提及俄国工人阶级状况，工厂监督员在报告中对工人状况进行了详细阐述，但该问题并不是笔者研究的重点。1884年亚尼热尔报告中阐述了很多令人惊奇的事件，如某些工厂中工人工时仍很长。罗戈日工厂日工作时间竟然为16～18小时。工人睡觉、休息和就餐时间仅为6～8小时。不但成年男女从事高强度工作，不满10岁儿童工作强度也非常大。亚尼热尔指出，在罗戈日工厂中还有不满3岁的儿童，与自己的母亲一同工作。②

面包厂内工人工作时间也很长，莫斯科省该类工厂日工作时间都高于12小时，13～16小时十分常见，有时更长（如罗戈日工厂）。

此时需要补充的是大部分工厂工时很长，周日工作也很正常，工厂主对工人的态度十分蛮横。工厂主在签署雇佣合同时规定他们可以随意辞退工人，且想尽办法克扣工人工资。有时罚款数额不提前确定，事后由工厂主随意定夺。在某些工厂规章中还有工人违反工厂规章时工厂主可以随意处置他们的条款。

亚尼热尔在评价工厂主与工人之间的关系时指出，工厂主作为立法者与执法者，任何法律都无法对其进行限制，他们可以任意妄为，工人必须无条件遵守。③

工厂主认为自己有权在合同期满前随意降低工人工资，罚款数额也完全

---

① Янжул И. И. *Фабричный быт Московской губернии*. СПб.，1884. Ч. ⅩⅨ.
② Так же. С. 44.
③ Так же. С. 83.

取决于自己，有时工厂罚款达数千卢布，罚款成为工厂主的重要收入来源。

工人发薪日不确定，合同中通常并不写明具体发薪日，一般为每年 2 次、3 次或者 4 次。工人应该对工厂主感恩戴德，在某些工厂中还有以下制度：一年工资完全不颁发给工人，如果工人需要支付差役，那么工厂主直接寄给当地乡镇负责人或村长。①

在该制度下工人只能在工厂店铺内赊账，然后年终一起结算。年末结算时从工资中扣除店铺欠款，有时工人辛苦一年最终只获得几卢布工资。工厂店铺也为工厂主带来高额收入。亚尼热尔认为，一部分工厂主在店铺内销售商品所赚取的利润甚至高于生产利润。

工厂内卫生条件十分恶劣，即便是现在很多工厂环境仍脏乱差。在某些工厂中只有宿舍，但其状况简直无法形容。男人、女人、孩子一起睡在床板上，没有性别与年龄之分，卧室非常脏乱，甚至没有阳光。大多数工厂没有寝室，工人在工作 12~14 小时后只能睡在车床、桌子和地板上，睡觉时几乎不脱衣服，此种状况十分常见，工人睡觉时化学物质和染料就在其附近，严重危害其健康。

1882 年法律出台后，1884 年 12 月政府又颁布了工厂内未成年人教育、工人工时和工厂监管方面的法律，财政大臣在取得内务部同意后开始制定生产规章，在规章中禁止 12~15 岁儿童夜间工作。1884 年 12 月 19 日，财政部在取得内务部同意后制定工厂监督规章和工厂所有人规章。1885 年 6 月 3 日出台的法律极具代表性，该法律禁止妇女和未满 17 岁未成年人在棉纺织工厂、亚麻厂和毛纺织厂内工作。1886 年 6 月 3 日出台工厂雇佣工人法律，1887 年 10 月 1 日起工厂监管规章生效，该规章也用于调节工厂主与工人间的关系。

这些法律规章具有重要意义，详细界定工人与工厂主间的关系，对工厂机构监管十分有效，重要部门中妇女和儿童不再从事夜间工作。在对比 1882 年 6 月 2 日法律和以后出台的法律后，便可以发现 1882 年法律几乎未

---

① Там же. С. 91.

对工厂主利益进行限制（此后20年出台的法律严格限制工厂主利益）。1885年和1886年法律开始触及工厂主利益，这说明俄国法律在不断完善。很明显，在社会条件不断变化的过程中俄国法律机制也逐步完善。下文笔者将对该问题进行详细阐述。

上文已经多次提出莫斯科和圣彼得堡工厂主在工厂立法方面存在的矛盾，1882年法律出台后圣彼得堡工厂主占据优势地位。因法律涉及大部分莫斯科工厂主利益，所以并未真正落实。莫斯科工厂主对1885年和1886年法律的态度如何呢，为什么法律颁布如此之快呢？

笔者在上文已指出，19世纪80年代上半期俄国与许多国家一样处于工业萧条期。70年代工业高涨后危机到来，这对棉纺织工业影响最大。各地棉纺织和纺纱工厂纷纷降低产量，数千人失业，很多工厂内工人数量减少了一半，一些工厂完全停工。这种状况最终促使新法律出台。

1883年圣彼得堡许多棉纺织工厂纷纷降低产量，大量工人被辞退。圣彼得堡市市长格列谢尔对棉纺织工厂主减产原因进行了研究。他指出工厂产量降低，必须辞退工人降低损失，降低损失的唯一手段为禁止夜间工作。因此，1884年2月25日格列谢尔申请颁布法律禁止未成年人和妇女夜间工作，实施该法律能达到改善市场的目的，生产过剩问题也能逐步缓解。

格列谢尔完全同意圣彼得堡工厂主的意见，并且把请愿书转交至财政部。手工工场和国内贸易办公厅对莫斯科工厂主的请愿进行了研究，然后建议采取措施保护其利益。莫斯科工厂主希望继续从事夜间工作，坚决反对执行该方案。

内务部专门成立特殊委员会对该问题进行研究，前警察厅厅长为委员会主席，内务部大臣普列韦为其成员，莫斯科工厂主反对禁止夜间工作，他们认为圣彼得堡、波罗的海各省份和波兰地区多为新式纺织、纺纱工厂，这些工厂配备了新设备，已经导致中部工业区纺织厂生产状况恶化，停止夜间工作将导致俄国中部地区工厂处境雪上加霜。

因缺少政府监管，工业危机导致1884年末和1885年初莫斯科、弗拉基米尔等省份某些大工厂中爆发工人起义。

19世纪俄国工厂发展史（第四版）

尽管莫斯科工厂主反对，1885年6月3日政府仍出台了禁止（一些重要生产部门中）妇女和儿童夜间工作的法律，主要在棉纺织、麻纺织和毛纺织工业中推行，一年后又出台工厂《雇佣工人法》，工厂监察人员队伍同时扩大。

法律出台与工厂萧条期重合并非偶然。第一，萧条减轻了莫斯科工厂主的阻力。别扎比拉佐夫认为，此时的工业状况要求很多工业部门缩减产量，缩减生产本身对工厂主也十分有利……1886年莫斯科大手工工场机构几乎都停止了夜间工作。如果说1886年工业发展势头良好，那么法律就不一定能够终止夜间工作。1887年经济发展状况缓和后许多工厂主开始提出重新恢复夜间工作。[①]别斯科夫对该问题十分关注，他指出："调查众多工厂状况后发现，很多工厂主都请愿希望各地政府恢复夜间工作。工厂主认为，在工业危机期间取消夜间工作，在工业活跃时应该重新恢复。很多中等工厂恢复夜间工作势在必行。恢复夜间工作主要是避免产量降低，导致商品供给不足；但很多工厂并未打算提高商品产量。经济危机过后立即扩大生产将造成巨大损失。此外，危机还导致工人罢工。"[②]

该状况促使1886年6月3日工厂法律颁布。内务部大臣托尔斯泰是该法律的积极倡导者。托尔斯泰伯爵于1885年2月4日将意见提交财政部，具体内容如下："地方政府通过研究工人罢工后发现，工人暴动的原因是俄国工厂法律不健全，工厂法不能很好地调整工厂主与工人间关系。工厂立法可以调整工厂内各阶层间关系，维持工厂内秩序。必须解决工人关注问题，如不合理高额罚款、临时降低产量、工厂主人为降低工人工资、工厂店铺内商品价格过高和因此引发的工人情绪不满、童工年龄的界定、克扣工人工资等行为……以上所有状况都增加工人的不满情绪，同时也是暴乱产生的根源，因此必须竭力降低暴乱发生的可能性。此时应该千方百计促进工厂法的出台，这样才能限制工厂主行为，避免其他省份出现类似莫斯科和弗拉基米尔省的工人暴动状况。"

---

① Безобразов В. П. *Наблюдения и соображения относительно действия новых фабричных узаконений и фабричной инспкции.* СПб.，1888. С. 6.
② *Фабричный быт Владимирской губернии.* СПб.，1884. С. 59 – 60.

为研究该问题政府成立了以普列韦为代表的特殊委员会，此委员会制定法案并提交国务会议进行研究，1886年6月3日沙皇确认该法律生效。在国务会议讨论该问题时，以下内容十分耐人寻味：

> 莫斯科和弗拉基米尔省工人罢工的原因为某些工厂主胡作非为，而且这些暴乱不具有任何偶然特征，主要源于工厂主与工人之间不正确的关系。某些工厂主利用自己的特权破坏合同条款，采取各种手段压榨工人工资，主要以缩短工时和降低工作日为借口克扣工资。工厂主在清算罚款时营私舞弊，且罚款数额巨大，有时达工资的40%。工人还必须在工厂店铺中购买物品，这些商品不但价格过高，而且质量粗糙。以上状况都是工业发展过程中出现的弊端，都是拜工厂主所赐。为降低生产成本和提高产品竞争力，工厂主尽可能剥削工人和减少开支。工人状况十分悲惨，走投无路，他们的工资不足以支付差役和维持生计，有些工人甚至食不果腹。工人对工厂主不满情绪日益强烈，最终造成矛盾激化，因此必须出台相关法律保护工人利益，避免工人罢工和暴动。①

1886年6月3日法律禁止夜间工作条文的效力明显高于以前各法律。该法律的着眼点为变更雇佣工人的条件和改善工厂工人状况，完全结束对劳动自由不限制的局面，对工厂进行严格监督。

1886年法律最具效力的规章如下：严格确定工人的雇佣程序和条件，以及劳动合同废除的程序。根据合同条款，工资发放期限不低于每月1次或者2次（第12条款）。禁止以优惠券、粮食、商品等代替工资（第14条款）。禁止克扣工资来偿还工人债务（第15条款）。禁止工厂管理人克扣工资放贷（第16条款）。禁止从工人工资中克扣夜间费用，如厂房照明和生产设备使用费等（第17条款）。如果工人有无礼行为，或工人行为损害工

---

① 笔者对相关数据进行了对比，详见：Литвинова-Фабриского В. П. Фабричное законодательство и фабричная инспекция в России. СПб., 1890. С. 61.

厂主人身及财产安全,那么工厂主可以废除合同(第20条款)。如果工厂主不支付工资、殴打和辱骂工人,不为工人提供饮食和住宿,以及工作损害工人健康,那么工人有权废除合同(第3、21条款)。

1886年法律规定对工人暴动以镇压为主。对罢工的惩罚方式为主犯被处以4~8个月监禁,其他参加者被处以2~4个月监禁(III部分第2条款)。如果威胁到未参加罢工的工人的权益,以及损坏工厂设备,那么被处以8个月至1年零4个月的监禁,对于其他人处以4~8个月监禁(III部分第4条款)。如果在雇佣期限结束之前结束合同,那么过错方被处以1个月以下的监禁(IV部分第1条款)。在生产工具受到损坏时被处以3个月至1年监禁(IV部分第2条款)。

为监督工厂状况和法律执行状况在工业区内成立特殊组织——工厂办公机构,其成员包括地方行政机构、法庭代表、工厂监督员、地方自治机构代表和城市官员。此办公机构有权颁布保护工人生命、健康和精神状况的特殊规章,以及给予夜间工作工人补贴的条款(规章5条款)。

工厂监察机构有权对工厂进行全面监察。监察机构除对工厂主守法状况进行监督外,还对其管辖工厂内的考勤表、工厂内部规章等进行研究和确认(规章7в条款);采取措施预防工厂主与工人间产生争论和误会(规章7б条款);过错方的审判程序(规章7д条款)。

在有工厂办公机构的省份,工人雇佣状况完全以工厂办公机构确定的规章为准(规章7第23~25条款),工厂在成立店铺时必须得到监察机构的许可(规章7第28条款)。只有按工厂规章中规定的名目才能进行罚款(规章7第30~39条款)。罚款数额应由工厂监督员确认,确认后在工厂内部以规章形式公布(规章7第29条款)。工厂主在违反相应条款时将被处以300卢布以下罚款。[①]

因此,资本主义自由生产被详细规章所代替,这些规章明确规定工人与工厂主间的关系,经双方协商后可变更和调整合同内容。政府监督人员确定

[①] *П. С. З. Собрание* III. T. VI. №3769.

工厂的内部秩序,工厂主必须遵守。

限制工厂主权利必然会引起其不满,工厂监察机构与工厂主间的矛盾逐渐扩大。别扎比拉佐夫认为,在工业机构内推行新法律和行政规章必然会引起许多不满。他在工厂主代表大会上指出,我们收到大量工厂主的请愿书,很多请愿书是由恪尽职守的工厂主和管理者提交的……这些请愿书中表现出对新制度的不满,甚至要求恢复以前的制度……在莫斯科和弗拉基米尔省都发现了该状况,1886年6月3日法律的很多条款并未落到实处……莫斯科省对新制度的不满要高于弗拉基米尔省。莫斯科省工厂主怨声载道。①

很多工厂主上书别扎比拉佐夫,认为新工厂规章是对大资产阶级的抱怨和不满,是对工人阶级的保护,别扎比拉佐夫也同意这些说法。他认为,把1886年6月3日法律和6月12日法律对比后就会发现针对农村雇佣劳动力的立法者与工厂主态度具有很大差异,后一法律主要保护雇主的利益,6月3日法律主要保护工人的利益。

该评价较为客观。工厂法律只对技术先进的大工厂主有利,但对其他工厂主而言,工厂法律冲击较大。6月3日法律明显保护工人利益②,法律中规定相关惩罚措施,对违反法律一方进行惩罚,对工厂主的惩罚措施只为处以300卢布以下的罚款,但对工人的惩罚措施十分严厉。如果工人拒绝工作,那么将受到一个月以内拘禁,而工厂主只需承担不履行合同的市民责任。罢工时工厂主不受惩罚,对罢工工人的惩罚较为严厉。只有当工厂主威胁社会秩序时才对其进行较为严厉的惩罚,如工厂主的某些行为引起工厂工人暴动,此时工厂主可能被拘捕,期限为3个月以内,并失去工厂管理权。

当时国内经济萧条,所以禁止妇女和未成年儿童夜间工作的法律条文并未引起工厂主的强烈反对。但随着贸易的不断活跃,莫斯科和弗拉基米尔工厂主呼吁恢复夜间工作。现代消息把1882年、1885年和1886年法律看作社会主义思想的实践,鼓动大家反对新法律。大臣本格被认定为罪人,工厂

---

① Безобразов В. П. *Народное хозяйство России.* С. 8 – 10.
② 详见:*Внутреннее обозрение//Вестник Европы.* 1886. Окт.

主指责他不了解俄国社会生活，工作教条，为腐朽西欧理论的执行人。

本格离职为工厂主带来了希望。

为促进工商业发展，手工工场和国内贸易办公厅莫斯科分部为莫斯科工厂主利益的捍卫者，1887年3月他们多次向新大臣维什涅戈拉德斯基申请变更工厂监督制度。

手工工场和贸易委员会莫斯科分部在一份申请中指出，从新法律法规实施时起工厂主与监察员之间就有分歧，而且分歧越来越大，工厂主与工人之间的关系越来越紧张……报纸中指出因新法律对工厂主要求过多，他们对法律怨声载道，看似保护工厂主利益，实则导致生产日渐困难，工厂主和监察机构间矛盾不断，该法律是工人的保护者，是对工厂主利益赤裸裸的剥削。

对工厂主和工人间关系的描述完全是建立在各方利益矛盾基础上……莫斯科分部被看作工厂主和工人的联盟，该联盟对各方利益和分歧较为关注。①

手工工场和国内贸易办公厅莫斯科分部提出反对工厂监察制度的20条，但该问题并不是笔者关注的重点。

第二年当维什涅戈拉德斯基视察下诺夫哥罗德展销会时，全俄商人向他提交了他们对本格时期财政政策不满的报告，要求重新制定财政方针。法律规定无论各方对新工厂法规如何不满，也应该执行该法律。大臣完全同意本格时期工厂法律存在的不利方面，并且打算立即修正该法律。②

大臣的许诺最终得以付诸实践。1890年4月24日新工厂法律方案制定，该方案实质上是在莫斯科工厂主压力之下对1882年和1885年法律的变更。法律规定12~15岁未成年人可以在工厂内从事夜间工作；工厂监察人员有权解决未成年人周末和节日工作问题。特殊时期不必得到省长认可，允许妇女和15~17岁未成年人夜间工作。财政大臣在取得内务部同意后确认儿童从事工厂工作的日工时和年龄分别为10小时和12岁。③

---

① *Наша фабрично-заводская промышленность* М., 1894. С. 61-64.
② *Современная летопись//Русский вестник*. 1887. Т. 190.
③ *П. С. З. Собрание* Ⅲ. Т. Ⅹ. №6743.

因此，4月24日法律解决的都是本格时期颁布法律的相关问题。莫斯科工厂主可以重新雇佣妇女和儿童进行夜间工作，在节日期间也可连续生产，但要得到地方行政机构和工厂监察员的许可。

笔者并未对1890年法律的实施状况进行研究，它不同于1885年和1886年法律。笔者也不清楚省长和工厂主如何使用自己的权利让儿童在周末和节日工作，以及妇女和未成年人夜间的工作程序。此时所有程序将按照行政机构的意图执行，法律效力大打折扣，有时效力为零，不能保护工人的任何权益。本格以后财政大臣主要的工作方向为变更工厂监察机构。

很多历史文献中都对新法律的实施状况进行了描述，弗拉基米尔省工厂监督员米库里尼的书籍《1886年6月3日法律实施史》值得研究。书中指出新法律中规定的工厂主与工人间可自由签署合同的权利为虚假的，1886年前工人合同条款中包括如下内容：工人在合同期满之前应该留在工厂中工作，在此之前离开应处以双倍罚款；工厂主有权在任何时候随意辞退工人，只需支付剩余工资；工厂主可以自行确定罚款金额，罚款种类各式各样，如工人攀爬工厂围墙，旷工去森林，几人聚会等。

监察机构与工厂主之间的矛盾较大。米库里尼指出，大部分工厂主对法律怀有敌意，并不认可该法律，要求赋予他们完全自由。[1] 他们通过各种形式的罚款来降低工资数额，因工厂主为法律实施的主要障碍，监督员的工作是迫使工厂主执行法律。法律规定，工厂主为工人发放工资时应该制作记事簿。按照法律规定，工厂店铺内商品的价格不能高于市场价格，而且应把产品价格和商品名录制定成册……工厂主也应对工人过失进行记录，根据记录确认罚款金额，详细记录工人工作时间，以便在最终核算时有据可循。[2]

工厂监督人员的监督工作十分困难，提交请愿的工人通常被工厂主辞退。工厂主辞退工人后通告临近工厂该工人的信息，被辞退工人很难在本地

---

[1] Микулин А. Очерки из истории принятия закона 3 июля 1886 г. о найме рабочих на фабриках и заводах Владимирской губернии. Владимир，1893. С. 55.

[2] Там же. С. 70.

再就业，工厂主借此仍牢牢控制工人。

随着监察制度的不断普及，工厂主滥用职权的现象有所减少。1886年6月3日法律改善了工厂内工人的状况，但是未有足够数据能够证明这一问题。

工厂主极力反对1886年6月3日法律，要求对其中限制工厂主利益的条款进行变更，但并未取得成功。笔者并未找到其他工厂法律。1897年前的工厂法律与许多西方国家的法律类似，妇女和儿童的工作时间标准化，此年6月3日推行的法律十分重要，对成年工人的工作时间进行了限制。新法律规定：欧俄地区所有工厂内工人最长日工时不得超过11.5小时。虽然允许部分工厂进行夜间工作，但其工时不能超过10小时。禁止普通工厂周末和节假日开工，只有军事企业可以在周末和假期开工。

从理论角度该方案只属于规章范畴，并不属于笔者研究的范畴。笔者研究重点为该时期的法律。

笔者在上文已经提及，1867年手工工场办公厅负责人兑列尼戈里斯基申请颁布法律对工人工时进行限制。1875年机械生产者代表大会制定出限制工作时间的法律方案，限定日工时为10小时。1883年一些圣彼得堡纺织工厂主又申请限制工时。因莫斯科工厂主极力反对限制工时，这些申请效果有限。1894年波兰工业区罗兹工厂主又重新提出缩短工作日的申请。罗兹工厂主是莫斯科工厂主的主要竞争对手。罗兹地区工厂工时明显短于莫斯科地区，工人几乎不从事夜间工作。他们认为，禁止俄国其他地区工厂夜间工作和缩短工时对该工厂十分有利。因此，1894年手工工场和国内贸易办公厅罗兹分部提出，为促进俄国工商业快速发展必须制定俄国工厂和手工机构标准工时的法律，依照该方案，应禁止所有工业机构夜间工作。采矿工厂每日工时不能超过10小时，金属加工工业日工时不能超过11小时，其他行业日工时不能超过12小时。换班工作制度中（个别企业除外）每班工人工时不能超过9小时。①

---

① Проект законодательной нормировки рабочего времени//Труды общества для содействия русской промышленности и торговле. 1895. Ч. XXⅢ.

彼特洛科夫地区工厂监督人员雷科夫斯基认为彼特洛科夫省大部分工厂主把工时从13小时缩短为12小时,此时商品产量只缩减了2.7%,因生产技术改善和工人工作速度提高,一家大工厂产品产量增加了2.3%~7.3%。雷科夫斯基认为,所有俄国工厂主都可以把日工时缩短1~2个小时,从而增加工厂劳动生产率。①

罗兹工厂主的建议引起俄国工商业界的重视。1895年俄国手工工场工业莫斯科分部成立委员会,通过对工厂主、工人和监督员发放问卷方式确定标准化的工作时间。收到的答复五花八门。旧法律反对者莫斯科工厂主甚至也提出了缩短工时的想法。

纺织厂工厂主古谢夫认为,完全可以以法律方式禁止夜间工作和调整工时。当然缩短工时会触及很多工厂主利益,但这对俄国工业发展十分有利,如今俄国工业矛盾重重,缩短工时不会引起工业状况恶化。工人工资十分微薄,商品质量参差不齐。②

纺纱工厂经理费多罗夫认为较少工人数量对工厂主十分有利。如今纺纱生产技术日趋成熟,对工人需求量降低,但对工人技能的要求提高。随着工业不断发展,工人工作效率必须提高,正如农奴制改革促使工人日常生活发生变化一样,现阶段工人生活也必须改善。

纺纱厂、织布厂工厂主经理——地主佐季科夫认为,此时日工时一般为12时,且工人的工作强度较大,因双方关系恶化,很难生产高质量产品。所以佐季科夫建议男性工人最高日工时为11小时,妇女为10.5时。

一名工厂监察员在报告中指出,工时标准化可以间接促进生产技术提高,这迫使很多工厂主完善生产技术。他在研究后指出,生产技术提高后工时不论是12小时还是9小时,都无明显差别。大型纺纱厂和亚麻厂都推行18小时倒班工作制,原有24时工作制被取消。

---

① Там же. С. 137.
② *Общество для содействия улучшению и развитию мануфактурной промышленности//Труды прядильно-ткацкого отдела комиссии по вопросу о нормировке рабочего времени* Москва, 1896. С. 19.

纺纱厂经理戈尔戈夫斯基认为，大部分工厂主打算在工厂内实施18小时工作制（两班工作），俄国工厂较为分散，工厂主意见分歧较大，不能就工时和工资等问题达成一致，因此必须以法律方式加以确认。

大部分工厂主反对禁止夜间工作法律的实施，同意推行18小时两班工作制，日间工时缩短至11时，适应新状况应该有一段过渡期，时间一般为5年。莫洛佐夫工厂主经理之一、委员会主席阿利亚尼奇科夫认为："与工厂工人接触就会发现，很多工人无精打采，十分疲倦，只是呆滞地操作机器、填充材料，有些工人时常酗酒、旷工，因此应该对其进行监督，他们的行为严重影响工厂生产进度。"

同时，也有很多工厂主反对政府干预工厂事务。

工厂经理萨韦里耶夫认为应该制定关于该问题的报告，很多人害怕缩短工时。他认为，缩短工时每天将造成1.4亿卢布损失（这是著名英国经济学家纳索·威廉·西尼尔核算出的，他指出英国工厂日工时变更为11小时会造成严重亏损，很明显他是工厂主利益的保护者）。萨韦里耶夫反对缩短工时，如果缩短工时（甚至缩短3小时）工人工资水平将明显降低，其生活水平因此明显下降，医疗、卫生、受教育水平也会恶化，工作效率受到影响……因此缩短工时，调整工作时间，禁止夜间工作，会让各方利益受到损失。他建议改善工人居住和饮食状况，提高工人卫生、医疗和受教育水平。①

萨韦里耶夫性格幽默，他指出缩短工时不足以改善工人状况，他反对缩短工时，建议为工人创造舒适的工作环境。休息时间工人可以在宽敞的走廊内休息。

根据主席的结论，纺纱、织布工厂主认为应该向政府申请变更禁止夜间工作法律，每昼夜两班工作时间为18时，成年人一班工作时间为10小时，童工每班工作时间为6小时。完全过渡至新秩序需要5年。

协会会议上棉纺织工厂主的立场发生了变化，他们提出变更禁止夜间工作的法律，限制最高工时为12小时（某些领域为11小时，如机械纺纱、机

---

① *Труды прядильно-ткацкого отдела.* C. 113.

械织工)的申请,但此时手工作坊(工人数量低于50人)也应该实施标准化工时,最近4年仍可进行夜间工作。①

棉纺织、纺纱委员会对各工厂缩短工时的情况进行了统计。在纺纱工厂中缩短工时造成的损失可用改善商品质量来弥补,每小时纺纱数量明显增多。工厂主认为,纺织厂缩短工时对提高单位产量意义重大。纺织厂工人日工作时间见表2-1。

表2-1 纺织厂工人日工作时间

工厂种类	机床数量(台)	日工作时间(小时)		单位机器每小时产品增加比率(%)
		以前	现在	
棉纱厂	2889	24	11	20
棉纱厂	721	24	12	21
棉纱厂	644	13	12	3
棉纱厂	676	24	13	27
棉纱厂	590	24	13.5	24
棉纱厂	717	24	12	23
棉纱厂	1258	24	18	15
丝织厂	1110	13	11.5	14
毛纺厂	1000	13	12	8

资料来源：Труды прядильно-ткацкого отдела。

大多数情况下缩短工时并未降低商品产量,工厂主仍然盈利,工时降低之后各种附加消耗随之降低。

中部工业区工厂,特别是大工厂纷纷缩短工时。阿利亚尼奇科夫指出,86%的搓捻纺锤厂、77.6%的纺纱厂和78.4%的织布厂缩短了工作时间,这完全是在法律倡导下走出的第一步;虽然市场行情变化时,偶尔出现反弹。一部分工厂主缩短了工时,但缩短时间有限,其他工厂主仍犹豫不决,并且要求给予一段过渡期。其中43%的纺锤厂减少了工作时间,12%的纺

① Труды торгово-промышленного съезда 1896. СПб., 1896. Т. Ⅲ. Вып. V. С. 227－228.

锤厂改进了技术，因此，改革仍具有很大空间。①

1896年手工工场和国内贸易办公厅根据工厂监察员报告对缩短工时和劳动生产力关系问题进行研究，主要参照工厂监察人员报告。老工厂监督人员认为工时缩短十分有利，如弗拉基米尔老工厂监督员通过对工厂状况研究得出以下结论：第一，夜间工作过渡为白天工作或两班工作会提高单位工人劳动生产率；第二，应缩短工时，日工时应从13.5小时降至12小时或11小时；第三，并不是所有行业劳动生产率都有所提高，三类工厂群体提高最为显著（①工人完全处于次要地位，具有机器和技术优势的工厂，主要为纺纱厂和纺织厂；②技术不断进步，但技术水平落后于第一类，同时工人作用也十分重要的工厂，主要为印染工厂；③只依靠工人私人劳动力的工厂，同时开始使用机器和引进新技术，如某些机器工厂和玻璃厂等）。通过研究，可以得出因取消夜间工作，单位时间内工人劳动生产率大幅度提高（双班18小时或者白天工作时间缩短1~2小时）的结论，具体数据详见表2-2。

表2-2　纺织厂工人工时缩短后劳动效率提高幅度

工厂类型	提高幅度
纺纱厂	3%~5%
纺织厂	7%~10%
印花和印染厂	15%

其他使用手工劳动的生产部门笔者未进行核算。②

按照工厂监督员提供的数据，工时缩短对劳动生产率影响较大。莫斯科省15家工厂工时缩短，此时布季科夫毛线厂、克拉斯诺夫铜制品工厂日工时从12小时降至11小时，产品产量并未降低，第一家工厂产量还有

---

① *Труды высочайше утвержденного Всероссийского торгово-промышленного съезда.* СПб., 1896. Т. Ⅲ. Вып. Ⅴ. С. 234.

② *Продолжительность рабочего дня и заработная плата рабочих.* СПб., 1896. С. 49.

所提高。列乌托夫纺纱-纺织工厂集团和维索克夫手工工场工时从24小时降至18小时，每小时产量提高了16%~20%，其他工厂或从13小时降为12小时，或从24小时将为22小时，或从11.5小时和11小时降为10小时，但产品总产量并未降低。在沃伦省两个造纸厂每班11.5小时两班工作日过渡为三班工作日（每班8小时），劳动生产率提高了25%。工人工资水平不变，工厂支出降低，工人工作8小时创造的价值与以前工作11.5小时一样多。① 车斯托霍夫的奥杰尔菲里德制袋厂从每班11.5小时两班工作制过渡为每班9小时两班18小时，降低工时对工厂主和工人都十分有利，双方都能获得好处，产品质量有所提高、数量有所增加，商品单位成本降低，工人健康得到保障，此外工资也有所提高。② 特维尔省库夫希诺夫造纸厂从24小时两班工作制过渡为24小时的三班工作制，产品产量并未降低。

工时缩短劳动生产率提高的例子颇多，此法律不但对工厂主有利，对工人和工厂监督人员也十分有利。尽管大部分莫斯科棉纺织工厂仍实行两班工作制度（18~24小时），但是表2-3中数据足以证明该趋势。③

表2-3　圣彼得堡、莫斯科和彼得洛科夫省工厂内各类工人比例

单位：%

	单组	双组
圣彼得堡省（纺织工业）	83	17
莫斯科省（棉纺织工业）	31	69
彼得洛科夫省（纺织工业）	80	20

彼得洛科夫省大部分工厂主对禁止夜间工作十分感兴趣，上文已提及罗兹工厂主申请，圣彼得堡与波兰地区工厂主立场一致。1896年圣彼得堡纺

---

① Там же. С. 54.
② Там же. С. 134.
③Ланговой Н. П. *Нормирование продолжительности рабочего времени на фабриках*. СПб., 1897. С. 12.

纱厂所有人申请立刻禁止所有工厂主提高工时，每昼夜工作时间不能超过11小时。[①] 对莫斯科工厂主而言，过渡为日间工作会给他们带来巨大损失，这也可以解释为什么莫斯科工厂主建议给予禁止夜间工作5年过渡期，许多莫斯科工厂主仍反对限制工时。

通过以上阐述可确认，工时标准化法律的出台仍需很长时间，但是这些描述也并不客观，1896年5月和1897年1月在圣彼得堡发生了大规模工人罢工事件，因此1897年6月2日政府颁布了限制工时的法律。

该法律是圣彼得堡和莫斯科工厂主相互不妥协的产物，通过缩短工时满足圣彼得堡工厂主要求，允许夜间工作来满足莫斯科工厂主的愿望，最终日工时限定为10小时。因此，6月2日法律害怕损坏莫斯科工厂主的利益，并未同意莫斯科工厂主关于发展手工工场工业的申请，同时也没有满足圣彼得堡工厂主的要求。

尽管1897年6月2日法律有巨大意义，但是仍存在一定不足，因此其现实意义仍让人怀疑。虽然圣彼得堡工厂主和众多莫斯科工厂主指出了夜间工作的危害，但是法律禁止夜间工作条款效果有限。该法律颁布后很多工厂从全天工作过渡为两班工作，但这绝不是俄国工厂法律的进步。按照法律夜间工作时间为夜间10点至凌晨4点，实际上夜间工作仍超过6小时，法律特别指出18小时两班工作制的优越性，卫生条件仍有待改善。法律条款中缺少对违反法律者的惩罚性措施，11.5工时对工人阶级意义重大，很多工厂仍借故延长工作时间。据核算，莫斯科省67.3%的工人工时高于1897年法律规定时间，圣彼得堡比例为56%，在其他省份（除波兰和波罗的海地区各省份外）日工作时间并未缩短。因此，1897年法律的现实意义仍需深入研究，因缺少惩罚措施致使限制工时条款效果有限。1898年财政大臣颁布指令不限制工时，1897年法律效力丧失。

通过以上对俄国工厂法律发展进程的描述可确认，工厂法律制定时政治和警察意图是俄国工厂法律的主要特征，所有法律都受他们思想的影响。此

---

① Там же. С.13.

时内务部及其相关部门的倡导对法律的出台具有一定的促进作用。莫斯科和圣彼得堡工厂主间的竞争也是影响工厂法律实施效果的重要因素，圣彼得堡工厂主是国家干预的支持者，莫斯科工厂主是国家干预的反对者，上文已阐述该分歧产生的原因。同时，19世纪70年代初期工业危机和萧条对工厂法律出台的影响也不容忽视。

第三章
工资

2月19日改革对工人工资的影响。工资提高和工人处境。加列里尼对伊万诺沃工厂工人状况的研究。19世纪50年代和80年代书伊县城工资对比。莫斯科工人工资。新时期工人工资变化。杰梅尼奇耶夫和其他莫斯科地方自治人员笔下的莫斯科工人。工厂工人成为独立社会阶层。舍斯塔科夫对钦杰里工厂工人状况的研究。工人与土地的联系。各类工人群体与土地的联系。工人与土地联系的意义。

2月19日改革促进了俄国劳动力市场的变更,改革最直接的后果是依靠农奴劳动的领有工厂倒闭。工厂工人获得自由,纷纷离开工厂,也有部分工人因工资大幅度提高继续留在工厂内务工。

戈鲁别夫认为,农奴制改革初期,因诸多农业居民离开城市和工厂返乡,俄国劳动力价格上涨。工厂主为留住工人不得已增加工资,生产成本大幅度提高。虽然工资增加,很多工人仍坚持返乡,一些长期(10~15年)在工厂内工作的工人也坚持返乡务农。此外,工业省份农民地位较低,农奴制废除后他们就考虑利用自己的一技之长寻找新的营生。①

劳动力市场状况瞬息万变,戈鲁别夫指出几年后农业居民重新返回工厂内务工,但此时工人工资已明显降低。

---

① Голубев А. Пряжи и ткани из хлопчатой бумаги//Историко-статистический обзор промышленности России. СПб., 1882. С. 98.

农奴制改革后工人货币工资明显增加，但其增长幅度仍低于工人日常必需品价格增长幅度，工人实际工资水平降低。

加列里尼对改革后俄国工人的状况十分关注，他除了是俄国知名社会活动家外，还是伊万诺沃村的大工厂主之一，同时也是地方工业史研究的权威。所以笔者借鉴其《伊万诺沃－沃兹涅先斯克》一书中的内容来说明工人工资问题。

机器大规模使用后伊万诺沃村工人高工资状况结束，机器大规模使用前，工人专心工作仍可获得良好收入，工厂主也能获取相应利润，但工人总抱怨工厂主故意损害商品，致使工人损失巨大，工厂主总要求工人诚实，但往往事与愿违，工厂主也因管理工人费尽心力。机器使用后工厂主所管理的事务变少，工人不再主宰一切，成为机器的附属品，工人在工厂内的地位大幅度降低，因此，工厂内机器开始占据主导地位。机器的推广降低了工厂对工人的依赖，工人完全成为机器的附属品，俄国步入经济发展新时期。[①]

据加列里尼统计，与19世纪50年代相比，80年代初所有类型的劳动力的货币工资都提高了15%～50%。同时伊万诺沃－沃兹涅先斯克村面粉价格增长了1倍，牛肉价格增长了83%、肉类价格增长了近220%。1858年机械织工月工资为10～16银卢布。1882～1883年织工月工资为10～18卢布，货币工资虽然提升了15%，但其增加幅度明显低于粮食价格。加列里尼指出，此状况在各地都存在。

加列里尼还指出，19世纪80年代是俄国工业萧条期，工厂对劳动力的需求量大幅度降低，这无疑让工人处境雪上加霜。笔者在上文已对莫斯科省经济萧条状况进行了描述，很多工人返乡务农，弗拉基米尔省也出现了类似状况。加列里尼指出，最近5年很多工人返乡务农。以前工人在工厂内务工工资明显高于务农收入，当时粮食价格低廉，工厂对工人需求量较大。伊万诺沃－沃兹涅先斯克村郊区农民很少从事农耕，农业收入较低；但最近几年粮食价格提高，工厂内工资大幅度降低，很多人重新返乡务农。[②]

[①] Гарелин Я. П. Иваново-Вознесенск. Шуя. 1885. Ч. II. С. 100.

[②] Там же. С. 70.

农业回流只是工业危机出现的短暂现象。19世纪80年代下半期,特别是90年代经济高涨期农民又返城务工。

笔者对改革后工人工资变化问题十分关注,以伊万诺沃-沃兹涅先斯克村不同时期棉纺织工厂各种劳动力工资为例阐述工人工资状况。为进行对照笔者还对书伊县城棉纺织工业工人的工资进行了研究①,19世纪50年代和80年代工人工资标准详见表3-1。

表3-1 19世纪50年代和80年代工人工资变化幅度

工种	1856~1858年		1883年		增加率(%)
	卢布	戈比	卢布	戈比	
细纺工	14	58	16	25	+11
捻经工	5	50	10	89	+98
换筒工	3	50	5	63	+61
清棉工	7	0	10	0	+43
粗纺工	6	0	9	50	+58
制带工	5	50	8	0	+45
卷线工	9	0	11	25	+25
机械织工	11	25	11	67	+4
手工织工	6	67	6	37	-4
手工整经工	6	4	9	50	+57
印花工	9	67	12	74	+32
研磨工	0	98	1	60	+63
切削工	10	83	18	62	+72
胶工	7	8	12	0	+69
锻工	9	17	23	54	+157
钳工	12	17	21	9	+73
细木工	11	25	28	68	+155

除手工织工外,棉纺织工业其他部门工人工资都有所提高。工人工资提高数额不等,锻工和细木工工资提高数额最高,约为其他工人的1倍,其他

---

① Псков П. Фабричный быт Владимирской губ. СПб., 1884.

工种工资提高数额不明显,但也都超过了50%。由表3-1可知,工人数量最多的织工和细纺工工资增加额度较小,手工织工工资降低。

笔者把工人货币工资和粮价变化进行了对比,具体数据详见表3-2。

表3-2 1856~1883年莫斯科市燕麦粉价格

年份	莫斯科市每普特燕麦粉均价		增长率(%)
	卢布	戈比	
1856~1858	0	56	
1881~1883	1	9	95

粮价增长率明显高于大部分工人工资增长率。根据当时居民的购买力计算,19世纪80年代初期书伊县城内棉纺织工厂工人实际工资降低了20%~30%。

笔者的论断与加列里尼一致。手工织工工资大幅度降低,机械织工和细纺工实际工资为原来工资的1/2,工厂技师、锻工和细木工工资明显增加。

农奴制改革后20年间书伊县城内棉纺织工人实际工资明显降低,通过对比粮价和工资数据可以确定加列里尼的论断十分正确。

但该论断也有弊端,原因如下:第一,19世纪80年代为俄国工业萧条期,工业萧条对工资影响较大(虽然上文已提及危机产生于80年代初期,工厂主采取措施降低工人数量,而不是降低工人工资)。第二,各地区工人工资变化幅度不一致。书伊县城是俄国古老的棉纺织生产中心,该地区工资变化趋势不能代表俄国总体工资变化水平,不能以偏概全。农奴制时期伊万诺沃工人工资明显高于俄国其他工业区,但新时期状况发生了变化。根据弗拉基米尔省工厂监察员别斯科夫的报告,书伊县城工人工资明显低于弗拉基米尔省其他地区工人工资,所以劳动力充足,因书伊县城人口众多,附近科夫罗夫斯克县城居民也是工厂劳动力的来源,与省内其他地区居民相比,此处工人生活较贫困。[①] 1883年书伊县城棉纺织工厂工人月均工资见表3-3。

---

① Псков П. *Фабричный быт Владимирской губ.* С. 81.

表 3-3　1883 年书伊县城棉纺织工厂工人月均工资

工种	纺纱厂							
	科库什金		加列里尼		卡列特尼科夫		平均工资	
	卢布	戈比	卢布	戈比	卢布	戈比	卢布	戈比
细纺工	15	25	13	50	20	—	16	25
1级捻经工	9	55	10	14	13	75	11	15
2级捻经工	8	—		—	12	25	10	13
清棉工	9	50	9	25	11	25	10	—
分类者	9	37	—	—	9	37	9	37
推卷工	7	25			7		7	13
捻线（丝）工	—	—			5	—	5	
粗纺工	—	—	8	38	10	63	9	51
制带工			7	85	8	13	8	
摇纱工					11	25	11	25
精纺工			4	75	9		6	88
换筒工	5	63	—	—	—		5	63
拆卸工	—		5	50	—		5	50
修理工	3	75					3	75
钳工	24	37	—		25		24	69
学徒	7	12			—		7	12
车工			—		19	37	19	37
细木工	24	87	—	—	32	50	28	69
学徒	8	75					8	75
锻工	23	12			30		26	56
锤工	16	12			12	50	14	31
油工					18	12	18	12
焊铁工	—	—			25	—	25	—
煤气工	12	50			12	50	12	50

以前书伊县城居民生活较为富裕，工资较高，但 19 世纪 80 年代情况发生了变化，居民生活逐渐贫困，工资较低。我们也有足够数据证明弗拉基米尔省其他县城内工人实际工资较低，但笔者并未掌握证明此状况的足够数据。

笔者接下来将对莫斯科省的状况进行阐述。笔者并未查到尼古拉一世时期莫斯科省棉纺织工业工人工资的可靠数据。

19世纪30~40年代莫斯科市自由雇佣工人月均工资为30纸卢布（详见本书第一部分第六章）。80年代初期莫斯科省纺织厂成年工人工资为12.5~20卢布。① 此时莫斯科省工人不但名义工资降低，实际工资也有所降低。

哈克斯陶森对工资问题较为关注，他将俄德两国工人工资水平进行了对比后指出俄国工厂工人工资低于西欧国家工人。虽然哈克斯陶森的工资数据有待考证（他认为，19世纪40年代俄国工人日均工资约为1纸卢布，细纺工为1.5纸卢布，织工为2纸卢布），但俄国工人实际工资降低毋庸置疑。

有人认为弗拉基米尔和莫斯科工人工资降低完全是因为工业危机，但实际情况并非如此。杰梅尼奇耶夫指出，危机对大型手工工场的主要影响是使其工作量减少，以前轮班工作制改为一班工作制，工人数量明显减少，但工厂内工人工资并未降低。因此危机并未影响工人工资，只是造成工厂内工人数量减少。尽管工厂主试图降低工人工资，但是因工人运动兴起，最终并未成功。② 在工业萧条影响下，工人工资最终降低，因工资降低莫斯科和弗拉基米尔省发生了大规模的工人暴动。

因此，可以断定农奴制废除后工人工资变化状况与改革前具有较大差异。农奴制时期工人工资持续增加，改革后工人工资逐渐降低。随着俄国资本主义的快速发展，俄国经济体制旧规章逐渐遭到破坏，这也是俄国资本主义发展的必然结果。笔者将在下一章对改革后因大工厂竞争俄国手工业衰落进行描述。农村逐渐分化，因居民快速增加农民务农收入降低，诸多地区农民不能从事副业，农民生活水平逐渐降低，因此大量农民进城务工。笔者在其他文章中对新时期农民务工增加状况进行了描述，因大工业快速发展，工厂对工人需求量迅速增加。织布厂和印花厂工人工资见表3-4。

---

① Фабричный быт Московской губ. С. 110-111.
② Дементьев Е. Фабрика, что она дает населению и что она у него берет. М., 1897. 2-е изд. С. 129.

表3-4 织布厂和印花厂工人工资

织布厂

工种	科库什金 卢布	科库什金 戈比	波瑟里尼 卢布	波瑟里尼 戈比	加列里尼 卢布	加列里尼 戈比	兹比科夫 卢布	兹比科夫 戈比	加尼杜里尼 卢布	加尼杜里尼 戈比	卡列特科夫 卢布	卡列特科夫 戈比	捷列尼奇耶夫 卢布	捷列尼奇耶夫 戈比	涅布尔奇洛夫 卢布	涅布尔奇洛夫 戈比	卡卢日 卢布	卡卢日 戈比	平均工资 卢布	平均工资 戈比
机械织工	8	84	—	—	11	15	15	50	15	—	16	—	10	—	8	75	8	13	11	67
整经工	12	96	—	—	16	32	20	—	20	50	—	—	13	50	18	—	16	42	16	81
浆纱工	15	36	—	—	18	47	—	—	19	50	21	87	15	—	17	50	24	46	18	81
金银成色鉴定工	23	98	—	—	10	75	20	50	—	—	13	12	15	—	12	50	6	50	14	55
供料工	—	—	—	—	10	75	6	—	—	—	4	—	4	—	4	—	3	—	5	38
修箱工	—	—	—	—	—	—	—	—	—	—	—	—	—	—	20	—	—	—	20	—
涂漆工	—	—	—	—	—	—	—	—	—	—	—	—	—	—	22	50	—	—	22	50
检尺工	—	—	—	—	—	—	—	—	—	—	—	—	—	—	7	50	—	—	7	50
折叠工	—	—	—	—	—	—	—	—	—	—	—	—	—	—	14	—	—	—	14	—
手工织工	—	—	8	75	9	33	11	—	—	—	8	18	4	—	—	—	6	25	6	38
手工整经工	—	—	9	50	—	—	—	—	10	50	—	—	—	—	10	50	—	—	9	50
摇纱工	7	29	—	—	—	—	—	—	—	—	—	—	—	—	—	—	—	—	9	—
胶工	—	—	12	—	—	—	—	—	—	—	—	—	—	—	—	—	—	—	12	—
卷毛工	—	—	9	—	—	—	—	—	—	—	—	—	—	—	—	—	—	—	9	—
钳工	—	—	—	—	—	—	—	—	—	—	—	—	—	—	—	—	12	50	12	50
锻工	—	—	—	—	—	—	—	—	—	—	—	—	—	—	—	—	17	50	17	50
锤工	—	—	—	—	—	—	—	—	—	—	—	—	—	—	—	—	10	—	10	—

续表

工种	波鲁希纳 卢布 戈比	纳巴尔科夫 卢布 戈比	祖布科夫 卢布 戈比	库瓦耶夫 卢布 戈比	加尼杜里尼 卢布 戈比	诺维科夫 卢布 戈比	印花厂 加列特尼科夫 卢布 戈比	书伊 手工工场 卢布 戈比	克库什金 卢布 戈比	鲁巴切夫·瓦西里 卢布 戈比	鲁巴切夫·伊万诺沃 卢布 戈比	波墨里尼 卢布 戈比	谢科尔季纳 卢布 戈比	平均工资 卢布 戈比
染色工	11 25	— —	— —	9 75	— —	— —	11 87	12 —	— —	9 50	14 —	— —	— —	11 40
童工	— —	— —	— —	— —	— —	— —	— —	7 75	— —	— —	— —	— —	— —	7 75
干燥清洗工	5 62	5 —	— —	8 75	6 —	— —	9 97	15 —	— —	— —	— —	— —	— —	8 48
童工	— —	— —	— —	— —	— —	5 25	5 62	7 26	— —	— —	— —	— —	— —	6 04
印花机工	11 25	— —	17 50	— —	7 50	11 50	— —	15 50	10 —	— —	12 —	— —	— —	12 21
童工	— —	— —	— —	— —	— —	— —	— —	— —	— —	— —	— —	— —	— —	— —
漂白工	10 62	— —	10 50	10 25	— —	— —	10 13	7 75	6 25	— —	— —	— —	— —	10 67
童工	— —	— —	7 —	— —	— —	— —	5 13	12 50	— —	— —	— —	— —	— —	6 54
妇女	— —	— —	— —	— —	— —	— —	4 38	7 50	— —	— —	— —	— —	— —	4 38
绘图工	— —	— —	55 94	83 70	46 —	25 50	— —	62 50	— —	— —	— —	— —	— —	69 25
学徒	— —	— —	4 —	8 —	— —	— —	— —	— —	— —	— —	— —	— —	— —	6 —
雕刻工	50 —	30 —	94 —	70 50	78 —	— —	— —	— —	— —	— —	— —	— —	— —	54 07
黑工	11 25	10 —	— —	— —	— —	— —	— —	— —	— —	— —	— —	— —	— —	10 63
学徒	— —	— —	9 —	9 64	4 —	5 —	— —	80 —	3 50	— —	— —	— —	— —	6 28
检验员	100 —	— —	45 —	64 —	78 —	66 66	— —	— —	— —	— —	— —	— —	— —	72 47
手工印花工	— —	— —	12 50	— —	— —	66 —	— —	— —	— —	13 —	— —	12 21	14 —	12 74

续表

工种	波鲁希纳 卢布	波鲁希纳 戈比	纳巴尔科夫 卢布	纳巴尔科夫 戈比	租布科夫 卢布	租布科夫 戈比	库瓦科夫 卢布	库瓦科夫 戈比	加尼杜里尼 卢布	加尼杜里尼 戈比	印花厂 诺维科夫 卢布	印花厂 诺维科夫 戈比	印花厂 加列特尼科夫 卢布	印花厂 加列特尼科夫 戈比	印花厂 书伊手工工场 卢布	印花厂 书伊手工工场 戈比	克库什金 卢布	克库什金 戈比	鲁巴切夫·瓦西里 卢布	鲁巴切夫·瓦西里 戈比	鲁巴切夫·伊万诺沃 卢布	鲁巴切夫·伊万诺沃 戈比	波恩里尼 卢布	波恩里尼 戈比	湖科尔季纳 卢布	湖科尔季纳 戈比	平均工资 卢布	平均工资 戈比
学徒	—	—	—	—	—	—	—	—	—	—	—	—	—	—	—	—	—	—	—	—	7	50	—	—	—	—	7	50
切削工	—	—	—	—	20	83	—	—	—	—	—	—	—	—	—	—	—	—	15	50	—	—	19	53	—	—	18	62
实验室工人	—	—	10	—	11	—	13	—	41	—	—	—	—	—	—	—	—	—	—	—	—	—	—	—	—	—	11	48
焊接工	—	—	11	—	7	—	—	—	—	—	10	50	—	—	—	—	8	50	7	—	11	75	10	—	—	—	9	29
童工	—	—	—	—	—	—	—	—	—	—	5	25	—	—	—	—	—	—	—	—	—	—	—	—	—	—	5	25
蒸汽印染机工人	11	25	—	—	—	—	12	—	—	—	11	50	—	—	12	—	10	—	—	—	—	—	—	—	—	—	11	35
童工	—	—	—	—	10	50	—	—	—	—	—	—	—	—	7	75	6	25	—	—	—	—	—	—	—	—	8	17
蒸化工	—	—	—	—	11	—	12	—	—	—	—	—	—	—	—	—	—	—	—	—	—	—	—	—	—	—	11	25
缝合工	—	—	—	—	6	80	—	—	—	—	—	—	8	—	—	—	6	50	—	—	—	—	—	—	—	—	7	10
童工	—	—	—	—	—	—	—	—	—	—	—	—	4	25	—	—	—	—	—	—	—	—	—	—	—	—	4	25
操作工	—	—	—	—	—	—	9	75	—	—	8	50	—	—	15	—	10	—	8	50	12	50	—	—	19	50	11	96
童工	—	—	—	—	—	—	—	—	—	—	—	—	—	—	—	—	6	25	6	—	6	50	—	—	—	—	6	25
涂漆工	—	—	—	—	—	—	—	—	—	—	—	—	—	—	—	—	—	—	—	—	—	—	—	—	28	—	28	—
打卷工	—	—	—	—	—	—	—	—	—	—	—	—	—	—	—	—	—	—	—	—	—	—	—	—	7	75	7	75
钳工	—	—	—	—	22	—	22	—	—	—	—	—	—	—	—	—	—	—	—	—	—	—	—	—	—	—	22	50
学徒	—	—	—	—	—	—	6	—	—	—	—	—	—	—	—	—	—	—	—	—	—	—	—	—	—	—	6	—

(第二部分)第三章 工资

改革后20年间俄国经济状况类似于19世纪20~40年代的英国。资本主义发展和工厂内机器排挤手工工人是英国发生工业危机的原因,俄国也是如此。笔者在《现代英国工业危机》一书中对19世纪30~40年代英国工人状况进行了详细描述。19世纪下半叶英国国内所有工人工资都降低了,资本主义发展导致劳动力过剩,该状况之前在英国从未发生。农业工人必须放弃农耕,小生产者无力与大工厂相竞争,新经济形势下机器开始排挤工人,工人技术已不能适应新生产条件,大量工人失业,即便留在原来的工作岗位,工资也开始降低,所有行业都是如此。劳动力过剩是大工业变革的直接后果。①

改革后俄国经济状况与19世纪上半叶的英国如出一辙。农奴制废除后农村居民开始外出打工,俄国大生产与手工业竞争严重,工厂主为打击小工业者,与西方一样开始降低工人工资,此时工厂工人的自我保护意识较差。

资本主义发展的直接后果是俄国居民赤贫化,那么是否也导致了生产者状况恶化呢?根据其他资本主义国家发展经验,资本主义发展第一时期劳动阶级状况必然恶化,改革后该状况在俄国彰显无遗。历史发展是共性与特性的统一体,但也不能断定改善工人状况的唯一工具是继续发展资本主义生产方式。在机械与手工业斗争时期英国陷入经济危机,当经历短暂过渡期后机器生产在重要部门中占据主导地位,手工业者不再与工厂工人相竞争时工人状况开始改善。

资本主义促进了俄国经济的发展,但发展资本主义的同时其弊端也逐渐凸现。笔者在著作中多次引用马克思的论断,工人工资降低是资本主义发展初期的必然结果,唯一的拯救方式是继续发展资本主义。

俄国是否正处于此时期呢,是否也需要有过渡时期呢,以后经济是否会继续恶化呢?的确俄国现在正处于该时期。表3-7对1883年和1896年莫斯科省和弗拉基米尔省工人工资进行了对比,1883年数据来源为工厂监察员亚尼热尔和别斯科夫的报告,1896年数据来源于手工工场和国内贸易办公厅资料《欧俄地区工业省份20年间工人工资和工时》,办公厅数据也由工厂监察员提

---

① *Промышленные кризисы в совреенной Англии СПб.*, С. 67-68.

供。为对照1883年和1896年工人工资数据，笔者除参照亚尼热尔和别斯科夫报告外，还借鉴其他工厂材料，这些材料数量较少，但仍具有很大的借鉴意义。

由表3-7中数据可知，此时期工人货币工资平均提高了10%~15%。

舍斯塔科夫在《钦杰里手工工场工人》一书中也得出了类似结论。钦杰里手工工场男工的年均工资水平见表3-5。

表3-5 钦杰里手工工场男工的年均工资水平

年份	工资	
	卢布	戈比
1886~1890	236	60
1891~1895	231	60
1896~1898	247	30

舍斯塔科夫认为，工人工资变化幅度不大，最后两年工厂内工人成分变化较大，很多黑工到工厂内务工，其工资较低，且工厂主不用支付较高加班费。他还对1886~1896年男工工资状况进行了对比，具体数据详见表3-6。

表3-6 1886~1896年男工年均工资

单位：卢布

年份	工资
1886	235
1896	270

舍斯塔科夫对一家工厂状况进行了详细研究，对照其他工厂内工人工资数据后，得出该厂工人工资增长值为15%。1886~1896年工资提高幅度不大，1896年以后工人工资大幅度提高。舍斯塔科夫指出，1895~1896年工厂内每班工人人均工资为59.65戈比，1898~1899年约为67.2戈比。因此，19世纪最后3年每班工资增长7.55戈比，增长了近13%。[①]

---

① Там же.

(第二部分)第三章 工资

表 3-7 弗拉基米尔省和莫斯科省纺织厂工人工资水平

	弗拉基米尔省												莫斯科省													
													弗拉基米尔省和纺纱和织布厂													
	1883 年										1896 年										1883 年		1896 年		增加或降低率(%)
工种	索比尼手工工场		萨维·莫洛佐夫		维库尔·莫洛佐夫		加列里尼		阿萨法·巴拉诺夫		索比尼手工工场		萨维·莫洛佐夫		维库尔·莫洛佐夫		加列里尼		阿萨法·巴拉诺夫		平均工资		平均工资		
	卢布	戈比	卢布	戈比	卢布	戈比	卢布	戈比	卢布	戈比	卢布	戈比	卢布	戈比	卢布	戈比	卢布	戈比	卢布	戈比	卢布	戈比	卢布	戈比	
细纱工	19	32	20	74	—	—	13	50	22	50	19	20	22	92	—	36	18	72	22	20	18	89	20	76	+10
捻经工	—	—	12	57	14	37	10	12	11	50	—	—	15	48	12	—	13	18	11	50	12	14	13	—	+8
打包工	9	50	10	37	9	62	9	25	12	50	9	44	12	24	11	40	10	74	13	20	10	25	11	40	+11
分类工	—	—	—	—	8	87	—	—	7	50	12	60	—	6	11	40	—	—	9	—	8	19	10	20	+25
推卷工	7	87	9	62	10	75	—	—	12	50	9	72	11	88	10	—	14	7	12	—	10	19	11	18	+10
粗纺机工	11	54	11	37	—	—	8	37	9	—	5	52	11	40	11	64	11	82	11	88	10	7	11	89	+11
制带工	9	63	10	62	9	62	7	87	6	88	—	—	8	77	—	—	—	7	12	96	8	92	10	67	+20
摇纱工	—	—	9	12	—	—	—	—	16	26	—	7	14	40	—	—	—	—	14	16	12	69	11	47	-10
精纺女工	7	44	8	65	7	97	6	88	6	—	—	—	—	—	—	—	—	34	—	—	8	5	12	5	+51
换筒工	—	—	9	6	—	—	5	50	9	—	—	—	12	60	9	60	11	24	8	28	7	49	10	74	+43
测量员	—	—	4	50	—	—	—	—	—	—	—	—	9	96	—	—	9	66	—	—	5	—	9	60	+92
修理工	—	—	6	36	7	—	—	—	9	60	—	—	9	60	9	60	16	56	9	60	7	78	9	60	+23
织工	11	85	—	—	18	50	11	15	15	37	15	33	22	72	22	—	11	66	13	50	14	22	15	80	+11
整经工	17	24	—	—	—	—	16	32	30	40	16	92	—	—	—	—	16	56	—	—	16	78	16	74	0
上浆工	29	77	—	—	—	—	18	47	6	85	19	32	—	—	—	—	50	64	23	52	26	21	31	16	-19
实验员	—	—	—	—	—	—	10	75	—	—	—	—	—	—	—	—	13	80	15	36	8	80	14	58	+66

269

续表

工种	1883年 莫斯科省 纺纱和织布厂										1896年										1883年 平均工资		1896年 平均工资		增加或降低率(%)
	列乌托夫手工工场		巴拉希尼手工工场		拉梅尼斯手工工场		伊兹马伊洛夫手工工场		列乌托夫手工工场		巴拉希尼手工工场		拉梅尼斯手工工场		伊兹马伊洛夫手工工场										
	卢布	戈比	卢布	戈比	卢布	戈比	卢布	戈比	卢布	戈比	卢布	戈比	卢布	戈比	卢布	戈比	卢布	戈比	卢布	戈比	卢布	戈比	卢布	戈比	
选种工	11	—	11	—	12	25	—	—	10	32	13	80	17	52	—	—	11	42	13	88	+22
清棉工	10	50	12	50	14	25	12	50	10	32	14	70	18	—	—	12	—	12	31	13	76	+12
推卷工	10	25	12	—	12	62	13	—	9	60	12	50	16	8	13	—	12	9	13	3	+8
滚筒工	—	—	12	—	12	62	—	—	—	—	17	50	19	—	—	—	12	31	18	25	+48
磨工	12	—	—	—	—	—	—	—	13	—	—	—	—	—	—	—	12	—	13	—	+8
制带工	8	12	9	74	9	25	—	—	8	88	—	—	12	—	—	—	8	73	10	44	+20
粗纺工	8	—	9	75	9	75	18	—	10	30	10	—	13	20	—	—	8	83	11	17	+27
细纱工	20	—	20	—	20	—	11	—	20	50	23	—	24	72	24	—	19	69	23	6	+17
捻经工	11	50	15	12	12	50	10	—	14	50	14	70	16	44	14	—	12	53	14	91	+19
摇纱工	—	—	—	—	9	50	—	—	—	—	—	—	9	40	11	50	9	75	10	45	+7
浆纱工	—	—	—	—	27	50	—	—	—	—	—	—	32	—	—	—	27	50	32	—	+16
织工	—	—	—	—	17	50	17	—	—	—	—	—	21	—	16	50	17	25	18	75	+9

270

因此可以确定，与19世纪80年代相比，90年代末期莫斯科省工厂工人货币工资增长了20%~25%。但莫斯科并不属于19世纪末经济快速增长的省份，在工业快速发展的南俄地区工人工资增长幅度更大。勃兰特在《外国资本》中以尤兹工厂为例对南俄地区工业状况进行了详细研究。1884~1885年该工厂内各部门工人工资为30~40戈比/日，高级技工工资也不超过3卢布70戈比/日。1897年该工厂内工人（黑工）最低工资为70戈比/日，最高工资达6卢布/日。1897年工厂内工人平均工资为89戈比/日，短工工资约为92戈比/日，计件工人工资为1卢布34戈比/日。① 工厂内工人月均工资为27卢布35戈比。因此，从19世纪80年代起南俄冶金工厂内工人工资提高了近1倍。

由以上数据可知，新时期不但工人货币工资提高，实际工资也有所提高，但不能确定具体提高数值。

新时期俄国工厂工人的特征并不是本书研究的内容。回答该问题需要掌握大量的数据，而且内容十分繁杂，笔者打算在以后的著作中对该问题进行详细阐述，所以此处不再赘述19世纪末俄国工厂劳动条件，而是着重阐述俄国工人与农业的联系。

俄国工人地位十分微妙，他们有份地，是因农业收入过低到工厂内获得额外收入呢，还是已成为与工厂紧密联系的无产阶级呢？通常的回答是俄国并没有无产阶级。俄国工厂与西欧工厂区别较大，工人有自己的容身之所，有土地，农村为其提供很多物资。很多工人认为他们只是暂时在工厂内务工，他们以自己是农民为傲。

不久前杰梅尼奇耶夫的著作试图完全否定该观点。杰梅尼奇耶夫受莫斯科省地方自治机构委托对莫斯科省谢尔布霍夫、科洛梅尼、布罗尼茨县城内工厂和工人状况进行了详细研究，他认为，该研究成果适用于俄国中部工业区。②

---

① Брандт. Ф. *Иностранные капиталы. Их влияние на экономическое развитие страны*. СПб., 1899. Ч. 2. С. 264, 252.

② Дементьев Е. *Фабрика, что она дает населению и что она у него берет*.

杰梅尼奇耶夫的论证是否正确呢？他对自己著作的评论如下："我的论断并不是凭空捏造的，是在一系列数据基础上得出的结论，通过研究，完全可以推翻俄国缺少专门工人阶级的论述（完全失去与土地的联系），但该阶层人数较少，当时的社会条件促使该阶层快速发展。"①

杰梅尼奇耶夫确认，夏季很多使用手工劳动的小工厂内工人数量减少，这些工人返乡务农。使用机器的大工厂内工人数量减少却是其他因素所致，夏季工厂主宁愿降低产量也不愿支付较高工资，冬季他们再扩大生产。

据杰梅尼奇耶夫核算，夏季返乡务农成年工人所占比例为14.1%，未成年人为11.9%。但因生产种类不同，工人返乡比例也各不相同。只有18%的手工织工全年在工厂内工作，小型纺纱厂夏季完全停工，丝织工厂也是如此。皮革厂中53.7%的工人夏季返乡务农，陶瓷厂1/3的工人返乡务农，呢绒工厂内织工夏季返乡的比例为37.7%。机器产生的影响已毋庸置疑，只有手工织工返乡务农，机械织工仍在工厂内工作。大型纺纱和织布厂内（主要使用蒸汽机）除织工外，从事农业生产的工人比例为4%～7%，返乡务农的织工比例为12%，所有大型纺织厂中都有一定数量的手工织工留下备用，除童工或12～16岁未成年工人外，还包括成年工人。

在印染和印花工厂中机器是中断工厂工人与土地联系的重要因素。手工印染和印花工厂中约有36%的成年男子夏季返乡务农，但机械印染和印花厂中只有8%的工人夏季返乡务农。铸工、油工、房盖工等工匠中只有3.3%的人返乡务农。

杰梅尼奇耶夫根据这些数据得出如下结论："第一，大规模使用机械的工厂中工人并未完全中断与土地的联系；第二，机械化大工厂中工人与土地的疏远程度明显高于其他工厂……手工生产过渡为机械生产是中断工人与土地联系的重要因素。"②

---

① Там же.
② Дементьев Е. *Фабрика, что она дает населению и что она у него берет*. С. 4 – 11, 26.

据统计，夏季时离开工厂返乡务农，并未中断与土地的联系的工人比例为 14%（制席厂比例达 18%）。返乡工人中 12% 的务农时间为 1~4 周，14% 的工人返乡期限为 4~6 周，其余 74% 的工人返乡时间较长，最长的为 2~3 个月（约占 30%）。

现在只有少量工厂仍保留传统生产方式，一年中只在特定时期生产，以为工人留出返乡务农时间。罗戈日工厂一直保留该习惯，工人一般只在工厂内工作半年，最多不超过 8 个月。很多手工作坊、小型织布厂、陶瓷厂仍保留该传统。当这些工厂发展为大型工厂时，即便是他们仍以手工劳动为主，也开始受资本主义生产方式的影响，大型织布工厂中 1/4 的工人已不再返乡务农，全年在工厂内工作。这对陶瓷厂，特别是印花厂影响最大。手工生产过渡为机械生产后大型工厂的集中化程度越来越高，工人开始中断与土地的联系，只有发生特殊状况时工人才返乡。①

杰梅尼奇耶夫指出，大型工厂主采取各种措施中断工人与土地的联系，工人最终成为职业工人。如很多工厂冬季工人工资正常发放，夏季工人返乡将被处以巨额罚款（达一个月工资或更高）。所有部门都采取措施让工人夏季能继续留厂工作，19 世纪 80 年代开始工厂主很少采取此类措施，工人已成为专业工人，中断了与土地的联系。

杰梅尼奇耶夫指出现代工厂中工人的状况耐人寻味。无论什么原因促进农民向工厂工人转变，现在专业工人存在已毋庸置疑。虽然他们仍属农民阶层，但与农村的联系只有差役，实际上他们在农村已不具有资产，房子和土地早已出售。他们只是在法律上保持了对土地的所有权，1885~1886 年工人暴动时已完全不承认自己是农村人，他们认为自己只是农村人的后代，现在已脱离农村。此时俄国已形成不具有房屋和任何财产的工人阶级，他们和农村的联系几乎中断，很多工人数代在工厂内务工。②

---

① Там же. С. 36 – 37.
② Там же. С. 46.

19世纪俄国工厂发展史（第四版）

杰梅尼奇耶夫对18576名工人进行调查，结果显示55%的工人的父亲都在工厂内工作，因此工人数量快速增加，农民是工人阶级的补充，在工厂工作的第二代农民已经很少返乡，完全成为职业工人。很多农民在工厂务工，把家人也一同带入工厂，全家都在城市生活，他们逐步丧失土地所有权，成为无产阶级。

埃里斯曼教授通过对比莫斯科省工人入厂年龄，也得出类似结论。只有9%的工人在25岁后入厂工作，其中63%的工人从未成年时就在工厂工作。因此他认为，俄国现阶段工人数量巨大，他们转换为工厂工人历时较长，并非偶然。①

尽管莫斯科省94%的工人是农民出身，但这些农民只能被称为土地所有者，实际上他们已成为多余的农村居民，村社早已把他们抛弃，他们与村社只存在单纯的差役、连环保和护照关系。

此外，在莫斯科省一些县城工厂工人中农民所占比例并不高。如博戈罗茨克县城农民工人数量只为工人总数的1/4。波戈热夫先生指出，俄国很多地区都存在该状况，可将这些工人称为无产阶级。② 这些农民工人实际上为领有工人的后代，关于领有工人的状况笔者已在第一部分第三章进行了阐述，此处不再赘述。他们是真正的无产阶级工人，他们的数量超过农民工人。

为评估以上数据的真实性，杰梅尼奇耶夫先生于1884～1885年又进行了深入研究。此时机器的作用逐渐增强，生产集中程度较高，小手工机构无力与大工业生产竞争。如果说19世纪80年代初约有1/5的工人返乡务农，现在返乡农民数量进一步增加。

阿维洛夫的《俄国工厂工人与土地联系问题》一书值得深入研究，书中指出，农民返乡务农时间可证明工厂工人与土地联系的程度。农民与农村的联系方式较多，如工人向农村寄钱、照顾农村家庭成员，因工人与农村联

---

① Сборник статистических сведений по Московской губернии Санитарный отдел. М., 1890. Т. Ⅳ. Ч. Ⅰ. С. 289.
② Там же. Т. Ⅲ. Разд. Ⅺ.

系紧密,所以工人临时失业、生病、年老都会返乡。因此可以确认俄国工人并未中断与土地的联系,中断联系是一个漫长的过程。舒尔采-格弗尼茨在研究工人生活条件的基础上,确定工人与土地的联系逐渐中断,以前工厂内的农民逐渐转换为现在的工厂无产者。第一阶段工人与土地的联系较为紧密,工厂内没有工人(主要在农村的小型工厂内务工)宿舍和食堂,工人吃住都在自己家中,全是附近村庄中的农民。此时工人完全是农民,他们拥有土地,还从事农耕,当工厂状况恶化或不适应工厂生活时他们继续务农。第二阶段工人与土地的联系逐渐弱化。工人住在工厂宿舍内,在工厂食堂就餐,偶尔返乡务农,工人家庭成员仍留在农村,因此工人仍与农村有联系。第三阶段工人全家在工厂内工作,工人开始关注个人利益,工厂内有了家庭宿舍,工人全家一同就餐。但工人并未终止与农村的联系,工人仍然向农村寄钱,偶尔也偕同妻小返乡休假。第四阶段工厂工人成为真正的无产者,工人全家在工厂附近租赁房屋或在工厂提供的住宅内居住。

各工业部门和不同工厂分处不同阶段,所以说越是大型工厂,机器的作用越大,工人处境越接近于第四阶段。现阶段俄国工厂大多处于第三阶段。舍斯塔科夫在著作中对该论证十分赞同,并举例进行了说明。

舍斯塔科夫对莫斯科市钦杰里印花厂状况进行了研究,该工厂共有2553名工人,作者对其中1417名男工进行了调查,其中94.2%的工人为农民(钦杰里工厂中农民的比例与当时莫斯科省工厂农民的平均比例相一致)。87%的工人不超过40岁,45岁以上工人所占比例为6.8%。因此,俄国与英国类似,超过45岁的工人很难找到工作。[①]

钦杰里工厂农民工人中无土地者所占比例约为9%,约有一半工人在农村有房屋或不动产。

对于具有份地的农民工人而言,他们与农村的联系从未中断,其家庭成员仍从事农业生产。工人拥有的份地数量有限,约有0.57俄亩土地、1/7

---

① 详见笔者的著作:*Промышленные кризис: Очерки из социальной истории Англии* СПб., 1900. Заключение.

匹马和 1/7 头母牛。22.7% 的农民工人有份地，但没有牲畜（马匹和奶牛），14.3% 的工人不从事农业生产，将土地出租。

不从事农业生产的工人（包括无份地、出租土地的农民）比例约为 26.7%，工人中非农业人口比例为 5.8%、无份地工人比例为 8.6%、份地出租工人比例为 12.3%，不具有份地或非农民工人比例为 10.8%。15.9% 的工人与土地具有一定的联系。这些工人不从事农业生产，但在农村有土地或不动产。其余 73.3% 的工人和土地的联系较为密切，他们不但是小生产者，而且从事农业生产，由其家人管理农业事务。工厂中很多工人已不直接参与农业生产，只有 12.6% 的工人仍直接参与农业生产，其中夏季返乡务农的工人比例为 11.9%。因此，钦杰里工厂内工人与土地联系类别和比例详见表 3-8。

表 3-8 钦杰里工厂内工人与土地联系类别和比例

单位：%

序号	类别	比例
1	夏季返乡且亲自从事农业生产	11.9
2	夏季不返乡，但其家人从事农业生产	61.4
3	不从事农业生产，将份地出租	12.3
4	不从事农业生产，但在农村有不动产	3.6
5	与农村无任何联系	10.8

第一类在某种意义上可称为农民（不完全的农民）；第二类工人所占比例最高，可以称为固定工厂工人，他们已不擅长农业劳作，但其家人仍居住在农村且从事农业生产，农业也是其家庭收入的重要组成部分；第三类工人完全与农业脱节，但份地租金也是其收入的组成部分（出租土地获得的收入可以缴纳相应的差役），仍具有土地所有权；第四类工人中断了与农业生产和农村的联系，但在农村仍有不动产和栖身之所；第五类工人已经成为真正的无产者。

莫斯科省钦杰里工厂的数据十分典型（这些数据可以确认农民与工厂

关系的密切程度、工人的比例、工人的父亲是否在工厂内务工,杰梅尼奇耶夫和埃里斯曼确认的莫斯科省返乡务农的工人所占比例十分具有代表性)。因此,工厂工人与土地联系逐渐减弱,但仍与土地保持相应联系。

该关系暂时仍十分重要,土地也是工人收入的重要来源。俄国工厂工人工资有限,并不足以使其供养家人,因此必须保持与农村的联系。另外,俄国工厂工资水平较低,工厂主支付的工资只能满足工人家庭的一部分开销,工人也需其他收入维持生计。

因工资较低,所以大部分工人仍与土地保持联系。农业和工业劳动间缺少严格细化是俄国工人劳动生产率较低的重要原因之一,也是提高工资的主要障碍。家庭收入由两部分组成,即工厂工资和农业收入。对工人而言,他们对工厂十分厌恶,但同时工厂也是其收入的重要来源,是维持生计的必要组成部分。

家庭经济体制下(工人在工厂内工作,家人仍在农村)工厂工人收入较低,对工人道德水平提高十分不利。农民较低的购买力水平和俄国农民顽强的耐力致使家庭关系几乎失去道德内涵,转换为纯经济联系。俄国工人归属感越强,他们社会地位低下(犹如牲畜)的感觉就会越强烈,与农村联系就会愈加紧密。但中断该联系已不可避免,中断得越快,对俄国经济发展越有利。只有工人工资数额达到一定高度时,即足以供养家庭时,这种联系才会彻底中断。但该问题进入了死胡同,即为提高工人工资必须中断工人与土地的联系,而为了中断工人与土地的联系必须提高工资。该矛盾暂时还不能解决,该问题和俄国现阶段很多矛盾一样,为俄国经济发展过程中必须解决的问题。

第四章

工厂与手工业的博弈

新时期工厂和手工业竞争条件的变化。棉纺织工业中手工业者的数量缩减。各领域手工织工数量减少。生产分化。生产分化的原因。金属手工业。铁钉手工业。巴甫洛夫锁匠。巴甫洛夫手工业繁荣和扎加里耶大工业繁荣的原因。木材手工业衰落。原料涨价的意义。陶瓷工业。莫斯科省制刷工业。工厂影响下新式手工业诞生。英国经济关系概述。英国手工工业。英俄两国手工业者状况的类似性。英国工厂仇视家庭手工业。农民外出务工。地方观察者的态度。外出务工对科斯特罗马省省居民生活的影响。科斯特罗马省和雅罗斯拉夫省农民外出务工状况和农民知识水平。

改革前俄国工厂不但没有消除手工作坊，相反却促进了俄国手工业的发展。个别时期小生产排挤大工业并不意味着资本主义工业有所发展，只是资本主义发展另一个特征的体现，即工厂中工业资本仍占据主导地位，手工工业中商业资本占优势。此时期俄国贸易资本作用强于工业资本，资本家更倾向于产品销售、市场管理，手工业者只关注生产，手工业成绩完全受生产技术的制约，机器仍未在国内重要工业生产部门大规模使用。随着技术条件逐渐变化机器得以大规模使用。工厂优势明显大于手工作坊，这也是新时期俄国手工业的特征。笔者在此部分主要探析手工业演变过程，并对该时期工厂和手工业的特征进行阐述。

织布厂中旧式手工工厂的作用逐渐减弱。18世纪各类型纺织厂，如亚麻工厂、丝织工厂、棉纺织工厂中主要依靠手工织布，几乎不使用机器。只有呢绒工厂具有明显的机械特征，因此呢绒工厂数量明显低于亚麻工厂、棉纺织工厂、丝织工厂数量，小生产机构开始瓦解和消失。19世纪30~50年代中部工业区内所有纺织工业都快速发展。许多纺纱厂转化为普通工厂监督机构，具有中介特征，完全不从事生产，为家庭织工纷发纱线，然后收取制成品。尼古拉一世时期家庭生产方式较为普及，丝织和亚麻纺织行业最为突出。呢绒工厂因具有技术优势仍保持着自身地位，此时呢绒工厂中已大规模使用机器。

工业发展新特征在纺织生产中表现尤为突出。笔者在上文已指出19世纪50年代末工厂主已开始大规模使用机器，此为手工业者的终结时代，该演变过程耗时很短。19世纪40年代在弗拉基米尔省就已产生机械纺织车床，60~70年代棉纺织机械织布工业已独占鳌头，对手工织工打击巨大。1866年俄国只有42家机械纺织工厂，1879年其数量达92家。棉纺织工厂内工人具体数量详见表4-1。

表4-1 欧俄50省棉纺织工厂内工人数量

单位：人

年份	工厂工人数量	手工业者数量
1866	94566	66178
1894~1895	162691	50152
1897	242051	20475

注：1866年和1897年数据详见：Масленников. *К вопросу о развитии фабричной промышленности России*, а для 1894-1895 гг. — по: *Перечень фабрик и заводов*. СПб., 1897. （Последний подсчет сделан для меня А. М. Роговиным）

由表4-1可知，工厂内工人数量迅速增加，手工作坊内工人数量急剧减少。1866年手工业者数量占工厂工人数量的70%，1894~1895年手工业者数量只占工厂工人数量的31%。19世纪60年代以前家庭手工业冲击工厂，但此后工厂迅速发展，手工业逐渐衰落。

地方研究者已明确指出，从19世纪60年代末起细平布纺织业开始衰

279

落。19世纪80年代以前,与工厂工人相比小手工织工仍占优势。按照莫斯科统计部门的核算数据,19世纪70年代莫斯科省20%的纺织品由工厂生产,80%的产品由手工作坊生产。维尔纳认为,20年前谢尔普霍夫和科洛姆纳县城每个农民家庭几乎都生产细平布,如今纺织用具已经完全消失。①

波戈热夫认为,1880~1881年莫扎伊斯克县城中手工作坊减少了1/3,但必须指出的是,因生产廉价棉布无利可图,很多手工业者开始加工丝带。②

1871年德米特罗夫斯基县城有158家手工织布厂,工厂内工人数量为1300人,80年代中期该类工厂内工人数量降至27人。以前两个工厂主在县城内有几家工厂,现在他们打算修建小型机械纺织厂。以前的58家纺纱厂,已有30多家工厂10年前就已停产,其他一部分工厂转为工厂监察处,为农民分发纱线,部分工厂开始雇佣当地居民生产,但产量有限。③

莫扎伊斯克县城大部分工匠关闭了手工作坊,一些工匠开始到工厂内务工,或到其他手工作坊内工作,也有一部分人为同村工匠分发棉纱。④

波戈热夫指出,沃洛科拉姆斯克县城中许多知名工匠、小作坊受机械化工厂的冲击,处境逐渐恶化。⑤

如果对莫斯科统计年鉴进行研究就会发现19世纪80~90年代手工织布行业逐渐衰落。1887年的统计年鉴中描述道:"不久前各县城中手工业还较为繁荣,现在已经完全衰落,手工织布行业尤甚。少量工匠也开始使用机器,但因操作复杂,被迫停产。工匠数量逐年降低。手工产品价格十分低廉,很多手工作坊被迫停工。深读统计年鉴就会发现,各行业手工作坊状况都是如此,工人数量急剧降低,手工业受到的冲击最大……奥杰列茨乡手工织工数量从2000人降至1000人。因此,各行业手工工人数量都明显降低,

---

① *Сборн. стат. свед. по Моск. губ.* М., 1903. Т. Ⅶ. Вып. Ⅲ. С. 9, 51.
② *Там же. Отдел. санит. стат.* Т. Ⅲ. Вып. Ⅵ. Можайский уезд. С. 8.
③ *Там же. Вып.* Ⅶ. Дмитровский уезд. С. 5.
④ *Там же. Вып.* Ⅵ. Можайский уезд. С. 8.
⑤ *Там же. Санит. отд.* Т. Ⅲ. Вып. Ⅵ. Волоколамский уезд. С. 72.

工人工资已降至极限。"①

1890年统计年鉴对布龙尼齐县城的状况也进行了描述,其中一个农民指出,本地仍有很多大大小小的手工作坊(棉纺织织布工),但其产量大幅度减少,商品完全滞销……工厂主已不再为其提供原料。为此,很多手工业者纷纷关闭手工作坊,纺织工人也大量失业。②

年鉴中还指出,1889~1890年冬季大型纺织工厂发展势头良好,小手工作坊开始衰落,手工作坊无力与大工厂竞争,但纺织工业并未萧条。

维尔纳对1890年博戈罗茨克县城的手工业状况进行了研究。他指出,当地很多织工仍在维持生产,但此时工厂技术优势无人能及,手工作坊逐渐衰落。维尔纳在与工厂主和手工业者交谈时发现,当地手工业作坊和小型工厂已无利可图,其家庭成员已到工厂内务工。③

1892年粮食歉收国家经济状况雪上加霜,手工工场产品需求量大幅度降低,农民因收成较差无力购买更多工业品,严重冲击手工作坊。1893年统计年鉴中指出,纺织业各类企业间斗争逐渐加剧,对小生产者冲击最为严重,1891年和1892年小手工业者状况最为严重。当时记者还指出,一些手工作坊开始停止生产,一些人无所事事,另外一些人去工厂务工。④

莫斯科省大机械纺织工业与小手工业间的斗争结果一目了然,尼古拉一世时期贸易资本占优势,商业资本排挤工业资本,但改革后因机械织布机广泛应用,手工业受到严重冲击。19世纪20年代蒸汽机并未广泛应用,因此商业资本发展速度快于工业资本。⑤

工厂内工人工业同盟取代原有的贸易同盟,资本主义进入高级阶段,其他纺织中心也出现了该状况。19世纪七八十年代弗拉基米尔省纺织工厂战胜手工业者,这与莫斯科省十分类似,哈里佐耶诺夫指出亚历山大洛夫县城

---

① *Статистический ежегодник московского губернского земства*. М., 1887. Промыслы. С. 26. (далее: статистический ежегодник)
② Там же. *1890. Проыслы*. С. 6.
③ Там же. Промыслы Богородского уезда. С. 39.
④ Там же. *1895. Промыслы*. С. 11-13.
⑤ Там же. С. 9.

内家庭纺织业快速衰落。因家庭手工业衰落工厂主停止按户分发纱线，家庭纺织作坊无力与工厂竞争，现在只有妇女还从事该行业。[1] 以前亚历山大洛夫县城的 40 个村都从事细平布生产，现在只有 15 个村从事该行业。波克罗夫县城手工纺织已经完全终止。普鲁加温认为，该县城内手工细平布生产已完全终止。[2]

加列里尼指出，书伊县城内手工细平布生产几乎消失，主要原因如下：第一，机械纺织工厂数量增加；第二，细平布手工织工工资已降至极限，手工生产已经完全无利可图。[3]

1882 年弗拉基米尔省棉纺织工业机械车床数量为 17871 台，斯维尔斯基认为 1890 年该类机床数量达 26690 台，8 年内机床数量增加了近 50%。[4] 手工纺织工厂和工厂监督部门虽未完全消失，但其数量迅速减少。1882 年起手工工厂内机器数量开始减少，至 1890 年其数量减少了 64%。斯维尔斯基指出机械纺织占优势，手工织布行业开始衰落，但某些纺织品用机械生产很困难，生产技术很难掌握，因此手工生产仍具有一定空间。[5]

俄国第三大纺织中心科斯特罗马省内的状况也是如此，19 世纪 60 年代开始省内手工纺织开始衰落，当地统计部门在刊登的文章中指出，1860 年以后因受到机械化纺织工厂排挤，手工棉纺织业逐渐衰落。[6]

涅列霍特县城奥多列夫和诺温乡以前家庭纺织十分发达，随着工业发展很多手工业者到工厂内务工。该县城内科谢耶夫村手工纺织业快速发展，但最近几年因附近区域内机械纺织工厂不断涌现，该部门快速衰落，农村家庭中很多自由劳动力去工厂务工。[7]

以前希利亚赫、戈尔科夫、戈尔基乡手工细平布生产规模较大，但最近

---

[1] Промыслы Влад. губ. Владимир, 1884. Вып. V. С. 219.
[2] Там же. 1882. Вып. IV. С. 70.
[3] Гарелин. Я. П. Город Иваново-Вознесенск. Шуя. 1884. Ч. II. С. 60.
[4] Свирский В. Ф. Фабрики и заводы Владимирской губернии. Владимир, 1890. С. 19.
[5] Там же. С. 27.
[6] Материалы для стат. Костромской губ. Кострома. 1875. Вып. III. С. 70.
[7] Там же. 1881. Вып. IV. С. 49，14.

20年间因附近工厂机械化生产逐渐普及，手工织布数量明显减少。①

科斯特罗马省重要工业区维丘加位于基涅什马县城西南部，19世纪80年代初该地区按户为农民分发原料的现象逐渐消失，最近几年家庭纺织业开始衰落。② 手工工场内只生产某些特殊材料和多颜色的布匹，所有薄的、同一颜色布匹都由机械化工厂生产。③ 涅列霍特县城亚科夫列沃－谢列德区手工细平布生产已完全衰落，当地生产者指出最近几年只能勉强维持生产。④

卡卢加梅登县城棉纺织手工业发展迅速，19世纪70年代末期该县城内手工业明显衰落，现在手工作坊内机器数量只为以前的1/3。⑤

特维尔省也出现纺织手工业衰落的状况⑥，梁赞省地方统计汇编⑦中指出，大工厂对手工业冲击巨大，很多手工业者退出生产，开始到工厂内务工。只有在叶戈列夫县城卡西莫夫织工仍保留家庭生产方式。因手工生产难以与工厂生产竞争，萨马拉省家庭纺织手工业开始衰落。⑧

哈里佐耶诺夫对萨拉托夫省纺织业的描述如下："家庭式纺织生产模式将不会保留太久，使用蒸汽机和机械纺织车床的大工厂必然占优势。一种颜色布匹将集中在工厂内生产，而手工业者只能生产出几种颜色的布匹，工厂不能生产该类布匹……最近手工生产已过渡为工厂生产……织工工资很低，日工资为20~30戈比，很多织布工人不再独立生产，到工厂内务工。"⑨ 哈里佐耶诺夫对萨拉托夫省工业发展状况的评价为："大生产家庭体系仍是以

---

① Там же. 1881. Вып. Ⅳ. С. 43. Вып. ⅩⅢ. С. 326，330，334，340，344.
② Там же. Вып. Ⅵ. С. 10.
③ Там же. С. 12，87.
④ Там же.
⑤ Труды кустарной комиссии. 1879. Вып. Ⅱ. Калужская губерния. С. 18.
⑥ 纺织手工业完全衰落。以前该行业十分发达，在涅别伊诺村有100台纺织机器。（Сборн. стат. свед. по Тверской губ. Калязинский уезд 1890. С. 156）1851年谢梅诺夫村及其附近地区工厂有450名棉纺织织工，1863年和70年代末期其数量分别为360名和240名。（Покровский В. Историко-статистическое описание Тверск. губ. Тверь，1879. Т. Ⅲ. С. 84）
⑦ Сборн. стат. свед. по Рязанской губ. М.，1892. Т. Ⅺ. С. 156.
⑧ Сборн. стат. свед. по Самарской губ. Николаевский уезд. Самара.，1889. Т. Ⅵ. С. 125.
⑨ Харизоменов. С. Обозрение земской сельскохозяйственной и кустарно-промышленной выставки 1889г. в Саратове. С. 110，114.

同一建筑物的工厂生产为主，其技术设施也逐渐完善。"

新时期棉纺织手工业发展方向已确定，所有观察者都指出，现在家庭工业已经转化为工厂工业。此时较薄和同一颜色棉布几乎都由工厂生产，很多地方细平布织布行业已过渡为工厂生产，该部门也必然按照此趋势发展，与西欧一样，手工织布业必将衰落。花布和多种颜色纺织品一般由手工业者生产，但随着技术不断进步，该类纺织品以后将由工厂生产。

纺织工业其他部门的状况也是如此。上文已指出因生产工艺复杂呢绒工厂开始大量倒闭，呢绒纺织与其他行业一样开始使用机器，表4-2中数据就能说明莫斯科省纺织工厂内机械的使用状况。

表4-2　工厂中机械化生产的比例

单位：%

部门	比例	部门	比例
呢绒生产	75.7	棉纱生产	16.4
毛和半毛纺织生产	33.3	丝织生产	1.5

地方自治委员会在汇编中指出，该状况对纺织工业影响较大，所有省份都未发现在家中或作坊内生产薄呢绒的现象，细毛纺织品加工行业也是如此。①

弗拉基米尔省亚历山大洛夫县城呢绒手工生产十分发达，因此其产品被称为"奥帕里诺呢绒"。哈里佐耶诺夫对该手工业发展史十分关注，他认为，一方面因其产品价格逐渐降低（工厂生产技术不断完善的结果），工厂正在逐步排挤手工生产；另一方面原料价格上涨。以前由手工业者生产的德国呢绒现在只能在工厂内生产，但工厂生产使手工业生产变形，不能生产德国呢绒，他们开始生产当地特有的呢绒产品。不久，该类手工业生产方式也开始衰落，机器快速排挤手工业生产，所以哈里佐耶诺夫认为，因手工业无

---

① *Сборн. стат. свед. по Моск. губ.* М., 1903. Т. Ⅶ. Вып. Ⅲ. С. 8-9.

力与机器竞争，手工作坊注定被抛弃，最终会过渡为工厂生产。①

科斯特罗马省基涅什马县城为俄国最古老的手工业区之一，该地区产品有自己的名称，即列舍姆呢绒，手工业在农民中十分普及。长久以来该手工业都未受到工厂的任何影响，而且长时间保持繁荣，但现在因工厂廉价呢绒②和相关毛制品竞争19世纪70年代中期该部门开始衰落。

毡靴（毛制）在农民手工业中较为普及，雅罗斯拉夫省毡靴手工业者在与工厂竞争中损失巨大。最近几年因某些地区开始使用机器生产毛制品，雅罗斯拉夫省县城中毡靴手工业开始衰落。③

今天农民仍需自制呢绒，这些呢绒都是家庭生产的。毛线通常由手工业生产，但该行业受机器影响较大。19世纪80年代下诺夫哥罗德县城开始诞生大型机器毛纺织工厂，附近毛线作坊数量急剧减少，手工业者纷纷到工厂中工作。④维亚特卡省手工毛线纺织工业也是如此。

机器生产和大工厂时代来临，不久前在维尔霍苏尼乡就成立了大型工厂……一个企业家进口机器并打算生产毛线制品，诺林斯克县城阿尔汉格陵斯克村富农图拉耶夫也修建了大型毡靴厂，70名雇佣工人在工厂内工作。⑤

地方研究者指出，喀山省斯帕斯科县城中打毛手工业因毛线机器的推广而迅速衰落。⑥

波尔塔瓦省大型呢绒工厂迅速崛起，小工业受到严重打击，手工业者获得的利润大幅度降低。⑦

丝织行业的状况与呢绒行业不同。笔者已指出19世纪70年代末期莫斯科省丝织行业中采用大机器生产的工厂数量很少。在该领域中手工工业仍然

---

① *Промыслы Влад. губ. Вып. Ⅲ. С. 70，146.*
② *Материалы для стат. Костр. губ. Вып. Ⅲ. С. 81.*
③ *Обзор Яросл. губ. 1896. Вып. Ⅱ. С. 6.*
④ *Нижегородский сборник. 1887. Вып. Ⅶ. С. 234.*
⑤ *Материалы по описанию промыслов в Вятск. губ. Ⅰ, 1889. Кустарная перработка шерсти С. 87*
⑥ *Материалы для сравнительной оценки земельных угодий в уездах Казанской губ. Спасский уезд, 1892. С. 110.*
⑦ *Кустрарные промыслы Потлавской губ. Полтава. 1885. Вып. Ⅱ. Сукновальство. С. 22.*

可以与机器生产竞争。因此19世纪70年代丝织手工生产并未受到限制。莫斯科省地方自治机构材料中指出，丝织生产因受技术条件限制，手工业生产可能长期持续……①

杰梅尼奇耶夫指出科洛姆纳县城手工丝织业衰落。

手工丝织行业在县城内完全消失，通过多次调查杰梅尼奇耶夫得出了如下结论："工厂主已经不再分发经线……小手工业开始衰落……最近3~4年关闭了14家作坊，这些作坊内有194台纺纱机……我们不止一次在乡镇听到，很多纺纱机器老化，如在普洛托波波夫村有几家丝织工厂，每户几乎都有纺纱机；以前该村有100台机器，现在已没有1台机器。"②

杰梅尼奇耶夫指出，1888年谢尔普霍夫县城共有36家手工作坊，501台机器（1878~1879年登记）；1887年只有14家作坊，261台机器。因此，一般的手工业作坊（主要是生产棉纺织产品的作坊）快速衰落，很少有工厂向小手工作坊发放纱线……织工数量也大幅度减少。③

1887年统计年鉴中指出，所有类型纺织手工业都快速衰落。波德切尔科夫乡以生产毛边、金银边饰等制品而闻名，1882~1886年该地生产机器减少了794台。奥杰列茨乡手工纺织机器从2000台降至1100台。

1892年统计年鉴中对博戈罗茨克县城格列布涅夫乡亚尔格弗尔村的描述如下：以前手工业者生产畅销商品（如缎子、柳斯特林、富丽雅绸和塔夫绸等产品）后带动同村人共同从事该手工业，在德国人使用自动纺织机后，手工业开始衰落。手工业因资本主义生产竞争而衰落。莫斯科统计人员指出，在手工业中占主导的家庭手工业体系与资本主义工业形式并存，但前者因无技术优势大受排挤。

1892~1893年因丝织手工业者数量减少，丝线生产也逐渐萧条。春季丝线价格上涨，小手工业者纷纷失业，大工厂产量却迅速增加。记者在年鉴中指出，丝线价格上涨对小生产者打击巨大，大工厂因有很多存货，受到的

---

① *Сборн. стат. свед. по Моск. губ.* Т. Ⅶ. Вып. Ⅲ. С. 9.
② Там же. *Отдел санитарной стат.* Т. Ⅲ. Вып. ⅩⅢ. Коломенский уезд. С. 4-6.
③ Там же. Вып. ⅩⅤ. Серпуховской уезд. С. 6.

影响较小。①

1895年年鉴中指出因机械纺织车床推广，手工丝织行业开始衰落，但一些丝织品仍由手工生产。

某些纺织品因工厂不能生产，手工生产仍占优势。但可以预言，在不久的将来，丝织品手工业生产将衰落。手工工业研究者哈里佐耶诺夫在观察亚历山大洛夫县城小纺织工业之后得出如下结论："大工业将最终获胜，小作坊被取缔只是时间问题。"②

在金银线行业中机器也冲击手工业。

19世纪90年代初波洛尼茨县城洛热杰斯特维尼乡在金银线生产中手工劳动被机器代替；蒸汽机逐渐普及……因此并不是只有洛热杰斯特维尼乡出现了手工生产取代机器的状况。③

亚麻和大麻生产也有工厂特征，该领域原材料由农民生产，因此很多农民在农闲时间利用自己的材料织布。现在家庭纺织主要用于满足家庭需求，家庭手工业无力与工厂竞争。不论是麻纺织手工业，还是各种手工业此时都无力与工厂竞争。亚麻纺织（特别是亚麻精加工）快速失去手工业特征，转化为工厂生产。19世纪60年代科斯特罗马省麻纺织手工业几乎消失，手工业者按照工厂主订单使用其材料进行生产。70年代因工厂内纺织机器广泛使用手工生产受到严重冲击。因某些工艺的特殊性，一些地区（如书尼格尼乡）手工麻纺织仍然占优势。④ 手工作坊欲保持产品销量必须降低亚麻产品价格。

手工业委员会对科斯特罗马麻纺织手工业的特征描述如下：受材料价格昂贵、工厂竞争、产品价格较低等因素影响，基涅什马县城尼古拉耶夫乡亚麻纺织开始衰落。⑤ 以前书尼格尼乡农民都有手工作坊，现在作坊陆续倒

---

① *Статистический ежегодник за 1893 г. Промыслы.* С. 1.
② *Промыслы Влад. губ. Вып.* Ⅲ. С. 125.
③ *Статистический ежегодник Московской губ. за 1895 г. Промыслы.* С. 3.
④ *Материалы для стат. Костр. губ. Вып.* Ⅲ. С. 76；*Статистический временник. Кострома,* 1875. Вып. Ⅲ. С. 128.
⑤ *Труды куст. ком. Вып.* ⅩⅤ. С. 175.

闭，新作坊并未成立，老作坊状况逐渐恶化。最近10年，20多家手工作坊相继倒闭，农民已不再在家中工作……无力与工厂竞争。虽然手工业也具有一定优势，但无力与机器竞争，阿普拉克辛、卡里科夫、科尔尼洛夫等乡镇也是如此。织工虽然仍具有一定优势，但无法与蒸汽机相媲美。①

因洛卡洛夫工厂使用机器生产，1872年雅罗斯拉夫棉纺织中心大谢洛手工作坊受到该工厂冲击。小手工业者停止工作，70年代末期因工业快速发展和亚麻需求量迅速增加小手工业者活跃一时。伊萨耶夫认为，手工业开始衰落，织工工资降低是手工业衰落的主要征兆。

如今雅罗斯拉夫省纺织工业状况如下：一方面手工业者仍为工厂监督机构工作，另一方面使用新机器和新工艺的大工厂迅速发展。伊萨耶夫指出，这两种生产形式在雅罗斯拉夫各县城都较为普遍。他指出，第一种形式在一定时期较为活跃，从事该行业的不但包括手工业者，还包括织布工人，其后辈也从事该行业。他们也感受到竞争压力，手工业者明白，以后工厂成为唯一的发展模式。工厂监察机构也意识到必须成立大型机器纺织厂。雅罗斯拉夫省亚麻生产与弗拉基米尔省棉纺织工业状况类似。②

以前雅罗斯拉夫省罗斯托夫县城亚麻纱线和纺织品产量较高，但最近几年因大型亚麻工厂诞生，其产量逐年降低，与20年前相比产品销售数量降低了一半③，手工业受到严重排挤。

基里洛夫在《雅罗斯拉夫省农民外出务工状况》中指出最近几年雅罗斯拉夫省亚麻手工业衰落，所有乡镇中亚麻纺织业都有所发展，但手工业衰落。红村手工纺织业自古以来就十分繁荣，现在因工厂竞争开始衰落。克列斯托波戈罗德乡因手工织布产品价格下跌手工业开始衰落。梅列耶夫乡因手工业无力与工厂竞争而衰落。大谢洛村因蒸汽机使用手工织布业备受打击。

---

① Там же. Вып. Ⅸ. С. 2083, 2041.
② Там же. Вып. Ⅵ. С. 692, 693.
③ Титов А. А. *Статистико-экономическое описание Ростовского уезда* СПб., 1885; (Безобразов В. П. *Народное хозяйство России* СПб., 1882 – 1889. Ч. Ⅱ. Прил. С. 95).

因此基里洛夫认为，雅罗斯拉夫省从事手工业的农民现在大都去工厂务工。①

弗拉基米尔省机械纺织车床大规模使用导致手工亚麻纺织产品数量大幅度降低。1882~1890年该省亚麻机械车床数量增加了63%（1882年为685台，1890年为1117台），此时工厂内手工机器数量缩减了27.4%（1882年为639台，1890年为464台），实际上手工车床降低数量远远高于该数据。此时从事该行业的手工织工、手工业者数量为2213人②，虽然1890年该行业因机械的广泛使用备受打击，但从事亚麻手工业生产的人数仍高于工厂内机械织工数量。因手工业快速衰落，机器纺织业快速发展，弗拉基米尔省亚麻手工业者的黄金时代终结。

因弗拉基米尔省机械纺织车床并未成功渗透到各部门中，因此手工业生产仍具有一定优势，该省份亚麻生产与其他省份发展模式一致。俄国工业发展越快的省份，手工作坊消失的速度也就越快。

大部分亚麻纱线用于销售，与麻纺织行业相比，纺纱具有明显的工厂特征。中部工业区手工亚麻纱线几乎不用于生产麻布，而用于销售。手工业者很少使用机器生产麻布。手工纺纱只满足家庭需求，因机器纺纱成本大幅度降低，手工纺纱利润逐渐下降。

大麻纺织与亚麻生产一样具有家庭生产特征。但此行业仍具有手工业特征，且无力与工厂生产竞争。卡卢加省梅登县城大麻纺织行业必然会受到工厂冲击，工厂产品价格明显低于手工产品。③ 手动纺锤和编织渔网是该地主要手工产品，该手工业在当地河流和湖泊两岸迅速普及，在此类生产中机器使用程度较低，手工业者仍占据主导地位。下诺夫哥罗德省戈尔巴托夫县城绳索手工业十分发达，该手工业在下诺夫哥罗德市较为普及，19世纪60年代这里有大量小纺纱机构。下诺夫哥罗德居民生产绳索等手工业品为60年

---

① Обзор Ярославской губ. Вып. Ⅱ. Ярославль, 1896. С. 9, 17, 18, 20, 4.
② 所有数据都源自：Свирский В. Фабрики, заводы и прочие промышленные заведения Владимирской губернии. Владимир на Клязьме, 1890. С. 32, 33。
③ Труды кустарной комиссии. Вып. Ⅱ. С. 59.

代下诺夫哥罗德省工业发展的重要特征之一。现在下诺夫哥罗德省小绳索生产作坊已完全消失,只有几个较大绳索工厂。戈尔巴托夫县城该现象也较为普遍。

20年前戈尔巴托夫县城手工业十分繁荣,现在逐渐衰落。因绳索厂竞争,手工业逐渐消失。最近俄国很多地区建立了绳索厂排挤该地区手工业品。小型渔具因其生产工艺特殊,至今仍由手工业者生产。①

彼尔姆省昆古尔县城中就存在大型绳索厂。②

渔网编织业也受到工厂冲击,但冲击程度有限,手工业者为贴补家用纷纷从事该行业,从而阻碍机器生产渗入该行业。手工业者的工资非常低,按照工厂主订单进行生产,工厂对手工业冲击较小。只有个别地区工厂对手工业冲击较为严重,如喀山省斯帕斯科县城渔网生产因机器冲击而开始衰落。③ 克拉斯诺佩洛夫在《俄国财富》中发表文章指出手工渔网编织业受到机器的严重冲击。

在里加,渔网手工业并未呈现衰落趋势……最近五年里加地区国外渔网生产机器开始流行,现在还未深入俄国内地……机器生产的渔网不仅重量小,而且灵活性较好。④ 该工业仍保存着典型手工业特征,在没有机器帮助的情况下,生产者可以获得微薄收入,手工业者从采购商处获得原料并进行生产。该手工业中雇佣劳动也不明显,那么促进该手工业保持传统生产方式的原因是什么呢?如果注意学徒和雇佣工人每年的工资数额,就会发现其收入非常微薄。⑤ 换言之,雇佣关系较弱导致手工业者工资较低。

现在我们对森林地区手工业的普及状况进行研究,研究对象为精席编织

---

① Там же. Вып. VIII. C. 1236, 1237, 1262. 其他研究者也指出绳索手工业开始衰落。(*Нижегородский сборник*. 1890. Т. IX. C. 19)从事纺织生产研究的学者指出,该手工业已濒临衰落的边缘。(Плотников М. *Кустарные промыслы Нижегородской губ*. C. 258)

② *Очерк состояния кустарной промышленности в Пермской губ*. Пермь, 1896. C. 162, 163.

③ *Материалы для сравнительной оценки земельных угодий в уездах Казанской губ*. Спасский уезд, 1892. C. 109.

④ Красноперов. *Промыслы осташей*//Русское богатство. 1894. Июнь.

⑤ *Нижегородский сборник*. Т. IX. C. 222.

(第二部分)第四章 工厂与手工业的博弈

行业。因机器不能生产该类产品,该行业不必担心与机器竞争。尽管如此,该行业仍逐渐衰落,原因如下:第一,工厂生产黄麻和粗麻袋子与粗毛袋子相竞争;第二,最近几年建立了众多生产编织袋的大工厂;第三,木材价格上涨。因此,喀山省斯帕斯科县城编织袋生产行业逐年衰落,毛帛制品被黄麻制品所取代……产品数量缩减也受椴树供应不足和国内皮革价格上涨影响……①喀山省科济莫杰米扬斯克县城因黄麻袋普及,该手工业也开始衰落。②下诺夫哥罗德省卢科亚诺夫县城如今精席编织行业也被黄麻或粗麻布生产所代替……精席手工业者产品滞销,很多作坊倒闭……手工业黄金时期终结,逐渐走向衰亡……马达耶夫乡以前手工业繁荣,此时精席编织行业十分萧条……材料供应不足和价格昂贵是该行业萧条的主要原因。③

科斯特罗马省因森林破坏草袋生产行业衰落④,彼尔姆省⑤和维亚特卡省⑥也是如此,大型草袋和精席工厂却在此时诞生。

此时笔者发现了一个奇妙的现象,各部门发展过程十分相似。小生产逐渐转换为大生产,在该过程中笔者认为一个因素十分反常,随着工厂生产影响力不断增加,在原有手工业生产部门并未发现生产集中现象,相反却出现生产分化现象。该现象发生在各生产部门中,棉纱行业就出现了该现象。

莫斯科地方自治机构统计员维尔纳指出,随着大企业数量增加,小工厂数量减少,但此时手工作坊数量有所增加,很多织工离开工厂返乡从事手工业生产。此时独立生产者数量明显增加,他们在家中工作,成为独立个体,大部分居民从事该业务,与工厂主并没有直接业务关系。⑦

大工厂数量越多的地方,独立生产者数量也越多;大工厂数量较少的地

---

① *Материалы для сравнительной оценки земельных угодий в уездах Казанской губ. Спасский уезд*. Казань. 1892. Вып. II. С. 109.
② Там же. *Козьмодемьянский уезд*. С. 86.
③ *Нижегородский сборник*. 1890. Вып. IX. С. 389. 阿尔达托夫县城手工业衰落的原因也是如此。(Там же. Вып. VIII. С. 46)
④ *Материалы для стат. Костромской губ*. Вып. III. С. 88.
⑤ *Сборник пермского земства*. 1889. №6. С. 22, 71.
⑥ *Статистическое описание Орловского уезда Вятской губ*. Вятка, 1876. С. 168, 230-242.
⑦ *Сборик стат. свед. по Моск. губ*. Т. VII. Вып. III. С. 10.

291

区，从事该行业的独立手工业者数量也较少。该状况可以证明，大工厂和手工作坊并行发展，在工厂发展到一定规模时手工作坊倒闭。如在沃洛科拉姆斯克县城工厂内机械纺织较为普及，工匠们被迫降低产量，很多为农民织工分发原料的工厂倒闭，工厂主已无利可图。波加热夫指出，工厂监察机构修建时成本较低，在一段时间内具有特定优势。[1] 笔者在对比了1871年和1879年小工厂内工人数量后发现小工厂内工人数量明显减少，大工厂内工人数量变化较小。

小工厂主宁愿把工作直接交给手工业者，这样可以让织工集中工作。波加热夫指出，手工业分散的原因是手工业者可以合理避税，当时地方自治机构征收的税赋很高。很多地区手工业发展中出现了该状况，手工生产逐渐转换为工厂生产。

笔者在上文已经提到在德米特罗夫县城中观察到独特现象，大作坊产量大幅降低，但在家中工作的织工数量迅速增加，弗拉基米尔省大作坊衰落迹象也较为明显。普鲁加维尼认为，亚历山大洛夫县城内手工作坊数量大幅减少，棉纺织行业中手工业生产开始逐渐集中，家庭织工数量逐渐减少。19世纪80年代初期手工业者家中的机器数量已超过大作坊中的数量。亚历山大洛夫县城手工作坊数量减少，这对巴拉诺夫棉纺织厂的发展十分有利。[2]

随着科斯特罗马省手工棉纺织产品数量减少，大作坊数量也大幅度减少，大部分农民在家中工作。[3]

手工生产衰落的例子颇多，大工厂状况也较为窘迫。出现这种现象的原因是什么呢？小工厂分裂为手工作坊，以手工生产方式度日，以后也不能发展成大工厂，因此，该方式使俄国资本主义工业形式（手工业生产）战胜工厂工业，但是这种虚无的胜利证明了手工业的衰落。大机器能生产廉价产品，新工艺的每次使用都伴随着产品价格降低。手工生产技术不断进步，但产品价格昂贵致使生产者处境困难。手工业者越努力与机器竞争，其收入就

---

[1] Там же. Отд. санит. стат., Волоколамский уезд. С. 71.
[2] Промыслы Влад. губ. Вып. I. С. 34, 36, 39.
[3] Материалы для стат. Костроской губ. Кострома, 1875. Вып. III. С. 70.

(第二部分) 第四章 工厂与手工业的博弈

会越少。最后,产品价格降至更低,小作坊不能维持生产和雇佣工人,最终停止生产。企业利润完全消失,大作坊倒闭,织布工在家中工作以换取微薄工资。大生产快速发展,小手工作坊逐渐消失,此后工厂快速发展,在俄国工业发展过程中手工业独占鳌头的时代终结。

亚历山大洛夫县城手工业发展过程中也出现了该现象,即大生产竞争强化导致小手工业机构衰落。

普鲁加维尼在研究基础上得出如下结论,亚历山大洛夫县城很多摇纱车间有大量雇佣工人,无论是工人数量,还是产品数量上都明显多于现在。①

在金银边饰手工业中也出现了类似现象,手工业受到大工业的强烈排挤。

很多加工金银边饰的工匠停止了生产,他们不再雇佣工人,很多工匠甚至成为工厂内普通织工。1871年有81家金银边饰工厂,10年前还有14家手工作坊,工人数量只有900人。这14家手工作坊中有4家在伊日瓦诺夫工厂中,因创立者死亡3家工厂停止生产,还有7家工厂主并未雇佣工人,同家人共同生产。②

因工厂竞争亚麻纺织作坊纷纷倒闭,科斯特罗马手工业纺织中心书尼戈乡尽管织布业有所发展,但作坊数量仍大幅度减少,且未修建新作坊……大部分机器已废弃,乡内车床数创历史最低。③切尔巴诺夫乡亚麻手工织工数量减少了一半。许多作坊内空无一人,一部分车床停止工作。巴舒金乡作坊内工作车床数量从80台降为18台。地方自治机构统计人员皮罗戈夫指出,80年代初科斯特罗马省亚麻手工业已终结。④

19世纪五六十年代大谢洛农民已经放弃生产织布。亚麻价格上涨和织工工资提高致使手工作坊只能雇佣2~3名工人,车床数量不超过4台。最近8年状况又发生变化,手工作坊都自力更生,已不能雇佣工人,而且无新

---

① Промыслы Влад. губ. Вып. Ⅰ.
② Сборник стат. свед. по Моск. губ. Санитарн. отдел. Дмитровский уезд. С. 5.
③ Материалы для стат. Костромской губ. Вып. Ⅳ. С. 228. 231. 232.
④ Труды кустарной комиссии. Вып. Ⅵ. С. 674.

293

作坊成立。因雇佣工人工资较高，原料价格上涨，很多作坊停止了生产。①

染色手工业和家庭织工存在紧密联系，各地农民生产的布匹也需要染色，因手工织布业快速衰落，染色手工业大不如前，该行业也出现了生产分散现象。

工厂主指出，10～15年前染色机构数量与现在相差无几，但该机构中工人数量变化较大……以前每个染色作坊都雇佣工人，现在该状况并不存在。②

手工纺织业及相关手工业几乎都出现衰落趋势。

现在我们对另外一类手工业生产部门进行研究，即金属加工行业。不同生产领域手工业衰落过程各异，很多领域早已出现衰落趋势，一些行业衰落却刚刚开始。铁钉锻造手工业最近才经历衰落期。该手工业主要分布在诺夫哥罗德、特维尔、下诺夫哥罗德、雅罗斯拉夫等地区。上文中笔者已经提到尼古拉一世时期为铁钉手工业繁荣时期。俄国铁钉锻造暂时未受到机器冲击，手工业快速发展，仍具有典型家庭资本主义生产特征。手工商人完全控制手工业，因手工业者产品需求量固定，所以手工业者数量和工资并未降低。沃伦佐夫在《俄国资本主义的命运》中指出锻造铁钉质量较差，并未受到外国产品冲击。但其描述并不准确，19世纪70年代就已出现使用机器制造铁钉的现象，手工锻造受到严重冲击。1875年特维尔地方自治机构对该领域进行了研究，他们指出手工铁钉生产面临危机，手工生产不能与机器生产竞争。③以前特维尔县城内铁钉锻造手工业一直处于领先地位，但从70年代开始因机器广泛使用手工铁钉生产受到严重冲击。1876年地方自治机构统计汇编中指出，许多铁钉锻造商人停止生产，一部分人到特维尔工厂内务工。④

波克罗夫认为19世纪70年代末期俄国手工制钉行业大大衰落。⑤

19世纪八九十年代该手工业更加衰落，表4-3中数据可以证明。⑥

---

① Там же.
② *Нижегородский сборник.* 1890. Т. Ⅸ. С. 27.
③ *Сборник материалов для истории тверского земства.* Тверь, 1884. Т. Ⅱ. С. 407.
④ *Сборник материалов для статистики Тверской губ.* Тверь, 1876. Вып. Ⅲ. С. 52.
⑤ *Труды кустарной комиссии.* Вып. Ⅴ. С. 377.
⑥ *Сборник стат. свед. по Тверской губернии. Тверской уезд*, 1893. С. 177.

表4-3 特维尔县城铁钉制造中心工人和铁匠铺数量（瓦西里耶夫、米哈伊洛夫镇与奥鲁多夫、亚科夫列夫村）

单位：家，人

类别	年份		
	1851	1880	1892
铁匠铺数量	157	96	69
工人	1248	689	378
单位铁匠铺工人数	8	7	5

资料来源：Там же. Вып. II. С. 291-292；Труды кустарной комиссии. Вып. V. С. 376。

铁匠铺数量大幅度减少，工人数量也开始减少。

地方自治汇编中指出手工锻工已停止锻造铁钉，并且寻找其他工作。手工业衰落的原因较多，机器制钉行业排挤手工生产，因生产技术落后手工业生产举步维艰，机器锻造技术不断完善后手工业迅速衰落……只有特殊铁钉锻造作坊仍在工作。①

以前的铁钉生产中心在19世纪七八十年代开始衰落。最近几年雅罗斯拉夫省（70年代末期）铁钉生产行业开始明显衰落，手工锻造铁钉需求量降低，铁钉加工工业状况大不如前。市场上机械铁钉产品是铁匠和制钉手工业者的主要竞争对手。在手工业中心乌洛姆也有资本主义铁钉锻造行业，在该地区内建立了制钉厂，主要使用蒸汽机工作。最近几年普列舍克斯尼地区铁钉工厂（使用机器）数量增加，开始使用焊条切割铁制品，然后分发给手工业者进行铁钉锻造。②

19世纪70年代末期下诺夫哥罗德县城建立了新型铁钉锻造车间，从1880年起该状况发生了变化。铁钉作坊陆续倒闭，铁匠铺生产衰落说明他们受到机械制钉行业强烈冲击，铁匠也意识到社会需要的不是手工锻造铁

---

① Сборник стат. свед. по Тверской губ. Т. VIII. Вып. I. С. 177.
② Кузнецы-гвоздари Пошехонского уезда // Вестник ярославского земства. 1880. Март-апрель. С. 161, 162.

钉，而是机器铁钉。①

1882~1887年下诺夫哥罗德县城几个村镇内有16家铁匠铺倒闭，铁匠数量减少至240人，铁匠离开农村去城市中打工。大量铁匠铺关闭，很多铁匠去下诺夫哥罗德寻找工作。②

手工业委员会著作对阿尔扎马斯县城制钉手工业的状况进行了描述，书中指出，10~15年前该行业发展势头良好，此时却逐渐萧条。当时市场上并没有机器铁钉，但此后价格低廉和外观优美的机器铁钉逐渐排挤俄国家庭制钉行业。许多铁匠铺停产……那么俄国制钉行业以后的发展趋势如何呢？（卡尔波夫在文章中对该问题进行了阐述）。很明显，因无力与机器铁钉竞争，地方锻造手工业迟早会衰落。③

戈尔巴托夫县城锻造手工业逐年衰落，主要原因为煤炭价格上涨和来自机器制钉业的竞争。④

19世纪90年代特维尔和下诺夫哥罗德省都出现了类似状况，手工业逐渐衰落。阿尔扎马斯县城该类手工业几乎都集中在伊万什金乡内，最近8年因英国机器铁钉冲击很多手工作坊倒闭。⑤ 如今下诺夫哥罗德县城内制钉手工业也同样衰落，当时记者称之为衰亡手工业。⑥

各处铁钉手工业衰落不但源于机器铁钉竞争，煤炭（木材）涨价也不容忽视。上文已指出原料和燃料对俄国手工业具有重要意义。因工厂竞争铁钉价格逐年降低，因煤炭价格上涨手工铁钉生产成本增加，在此条件下手工业状况可想而知。⑦

铁钉手工业衰落伴随着生产分裂，1851年特维尔县城一个铁匠铺有8

---

① *Нижегородский сборник.* 1887. Т. Ⅶ. С. 190, 198, 211.
② Там же.
③ *Труды кустарной комиссии.* 1880. Вып. Ⅳ. С. 173.
④ Там же. 1883. Вып. Ⅸ. Ⅳ отдел. С. 248.
⑤ *Сельскохозяйственный обзор Нижегородской губ. за1892г.* Нижний Новгород, 1893. Вып. Ⅲ. С. 79.
⑥ Там же. С. 86.
⑦ 详见：Фомин. *Очерк истории гвоздарной промышленности в России//Записки Харьковского университета 1897.*

名工人，1880 年工人数量为 7 名，1892 年只有 5 名。19 世纪三四十年代下诺夫哥罗德省铁钉锻造具有小型工厂特征。现在制钉作坊内工人数量大幅度减少。① 以前铁钉生产主要集中在小作坊内，现在大铁钉工厂起到主导作用（如莫斯科、圣彼得堡、维列尼斯克、维尔诺等省）。铁钉锻造手工业是手工业衰落的症结所在。

制钉行业中大生产，即工厂已经完全战胜了手工业生产，不同时期其他金属加工行业也出现了该趋势。某些生产领域与制钉业一样，最初都是以小生产为主（家庭资本主义体系），且发展态势良好。如弗拉基米尔省老式手工业集中在哈里托诺夫村中，19 世纪 60 年代之前该手工业迅速发展，其发展模式与铁钉行业类似。此后该手工业也开始衰落，原因与铁钉行业类似，即煤炭价格上涨和工厂压力。哈里托诺夫地区锻造机构数量从 55 个降至 12 个（80 年代初期）②，现在该村的旧式手工业生产已经完全停止。在特维尔省勒热夫县城中斧头锻造行业也明显衰落，很多工匠离开作坊去奥斯塔什科夫市莫夏金斧头工厂中务工。③

研究者马诺欣指出，彼尔姆省苏克苏尼锻造手工业已濒临灭绝，铁匠抛弃铁匠铺外出务工。④ 季赫温市锻造工业因手工产品无力与工厂竞争也快速衰落⑤，下诺夫哥罗德省别兹沃特村金属手工业（主要生产金属丝和装饰产品）在与工厂竞争过程中状况惨烈。⑥ 喀山省莱舍沃县城制铜工业也无力与廉价工厂制品竞争。⑦

---

① 详见：*Нижегородский сборник*. Т. Ⅶ. С. 198；*Труды кустарной комиссии*. Вып. Ⅳ. С. 171。
② *Труды кустарной комиссии*. Вып. Ⅹ. С. 2885.
③ *Статистическое описание Ржевского уезда Тверской губ.* 1885. С. 130.
④ *Труды кустарной комиссии*. Вып. Ⅹ. С. 3017.
⑤ Там же. Вып. Ⅷ. С. 1403.
⑥ *Нижегородский сборник*. Т. Ⅶ. С. 339. 详见：*Всероссийская выставка 1896 г. Нижегородской губ.* Вып. Ⅱ. С. 16. 在此俄国手工业研究报告（国有财产部出版物）中指出，最近几年因工厂快速发展铁丝手工生产快速衰落……别兹沃特村大部分手工作坊停产，铁链等手工业快速衰落，部分作坊转换为工厂。（Т. Ⅰ. С. 186，190）
⑦ *Материалы для сравн. оценки земельных угодий в уездах Казанской губ.*, *Лаишевский уезд*. Казань. 1889. С. 114.

19世纪俄国工厂发展史（第四版）

其他金属手工业并未遭到来自工厂的竞争，如雅罗斯拉夫县城布尔玛金乡锻造区，此处生产各种铁制品，如马具、戒指、扣环等。1875~1880年5年内钳工和铁匠数量增加了10%。① 伊萨耶夫认为，该类手工业受工厂冲击不大。尽管现在的状况如此，但将来因煤炭价格上涨该手工业也会受到影响。最近30年内煤炭价格增长了1倍，而且会继续增加。伊萨耶夫认为煤炭价格上涨会引起手工业者的恐慌。

的确，1896年雅罗斯拉夫省札记中指出，因制品价格降低，手工业衰落。②

下诺夫哥罗德省戈尔巴托夫县城著名五金生产中心巴甫洛夫村，工厂已占据主导地位，但手工作坊仍维持生产，大工厂与小作坊竞争激烈。③

瓦恰村康尼德拉托夫菜刀厂有400名工人，该工厂已使用机器生产各类刀具。铅笔刀生产行业小作坊占据主导地位，部分大工厂也生产该类产品。巴甫洛夫村制锁手工业的发展历程耐人寻味。波特列索夫认为，该手工业中雇佣工人数量明显减少，很多工匠成为工厂工人。1880年巴甫洛夫村内使用雇佣工人的作坊共有217间（格里戈里耶夫统计的数据），1890年降至155间，此外，靠家人生产的铁匠铺数量明显增加。1880年作坊内共有528名工人，1890年工人数量降至345人。不但手工作坊数量降低，雇佣工人数量也迅速减少，波特列索夫认为15~20年之前当地很多居民从事该行业（1895年圣彼得堡信贷银行报告），但现在手工业者数量明显降低。

波特列索夫通过对五金行业深入研究后指出，各手工业工人数量减少，工人也需要维持生计，供养家庭，他们工作的意义大抵如此。

通过深入研究该问题波特列索夫确定制锁业雇佣工人数量减少的主要原因是锁具价格降低（这是新工艺推广的结果）。手工业产品价格下降是其衰落的直接原因，手工作坊也无力雇佣工人。

由于巴甫洛夫机器制锁工业开始排挤手工行业，所以锁具价格开始降

---

① *Труды кустарной комиссии.* Вып. Ⅵ. С. 711 и сл.
② *Обзор Ярослваской губ.* Ярославль, 1896. Вып. Ⅱ. С. 11.
③ *Материалы для оценки земель Нижегородской губ.* Вып. Ⅶ. С. 63.

低。波特列索夫认为巴甫洛夫锁具在市场开始消失。因工厂产品价格低廉，西部大制锁工厂开始冲击巴甫洛夫制锁工业。

制锁行业和铁钉行业一样，手工业都受到排挤，各地区手工业的劣势已无法扭转。在国内其他城市也产生了专门生产该类产品的工厂，如里加、圣彼得堡、科夫诺，该行业手工业者全都感受到了产品价格降低的冲击。在市场上新型产品不断涌现，手工业日趋衰落。在俄国手工业者与工厂主的斗争完全能证明马克思《资本论》第一卷中商品生产盲目性的论断。一种商品与其他商品的竞争在市场上体现得淋漓尽致，但有时受到生产地影响，边疆地区竞争力较弱（如西伯利亚地区）。市场并不考虑产品由谁生产，只看产品的质量。但在市场关系中人的作用不容忽视，机器生产的胜利同样也是新社会制度的胜利。

维尔纳指出博戈罗茨克县城金属手工业中大生产的作用逐渐强化。与扎加里耶一样，古斯利察地区手工作坊数量减少，扎加里耶地区手工作坊逐渐过渡为大工厂，小作坊被迫停产，古斯利察地区小作坊数量锐减。总之，手工作坊难以和大工业相抗衡。[①]

但博戈罗茨克县城金属手工业的发展与巴甫洛夫手工业的发展历程截然相反，手工作坊不但没有消失，而且逐渐变为大作坊。那么出现这种现象的原因是什么呢？小生产转化为大工业具有双重形式。

第一，当地小手工业可能非常依赖大生产——工厂，此后商品价格降低，迫使小手工业生产类似产品。此时手工业比较分散，最终其数量开始减少，很多手工业就是受到这一影响逐渐消失，如特维尔和下诺夫哥罗德省的制钉手工业。冲击这些手工业的工厂，绝对不是从铁匠铺发展而来的，其产生方式与俄国其他地区类似，它们与制钉手工业间通过市场建立联系。手工业分散意味着以雇佣劳动为主的手工作坊在与工厂竞争过程中利润不断降低。另外一种情况是工厂源于地方手工业生产，其规模已经达到一定程度，机器开始代替手工劳动，最终导致商品价格降低。弗拉基米尔省、莫斯科

---

① *Статистический ежегодник Московской губ. 1890. Кустарные промыслы Богородского уезда* С. 19.

省、科斯特罗马省等手工作坊都出现过类似状况。作坊内空无一人,手工业者受到机器冲击之后开始去工厂务工,或者重新务农。

第二,大生产从手工工业中产生完全是自然演变。手工业无力与工厂竞争,具有生产优势的大手工业作坊开始排挤小生产作坊;大手工业作坊生产规模越来越大,最终手工作坊发展为工厂。巴甫洛夫地区刀具厂的产生方式就是如此。此时手工业生产逐渐集中,作坊内工人数量开始增加,手工业不但没有消失,反而过渡为更高形式。

换言之,手工业集中与分散主要取决于工厂生产技术水平。如果工厂技术优势较弱,那么手工作坊将逐渐发展,最终过渡为工厂;如果工厂优势非常明显,那么手工作坊衰落,手工业消失。

雅罗斯拉夫和下诺夫哥罗德制钉业发展对巴甫洛夫制锁业冲击较大(如果没有这些工厂,巴甫洛夫地区将产生制锁工厂);相反,博戈罗茨克县城铜匠技术高超完全可以和工厂竞争,经过不断努力,作坊最终发展为小工厂,然后过渡为今天的工厂。

因此,手工作坊转换成工厂的道路各异。

此时可以确认,金属加工行业的手工业状况好于纺织工业,该行业处于小生产转换为大生产的初级阶段。

虽然小作坊在皮革加工业中仍有一定地位,但也受到了大生产的冲击,如雅罗斯拉夫省波舍霍尼县城皮革手工业就受到该城市皮革厂的冲击;农村中皮革手工业者数量逐渐减少。雅罗斯拉夫省罗斯托夫县城中因莫斯科皮革制品逐渐普及,皮革手工业开始衰落。[①] 因受到圣彼得堡大型皮革工厂冲击,下诺夫哥罗德省皮革手工业开始衰落。[②] 基姆拉赫村重要制靴生产中心大工业快速发展,19 世纪 70 年代中期该村就开始使用机器,1876 年已有100 台以上缝制机器。[③] 大资本家基姆尔垄断了村内的制靴生产,部分工匠在家进行劳动。手工作坊内雇佣工人数量开始增加。在基姆拉赫地区大生产

---

① *Кустарная промышленность в Пошехонском уезде//Вестник ярославского земства.* 1875. Июнь.
② *Всероссийская выставка 1896 г. Нижегородской губ.* Вып. Ⅱ. С. 16.
③ *Сборник материалов для статистики Тверской губ.* Т. Ⅲ. С. 84.

也有所发展:很多制靴工匠因收入较低抛弃手工作坊去城市打工。①

切尔尼戈夫卡省很多城市手工制鞋业发展模式与华沙手工制靴业类似。② 手工业完全衰落,外出务工人数迅速增加。

现在我们对木材加工手工业者的状况进行分析。该行业主要分布在各森林省份。该领域几乎没使用机器生产,该领域手工业生产十分稳定。但笔者仍可断定俄国各地木材加工手工业都开始衰落,木材价格上涨为其衰落的主要原因。

大部分情况下木材加工手工业无力与机器竞争。如莫斯科省克林县城木箱手工业,因大工厂兴建,该地区手工业状况逐年恶化。③ 雅罗斯拉夫省该领域也受到蒸汽制材厂冲击。④ 马卡里耶夫斯克县城普洛金村车轮手工业因村内出现专业车轮厂而衰落。⑤ 因大工厂产品竞争,下诺夫哥罗德县城提梁手工业逐年衰落⑥,但该现象并不普遍。木材加工行业衰落的另外一个原因是木材价格上涨。

众所周知,因下诺夫哥罗德省拥有丰富木材资源,亚历山大洛夫县城木材手工业蓬勃发展,如今该手工却开始衰落,原因如下:一是木材供应不足,二是木材价格上涨。科马罗夫指出该地区木制品生产明显衰落,大量手工作坊停产。⑦

下诺夫哥罗德省其他县城也出现了类似状况,如瓦西里、克尼亚基尼斯克、卢科亚诺夫、下诺夫哥罗德等县城。当地木材加工行业研究者认为,手工业衰落后其作用也逐年减弱。

斯摩陵斯克省因木材价格上涨木桶手工业开始衰落。因原材料供应不足

---

① *Сборник статистических сведений по Тверской губ. Калязинский уезд.* С. 147;*Сельскохозяйственный обзор Тверской губ. за 1894 г. Промыслы.* С. 3.
② *Земский сборник Черниговской губ.* 1891. №6 – 7. С. 163 – 164.
③ *Статистический ежегодник.* М., 1895. Промыслы. С. 2.
④ *Обзор Яросл. губ. Вып.* Ⅱ. С. 4.
⑤ *Нижегородский сборник.* Т. Ⅹ. С. 230.
⑥ Там же. Т. Ⅶ. С. 301.
⑦ Там же. Т. Ⅷ. С. 193.

和木材价格上涨①，萨马拉省木材手工业产品产量逐年降低。② 最近因木材价格上涨，科斯特罗马省木制品生产也开始衰落。③

因木材价格上涨，雅罗斯拉夫省木材制品的产量降低。④ 特维尔省制桶手工业因材料价格昂贵产量也逐年降低⑤，原材料供应不足是该手工业衰落的主要原因。因木材价格上涨，奥斯塔什科夫县城木制品行业也受到影响。⑥

因产品价格降低和原材料价格上涨，喀山省制桶手工业现有优势也开始减弱……⑦

此类例子不胜枚举，但其基本发展趋势都如出一辙，因原料价格上涨各地木材加工手工业开始衰落，无力与大生产竞争。

煤炭、焦油手工业衰落也受以上因素影响。焦油手工业生产的产品无力与大工厂的产品竞争。

维亚特卡作为森林大省，因木材资源匮乏而在竞争中落败。因木材价格上涨，该省木炭手工业逐年衰落。该地区焦油手工业也无力与石油产品竞争，地方自治机构统计人员库琴指出焦油生产处于十字路口。⑧

笔者不再对其他手工业的发展状况进行阐述。大多数地区陶瓷手工业仍保持小生产特征；该领域工厂竞争虽然存在，但陶瓷和金属容器生产行业中大生产和手工生产的陶瓷产品各有优势。在亚历山大洛夫县城某些村镇内陶瓷手工业开始衰落，原因为铸铁、金属和陶瓷产品开始普及，对陶瓷手工业制品需求量降低。手工业者收入微薄，农民最终放弃了该行业。特维尔省上沃洛乔县城陶瓷手工业也是如此。20年前此处手工业十分繁荣，现在因下诺夫哥罗德省波罗维茨县城黏土容器厂兴起，该手工业开始衰落。⑨ 格热利

---

① *Сборн. стат. свед. по Смол. губ.*, Вязеский уезд. С. 149.
② *Сборн. стат. свед. по Самарской губ.*, Ставропольский уезд. С. 175.
③ *Материалы для стат. Костромской губ.* Вып. Ⅲ. С. 87.
④ *Обзор Ярославской губ.* Вып. Ⅱ. С. 89.
⑤ *Сельскохозяйственный обзор Тверской губ. за 1894 г.* Промыслы. С. 2 – 6.
⑥ Там же. С. 2.
⑦ *Материалы для сравн. оценки угодий Казанской губ.*, Спасский уезд. С. 108.
⑧ *Промыслы Вятской губ.* Вып. Ⅲ. С. 189.
⑨ *Сборник статистических сведений по Тверской губ.* Вып. Ⅲ. С. 117.

地区陶瓷生产具有手工业特征，现在却被陶瓷工厂排挤。① 因木材价格上涨和黏土匮乏雅罗斯拉夫省罗斯托夫县城陶瓷手工业受到冲击②，雷宾斯克县城手工业也出现衰落端倪。③ 但如今陶瓷手工业作坊仍大量存在，其生产优势仍在（因原料供应充足和生产技术先进），此后由于原料价格上涨陶瓷手工业很难与工厂竞争。④

笔者还将对莫斯科省制刷手工业进行研究，与1879年相比笔者在1895年（最终研究）得出如下结论。此时该手工业大规模普及，从事该行业的手工业者从835人增至1424人，增长了71%。1879年56家制刷厂并未雇佣劳动力，1895年该机构数量约为185个。1879年使用雇佣劳动力的作坊数量约占所有作坊总数的2/3，而1895年其比例只为40%，雇佣10名以上工人的大作坊数量缩减了一半。1879年该作坊中工人平均数量为5.5名，1895年为4.7名。换言之，手工业开始衰落，生产具有家庭特征。

该数据可以证明制刷工业中手工生产较为活跃，实际状况却截然相反。研究者鲁德涅夫指出，随着新材料不断涌现，大生产者的订单对手工业者已不具吸引力，很多工匠去莫斯科购买材料和销售产品。手工业开始过渡为家庭生产，因此失去独立生产特征，此时生产者状况逐渐恶化。换言之，在制刷生产中多次出现生产集中现象，家庭生产繁荣为资本主义工业繁荣的前兆。⑤

在大工业发展和原料价格上涨影响下手工业衰落是毋庸置疑的。工业演变过程并非千篇一律，其发展模式是采用现代工艺工业战胜以家庭生产为主的小工业生产。现在工厂与手工生产的关系仍与以前一样，后者为前者的有效补充。

哈里佐耶诺夫认为，大部分情况下一个手工业部门衰落后另外一个手工

---

① *Статистический ежегодник. 1890. Промыслы Богородского уезда.* С. 12.
② Безобразов Б. *Народное хозяйство России.* Прил. с. 96.
③ *Обзор Ярославской губернии.* Вып. Ⅱ. С. 37.
④ 详见：*Сельскохозяйственный обзор Тверской губернии за 1894 г. Проыслы.* С. 2。
⑤ Руднев С. О. *Щеточном промысле в1895 г. //Статистический ежегодник Московской губернии за 1895 г.*

业部门会崛起……如俄国呢绒工厂（奥巴里尼乡）衰落后，德国呢绒生产快速普及。① 基姆拉赫村产生制靴厂后，附近成立了新式皮革工厂，新生产方式逐渐普及。② 克拉斯诺佩洛夫在彼尔姆省地方自治机构汇编中指出该因素促进了皮革手工业的发展，皮革生产为典型的工厂与手工业共同发展的生产模式……此时大工厂与手工生产的对抗性较弱，大工厂与小作坊相互补充……工厂与手工业形成同盟后并未抑制手工业发展，相反却促进了手工业发展。③

库尼库尔地区大工厂周围聚集了一些小手工业作坊，如皮革装饰作坊、皮鞋缝制作坊、皮靴装饰品作坊、木制靴头作坊等。

克拉斯诺佩洛夫指出在工厂影响下某些手工业蓬勃发展，该事例足以证明俄国民粹主义者目光短浅。工厂促使手工业产生，两种工业形式之间并不存在不可调和的矛盾。但其论断有待考证，即一个新工业部门蓬勃发展时新式手工业必然产生，下一个时期工厂必定与其竞争，最终手工工业消失，新手工业作坊成立后在与大生产的竞争过程中该行业必定消失。工厂与大生产一直遥遥领先，尽管在工厂影响下新手工业产生，但其必定落败。

当一个手工业消失时或消失后其地位就会被另外一个手工业部门所代替，如弗拉基米尔省工厂逐渐排挤老式手工作坊（如纺织手工业），擀毡手工业发展迅速，但最终会被工厂所取代。④ 某些地区熟皮手工业较为发达，但一段时间后该部门仍快速衰落，雅罗斯拉夫省就是例证。莫斯科省某些农村卡具手工业快速发展，特维尔省该行业也迅速发展。现在某些金属手工业仍与以前一样，围绕在大工厂周围，与工厂共同发展。⑤ 在距离大生产中心较远的地区，制靴和裁缝手工业也有所发展。19世纪60年代以前科斯特罗马基涅什马县城中呢绒手工业发展迅速，因工厂产生呢绒手

---

① *Промыслы Влад. губ.* Вып. Ⅱ. С. 146.
② *Отчеты и исследования по кустарной промышленности России* СПб., 1892. Т.Ⅰ. С. 225.
③ *Сборник пермского земства.* 1889. №6. С. 3－4.
④ *Промыслы Влад. губ.* Вып.Ⅱ. С. 271.
⑤ 详见：*Труды кустарной комиссии.* Вып ⅩⅣ. С. 474。

工业开始衰落；此后擀毡手工业在该地区快速发展。1895年基涅什马县城从事擀毡手工业的人数达5000。地方研究者指出，小工厂开始消失，大工厂开始普及。许多手工业的发展都是例证，它们衰落后在其他地区重新发展。

总体上俄国工业具有如下发展方式。工业生产总额快速增长，大部分居民放弃农耕从事工业生产。生产规模越大，经济增长速度越快。很明显，现在俄国手工业者数量减少了。如果工厂数量增加，那么它们就会本能地排挤手工业。随之而来的是本地手工业消失，新型手工业诞生，工厂暂时不能与之竞争。如果政府给予其相应扶持和足够原料，降低各类生产工具价格，那么手工业也会快速发展。西方很多国家家庭手工业非常先进，这点俄国手工业无法比拟。如英国某些家庭手工业部门收入不断增加，工厂却开始亏损。家庭手工业主要优势为其劳动力廉价，在英国家庭手工业的竞争能力明显强于俄国。

此问题笔者已多次强调，但仍需详细阐述。家庭手工业的稳定性毋庸置疑，英国工厂监督员所写的年度报告可以证明这一点。1894年报告中指出斯特科波尔特某些生产部门，工厂主开始解散工人，家庭工人数量增加。

斯瓦尼西、卡尔基费地区裁缝手工业中在家中务工的人数逐年增加，在许多其他地区工厂生产依靠手工业迅速发展。马克多纳里茨（伦敦著名统计组织的负责人）指出伦敦裁缝手工业出现了两个发展趋势：第一个趋势为向较高专业性工厂体系发展，第二个趋势为发展成18世纪旧式家庭手工业。

为什么手工业、工厂和家庭作坊会同时发展呢？（笔者认为，最近德国手工业衰落，而工厂和家庭生产却快速发展，但德国纺织工业中家庭生产因工厂排挤逐渐衰落）。俄国机器和家庭生产的目的之一是降低生产成本，最终提高劳动生产率；家庭体系中辛勤劳动也是降低生产成本的重要手段，从资本家的角度而言是增加利润的手段。第一种方式促进劳动生产率提高，第二种方式导致劳动生产率降低。

因此，在资本主义经济中也出现了阻碍工业进步的因素，追求利润最大化可维持该工业模式,但是从技术和社会角度而言其作用不大。家庭系统被认定为资本主义毒瘤,但该体系具有顽强的生命力,抑制劳动生产率的提高。

笔者并未对俄国手工业的劳动条件进行重点研究。收入微薄、日工作时间较长、使用童工为俄国手工业生产的主要特征。但这种独立手工业实质上完全依赖于中间人——工匠、收购商,在交换过程中他们会把手工业者生产的产品价格压到最低。莫斯科省统计信息汇编中对手工织工的特征进行了评价,该评价适合诸多手工业领域。

手工作坊的日工作时间非常长,除休息和进餐时间外每日工作时间为14~15个小时……即便如此工匠们还是不停地催赶工人,除节日外工时达16~17小时;凌晨3点一些作坊内已经开工,晚上12点大部分作坊仍在工作……孩子6~7岁时就开始帮工……织工每天的工资为14~30戈比,每月净收入为5卢布10戈比……手工业利润较低,手工业者不能获得较高工资,有时难以糊口。在纺纱工厂中无论是男工还是女工月均工资皆为13~14卢布。①

其他手工业也有类似特征,俄国经济文献中并未指出手工业繁荣发展。许多学者关注该问题,认为手工业者在地方自治机构的帮助下获得少量贷款,笔者不认同该观点。笔者并未否定采取相应措施可改善手工业者状况,也并不反对实施这些措施,但无论是劳动组合还是银行都无力改善手工业状况,可以说手工业发展步履维艰。手工业向工厂转换的标志是贸易中间人时代的终结,该过程十分缓慢,手工工业暂时仍有一席之地,仍需采取措施促进手工业发展。

为确认手工业体系与工人失业间的联系,笔者把俄国和西方国家的状况进行了对比,俄国手工业的发展模式与英国类似。研究英国手工业发展历程可以更好地理解俄国状况。手工业者对收购商人的依赖使他们逐步贫穷,只能靠延长工作时间提高收入。

---

① *Сбор. стат. свед. по Моск. губ.* Т. Ⅶ. Вып. Ⅲ.

我们对英国手工业的研究主要参照别尔涅特的著作。[①] 俄国勋爵委员会也对英国手工业进行了研究，19世纪80年代出版了书籍《血汗制度》[②]，王室委员会对该问题也十分关注。[③] 研究者提出了很多真知灼见，对英国手工业的组织形式和体制研究得十分透彻。

制钉手工业是斯塔福德郡古老的手工业之一，在数百年间该手工业在比尔明格村周围繁荣发展。现在该手工业为什么衰落，是否与俄国一样是机器生产排挤造成的呢？1830年在英国中部地区具有50000名以上手工制钉工人，此时机器开始渗透到该行业中，手工业工人开始减少，1886年数量不超过20000人，此后其数量持续降低，19世纪80年代末至90年代初降至15000人。该行业大部分生产机构采用机器生产，至今只有几类特殊产品使用手工生产。

英国境内手工制钉工人数量虽然减少，但未消失。如比尔明格整个村镇仍从事制钉生产，这些制钉工没有自己的土地和房屋，他们居住在租赁房屋中，通常也没有小菜园，他们在郊区种植蔬菜，主要为马铃薯。大部分制钉工饲养小牲畜，主要为猪。夏天制钉工也从事农业生产，如割草。

铁钉工从有生铁和铁钉的中间人处获得原料，然后将产品销售给中间人或工厂主，有时他们也自己销售产品，但该状况不多。

那么谁是该生产的操纵者呢，操纵者多为大贵族、工厂主或大铁钉商人。铁钉工厂开始使用机器，但机器不能生产所有类型的铁钉，很多产品仍由手工作坊生产。

中间人为小资本家，俄国称他们为采购商人、小业主和富农。有些中间人有自己的铁匠铺，他们一般不参与任何生产活动。大部分中间人是地方店铺主、商店老板或普通铁钉采购商。有时他们自己采购生铁，将原料分发给手工业者。他们为铁钉工分发生铁，并收购其产品。他们转售铁钉，有时将

---

① 详见：*Report as to the Conditions of Nail-makers and Chain-makers in South Staffordshire and Siuth Worcestershire*. 1866。
② 详见：*Third Report from the Select Cimmittee of the House of Lords on the Sweating System*. 1889。
③ 详见：*Second Report of the Royal Commission of Labour*. 1892。

产品出售给另一方。

　　这些中间人是小铁钉手工业发展的阻碍，铁钉工十分仇视他们。既然中间人把其产品价格压到最低，为什么铁钉工还将产品出售给他们呢？中间人想尽办法压榨手工业者，最初铁钉工十分幼稚，但谎言终究会被识破，铁钉工不善于保护自己的利益，虽然十分憎恨中间人，但是仍需忍受他们的流氓行为。

　　中间人剥削手工业者的另外一种方式是在收购产品时不支付货币，而是用面粉、食品和商品代替。实物工资在英国十分普遍。中间人在交易过程获利如何呢，其收入是否合法呢？中间人支付给手工业者货币，手工业者的妻子必须在其店铺内购买商品，店铺内商品价格明显高于正常商店。手工业者也完全知晓中间人行为的非法性，但他们无计可施。

　　中间人发放的生铁质量通常较差，但其价格与高质量产品价格持平。大资本家将中间人称为"供货人"，按照工厂主和工人协议确认产品价格。但对中间人而言，并不存在固定价格，他们并非与工人打交道，而是与社会团体交涉。

　　如果中间人压迫手工业者，那么手工业者就要忍受其压迫么？答案是他们只能默默忍受。大资本家和工厂主不喜欢与工人、个体工商业者打交道，他们宁愿招收大批铁钉工，如果与采购商交涉，质量不好可以退货，这也是工厂主使用中间人的原因。工厂主害怕铁钉工获得酬金后不工作，因此不直接给他们订单。中间人深入各处农村，与手工业者打交道，他们在工厂内开展相应业务。铁钉工也不能找到工作，大工厂主不提供工作岗位，工人工资较高，铁钉价格较低，工厂主获利较少（工厂主可以和很多工人交涉，交易完全公开，工资降低会引起工人强烈反对）。中间人虽然提供订单，但会把价格压到最低。

　　品质恶劣的老人、妇女都可以在中间人处轻松获得工作。大工厂主也知道中间人提供的产品质量较差，尽管工厂主也厌恶中间人，但是仍给他们一定数量订单。

　　中间人的订单数量有限，他们从手工业者处采购的铁钉数量不多，最终，手工业者也不得不与中间人发生联系，铁钉商或铁钉工厂距离农村较远，不能直接与生铁批发商联系。中间人离二者距离均较近，因此充当中介角色。

此时应对手工业者的状况进行阐述，别尔涅特对其评价如下，铁钉工工资非常低……工作时间很长，长久以来仍未发现该状况有所改善。房屋和作坊卫生条件十分恶劣，手工业者十分贫困，他们经常处于半饥半饱状态。

别尔涅特认为，妇女每周正常工资为2先令6便士至5先令，2先令6便士折合成卢布约为1卢布，日均工资低于20戈比，每天工作时间超过12小时，与俄国如今的状况如出一辙。

最近50年英国工人工资明显提高，但铁钉手工业状况恰恰相反。别尔涅特认为，从19世纪40年代起工人工资非但没有增加，相反却有所降低。

斯塔福德郡铁钉工知识水平较低，大部分工人是文盲。他们还有一个共同特征，即虽然居住在一个产铁的国家，但十分贫穷，他们并不需要铁，铁对于他们而言如同石头一般。

斯塔福德郡铁钉工十分仇视中间人和采购商，他们完全可以通过罢工方式摆脱其压榨。中间人压迫铁钉工，他们不喜欢有知识的手工业者。中间人并不完全支付货币工资，有时也支付实物工资。19世纪40年代初期英国工业发展可谓翻天覆地。此时英国工人逐渐参与国家政治生活，组建自己的经济组织，建立大型合作社企业。随着经济状况的改善，工人工资提高，工时缩短。

从19世纪40年代起英国手工业者的工资不仅没有提高，相反却出现降低趋势。工人工作时间与以前大体相同，有时比以前更长。别尔涅特认为，手工工人日工作时间为12~14小时，某些时期工作时间可能更长。手工业者也不能摆脱中间人的束缚。别尔涅特认为，工人的状况与46年前无异。

该状况如何解释呢，铁钉工是否十分无助呢？很多学者对该问题十分关注，其中以别尔涅特的研究最为深入。

别尔涅特指出，铁钉工从早到晚工作在铁匠铺内，工作条件十分恶劣。他们时刻关心自己的家庭，除此之外，别无其他。他们崇拜个人主义，在工作时相互隔离，与店铺交易时也不互通消息，有时也雇佣工人。资本家可以随意选择工人，为维持生计手工业者不得已降低自身工资。这种竞争对家庭手工业十分不利，不但造成工匠们的生活日益恶化，而且使他们产生仇视心理。随着工业不断发展，很多工匠去工厂务工。

铁钉工的依恋心理并不是家庭工业的本质，因此别尔涅特的阐述有待深入研究，但这种工业模式是否会造成铁钉工的仇视心理呢？制钉业使用机器后，手工制钉开始衰落。是什么导致了工人的恶劣处境呢？我们可以采用决验法加以说明。手工业仍继续发展，并不害怕机器，手工业仍是斯塔福德郡的重要经济部门。

斯塔福德郡很多手工业部门产生于19世纪90年代，无论是以前还是现在，都使用手工劳动，机器对其发展的影响有限。手工业者的数量并未减少，反而快速增长。别尔涅特认为，最近20年链条工匠数量增长了1倍。该行业快速发展，原因在于手工业在农村迅速普及，很多铁钉工放弃原有工作，成为链条工。该手工业的发展模式与铁钉手工业如出一辙。工人在自己的作坊内工作，按照工厂主和中间人的订单进行生产。与铁钉中间人一样，工匠对链条中间人也怨声载道，中间人非常贪婪，压迫工匠；工匠生活十分贫困，他们工时很长，但是工资微薄。铁钉工和链条工人的处境相似。

在链条生产部门中约有一半工人在手工作坊内工作，另外一半工人在工厂内务工。别尔涅特在报告中指出，链条工厂状况十分恶劣，其卫生条件非常差，工人工资较低，工时较长。一些工厂内链条工人工时较短，工资较高，生活状况稍好。别尔涅特指出一家链条厂内工人日工时不超过9小时，周一和周六的工作时间更短，工人周平均工资为25~30先令。

难道手工业者不能获得帮助吗？为什么手工业者不形成工人联盟？为什么他们不要求合作社帮助或成立集体商店销售产品呢？他们尝试过这些方式，但并未取得成功。工匠们因相互隔离不能形成联盟，工人联盟对其成员要求十分严格。第一，成员应该向联盟缴纳一定的现金预付款，但工人食不果腹，无力缴纳该金额；第二，联盟要求成员以更低的工资工作。第二个要求是阻碍铁钉工和链条工形成联盟的主要因素。所有提高工资的尝试都不了了之，铁钉工仍在恶劣的条件下工作，仍收到微薄的工资。

合作社更不适合手工业生产方式。稍有同情心的人都同情铁钉工的状况，很少有人建议铁钉工人成立合作社，铁钉工本身也不赞同该方式。多年前铁钉工就建议组建合作社企业，此后也产生过一个合作社但维持时间并不长。合作社就像一堵一推就倒的墙，工匠们彼此并不信任。

但是，如果工厂工人状况好于铁钉工，那么他们为什么不去工厂内工作呢？该问题受诸多因素影响，首要的也是最主要的原因是工厂不接纳他们，手工业者只好在家中工作，家庭工作可以随意扩大或缩减。换言之，当商品需求量降低时，很多工人失去工作；当市场状况较好时，他们扩大生产。当生产状况恶化时，工厂主越增加产量，亏损就越大，最终被迫停产，有时工厂主全年亏损，因此他们只能停产以减少损失。家庭生产不需要任何固定资本，手工业者可以随意减产或停产。对资本家而言，家庭生产的优越性也显而易见。因此，很多工匠愿意在家中工作，家庭生产可消除工人工资较低和工时较长的弊端。但有些人宁愿在工厂内工作，服从工厂法律，因为在家中工作备受压迫。

工匠长期在家中工作受诸多因素影响。工匠很难入厂工作，只有最好的工匠才能进入工厂。对工匠而言，他们已熟悉在家中工作，短时期内很难习惯工厂工作。铁钉工厂和链条工厂完全不招收女工。不能否定很多铁钉工不愿到工厂内务工是工厂生产普及的阻力。他们宁愿住在农村，从童年开始就从事该行业，整日工作在小铁匠铺中，虽然工时较长且获得的收入较少。许多铁钉工也不愿去工厂内务工，因为工厂要求十分严格。有些人认为虽然在家中工作十分自由，工厂限制自由，但他们内心仍希望去工厂内务工。

那么是工厂工人文化水平较高呢，还是手工业者文化水平高呢？他们自己都可以回答该问题。

工资委员会伯爵、工会主席秘书德日吉尼斯在《英国中部贸易联盟》中做出如下阐述：

问题：您对现在的工作条件是否满意？

答：我们完全不满意现在的工作条件。

问题：您是否反对家庭工作呢？

答：是的。

问题：小作坊的竞争条件是否很恶劣呢？

答：家庭手工业的竞争比工厂还恶劣，工厂内工人工资明显高于手工作坊。

问题：您是否想过放弃手工作坊，去工厂内工作呢？

答：是的，我想过。

问题：您是否想过独立，是什么让您维持该生产呢？

答：是的，想过独立，我们维持该生产也并未遵循一定原则（unprincipled men）。

问题：为什么您认为这些人没有原则呢？

答：如果人不妨碍自己邻居的工作，那么原则就无关紧要。

问题：按照您的意见，大多数工人到工厂内务工，而不在家中工作，是否因为外出务工收入较高，条件较好呢？

答：是的，现在很多人外出工作，他们也这样认为的。

问题：您是否认为消除家庭作坊较好呢？

答：是的。

问题：您是否想过，无论是对工人，还是对工业而言，工厂内工作都较好呢？

答：是的，我想过，我认为这对社会较好。

托马斯·戈梅尔在《链条生产者协会》中也进行了相应的阐述（戈梅尔本身也有小铁匠铺，他是工会代表，该工会约有500名成员）。

问题：您认为家庭手工业与工厂相比优缺点是什么呢？

答：首先工厂数量较少。我只知道一家工厂，而且工匠们很仇视该工厂，他们害怕工厂损坏他们的利益。大多数人认为工厂要求十分严格，他们宁愿在家中工作。

非手工业者的一些意见也耐人寻味，此时他们完全同情工人，地方神甫拉伊列特就对该问题进行了调查：

问题：您是否考虑过家庭手工业的优势是什么，是否赞成其转换为工厂工业呢？

答：如果手工业转换为工厂工业，无论是对工人，还是对工业都有很大好处。

问题：如果是您，您是否想过放弃手工作坊到工厂内务工呢？

答：是的，想过。

问题：您是否想过禁止个别人在家中工作，禁止其家庭成员参与该工作呢？

答：手工业应该如此。

问题：您是否拥有手工业作坊或从事相关生产呢？

答：我也从事相关生产。

问题：您是否想过有没有统一的手段可以帮助这些人，工人是否可以成立保护彼此利益的公会联盟，摆脱中间人的束缚呢？

答：是的，考虑过。[1]

笔者认为英国杂志中阐述的这些问题正是俄国面临的状况。如果读者赞同笔者的意见，那么笔者将对英国状况进行深入研究，借此探析俄国现状。

工人阶级代表认为与家庭手工业斗争的手段是服从工厂法律。的确，从英国人的角度而言，该措施十分有效，政府干涉家庭事务，禁止人们在家中从事生产。神甫拉伊列特认为，人们性格各异，很多人适合在家中工作。笔者认为二者并没有差异，借助家庭成员劳动的手工作坊应该完全服从于工时

---

[1] Third Report on the Sweating System.

调整规章，其工时应与雇佣工人一样。

部分王室委员会成员就劳动力问题持保留意见，他们也不认同小生产，1892年伦敦船坞工人罢工的组织者托姆·梅尼就极力反对家庭手工业。

一些人在报告中指出，数千家庭（从事家庭工业）形成一个最沮丧和道德败坏的社会群体，因可从事家庭生产手工业工人形成依赖性。我们也并不赞成彻底取缔手工业生产，应该采用相应手段预防该行业迅速普及，如今法律也鼓励家庭生产。为手工作坊提供工作的企业主可以免除部分责任。①

委员会大多数报告中并不涉及家庭工作问题，一部分报告中建议家庭工作应该服从于工厂法律，手工作坊主违反法律应承担相应责任。如果手工作坊内工人工时超过法定时间，作坊负责人应该承担相应的责任。恰里兹·布特斯在其著作《人民劳动和生活》中建议采取强制措施迫使手工作坊主遵守法律。他认为，任何违反工厂法律的工厂主或作坊主都应承担相应法律责任，应该采取措施禁止家庭手工业发展。在随后的报告中他也指出，应该变更法律条款，采取强制措施抑制该手工业发展。一部分成员完全赞同伦敦警察局的决议，他们提出呢绒产品必须由工厂提供。很多合同中具有类似条款，为此英国贸易大臣指出，合同中供货人必须是工厂，产品绝对不能由手工作坊提供。违反该条款的供货人将被处以100先令的罚款。伦敦县委员会也指出手工业者不能成为供货人，违者将被处以罚款。因此委员会成员建议，所有的供货合同都必须遵循本条款。②

英国经济关系颇具代表性，借此可了解任何国家手工业者的状况都难以改善，英国也不例外。很多英国学者甚至指出，除法律措施外再无任何措施可消除家庭手工业，英国至今仍未彻底解决该问题，该任务对俄国而言更加繁重。

最近俄国手工业者的收入大幅度降低，外出务工人数大量增加，农民离开农村去外地打工，主要务工地点是城市。俄国许多地区外出打工人数都有所增加。19世纪90年代中期特维尔省各县城中外出务工人数增加，其中妇女

---

① Third Report on the Sweating System.
② 详见：Sweating-Its Cause and Remedy。

增加得十分明显。地方自治机构汇编中指出,以后外出务工人数将持续增加。

农民主要去工厂或城市务工,他们成为店铺伙计、仆人,甚至从事繁重的体力劳动。

地方自治机构记者神甫安奇金认为,虽然有时外出务工收入较少,但他们认为城市生活更好。另外一个记者指出,受过教育的地方手工业者纷纷离开村庄,他们去寻找更轻松的工作。还有记者认为,很多人到城市务工的原因是他们认为在农村生活十分不幸,不愿意为地主工作。① 妇女外出务工人数也大幅度增加。地方自治汇编中指出,以前父亲、儿子和兄弟把妻子、女儿留在家中外出务工②,现在她们一同离开农村去城市工作。

斯塔里楚县城手工业研究者古尔维奇的研究颇具代表性,他指出外出务工人数大幅度增加导致改革后经济条件发生变化,外出人员大部分到首都打工,首都是国家的工商业中心……该状况并不只存在于特维尔的斯塔里楚县城,大多数县城都是如此……此时可以证明俄国经济学派的论断,即俄国资本主义受外来影响较大,但俄国经济活动的基础——小生产仍持续保留。③

1893~1897年特维尔省外出务工人数增加,护照颁发数量增长了5.5%。1875年斯摩陵斯克省护照颁发数量为100000个,1895年为140330个。1885年卡卢加省护照颁发数量为179148个,1895年为220510个。④ 1865~1875年普斯科夫省每年颁发的男性护照为11716个,1896年颁发的男性护照为45973个。

因手工业衰落下诺夫哥罗德省外出务工人数增加。⑤ 斯摩陵斯克省和奥廖尔省外出务工人数也有所增加。⑥

---

① *Сельскохозяйственный обзор Тверск. губ. за 1896. Промыслы.* С. 6,7.
② *Сельскохозяйственный обзор Тверск. губ. за 1894. Промыслы.* С. 13.
③ *Сборник стат. свед. по Тверской губ.* Вып. IV. С. 1378 – 138.
④ Кириллов Л. *Отхожие промыслы//Энциклопедический словарь Ефрона.* Полутом 54.
⑤ *Нижегородский сборник.* Т. VIII. С. 5.
⑥ *Отхожие промыслы в Смоленской губ.* Смоленск, 1896; *Сельскохозяйственный обзор Орловской губ. за 1891 г.* Орел, 1899. Вып. II. С. 189 – 193.

《普斯科夫省农业居民手工业》中指出因地方手工业者工资微薄，每年农业居民外出务工人数增加，居民自然增长率提高、劳动力过剩、土地较少、土地租金价格较高等也是外出务工的原因……对于很多人来说，从事农耕是冒险行为。因此很多人去圣彼得堡务工，最近几年不但各地外出务工人数增加，而且很多从事农业和手工业的农民也纷纷外出打工。

男性农民外出打工的主要地点是圣彼得堡，圣彼得堡各类工厂中有很多黑工，这些人从事杂役、伙计和马车夫等工作。最近几年外出务工人员主要到工厂内务工，维亚佐夫乡农民也纷纷到圣彼得堡工厂内务工（他们以前一般从事贸易领域的工作），一个乡或镇外出务工人员一般从事一种职业，如今外出务工人员主要到圣彼得堡等地工作。①

很多地区只有农村居民才外出打工，对一些地区而言外出务工仍为新事物，因此外出打工人数增加缓慢。18世纪初科斯特罗马省外出务工人数增加，但只出现在个别县城中。在某些县城中外出务工人数并未增加，当地居民仍从事原有职业。②自古以来很多省份农民就外出打工，如雅罗斯拉夫省某些县城中外出务工人数大幅度增加。1862~1879年罗斯托夫县城内外出务工人员从11000人增至20000人，增长了82%。③外出务工人数增加与县城内手工业衰落有明显联系。基里洛夫指出从19世纪70年代末开始雅罗斯拉夫省外出务工人数不但没有减少，反而逐年增加。④

雅罗斯拉夫省各县城内外出务工的种类发生了变化，以前主要是去圣彼得堡从事零售业、小酒馆等行业，现在很多农民在工厂内务工。当地记者指出，外出务工人数，特别是在工厂内务工的人数逐年增加，因该领域工资较高，工厂对农民的吸引力较大，农民纷纷放弃原来的工作到工厂内

---

① Промыслы крест. населения Псковской губернии. С. 1, 3, 9, 14.
② Жбанков Д. Бабья сторона//Материалы для статитики Костр. губ. Кострома, 1891. Вып. Ⅷ. С. 31.
③ Титов А. Статистико-экономическое описание Ростовского уезда; Безобразов В. П. Народное хозяйство России. С. 105.
④ Обзор Яросл. губ. Вып. Ⅱ; Отхожие промыслы крестьян. Ярославль, 1896. С. 1.

务工。①

此时，一个问题至关重要，即什么因素促使农民放弃原有的生活方式离开农村到城市内务工。我们借鉴一些研究者的研究结论来阐述该问题，其中科斯特罗马省研究者日巴尼科夫的结论颇具代表性。

父母虽然心疼子女，但仍把孩子送到圣彼得堡担任学徒工，这样他们就可以轻松获得工作：他们逐渐习惯这些工作，不愿回到农村从事农业生产，也不愿意过回食不果腹的生活；一些人也经常问父母，为什么要把孩子送到圣彼得堡，父母也因此问题多次争吵，当时很多孩子不了解自己的父母，不愿意去圣彼得堡工作，但现在青年人都乐意去圣彼得堡打工。

男孩通过在圣彼得堡学习对首都手工业生产十分熟悉，并掌握了一定技术，此时习惯了工厂内生活，已经完全不适应农村生活，因此他们不愿再回农村务农，宁愿在圣彼得堡、莫斯科等城市打工。农村人认为城市经济十分繁荣，他们逐渐习惯城市生活，开始模仿首都市民生活，学习跳舞，穿时髦的服装。圣彼得堡人打扮得十分时髦，很多人因嫁给圣彼得堡人和迎娶圣彼得堡新娘而自豪。农村居民文化水平较低，他们也不想被人瞧不起，开始接受新鲜事物，抱怨父母没有早日把其送到城市中。

丘赫洛马、索里加里茨和加利茨基乡外出务工农民数量明显多于临近乡镇。科斯特罗马省任何一个乡的房屋、服装、生活习惯都无法与卡尔措夫乡相比。村内贫穷和孤苦村民屋内都有茶炊，户均茶炊持有量为2~3套……他们很少购买价格低廉的农村土布……男人们身穿背心、大衣和西装……夏季从圣彼得堡带回雨伞……屋内粉刷涂料、贴上各种图画。②

以上所述并非虚言，具体数据详见表4-4。③

---

① *Обзор Яросл. губ. Вып.* II. C. 21.
② Жбанков Д. *Бабья сторона//Материалы для статистики Костромской губ.* Вып. VIII. C. 24, 25, 27, 66-68.
③ *Материалы для статистики Костромской губ. Вып. VII*；Жбанков Д. *Влияние отхожих заработков на движение населения Костромской губернии.* Кострома, 1875. C. 26, 34.

表 4-4 科斯特罗马省各县城颁发护照比例

单位：个，%

科斯特罗马省 各县城	1880 年每 100 名居民 颁发护照数量	此年度每 100 名居民中 新增工人的识字比例
丘赫洛马	33.6	74
索里加里茨	26.5	59
加利茨基	24.7	53
科洛格里夫	15.3	43
布伊区	10.8	38
科斯特罗玛	8.8	42
尤里耶韦茨区	6.4	33
马里卡耶夫	6.0	21
基涅舍	4.3	29
涅列霍特	2.5	35
瓦尔纳维诺	1.3	17
韦特卢加	0.3	22

在对比各省份地方自治机构数据后便会发现识字率同工业发展与外出务工人员之间存在联系。各省地方自治机构对本地区新增工人的识字比例的统计如表 4-5 所示。①

表 4-5 1896 年各省识字比例

单位：%

省份	1896 年新增工人的 识字比例	省份	1896 年新增工人的 识字比例
雅罗斯拉夫	85.5	卡卢加	61.0
圣彼得堡	80.5	图拉	59.4
下诺夫哥罗德	50.7	诺夫哥罗德	55.0
塔夫里契	47.9	阿斯特拉罕	43.1
奥廖尔	44.1	维亚特卡	42.9
特维尔	73.2	斯摩棱斯克	42.6
弗拉基米尔	71.0	梁赞	42.0
科斯特罗马	63.7	辛比尔斯克	41.0
莫斯科	62.9	萨拉托夫	40.7

---

① Свирщевский А. Р. *Несколько статистических данных о народном образовании в Ярославской губернии.* Ярославль, 1898.

除以上所述的省份外，其余省份新增工人的识字比例都低于40%。雅罗斯拉夫省新增工人识字比例最高，该省份外出务工人数也最多。工业省份识字比例明显高于农业省份。

雅罗斯拉夫省各县城识字比例和外出务工的比例关系较为明显。斯维尔谢夫认为，如果对这些数据进行研究，同时对照雅罗斯拉夫省各县城外出务工人员数据就会发现识字比例和外出务工人数的正相关关系……外出务工人数最多的县城为乌格利奇，1892~1894年新增务工人员全部识字……相反，莫洛加、雅罗斯拉夫、波舍霍尼等地区虽然外出务工人数增加，但外出务工人员的识字比例较低。此重合并非偶然，而具有深刻的社会原因，雅罗斯拉夫省识字比例明显高于欧俄其他省份。外出务工具有一定的专业性，如从事贸易和旅馆业务……在从事旅馆业务时必须学习相关文化知识，这是刺激农民学习文化知识的主要动力。地方自治机构、城市和政府只进行初级教育，并未涉及居民所需专业知识。①

此外，另外一个因素必须重点阐述，虽然雅罗斯拉夫省识字比例最高，但每100位居民的平均教育水平只排第5位，这与教育水平较低的省份奥洛涅茨和喀山省持平。很明显，该省份教育水平受经济因素影响较大，但教育机构数量有限。

阐述城市和农村作用的历史文献中都指出了外出务工对识字比例的影响。

对从事繁重体力劳动的农民而言，外出务工的主要工作为马车夫、店铺伙计和仆人。该论断不是理论家和马克思主义者的论述，而是熟悉农民生活的地方自治机构记者的描述。他们的描述有时带有一定偏见，也并未指出吸引大量农民到城市务工的原因，因此，该问题仍有待研究。

---

① Там же. С. 2.

第五章
改革后工厂与社会、文化的关系

19世纪60年代的自由贸易主义思潮。与农奴制时期相比自由贸易主义者观点的变化。社会各界对工厂的态度。对资本主义的迷恋。《现代人》杂志对工厂和手工作坊的态度。科尔萨克和弗列罗夫斯基的著作。劳动组合的优势。第一次全俄工商业主代表大会对工厂问题的讨论。19世纪70年代《祖国札记》的观点。米哈伊洛夫斯基对工厂的态度。沃龙佐夫的著作《俄国资本主义的命运》。民粹主义者。尼古拉先生和沃龙佐夫先生。民粹派失败的原因。俄国社会各界对资本主义的态度。优先发展农业阶层思想的代表。新时期工业政策的基础。

改革前几年俄国经济史文献中已出现自由贸易和保护关税的争论。19世纪50年代末诸多学者撰写文章反对自由贸易。所有自由主义杂志都或多或少地呼吁贸易自由，降低进口关税。此时最具代表性的是自由贸易主义者主办的出版物《经济指南》，著名经济学家韦尔纳德斯基为杂志主编。关税保护主义者知名出版物为《工业消息》，专门呼吁保护工业主利益。辩论本身就很耐人寻味，无论是关税保护主义者，还是自由贸易主义者都很少借鉴西欧文献资料。尽管最近自由贸易思想占上风，但关税保护思想也颇具影响力。

从亚历山大一世时期的自由贸易主义者至19世纪五六十年代的自由贸易主义者都是自由主义思想的捍卫者。19世纪初自由贸易主义者就倡导自由贸易，认为这与农奴制、小生产和农业制度可遥相呼应。他们对资本主义的热情并不高，西欧杰出自由贸易主义者西斯蒙第认为资本主义制度的弊端颇多。

19世纪50年代自由贸易主义者的观点发生了变化，如在《杂志思想》开始引用西斯蒙第的观点，《经济指南》开始翻译巴师夏的著作，很多学者推崇他们观点。改革后《经济指南》杂志中自由主义经济学家非常仇视农奴制，他们属于激进主义者，坚决捍卫自由贸易，与《杂志思想》中经济学家的观点有很大差异。

《杂志思想》完全否定资本主义生产，特别是工厂生产。《杂志思想》中的经济学家认为，俄国为农业大国，工厂主宣扬保护关税制度，该种制度不但破坏原有道德标准，而且破坏存在了几百年的等级体制。

19世纪五六十年代韦尔纳德斯基、戈尔洛夫、布托夫斯基、本格等人都是自由贸易的支持者，他们虽然仇视资本主义生产，却是资本主义体制的崇拜者。在呼吁贸易自由的同时大肆宣扬发展工业和贸易，他们认为这是每个国家工业和文化进步的必经之路。保护自由贸易，并不是不希望俄国工业缓慢发展，只是捍卫俄国农业大国地位。他们认为，国外产品的冲击可以刺激俄国工业发展，摆脱俄国工厂主垄断国内市场的困境。

新时期自由贸易者对工厂的态度也发生了变化，他们仍仇视资本主义生产，这与《杂志思想》中学者的观点存在差异。他们认为工厂是最先进的工业模式，在俄国应该发展工厂工业，一方面依靠其自然发展，另一方面国际竞争对其发展也具有重要作用。因关税保护政策在俄国不能建立富有生命力的大工厂，所以他们反对关税保护政策。

笔者在上文已提出，尼古拉一世时期当权者的态度影响较大，坎克林和斯拉夫主义者、经济学代表如戈尔洛夫和坚戈博尔斯基坚决捍卫手工业的地位，对手工业十分同情，并不赞成大工业。在尼古拉一世时期，财政大臣眼中快速增长的工厂工人数量掩盖了工厂的技术优势。

如果我们对19世纪60年代自由主义者对工厂的态度进行分析，就会发现他们的思想之间存在很大分歧。尼古拉一世时期很多学者开始肯定工厂的积极作用；另一些学者认为小生产者的社会稳定性明显高于工厂工人，他们十分讨厌工厂和资本主义生产方式。

笔者在前文中引用了坚戈博尔斯基关于手工业优势的论述。坚戈博尔斯基指出，应该支持手工业的发展。韦尔纳德斯基把坚戈博尔斯基的著作译成俄文，同时做出如下注解："作者的很多见解很具说服力，但其结论仍有待推敲。因手工业落后于城市工业，乡村工业有很多缺点，因此不应实施特殊的关税保护政策。尽管工人仍从事农耕，但手工业日益衰落，很多人开始到工厂内务工。"[1]

坚戈博尔斯基在其他著作中也对"无产阶级毒瘤"进行了阐述，他指出俄国农村有既从事农业又从事手工业的优势。

韦尔纳德斯基补充道："如果工厂农民是不良员工，又不善于农耕，两种生产模式相结合毫无优势，分离反而更具发展前景。"[2]

坚戈博尔斯基指出，俄国并不是手工工场国家，通过对比后发现俄国完全不具有其他国家发展手工工场工业的条件，为修建旧式手工工场，我们应该努力推广各工业部门，为促进农业发展，应先发展农业工业……总之，应该奖励的不是工业部门，而是提供巨大原材料的部门。该规律不只适用于俄国，而且适用于所有国家。[3]

韦尔纳德斯基的论断完全可以证明新时期自由贸易主义者和农奴制时期自由贸易主义者观点的差异，俄国手工工场发展步履维艰不但源于自然条件恶劣，而且很多因素都是手工业发展的障碍。如今知识和资本的重要性日益突出，社会状况也发生了变化，所以自由贸易者的思想也发生了变化。但作者受其早期观点影响较大，认为国家应发展工业，鼓励工业自由发展，而不是对其发展实施保护，探寻更合理的发展模式。政治经济学并不只是教会企业经营，而是为它们创造更有利的发展环境，从而选择从事何种行业。为了不损害生产者的利益，要求提高劳动技术，但不同行业所采取的手段不同，

---

[1] Тенгоборский. Л. *О производительных силах России* СПб．，1858. C. 10.

[2] Там же. C. 18.

[3] Тенгоборский. Л. *О производительных силах России* СПб．，1858. C. 19.

如亚麻和棉纺织生产应区别对待。①

戈尔洛夫的观点也十分具有代表性。19世纪40年代末期戈尔洛夫受坚戈博尔斯基和哈克斯陶森思想的影响较大,他认为大型工厂没有为俄国人民带来财富,却只给少数人带来财富,工匠仍然贫穷,而且满身污秽,甚至开始不学无术。19世纪50年代在《政治经济学开端》一书中作者的思想明显发生了变化。

虽然棉纺织或丝织行业取得了巨大成就,但民族手工业的发展状况有待研究。书中指出,国民教育可以促进小生产和手工业发展,如手工作坊内皮革工人的受教育程度明显高于纺织厂内工人,农民与大工厂工人的生活方式无异,但因工厂生产机械化程度较高,农民手工业开始衰落,很多农民成为普通的工厂工人。②

因此,大工厂也不是永远可靠。众所周知,戈尔洛夫的观点也发生了明显变化,10年前他完全否认大工厂。如今戈尔洛夫已成为自由主义经济学家,强烈反对村社土地制度,他认为土地私有制明显优于村社土地所有制。他与村社保护者进行辩论,他并不害怕"无产阶级幽灵"。戈尔洛夫称对无产阶级的恐怖完全是"虚幻的错觉"。③

学者们态度各异。19世纪60年代自由贸易主义者与亚历山大一世时期的自由贸易主义者一样没有明显的阶级色彩,但此后自由贸易主义者的论点都有一定阶级代言人的意义。他们提出的自由贸易思想都带有一定阶级色彩,如贸易自由和农奴制并行发展明显具有贵族特征,《杂志思想》明显捍卫农业贵族的利益,那么大改革时期自由贸易主义者的状况如何呢?

为探析19世纪60年代自由贸易主义者的内心世界,需要对当时的社会经济状况进行描述。19世纪50年代末期俄国状况发生变化,社会各界受资产阶级和资本主义影响较深,很多人开始抨击农奴制。随着铁路修建、信贷系统改革(准确地说是私人银行的建立,改革前俄国社会各界对私人银行

---

① Там же. Примечание. С. 19.
② Горлов. Обозрение экономической статистики России. Т. I. С. 397.
③ Там же. С. 260.

一无所知）和新型股份公司迅速崛起，社会上出现新的思潮，出现很多投机者（如债券投机者、金融家、银行家），在当时这些都属新鲜事物。19世纪50年代末期出现投机和证券交易热潮。很多贵族出售农民土地投身资本市场，财富很快从贵族手中转移至金融投机者手中，投机热潮笼罩社会各界。别扎比拉佐夫认为，工业兴建热潮导致新工厂大量修建，新生产部门诞生……股份公司大规模出现后商业业务模式变更……70年代末期投资热潮导致经济环境恶化，投机倒把行为盛行，贵族、官员、军官、知识分子等阶层受到影响，在第一次东方战争结束后工业投机热潮终止。[1]

当时自由贸易学派非常崇拜西欧资产阶级制度，强烈呼吁自由，尤其强调工商业自由发展。19世纪60年代很多自由主义经济学家不但关注农业利益（《经济指南》中的很多文章都阐述过该思想）[2]，而且也关注金融和证券市场的利益。《经济指南》杂志鼓吹贸易自由，呼吁购买与自己相关的有价证券。

很明显，新时期自由贸易主义者对工厂仇视度降低。尼古拉一世时期农奴主疑心较大，他们受各种官僚体制限制，为旧制度捍卫者，不赞成资本主义体制和工厂；19世纪60年代证券商人和其代言人都是自由主义经济学家，他们都推崇巴师夏的思想，对工厂的态度也发生了变化。他们虽然坚决捍卫贸易自由，但并不反对资本主义生产，而且呼吁保护其发展。

新时期部分商人运动带有自由贸易主义运动色彩，19世纪60年代起俄国粮食出口量迅速增加，出口贸易的发展导致国外商品进口数量大增，出口商呼吁自由贸易，如敖德萨商业委员会就呼吁自由贸易。[3]

很多学者和社会阶层也对是否发展自由贸易展开辩论，包括出口商、交易所经纪人、工厂主，他们都是《现代人》杂志中的激进主义者。他们对当时的证券交易市场十分厌恶，西欧自由贸易思想对他们的影响较大，同时

---

[1] Безобразов В. П. *Народное хозяйство России.* СПб., 1882. Ч. I. С. 312.
[2] *Экономический указатель.* СПб., Т. I. С. 416, 439.
[3] 详见：Скальковский К., Краевский Д. *Стоит ли поощрять русскую промышленность?* СПб., 1856. Т. I. С. 15, 29.

(第二部分)第五章 改革后工厂与社会、文化的关系

他们也熟知韦尔纳德斯基、戈尔洛夫等人的思想。那么他们对工厂和资本主义生产的态度是怎样的呢?

1857年《现代人》杂志刊登了著名保护贸易主义者希波夫的文章,文章中指出,棉纺织工业对俄国的重要性不容置疑,车尔尼雪夫斯基对该问题已经做出准确回答。

希波夫还指出,我们对该问题的理解还不够深入,如就自由贸易问题很多学者持不同意见,支持自由贸易的人较为理性,能关注社会利益,倡导降低税率;反对自由贸易的人比较关注私人利益,他们主张实施关税保护。[1]

那么作者对自由贸易和保护贸易的态度如何呢?作者引用19世纪50年代经济学家茹拉夫斯基的著作阐述其观点,茹拉夫斯基认为应该关注本国工厂主阶层的利益,促进本国工业发展,这会为产品消费者和俄国居民带来较大好处……基辅省工厂生产需要21000名工人,他们的工资水平直接影响工人及其家庭生活状况,一个工人需要供养五口之家,因此100名工人的生活状况可以体现全省工厂工人的处境。如今因国外商品可以大量进口,很多廉价和高质量产品排挤本国商品,工厂被迫停工,很多工人失去生活来源,受自由贸易的冲击严重,普通国民几乎不购买工厂制品,社会阶层并未获得任何优惠。

但最主要的问题仍未解决,即俄国是否需要工厂。作者引用茹拉夫斯基的观点回答该问题:"在农业经济中大小经济都占有重要地位,所以在工业中一个问题必须解决,即工厂工业,以及大小工业对生产者和消费者的影响如何。"通过对科斯特罗马省亚麻、丝织等行业的研究,茹拉夫斯基确认,家庭手工业快速发展得益于手工业者辛勤劳动,因此普通设备仍可以和先进工厂机器竞争。但在手工业快速普及的过程中生产者很少注重技术改善,如今科技发明和技术已应用于工厂生产。小工厂主并未考虑减少手工生产,推广机器和应用新技术,因此手工作坊产量一直停滞不前,相反大工厂因使用新技术,产品产量迅速增加。小生产大量普及,劳动人民的智慧也不容忽

---

[1] *Современник.* СПб., 1857. Т. LXIII. (*Рецензия на книгу А. Шипова.* С. 48)

视，手工生产中一些生产技术和发明也被应用于工厂生产中。由此可知，大生产虽然具有充足的生产动力，但产品很难销售出去，制糖、薄呢绒、抹布、丝织、烟草等行业都是如此，很多人不需要这些物品，普通群众购买力有限，大部分居民不购买工厂产品。

根据茹拉夫斯基的论断，笔者指出："茹拉夫斯基对自由贸易和民族工厂生产的评价十分客观。我们完全可以证实其论断和国民财富理论相一致，如今没有其他学者关注并解决该问题。即便有学者关注该问题，最后仍将回归至茹拉夫斯基的理论。因此，随着工厂的大规模普及，国外商品数量增加，必须关注家庭手工业发展。应给予这些手工业直接保护。在解决该问题之前必须解决一个问题，即是否直接对工厂生产给予保护，如果给予保护俄国工厂不但能生产出进口商品，而且能为大量人群提供工作岗位，这无论是对工厂工业，还是对家庭手工业都十分有利。"

《现代人》杂志对工厂和小手工业的研究也颇具代表性。《现代人》杂志并不完全否认工厂的作用，认为工厂可以为居民带来工作机会，在一定程度上工厂可以促进手工业发展。19世纪六七十年代激进主义者的经济思想比较倾向坎克林和《杂志思想》的观点。

众所周知，坎克林和车尔尼雪夫斯基的思想有很大区别，根源在于政治动机；但学者在评价车尔尼雪夫斯基的经济学贡献时发现其很多思想与坎克林相近，他们都是手工生产的捍卫者。

因此，19世纪60年代各学派都关注工厂问题，包括具有资产阶级倾向的自由贸易主义者和关税保护主义者，他们倡导发展工厂，俄国实施全盘西化。激进乌托邦倾向思想代表者如车尔尼雪夫斯基完全否定工厂的作用，呼吁保护俄国农奴制时期的落后经济模式。

此时，还存在另一种观点，即完全捍卫现有社会体制，但是更崇拜劳动组合或联盟形式的社会体制。车尔尼雪夫斯基对该问题的态度十分清晰，19世纪60年代不只是激进派高度评价劳动组合理论，可以说社会上有很多学者推崇该学说。激进派和自由主义者的差别在于激进派要求国家扶持，而自由主义者把希望寄托于个人力量，反对国家干预经济。

其中前国务会议成员捷尔涅尔的《工人阶级和保障工人阶级利益措施》一书颇具代表性。书中写道:"如今俄国社会步入新时期,人民被解放,可以自由参与工业,同时也有自己的私财。随着城市和工厂居民数量增加,改革后经济环境宽松,工厂大规模修建,为工人阶级提供栖身之地,但根据其他国家发展经验,这些机构的建立会让俄国抛弃原来的一切,工人阶层将快速发展,可能导致社会财富增加,但必将造成恶果……在俄国具有推行该类机构的基础,很多时候发展和完善一种要素为俄国的传统。我们认为,这些机构的基础是协会模式。协会思想在俄国已十分普及,而且历来具有该传统,其中以劳动组合形式最具代表性……姑且不讨论劳动组合是否含有共产主义元素,但该因素一直贯穿于俄国社会经济发展过程中,村社就是其代表。尽管有很多困难,但护照体系和连环保却可以赋予私人活动自由和劳动力需求自由,如果不考虑其农奴制基础,该模式类似于共同工作的劳动组合,因此以后这种社会模式在俄国可能会有更好的发展,该经济模式将保证劳动者的独立性,保证工人阶级的利益。受教育阶层的活动促进该模式的发展……高级知识分子,特别是工业阶级,在低级社会群体中创造社会财富,该环境促进协会运动快速发展。"

科尔萨克的《西欧和俄国工业模式》一书也颇具代表性,该书呼吁在俄国应该深入发展劳动组合。科尔萨克是斯拉夫主义学派的代表人物,他极力推崇俄国特有的经济体制,认为很多学者不能正确评价俄国手工业生产,他们俨如资本家的仆人,与工厂工人处境相同。他认为,家庭生产模式并不是俄国特有的发展模式,欧洲很多国家至今仍保留该生产模式,在经济发展各个时期都存在家庭生产。其隶属某个工业部门,因此很难和工厂生产抗衡。科尔萨克反对将手工工业看作大资本主义生产的家庭体系和独立的家庭生产。他认为工厂的技术优势毋庸置疑,同时他也认为俄国可不选择工厂。作者在该书序言中对彼得一世时期的经济政策给予强烈谴责,认为彼得一世不应在俄国修建工厂,而应该发展手工业者组合。科尔萨克认为在俄国手工业变革过程中劳动组合的作用十分突出。

在西方大工业中心仍不能消灭小工业,小生产者虽不具有优势地位,但仍有一席之地，这与俄国农民类似。因此在社会发展过程中小手工业组合完全有栖身之地。如今工厂与此时经济发展模式相适应，但该发展模式也蕴含危机，工厂受外部因素影响十分明显，经济发展的人为性暗藏危机。难道小家庭生产就没有好处，工厂模式就没有弊端吗？工厂的弊端众所周知……家庭生产的弊端日益突出，但如果形成家庭手工业者协会将具有资金和技术优势，可称之为崭新工厂模式，这一模式有很多优点，黑暗的工厂生产无法与之相媲美。手工业联盟可以批发材料，联合出售产品、推广先进技术和工具，无偿援助贫困手工业者，让其免受店铺老板和中间商盘剥，战胜经济萧条和危机，家庭手工业将蓬勃发展。当然，实现此生产模式的道路十分漫长，需要克服各种障碍。[1]

不只是当时的学者对劳动组合十分推崇，很多社会活动家和政府官员对劳动组合也十分关注。如工厂和手工业法律执行委员会主席什塔克里别尔就曾指出："以前俄国工业设置弊端突出，主要保护少数资本家和工厂主的利益，工人利益很少提及。那么什么样的发展方式能摆脱此窘境，同时工人阶级的利益也能得到兼顾呢？……工业劳动组合和手工业联盟的出现可以证实，俄国人民团结后可创造出更多奇迹。但这种劳动组合和联盟只能产生于工商业中心。的确，迄今为止，俄国尚不具备在工人阶级环境中成立劳动组合的条件，因此他们暂时也不能获得长足发展。但工人阶级还未形成统一思想，联合自身所有力量，根据企业数量和类别成立劳动和资本联盟具有重要意义。但在该模式中生产并不是唯一层面。工人联盟对工人自身十分有利，该种模式可让工人在最少支出下获得最大收益。联盟的好处毋庸置疑，它可以兼顾大多数工人的利益，自身需求也能获得满足。在工业社会中如果产生工人联盟，那么则可以公正、客观理解工业利益和工业发展模式。"[2]

西方很多学者对联盟和劳动组合理论十分关注。当时西欧很多国家的历史文献中都专门描述了合作社运动，在一些国家合作社已付诸实践，因此

---

[1] Корсак А. К. О формах промышленности вообще и значении домашнего производства и домашней промышленности в Западной Европе и России. С. 308, 310.

[2] Труды комиссии СПб., 1863. Т. I. СЮ221, 226, 227.

19世纪60年代劳动组合思想在俄国广为流传。该思想迅速传播的主要原因为尽管当时社会各界呼吁兼顾农民利益，但很少采取实际措施保护农民。虽然社会各界歌颂劳动组合但并未成立一个劳动组合，也并未产生西欧合作社运动。崇尚个人主义的西欧在当时政治和社会模式下仍开展合作社运动，而倡导公有制的俄国却并没有劳动组合。

19世纪60年代末期弗列罗夫斯基的《俄国工人阶级状况》一书颇具影响力。该书对各时期俄国农民和工人的生活状况进行了详细描述，还对工人生活的各个方面加以说明。该书章节混乱学术意义有限，只是对工人生活状况进行了阐述，并没有统一的主导思想。但该书在当时仍具有一定影响力，弗列罗夫斯基自己似乎也不清楚该书所要表达的主旨。但有一点值得借鉴，作者指出俄国工人阶级贫困的原因为税赋沉重和土地保障程度较低。作者在结论中指出改善该状况的措施首推土地因素。俄国农民的生活状况明显优于西欧农民，他们所遵循的劳动真谛西欧农民永远不会理解。农民生产活动也需要关注，他们从少年时就从事该行业。西欧无产阶级运动并未取得成功，他们也必将失败，在西欧社会经济条件下很难重现罗马大地产……俄国农民为英美人感到惋惜，任何有头脑的农民都可以理解私有制的弊端……暂时任何土地都归私人所有，只有推广村社管理制度才可适应此时的经济状况。

弗列罗夫斯基认为，农业问题并不尖锐。他指出中部地区工厂工业不但不能改善居民的经济状况，相反还会拉大贫富差距。俄国工业发展拉大国内的贫富差距，一些家庭生活富足，很多家庭仍食不果腹。工业省份工人斗争并未取得有效成果，他们主要使用工具、劳动、智慧来获得更多财富……此时罢工、劳动组合等方式是和资本家斗争，增加收入的手段……如果他们（工业区工人）敢于与生活抗争，那么他们的斗争条件也十分恶劣；他们和富人、资本家打交道犹如和富人、大地主打交道……是否可以说繁荣的工业居民所在之处农业状况十分恶劣，因土地疏于管理收成较差，因畜牧业发展薄弱缺少肥料，难道每个工业区农业发展都较弱吗？

在对比了下诺夫哥罗德省两个县城（冶铁业发达的阿尔达托夫县城和

小手工业发达的戈尔巴托夫县城）的状况后，弗列罗夫斯基得出如下结论，小手工业发达地区居民生活状况明显高于大工业区。他认为：机器对人类社会的发展十分有利，这是生产工具的变更，可让人在花费较小力气的同时创造出更多产品，机器难道是驱赶工人阶级的鞭子吗？机器促进整个地区生产快速发展，产品产量提高，价格开始降低。

与车尔尼雪夫斯基相反，弗列罗夫斯基坚决反对发展工厂工业。弗列罗夫斯基和当时很多学者一样只关注农业问题，对工业问题关注较少。笔者认为，迄今为止俄国学者很少关注工厂问题，哪怕是社会进步力量对该问题也不重视。俄国历史和社会文献对村社问题颇为关注，关于工厂的文献较少，该问题具有很强的时事和叙述特征。

在第一次全俄工商业代表大会上自由主义者对工厂问题十分关注，此会源于1870年全俄手工工场展览会。此次大会议题众多，但大多数问题与当时的社会状况脱节。大会结束后社会上的自由主义思想影响不但没有减弱，反而增强。工业和贸易自由的呼声越来越高。

下文对代表大会上一些学者的发言进行阐述，大公斯卡利科夫斯基认为，各地区特别是煤炭资源丰富地区应大规模修建铁路，俄国需要的不是木材，而是可燃性高的煤炭，使用煤炭还可以保护森林资源。财政部官员本格对该问题的答复如下："我认为，自由对于任何工业发展都十分重要！自由劳动不只是生产力，工业发展也是如此，应该赋予社会自由发展环境，为其提供工业发展所需的一切，各种力量所做出的诸多干预都是徒劳。我并不赞成工厂主为自身利益全力斡旋，想方设法提高产量。但任何措施都会损坏工业发展环境，会造成十分恶劣的影响。"

大公韦什尼亚科夫指出，工业法律确定国家手工业、工厂工业快速发展的时代已经过去，但法律所限制的只是劳动部门和从事生产的各方权利，并不能限制产品数量、质量和价格。劳动自由、工业自由将促进工业发展。[①]

[①] Протоколы и стенографическиеотчеты заседаний первого Всероссийского съезда фабрикантов, заводчиков и лиц, интересующихся отечественной промышленностью, 1870г. СПб., 1872. С. 3.

（第二部分）第五章　改革后工厂与社会、文化的关系

　　什列伊尔提出了改善工人经济状况的问题，特别提出在工人之间推行借贷－储蓄所。他指出德国一名学者改变了工人的命运，这个人就是舒尔采－德里奇。德国推行其学说后取得巨大成就，他为改善工人状况劳累数十载，通过研究取得巨大成就。一个发言人指出："一次偶然机会我拜读到舒尔采－德里奇的著作，读后深受启发。我认为，按照其做法俄国会取得十分显著的成绩。"①

　　会上米亚索耶多夫的发言十分有趣，他指出著名英国学者格莱斯顿认为，19 世纪是工人的世纪，因此，需要意识到必须让工人参与与之相关问题的讨论和处置，他们对社会文化的影响日益增强。相关事件已证明他们的影响与日俱增，以前他们就颇具影响，现在他们的力量逐渐壮大，开始与资本家斗争。因受资本家长期剥削他们开始呼吁获得某些权利……在西方如果提到工人，人们就会想到工人的影响力，但在俄国人们仍未意识到这点，西方国家工人阶级状况已经发生变化。俄国工厂工人除从事工厂劳作外，还从事农业和手工业生产。

　　俄国工人阶层并不团结一致，其主要原因是俄国工人阶级还未像西方一样壮大，俄国并没有真正的无产阶级，因此其影响力并不如国外强大。俄国工人阶级几乎都从事农耕。因此，我们还没有无产阶级，而是普通工人组合，他们一边在工厂内务工，一边返乡务农，农耕并不是他们获得额外收入的手段，居民为增加收入从事手工业生产……米亚索耶多夫提到，农村也有人过渡为工人，手工业者十分独立，他们有自己的房屋，有些手工业者甚至有份地，但在工厂内工作的工人无该优势……手工业者摆脱资本家控制只有一个方式，通过手工作坊从事独立劳动，尽可能获得低息贷款或现金，以便从中间商处获得材料，然后就近销售这些产品。在西方解决这些问题的强有力工具是协会、劳动组合……米亚索耶多夫提出的建议如下："代表大会应该向政府提出申请，制定相关规则形成劳动组合，俄国具有组建农业和工业

---

① Там же. Ⅵ. отд. С. 91 – 92.

331

劳动组合的条件，政府必须确定企业内各方的权利和义务。"①

在该思想的影响下，代表大会做出如下决议，与会者希望尽可能改善俄国工业居民的生活状况，推广农业和工业劳动组合，如消费者协会、公共贷款－储蓄柜台、信贷互助联盟、批发采购原料协会、产品销售协会、工业产品生产协会等，政府应对这些问题予以研究，而且应该颁布相应法案确定劳动组合各方的权利和义务。

19世纪70年代很多社会组织对工厂和工人问题十分关注，以《祖国札记》最为突出。1868年2月该杂志刊登了叶利谢耶夫的文章《俄国生产力》，从这篇文章中可知晓作者和杂志出版者的很多观点。文章指出，工厂主认为如果工厂成为供养人民的工具，那么他们只能为数千工人提供残羹剩饭，为此应该对人民征收直接税。工厂主为此将多付给人民商品，他们的利益将严重受损……农民也将很难在土地贫瘠的省份生活，他们的生活十分贫困，所具有的财富只是自身劳动力。他们不能既不抛弃农业劳动，同时又到其他省份务工，如土地最终贫瘠他们可能到其他省份从事农业劳动，但俄国毕竟不是英国。农民暂时都拥有土地，人民负担较轻，工厂工作完全是他们的补充职业。如果他们长时间在工厂中工作……那么他们将完全不适应农业劳作，他们只适合工厂工作。他们逐渐依赖工厂，对农业劳作失去兴趣。②

那么从事工厂劳作的工人生活状况如何呢，他们的生活是否完全依靠工厂呢？今天市场上没有棉花、丝线，那么明天一半工厂将停产，工人将失去工作，食不果腹。大公梅谢尔斯基写道，整个乡工厂全部破产，几乎空无一人。在首都附近各省印花布和丝织品工厂前景都是如此……如今工厂开始倒闭，大部分工人失业，失去生活来源。关闭所有工厂后，危机将导致工人逐渐贫困，铁路开通后莫斯科和圣彼得堡公路上行人数量变少就是例证。以马车运输业为例，铁路开通前，公路两旁从事马车运输业的群众约有数百万；铁路开通后，马车运输业十分萧条。所有从事该行业的工人，失去生活来

---

① Там же. Ⅵ. отд. С. 95，96，101，102 и 103.
② *Производительные силы России.* СПб.，1896. С. 457.

源，只能另谋出路。他们或继续从事农耕，或到其他地区务工，个别地区马车夫的处境不如农民。农奴工厂破坏后很多居民失去生活来源，100年后危机还是来临，对居民造成的影响巨大。①

与会代表的发言十分耐人寻味，与会者在讨论工厂问题时甚至引用车尔尼雪夫斯基的论断。车尔尼雪夫斯基认为工厂毫无好处，只能为居民提供额外收入。叶利谢耶夫不同意该论断，他认为，如果俄国关闭所有工厂，那么居民可以轻易从事其他行业，在铁路通行后圣彼得堡和莫斯科公路上马车运输业仍将持续。这就意味着因工厂体系使用机器所产生的工业危机并不可怕。如果工人可以找到工作，那么他们是否还需去工厂务工呢？他极力证明俄国不需要工厂，巴师夏的思想更适合俄国。

尽管叶利谢耶夫并不赞成立刻关闭所有工厂，但他的思想仍十分激进。他建议通过工商业政策促进俄国工业健康发展。政府应该尽可能采取措施，一方面改善俄国大麻和亚麻生产部门，排挤各地棉纺织行业，克服不利自然条件，吸引资金投入亚麻和大麻等部门；另一方面在国内种植棉花的地区修建工厂，发展国内纺织工业。通过增加关税税率刺激亚麻和大麻生产，麻纺织行业税率明显低于棉纺织行业，所以麻纺织部门中竞争十分强烈，棉纺织行业却不存在该状况。麻纺织行业迅速发展促使亚麻和大麻等经济作物种植面积增加。因此，俄国工业应该按照该模式发展，以全力促进本国农业发展，而不是依靠美国农业。②

叶利谢耶夫最终得出结论，如果高税率可促进俄国旧式农奴工厂发展，那么以后该类工厂数量将增加，那不久所有本地居民都将转化为工厂的农奴。北部省份农业发展状况也将转好，这种状况对农业居民十分有利，很多农民转向工业领域。③

《祖国札记》中《为什么俄国工人很难强壮》（1870年1月）一文对俄国工人问题的阐述如下："在俄国，工人问题完全被忽视。在西方国家，该

---

① Там же. С. 460，461.
② Там же. С. 466.
③ Там же. С. 492.

19世纪俄国工厂发展史（第四版）

问题已经十分严重，但对该问题的处理不但不能解决俄国家庭工人问题，相反却使该问题尖锐化，可以说并未解决该问题。俄国工人状况与西方相比有很多差异。大部分西方工人没有土地，俄国工人有土地并从事农耕。但俄国爱国者也不断借鉴西方工人问题来探究解决俄国问题。仔细研究后这些问题全部迎刃而解，但必须关注如下状况：第一，我们必须重新考虑俄国和西方工人阶级状况，不需要再为增加其物质财富寻找理论依据。他们物质财富的支撑点为份地和农业，只需要研究是何种因素迫使他们另寻出路。第二，现在工人负担是否十分沉重，他们的地位是否十分恶劣，笔者暂时并没有足够材料可证明该问题。但我们并不能忽视这些问题，相反我们应该仔细研究这些问题，这是了解俄国工人状况必须探究的问题，即使这些条件十分不利，工人状况日益恶化，我们仍需仔细研究。此时必须解决的问题是工人是否具有份地，这些份地能否保障其生活……此时还应研究具有份地的农民对资本家、工资是否具有依赖性，如果有，依赖程度如何……暂时俄国还未深入了解工人问题产生的根源。"①

因此，在研究工人问题时必须关注农民土地问题。工人问题在一定程度上等同于农民问题，工人在一定程度上可等同于小私有者。

米哈伊洛夫斯基在文章中完全否定工厂和资本家的关系。米哈伊洛夫斯基在一定程度上继承了叶利谢耶夫的思想，但并未做出正确论断。米哈伊洛夫斯基在一篇文章中指出社会中劳动人民并未掌握生产工具。他们出卖自己的劳动力，然后获得部分产品或收入，只有这样生产工具才能掌握在劳动者手中。实现该目的的唯一手段是自由，工业、铁路、财政计划、自治权都要求自由的氛围，而且应尽量做到公平。真正的自由、正确的组织方式、有效的工业模式、高效的铁路、真正的自治权才能保证劳动者的利益……当谈到国民劳动组织形式时，很多人都否定国家扶持……他们分布在全国各地……是巨大的赋税阶层，他们通过劳动从资本家——工厂主处获得额外收入，并没有人抗议这些特权、补助和保障，国家为很多阶层提供资助。古博宁和瓦

---

① *Отчет трудно поправляться рабочему.* С. 497，498.

尔沙夫斯基认为可以提供给农民相应的扶持,我们最初提倡的自由是政府不干预、自助和借鉴其他先进管理经验,很多文献和杂志对此有所陈述。[①]

因此,国民劳动组织形式是十分有效的工具。但该组织的支撑因素是工厂工人吗?完全不是。米哈伊洛夫斯基指出,俄国社会存在一种意见,即一些学者认为,俄国工厂工人无论是道德层面,还是智力层面都有所发展。这些意见都具有一定依据,而且西欧很多学者也持该观点。如果西方农民和工厂工人存在某种关系,也绝对不和俄国一致,不会产生与俄国一样的工厂规章,俄国工人也会集中于城市。

此后米哈伊洛夫斯基又引用工商业代表大会与会者古比尼的论断,探析工人状况不但可以理解国内状况,还能了解国外状况。俄国很少有纯正意义上的工人……俄国并未形成工人阶层,古宾指出大家公认的要素是解决工人问题的基础……欧洲的工人问题即是革命问题。俄国工人十分容易满足,只是要求保障劳动者的劳动条件,保障现有的私有财产。圣彼得堡的状况也是如此……很多居民在农村具有土地、森林,吃着自己种植的粮食,穿着自己制作的服装,从山羊身上剪毛。但俄国工人问题得以解决仍需要很长时间,为此应该解决一些问题,如是否需要长久维持农业生产。解决该问题有两种方法,第一种方法也是十分流行的一种观点,很普通但有一定优点,即提高税率、解散村社,像英国一样发展工业。第二种方法实行起来十分困难,工人问题本就十分复杂,不能轻易解决,也并不是国家干预能实现的,应该巩固村社制度。

米哈伊洛夫斯基的其他文章也十分耐人寻味,1873年他在《圣彼得堡消息报》的另一篇文章中指出,保守主义者和自由主义者的最大区别是对国家经济发展状况的认知,即是否要在俄国发展信贷、是否要消除股份公司、是否需要发展工业等。《圣彼得堡消息报》十分赞同政府决议,拒绝迂腐的法律体系,研究新的股份公司规章。此处还对米哈伊洛夫斯基的论断进行了阐述。信贷、工业、国家自然资源的使用,这些都必须关注……尽管所

---

① *Из лит. и журн. замток 1872 г. Соч. Михайловского.* Изд. 1896. Т. I. С. 660.

有事情都井然有序，但劳动阶级的福利没有受到关注，有时甚至适得其反……俄国信贷工业发展并未增加国民财富，反而成为盘剥人民的手段。众所周知，俄国股份制工厂快速发展，导致本地区内小生产崩溃和人民赤贫……俄国信贷发展将促进俄国股份公司数量增加，为发展国有工业，必须消除人民赤贫现象。

俄国也制定出相应的经济纲领，其中抑制发展民族工业条款等于把俄国推向毁灭的边缘。挽救俄国走向衰亡的唯一工具是终止俄国工业发展。

如果我们对比米哈伊洛夫斯基和车尔尼雪夫斯基关于工厂工人和农民的论断，就会发现他们的很多观点十分类似。笔者在上文中已指出车尔尼雪夫斯基对待大小生产完全持农奴时期保守主义经济学家的观点，从相关文献资料中可以看出 19 世纪 70 年代一些学者为其思想的继承者，米哈伊洛夫斯基是发展大工业的公开反对者。

此时俄国进步学者的观点受当时经济形势所迫，劳动者利益难以得到保障，很多人将农民问题和工人问题混为一谈。经济发展致使农民生活状况恶化，大部分农民由小私有者转换为无产阶级，俄国工人思想十分保守，很多学者认为工人问题是经济发展所致，解决该问题的唯一出路是对先进思想持肯定态度，国家经济越发展，这些思想就越难实现，如乌托邦思想。当时很多先进社会活动家把希望寄托于政府，只是国家很难改变工业发展进程，不能让农奴制改革所创造的新经济发展成果荒废，抑制资本主义发展，但是否可以认为，国家政权可以实现该经济纲领呢？这具有明显的空想色彩。

沃龙佐夫《俄国资本主义的命运》一书发表后引起巨大反响，该书为研究俄国工业和资本主义的集大成式的著作。虽然沃龙佐夫试图证实俄国发展资本主义的不可能性，但并未获得完全成功，他以当时主导的经济学思想为依托研究该问题，他也是 19 世纪七八十年代俄国著名的经济学家。

很多人对沃龙佐夫的理论耳熟能详，笔者在此不一一列举，他的理论源于洛贝尔图斯，明显属于西斯蒙第学派。沃龙佐夫不但博览群书，而且经济学造诣极高，在其著作中足以体现出来。

沃龙佐夫认为，为发展资本主义生产必须关注国外市场，它可以为国内资本主义生产增添新活力。对俄国工业而言，外部市场仍不充分，或者说俄国工业因自身技术落后不能与西方先进资本主义工业竞争，只有实施保护关税政策俄国工厂才能快速发展。虽然实施保护关税政策有一定弊端，但能为俄国资本主义发展提供良好的外部市场环境。

沃龙佐夫写道，不能轻易断言一切，一切都是人类社会发展的组成部分，现在所述的法律和规章只是其表现形式之一。如果在俄国工业发展过程中也遇到西方历史发展进程中的有利因素和丑陋现象，那么一方面劳动生产率提高将促进大生产产生；另一方面人民对大生产的迷恋与日俱增，最终抛弃土地，日益贫困，侨居国外或蜕变为工人。这种状况都是资本主义的社会劳动模式所致，而且该过程不断重复，最终造成不良后果。那么，俄国是否将重复西方工业发展的轨迹呢？此时需了解在大工业发展过程中产生的劳动公有化，国民生产中是否渗入资本主义因素？俄国大工业存在问题是否说明俄国与西欧国家一样大工业已发展到较高等级。俄国工业发展的两条道路如下：第一，借鉴西方发展模式，这样经济发展会异常迅速，而且见效快；第二，不按照西方发展模式，摒弃社会经济发展中的一切不利因素，重新发展资本主义，走与西方不同的发展道路。①

沃龙佐夫认为，与西欧相比，俄国资本主义发展的特征是销售环节不完善，而不是产品生产环节薄弱。生产完全保持小生产模式，资本作用有限，小生产者完全依赖于资本家——贸易商。所以俄国资本主义并未履行与西欧国家同等的历史使命，而是直接培育生产者，使其习惯集体劳动，工人阶级的阶级意识也十分独特。俄国不具有西欧资本主义发展的基础，俄国资本主义并未建立新的生产方式，资本主义发展促进小生产者联合，手工业者仍像以前一样在手工作坊内工作。

该环境不利于资本主义"茁壮成长"。虽然资本主义有所发展，但俄国人仍认为资本主义犹如客人，并不适应俄国国情，因此对社会生活的影响有限，俄国自然经济仍十分繁荣，小生产仍有生存空间，传统社会劳动模式仍

---

① В. В. *Субьба капиталистической России* СПб., 1882. С. 13 – 14.

继续发展，虽然受资本主义因素干扰，但很难融为一体……本土资本主义发展过程极其缓慢，此时只能寄希望于社会劳动模式即劳动组合。①

为研究该问题沃龙佐夫研究了大量的统计资料和数据，通过对比各年度、各生产部门内工人数据，他得出俄国工厂工人数量逐渐减少的结论。该论断笔者在上文已提及，且在本书第一版中笔者就已得出该结论。尽管该研究的现实性突出，但研究者的论断仍遭到社会各界的抨击，当时很多学者和社会活动家完全忽略俄国工厂统计数据。

沃龙佐夫的某些统计错误并未降低其著作的价值，他的经济学论断完全符合俄国国情。书籍出版后笔者也多次研究和证实其论断。市场理论是沃龙佐夫著作的基石，该论断完全是虚幻的，并不能经受实践检验。如果抛开这个理论，那么在沃龙佐夫的书中并不能找到任何可以论证俄国大资本主义发展的理论基础。因此，可以认为沃龙佐夫完全不了解俄国资本主义的命运。

沃龙佐夫的著作在社会上引起巨大反响，他关于俄国资本主义命运的论述引起俄国学界广泛争论。有很多学者对该书大加赞赏，他们认为沃龙佐夫关于俄国资本主义发展的论断与俄国伟大思想家车尔尼雪夫斯基的论断完全一致。沃龙佐夫并未意识到俄国本土经济和资本主义间矛盾的不可调和性，对社会发展过程的阐述完全陷入空想社会主义旋涡，其观点具有明显的机会主义色彩。沃龙佐夫也曾写到资本主义生产方式在俄国不能长足发展，如果发展资本主义将颠覆俄国历史，完全是效仿西方历史，俄国应该走与西方不同的发展道路……如果资本主义生产方式不占统治地位，那么俄国将不具有西欧的资产阶级阶层，也不具有政治自由的争论。

米哈伊洛夫斯基对俄国资本主义的命运也十分关注，他认为沃龙佐夫最大的错误在于对资本主义过于宽容。沃龙佐夫指出，在西方资本主义具有伟大的历史使命，米哈伊洛夫斯基对资本主义完全否定，不承认资本主义的优越性。他认为，如果俄国资本主义执行自己的历史使命，换言之，如果大多数人到工厂内工作，那么谁也不会反对沃龙佐夫的观点。但俄国资本主义发

---

① Там же. С. 73.

（第二部分）第五章　改革后工厂与社会、文化的关系

展并未促进资本主义生产方式的推广。但是能否就此认为工厂可以增强资本主义生产方式的影响呢？沃龙佐夫并未把该问题解释清楚……实际上，在资本主义生产方式占主导时劳动社会模式将导致成千上万工人备受折磨，生活状况恶化，众多人工作在一个空间内（果真如此吗？米哈伊洛夫斯基并未真正理解资本主义生产的社会意义，此长篇大论，并不具有理论基础。米哈伊洛夫斯基并没有真正阅读过有关资本主义的论著，如马克思的《资本论》）。在西方的确没有看到工人团结一致的现象，在俄国也未必能看到，但这绝不可以用工厂生产加以解释，而是政治生活和教育水平的影响结果……如果资本主义具有某种特定历史任务或使命，难道就应该否定这些使命吗？沃龙佐夫认为，资本主义的使命在于培育工人从事社会劳动，但西欧资本主义并未执行主要的社会历史任务。①

米哈伊洛夫斯基完全是长篇大论，他的空想思想完全受欧洲文化和新时期欧洲思想的影响。当然，很多西欧学者也痛恨资本主义体制，他们完全否定资本主义的历史使命。

此外，沃龙佐夫的文章受到诸多学者关注，鲁萨诺夫的阐述也十分有代表性，他在1880年第12期《实务》杂志上发文章《反对经济乐观主义》，引用沃龙佐夫的观点指出俄国市场发展不足，很多人意识到俄国中亚市场产品已经滞销，但另外一些人对此一无所知。他们仍去东方从事贸易行业，虽然获得资本家和贸易商的赞许，但是血本无归。很明显，在东方贸易中并非只有俄国人获益，欧洲人的市场也逐步扩展……俄国资本家可以掌控数百万手工业者。独立的手工业者十分少见……手工业者都与俄国资本主义发展密切相关。手工业研究者指出，俄国小生产者完全处于从属状态，工厂主俨如地主。手工业和资本主义生产发展具有一定的类似性。手工业者在一定状况下可以成为工厂工人，手工业者也可从工厂主处获得材料在家生产，然后获得微薄工资。科鲁巴耶夫认为，在该状况下可解决修建生产设施的资金问题，手工工场内工人和手工业者结合是俄国资本主义未来的发展模式……不

① Письмо в редакцию Постороннего//Отечественные записки. 1883. Т. 269.

能忽视数百万手工业者仍依附于中间商……在西欧先进技术不断应用的过程中，俄国对劳动力的需求量大幅度减少，很多人失去工作，食不果腹，难道这一切都将成真吗？毫无疑问，这将造成一系列可怕后果，工人们将互相亲近，认同感增强，最终阶层意识形成，致使政府必须着手解决国民福利问题，劳动者也将寻找改变生活状况之路。在工业发展过程中形成的思想和联盟都是国家社会生活的有机组成部分，这也是俄国大资本主义生产方式的必然结果。

鲁萨诺夫对沃龙佐夫关于俄国资本主义发展的论断持保留态度，认为俄国只有部分工厂主和土地所有者赞同发展大生产，工人阶级力量有限，因此很多学者的论断有待考察，有些根本是无稽之谈。鲁萨诺夫指出，作者认为整个欧洲发展历史十分丑陋，独立生产者快速消失，人们纷纷移至其他地区……难道西欧发展模式真正荒谬吗？为什么如此荒谬的发展模式仍然存在呢？他指出所有国家都应该抵制资本主义生产方式的渗透。此时应该思考黑格尔思想的合理性……俄国虽然使用国外先进设备和技术，但俄国仍不具备发展资本主义的土壤，相反，如果过渡至机器工业或工厂工业，那么数以万计的手工业者将失业，如果过渡为手工工场模式，那么手工业者仍可像以前一样在家中进行生产。我们也并不否认资本主义的某些好处，但我们也不应该对其放手不管，俄国资本主义是俄国财富的敌人。

19世纪80年代经济学家尼古拉耶夫与鲁萨诺夫的观点类似，他在1880年《语言》杂志上发表的《革命后俄国社会经济概述》一文于1893年改编成书出版，该书长久以来被认为是统计学的经典。虽然该书中的观点有很多可取之处，但与沃龙佐夫先生一样，统计的数据有很多错误。尼古拉耶夫和沃龙佐夫的观点有很大区别，他不能批判地使用统计数据，不经过筛选和分析就随意使用这些数据。二位学者对官方统计数据十分信任，这些数据的真实性有待考证，很多数据失真，因此使用这些数据时应该"去伪存真"。在卡累舍夫和卡布卢科夫教授的著作普及前他们的学说也十分流行。

以上学者统计数据的正确性有待考证，但鲁萨诺夫的理论十分耐人寻味。他在著作序言中进行了如下阐述："2月19日诏书原则上是划分土地给农民，深一层意思为进一步发展生产力提供给生产者相应的劳动工具，因此，为保证俄国经济增长，必须坚持该原则……如果探究其根本，该经济体制完全是参照西方国家。克里木战争让俄国认识到西欧的强大，对其经济状况也有所了解，战争实质上是两种经济体制间的斗争……一种经济模式发展致使生产者和产品越发接近，另外一种经济模式与之相反，即生产者和产品相互分离。总而言之，一种模式完全排斥另外一种模式……2月19日法律接近于第一种改革。实际上，在经济模式相互斗争过程中第一种模式获胜。"[1]

鲁萨诺夫的意见与沃龙佐夫先生不同，沃龙佐夫认为俄国资本主义取得的成绩完全是虚幻的，还向读者灌输这种思想。在沃龙佐夫看来，鲁萨诺夫崇尚的是经济自由主义，他认为俄国经济发展过程将十分曲折。

改革后国家经济活动促进资本主义发展的同时，农业也开始蓬勃发展，大改革引起劳动工具在劳动者之间重新分配。这两种方式有时互相矛盾，这在俄国历史发展进程中展现得淋漓尽致。但也可以越过资本主义发展阶段，所有数据都可以证明，大部分生产者受到剥削。

鲁萨诺夫与沃龙佐夫观点的相同之处在于，劳动社会化在西欧资本主义生产过程中执行重要的历史使命。资本主义给俄国带来的只有破坏。最近30年俄国工业发展史中资本主义带来的只有饥荒、破坏。此外，它损坏俄国数百年传统，该模式促进了生产工具和生产者之间的联系，冲击俄国原有的经济制度……这与俄国经济发展模式完全背道而驰。因此，现如今俄国社会经济问题越来越复杂。资本主义影响不断加深，手工业者的数量明显减少。资本主义生产开始占据主导地位，俄国社会问题日益突出，在此模式下不能发展居民生产力，只有少数人可以获利……村社土地所有制为基本物质生产条件必备因素之一，在此基础上可以勾勒出俄国将来的社会经济模式……俄国现代性大工业和土地所有制已经习惯村社的存在……俄国不可能发展其他社会经济模式；或者继续发展，或者振兴与死亡……俄国经济发展

---

[1] *Очерки нашего общественного пореформенного хозяйства.* СПб., 1893. С. 2-3.

的方向是农业和手工业（集中于生产者手中），但其集合的基础并不是小的、分散的生产单位，而是建立在公共大生产基础上的，该种经济模式将永垂不朽。

沃龙佐夫和尼古拉都是该学派的代表，他们否认俄国发展资本主义的好处，二者得出的结论十分类似。但沃龙佐夫和尼古拉在某些问题上仍存在分歧。他们与鲁萨诺夫和米哈伊洛夫斯基等人一样，是俄国社会思想界的反民主派，他们的观点具有明显的阶级色彩。

他们的思想在社会上广泛传播，在俄国学界引起较大反响，他们认为俄国现有的社会条件不能兼顾任何经济阶层的利益，倡导政治自由。该学派之父为车尔尼雪夫斯基，他们认为车尔尼雪夫斯基的思想是西欧最先进的思想。俄国该学派的代表是俄国经济模式的美化者，但他们也绝不是该思想的忠实粉丝，他们的思想有时也带有成见。理想化村社和劳动组合并不应该仇视资本主义，如果仇视资本主义只能证明俄国经济仍不成熟，应该相信，村社和劳动组合可直接转变为更高级的经济发展模式。

新时期米哈伊洛夫斯基的学说影响巨大，有时经济学家可以用一些例证阐释复杂的经济思想，但笔者认为他的学说过于乐观，迄今为止不论是俄国还是西欧国家对资本主义问题都存在争议。米哈伊洛夫斯基对很多问题加以阐述，包括阶层问题。如果他认为农民和工厂工人均为无产阶级，那么也绝对不会同等对待农民和工人利益，他很清楚二者的差别。他比较偏好于农民阶层，他认为农民的社会意识明显高于工人，这点并不属实。如果米哈伊洛夫斯基相信工厂工人是实现此种思想最先进的社会因素，那么该学说影响力便会十分有限。

米哈伊洛夫斯基对俄国经济发展持乐观态度，为此他引用一系列数据证明该论断。他通过分析指出俄国资本主义已经有所发展，俄国社会已建立起巨大的、社会化的、世俗化的大生产基础。那么为什么俄国社会需要建立该方式呢？为什么俄国社会希望采用该模式呢？什么样的手段最后能实现该模式呢？建立世俗化的生产方案是否与俄国政治、法律、文化等条件相适应呢？关于这些问题，米哈伊洛夫斯基并未提及。

（第二部分）第五章　改革后工厂与社会、文化的关系

　　米哈伊洛夫斯基的乐观主义纯属其个人愿望，他并未客观分析当时俄国的社会经济状况。他并未否认俄国资本主义的发展和手工业的衰落。实际上他的乐观主义带有一定盲目性。他甚至把马克思主义各学派的争论描绘成大小生产间的斗争，夸大资本主义对俄国经济生活的影响。

　　沃龙佐夫是俄国社会思想界另一学派的代表，但其思想与米哈伊洛夫斯基的区别不大。沃龙佐夫在《俄国资本主义的命运》一书的前言中指出，本书解决的问题与任何空想都存在差异。在《理论经济学概述》一书中他得出的论断也十分乐观。① 此后他停止对小规模实物政策的推崇，倾向于通过信贷发展农民经济（他认为贷款可以促进富农阶层发展，虽不能为生产者服务，但这些生产者与村社联为一体后经济会随之发展。但学者对农民银行完全持否定态度），很多人给予严厉抨击，但学者仍对小实业情有独钟。他的思想十分狭隘，但与现实贴近。众所周知，沃龙佐夫的思想流派被称作民粹派。沃龙佐夫也曾强调，自己的思想与民族思想较为亲近，换言之较为贴近农民思想，他十分看好农民。的确，以沃龙佐夫为代表的民粹派学者试图确立以中农需求为基础的社会纲领。但这些纲领与俄国实际经济状况相脱节，中农阶层经济活力较低。农民银行、手工业印花、合作社、劳动组合、地方自治机构博物馆等保护农民的措施都具有一定效果，否认这些观点将陷入教条主义。但也不需要夸大这些措施的作用，在现有社会经济条件下中农阶层只处于从属地位。

　　沃龙佐夫的所有论断都体现出民粹思想，民粹派关注的对象为中农，同时对俄国其他阶层的居民也十分关注，但民粹派并非俄国影响力最大的思想流派。相反，民粹派的影响逐渐减弱，在知识分子间的影响力几乎消失。此时米哈伊洛夫斯基的乐观主义思想具有很强的生命力，在俄国知识分子中仍占主导地位，沃龙佐夫完全孤立。那么以关注俄国大部分居民为己任的经济学家的学说的影响力为什么逐渐减弱呢？

　　笔者认为，俄国生活的总体制不适应现实主义纲领是该思想影响力快速

---

① *Очерки теоретической экономии.* СПб.，1895. С. 219.

减弱的原因。如果俄国民粹派直接在农民中宣传"小实业",效果可能更好,但沃龙佐夫并未在农民中宣传该思想,而是在知识分子中宣传该思想,农民对其思想一无所知。沃龙佐夫的冷静让知识分子开始反感,民粹派对俄国经济发展过程持乐观态度。

如果米哈伊洛夫斯基对俄国经济政策持乐观态度,那么沃龙佐夫对经济政策则持消极态度。沃龙佐夫并未完全看到促进俄国资本主义经济发展的要素,而是一味地否定,乐观主义思想十分明显。他还推崇小规模改革,在事实面前仍闭门造车,虽然他的理论实际意义不大,但影响较大。对于知识分子而言,沃龙佐夫的理论明显论据不足,而且还带有一定的机会主义色彩,掩盖经济政策的现实因素。

沃龙佐夫和尼古拉先生对俄国社会生活的理解相同,为不同学派的代表,但他们的共同点在于否定资本主义,差别在于一个陷入机会主义,另外一个陷入乌托邦主义。这两个学派都具有民主特征,但与其他学派具有明显区别。

资产阶级自由派影响较小,但他们知晓俄国资产阶级出于某种原因并不具有西欧的自由基础,俄国官僚主义仍占主导。此流派刊物为《欧洲消息》。笔者在上文已经指出该杂志的阶级色彩并不明显,这点与米哈伊洛夫斯基和其他学者不同。与资产阶级相比,《欧洲消息》杂志更倾向于自由主义,他们反映的不是任何经济阶层的利益,他们的观点和社会思想具有自由主义特征。《欧洲消息》的资产阶级性使一些学者支持资本主义经济制度占据主导地位,他们不再仇视资本主义。他们对工厂主企图压榨消费者的思想进行驳斥,反对关税保护主义,捍卫工厂法律。《欧洲消息》学派经济纲领明显区别于民粹派纲领,他们认为大型资本主义工厂、小手工业和农民手工业都有同等的存在和发展权利。同时与沃龙佐夫自诩为"真正的"马克思主义者一样,《欧洲消息》杂志主编、著名经济学家的斯洛尼姆斯基与马克思主义者开展了长期的辩论。斯洛尼姆斯基对现代经济体制完全否定,他所提倡的是西欧资产阶级体制,而在俄国实现该体制的手段是自由主义。《欧洲消息》学派积极反对工厂法律,大力提倡捍卫大工厂主利益。《欧洲消息》学派经济纲领为在法国广泛传播的讲坛社会主义，如今只有法国仍十分推崇纯自由贸易主义。他们指出，对于现阶段的俄国而言，主要任务并不是经济改革，而是政治改革，这点与民粹派完全对立。

从表面来看，纯粹仇视关税保护主义和工厂阶层的只有农业阶层，但实际上俄国农业阶层不仅不完全反对关税保护主义，而且还提出俄国工商业和金融业发展的新方向。他们坚决反对财政部提出的以加快俄国资本主义发展进程为目的的货币改革。他们出于自身利益考虑完全反对工业资本主义发展，如帝国自由经济学会于1890年就提出关税改革申请，该申请明显具有关税保护色彩。为阐述该问题，笔者摘录了其中的一些话：

> 从政治角度而言，并不能核算推行资本主义和民主化给俄国保守派带来的损失，也不能核算因无土地者和无房屋人员未服军役造成的损失，俄国人失去很多，失去原有的善良和荣耀。1812年莫斯科省的老百姓还认为自己是俄国最淫荡的人。研究各级官员报告后便会发现：坦波夫省士官、上等兵、司务长、骑兵司务长退役后进入莫斯科工厂内务工经常会受到各种处罚。众所周知，俄国工厂内酗酒状况十分严重，19世纪70年代初期已查明，当时铁路修建致使马车运输业萧条，很多马车夫到工厂内务工，图拉和奥廖尔省很多马车夫出售马车和马匹后购买土地从事农业生产……高税率意味着消费者群体不断破产，在该状况下俄国国民财富很难增长，很多申请书的内容可以说耸人听闻。因此自由经济协会得出如下结论：不但不应该提高关税税率，反而应该采取措施降低关税税率。[①]

类似的申请很多，但并未得到满意的答复。1891年税率是关税保护主义者的胜利。关税保护主义者的出版物为《莫斯科消息报》。工厂主阶层的

---

① Ходатайство Императорского Вольно-экономического общества об изменениях в русском таможенном тарифе. СПб., 1890.

利益对俄国工商业政策的影响毋庸置疑，但不能武断地认为各阶层利益统一为此时期保护关税主义抬头的主要原因。本问题笔者将在本书第二卷中进行阐述；笔者认为新时期俄国政府与彼得一世时期一样奖励工厂工业，国家的主要目的是增加居民财政收入和增强居民购买力，发展生产力只不过是为政治利益服务，所以民族主义抬头政府必然会实施保护关税制度来保护国内年轻、尚不成熟的民族工业。民族主义增长并不是工厂主阶级利益强化的原因，但确是19世纪80年代俄国工商业政策转变的重要原因。

笔者关于俄国现有社会体制下工厂和工业资本主义的作用的见解只是为了抛砖引玉，很多问题将在本书第二卷中进行阐述。

译后记

20世纪至今,图甘-巴拉诺夫斯基的著作和文章一直备受世界瞩目,其书曾在德国、英国、美国、意大利、法国、日本与以色列等国先后出版,很多知名经济学家与社会学家给予高度评价。截至2005年俄罗斯境内共出版、再版其著作270余种,此期间在国外出版并翻译其著作共计36种,关于其著作和思想的评论文章和著作共346种。[①]

《19世纪俄国工厂发展史》一书于1898年首次问世,随后于1900年、1907年、1922年、1925年、1926年、1938年、1997年分别再版,共再版七次。该书问世两年后就被德国学者翻译并出版,在欧洲学术界引起巨大反响。1970年该书在美国翻译出版,被纳入美国"古典经济学系列丛书",被认定为研究俄国历史的重要著作。

本书综合运用历史学、经济学理论,全面阐述俄国工厂和工业发展历史,对分析俄国市场关系、手工业和工业间关系、俄国工业发展过程中技术革新、国家在资本主义工业形成中的作用、工厂工人状况、中小企业主地位和俄国手工业研究都意义重大。读者阅读图甘-巴拉诺夫斯基的著作和文章可以深入了解资本主义经济理论、俄国经济发展的特殊性及其在世界市场中的地位,探析俄国经济发展的各个领域,对理解俄国历史的作用巨大。

[①] Сорвина Г. Н. Михаил Иванович Туган-Барановский: первый российский экономист с мировым именем. К 140 - летию со дня рождения. С. 90 – 134.

需要强调的是，本书迄今为止共再版七次，因苏联期间再版过程中对该书内容进行了删减，译者采用的是 1922 年的版本，该版本保留了原著作内容。

由于水平有限，书中难免存在错误和疏漏之处，恳请读者批评指正。

本书翻译分工如下：代序、第二部分由张广翔负责；前言、第一部分和译后记由邓沛勇负责。

图书在版编目(CIP)数据

19世纪俄国工厂发展史:第四版/(俄罗斯)M.图甘-巴拉诺夫斯基著;张广翔,邓沛勇译.--北京:社会科学文献出版社,2017.7
　(俄国史译丛)
　ISBN 978-7-5201-0906-2

　Ⅰ.①1… Ⅱ.①M… ②张… ③邓… Ⅲ.①工厂史-研究-俄罗斯-19世纪 Ⅳ.①F451.29

　中国版本图书馆CIP数据核字(2017)第126728号

俄国史译丛
19世纪俄国工厂发展史(第四版)

著　　者 / 〔俄〕M.图甘-巴拉诺夫斯基
译　　者 / 张广翔　邓沛勇

出 版 人 / 谢寿光
项目统筹 / 恽　薇　高　雁
责任编辑 / 刘宇轩　王婧怡　刘　翠

出　　版 / 社会科学文献出版社·经济与管理分社 (010) 59367226
　　　　　 地址:北京市北三环中路甲29号院华龙大厦　邮编:100029
　　　　　 网址:www.ssap.com.cn

发　　行 / 市场营销中心 (010) 59367081　59367018
印　　装 / 三河市东方印刷有限公司

规　　格 / 开　本:787mm×1092mm　1/16
　　　　　 印　张:27　字　数:403千字
版　　次 / 2017年7月第1版　2017年7月第1次印刷
书　　号 / ISBN 978-7-5201-0906-2
定　　价 / 128.00元

本书如有印装质量问题,请与读者服务中心 (010-59367028) 联系

版权所有 翻印必究